Wettbewerb in Gegenwart von Netzwerkeffekten

Deutsches und Europäisches Wirtschaftsrecht

Herausgegeben von Jürgen F. Baur

Band 20

PETER LANG
Frankfurt am Main · Berlin · Bern · Bruxelles · New York · Oxford · Wien

Michael Dietrich

Wettbewerb in Gegenwart von Netzwerkeffekten

Eine kartellrechtliche Untersuchung des Wettbewerbs zwischen inkompatiblen proprietären Systemen

PETER LANG
Europäischer Verlag der Wissenschaften

Bibliografische Information Der Deutschen Bibliothek
Die Deutsche Bibliothek verzeichnet diese Publikation in der Deutschen Nationalbibliografie; detaillierte bibliografische Daten sind im Internet über <http://dnb.ddb.de> abrufbar.

Zugl.: Bonn, Univ., Diss., 2005

D 5
ISSN 1617-352X
ISBN 3-631-55556-3

www.peterlang.de

VORWORT

Die vorliegende Arbeit wurde im Wintersemester 2005/2006 von der Rechts- und Staatswissenschaftlichen Fakultät der Universität der Bonn als Dissertation angenommen. Maßgebliche Entwicklungen in der Rechtsprechung der europäischen Gerichte sowie der Verwaltungspraxis der Europäischen Kommission einschließlich des beim Europäischen Gericht 1. Instanz anhängigen „Microsoft"-Verfahrens konnten bis 30. Juni 2006 berücksichtigt werden.

Ich danke meinem verehrten Doktorvater, Professor Dr. Ulrich Huber, der den Anstoß zur Bearbeitung des Themas gegeben und die Entstehung der Arbeit stets wohlwollend begleitet und gefördert hat. Herrn Professor Dr. Holger Fleischer, Dipl.-Kfm., LL.M. schulde ich Dank für die Erstellung des Zweitgutachtens, in dem er sich ebenfalls eingehend mit der Thematik befasst hat.

Dank gebührt ferner den Kartellrechtspartnern von Freshfields Bruckhaus Deringer in Köln, allen voran Rechtsanwalt Dr. Joachim Pfeffer, die es mir trotz der allzeit hohen zeitlichen Beanspruchung ermöglicht haben, die Arbeit zum Abschluss zu bringen. Wertvolle Anregungen aus der Praxis verdanke ich besonders der engen und intensiven Zusammenarbeit mit Rechtsanwalt Dr. Michael Esser-Wellié, LL.M.

Mein ganz besonderer Dank gilt meiner Frau Christiane Dietrich-Wojahn und unseren Kindern, Julius und Johanna, die bereit waren, über mehrere Jahre hinweg große zeitliche Opfer zu bringen. Ohne ihre Geduld und ihr Verständnis wäre ein Gelingen der Arbeit nicht möglich gewesen.

Köln/Meckenheim, im Juli 2006

Michael Dietrich

LITERATURVERZEICHNIS

Ahlborn, Christian/Seeliger, Daniela
Business to Business Exchanges: EG kartellrechtliche Probleme bei Unternehmenskooperationen im Internet, in: EuZW 2001, S.552 ff. (zitiert als: Ahlborn/Seeliger, Zeitschrift)

Ahlborn, Christian/Evans, David S./Padilla, Atilano Jorge
Competition Policy in the New Economy: Is European Competition Law Up to the Challenge?, in: ECLR 2001, S.156 ff. (zitiert als: Ahlborn/Evans/Padilla, Zeitschrift)

Akerlof, George A.
The Market for "Lemons": Quality Uncertainty and the Market Mechanism, in: Quarterly Journal of Economics, vol. 84 (1970), S.488 ff. (zitiert als: Akerlof, Zeitschrift)

Areeda, Phillip/Turner, Donald F.
Antitrust Law, An Analysis of Antitrust Principles and Their Application, vol. III, Boston, Toronto, 1978 (zitiert als: Areeda/Turner)

Arndt, Helmut
Kapitalismus Sozialismus Konzentration und Konkurrenz, 2. Auflage, Tübingen, 1976 (zitiert als: Arndt)

Arrow, Kenneth J./Hahn, F. H.
General Competitive Analysis, San Francisco, Edinburgh, 1971 (zitiert als: Arrow/Hahn)

Arrow, Kenneth J.
Political and Economic Evaluation of Social Effects and Externalities, in: Margolis, Julius (ed.), The Analysis of Public Output, National Bureau of Economic Research, New York, London, 1970, S.1 ff. (zitiert als: Arrow)

Arrow, Kenneth J.
The organization of economic activity: Issues pertinent to the choice of market versus nonmarket allocation, in: The Analysis and Evaluation of Public Expenditure: The PPB System, vol. 1, US Joint Economic Committee, 91st Congress, 1st Session, Washington, D.C., 1969, S.1 ff. (zitiert als: Kenneth Arrow)

Arowolo, Oluseye | Application of the Concept of Barriers to Entry Under Article 82 of the EC Treaty: is ther a Case for Review?, in: ECLR 2005, S.247 ff. (zitiert als: Arowolo, Zeitschrift)

Art, Jean-Yves/ McCurdy,Gregory v. S. | The European Commission's Media Player Remedy in its Microsoft Decision: Compulsory Code Removal Despite the Absence of Tying or Foreclosure, in: ECLR 2004, S.694 ff. (zitiert als: Art/McCurdy, Zeitschrift)

Arthur, Brian W. | Competing Technologies, Increasing Returns, and Lock-in by Historical Events, in: The Economic Journal, vol. 99 (1989), S.116 ff. (zitiert als: Arthur, Zeitschrift)

Arthur, Brian W. | Increasing returns and the new world of business, in: Harvard Business Review, vol. 74 (1996), No.7/8, S.100 ff. (zitiert als: Arthur, Zeitschrift)

Balto, David A. | Networks and Exclusivity: Antitrust Analysis to Promote Network Competition, in: George Mason Law Review, vol.7 (1999), S.523 ff. (zitiert als: Balto, Zeitschrift)

Balto, David A. | Standard Setting in a Network Economy, in: Cutting Edge Antitrust Law Seminars International, 17. Februar 2000, New York (zitiert als: Balto)

Barro, Robert J. | Why the Antirust Cops Should Lay Off High-Tech, in: Business Week, August 17, 1998, S.20 (zitiert: Barro, Business Week)

Bechtold, Rainer | GWB, Kartellgesetz, Gesetz gegen Wettbewerbsbeschränkungen, 2. Auflage, München, 1999 (zitiert als: Bechtold, GWB)

Bechtold, Rainer | Zur Abgrenzung des relevanten Marktes, in: Erdmann, Willi//Mees, Hans-Kurt/Piper Henning/ Teplitzky, Otto u.a. (Hrsg.), Festschrift für Otto-Friedrich Frhr. v. Gamm, Köln, Berlin, Bonn, München, 1990, S.537 ff. (zitiert als: Bechtold)

Bellamy, Christopher/Child, Graham — European Community Law of Competition, 5th edition, London, 2001 (zitiert als: Bellamy/Child)

Bergmann, Bettina — Maßstäbe für die Beurteilung der Kosten-Preis-Schere im Kartellrecht, in: WuW 2001, S.234 ff. (zitiert als: Bettina Bergmann, Zeitschrift)

Besen, Stanley M./Farrell, Joseph — Choosing How to Compete Strategies and Tactics in Standardization, in: Journal of Economic Perspectives, vol. 8 (1994), S.117 ff. (zitiert als: Besen/Farrell, Zeitschrift)

Bishop, Simon/Walker, Mike — The Economics of EC Competition Law: Concepts, Application and Measurement, 2nd edition, London, 2002 (zitiert als: Bishop/Walker)

Bork, Robert H. — The Antitrust Paradox, 2. ed., New York, 1993 (zitiert als: Bork)

Boudreaux, Donald J./ Folsom, Burton W. — *Microsoft* and *Standard Oil*: radical lessons for antitrust reform, in: The Antitrust Bulletin, vol. 44 (1999), S.555 ff. (zitiert als: Boudreaux/Folsom, Zeitschrift)

Bresnahan, Timothy F. — New Modes of Competition, in: Eisenach/Lenard (eds.), Competition, Innovation and the Microsoft Monopoly: Antitrust in the Digital Marketplace, S.155 ff., Boston/Dordrecht/London, 1999 (zitiert als: Bresnahan)

Bundeskartellamt — Das Untersagungskriterium in der Fusionskontrolle – Marktbeherrschende Stellung versus Substantial Lessening of Competition?, Diskussionspapier für die Sitzung des Arbeitskreises Kartellrecht am 8./9. Oktober 2001 (www.bundeskartellamt.de, Stand: 25.1.2002) (zitiert als: BKartA, Das Untersagungskriterium in der Fusionskontrolle)

Burkert, Thomas O.J. — Die Zulässigkeit von Koppelungsgeschäften aus wettbewerbsrechtlicher Sicht, Baden-Baden, 1. Auflage, 1992 (zitiert als: Burkert)

Claapes, Anthony L. No Monopoly on Innovation: Comments on "European Community Antitrust Law – Innovation Markets and High Technology Industries", in: Hawk, Barry E. (ed.), Fordham Corporate Law Institute, International Antitrust Law & Policy, 1997, S.601 ff. (zitiert als: Clapes, International Antitrust Law & Policy)

Coase, Ronald H. Coase on Posner on Coase, in: Journal of Institutional and Theoretical Economics, vol. 149 (1993), S.96 ff. (zitiert als: Coase, Zeitschrift)

Coase, Ronald H. Durability and Monopoly, in: The Journal of Law and Economics, vol. 15 (1972), S.143 ff. (zitiert als: Coase, Zeitschrift)

Coase, Ronald H. The Firm, the Market, and the Law, Chicago, London, 1988 (zitiert als: Coase, The Firm, the Market and the Law)

Coase, Ronald H. The Nature of the Firm, in: Economica, vol. 4 (1937), S.368 ff. (zitiert als: Coase, Zeitschrift)

Coase, Ronald H. The New Insitutional Economics, in: Zeitschrift für die gesamte Staatswissenschaft, Band 140 (1984), S.229 ff. (zitiert als: Coase, Zeitschrift)

Coase, Ronald H. The Problem of Social Cost, in: The Journal of Law and Economics, vol. 3 (1960), S.1 ff. (zitiert als: Coase, Zeitschrift)

Cook, C. J./Kerse, C. S. E.C. Merger Control, 3rd ed., London, 2000 (zitiert als: Cook/Kerse)

Dahdouh, Thomas N. The Shape of the Things to Come: Innovation Market Analysis in Merger Cases, in: Antitrust Law Journal, vol. 64 (1996), S.405 ff. (zitiert als: Dahdouh, Zeitschrift)

Dahlman, Carl J. The Problem of Externality, in: The Journal of Law and Economics, vol. 22 (1979), S.141 ff. (zitiert als: Dahlman, Zeitschrift)

Dauses, Manfred A. (Hrsg.) Handbuch des EU-Wirtschaftsrechts, Band 2, Stand: Mai 2001, München, 2001 (zitiert als: Dauses-Bearbeiter)

David, Paul A. Clio and the Economics of QWERTY, in: American Economic Review (Papers & Proceedings), vol. 75 (1985), S.332 ff. (zitiert als: David, Zeitschrift)

David, Paul.A./Greenstein, Shane The Economics of Compatibility Standards: An Introduction into Recent Research, in: Economics of Innovation and New Technologies, vol. 1 (1990), S.3 ff. (zitiert als: David/Greenstein, Zeitschrift)

David, Paul A. Why are Institutions the "Carriers of History"?: Path Dependence and the Evolution of Conventions, Organizations and Institutions, in: Structural Change and Economic Dynamics, vol. 5 (1994), S.205 ff. (zitiert als: David, Zeitschrift)

Deselaers, Wolfgang Die "Essential Facilities"-Doktrin im Lichte des Magill-Urteils des EuGH, in: EuZW 1995, S.563 ff. (zitiert als: Deselaers, Zeitschrift)

Dichtl, Erwin/Issing, Otmar (Hrsg.) Vahlens Großes Wirtschaftslexikon, Band 1, (A-K), München, 1987 (zitiert: Vahlens Großes Wirtschaftslexikon)

Dichtl, Erwin/Issing, Otmar (Hrsg.) Vahlens Großes Wirtschaftslexikon, Band 2 (L-Z), 2. Auflage, München, 1993 (zitiert als: Vahlens Großes Wirtschaftslexikon)

Dietl, Helmut/Royer, Susanne Management virtueller Netzwerkeffekte in der Informationsökonomie, in: zfo 69 (2000), S.324 ff. (zitiert als Dietl/Royer, Zeitschrift)

Dranove, David/Gandal, Neil Network effects, Standardization and the Internet: What Have we learned from the DVD vs. DVX Battle?, in: Discussion Paper No.2335, Centre for Economic Policy Research, London, 1999 (zitiert als: Dranove/Gandal)

Easterbrook, Frank H. — Ignorance, and Antitrust, in: Jorde, Thomas M./Teece, David J. (eds.), Antitrust, Innovation, and Competitiveness, S.119 ff., New York, Oxford, 1992 (zitiert als: Easterbrook, Ignorance and Antitrust)

Economides, Nicholas/Flyer, Fredrick — Compatibility and Market Structure for Network Goods, Discussion Paper EC-98-02, Stern School of Business, N.Y.U. (www.stern.nyu.edu/networks/98-02.pdf) (zitiert als: Economides/Flyer, Discussion Paper)

Economides, Nicholas S. — Features of Credit Card Networks, in: Federal Reserve Bank of St. Louis Review 1995, 60 ff. (zitiert als: Economides, Zeitschrift)

Economides, Nicholas, S./White, Lawrence J. — Networks and compatibility: Implications for antitrust, in: European Economic Review, vol. 38 (1994), S.651 ff. (zitiert als: Economides/White, Zeitschrift)

Economides, Nicholas S. — The Economics of Networks, in: International Journal of Industrial Organization, vol. 14 (1996), S.673 ff. (zitiert als: Economides, Zeitschrift)

Economides, Nicholas S. — The Microsoft Antitrust Case, Working Paper 2000-09 Stern School of Business, New York University, 2000, S.1 ff. (www.stern.nyu.edu/networks) (zitiert als: Economides, Working Paper Antitrust) mimeo

Eidenmüller, Horst — Effizienz als Rechtsprinzip, Möglichkeiten und Grenzen der ökonomischen Analyse des Rechts, Tübingen, 1995 (zitiert als: Eidenmüller)

Eisenach, Jeffrey A. — Foreword, in: Eisenach/Lenard (eds.), Competition, Innovation and the Microsoft Monopoly: Antitrust in the Digital Marketplace, S.19 ff., Boston/Dordrecht/London, 1999 (zitiert als: Eisenach)

Elsner, Wolfram — Ökonomische Institutionenanalyse: paradigmatische Entwicklungen der ökonomischen Theorie und der Sinn eines Rückgriffs auf die ökonomische Klassik am Beispiel der Institutionenanalyse, Berlin, 1986 (zitiert als: Elsner)

Elzinga, Kenneth G./Mills, David E. — PC software, in: The Antitrust Bulletin, vol. 44 (1999), S.739 ff. (zitiert als: Elzinga/Mills, Zeitschrift)

Emmerich, Volker — Kartellrecht, 9. Auflage, München, 2001 (zitiert als: Emmerich)

Europäische Kommission (Hrsg.) — 25. Bericht über die Wettbewerbspolitik 1995, Brüssel, Luxemburg, 1996 (zitiert als: EU-Kommission, 25. Wettbewerbsbericht)

Europäische Kommission (Hrsg.) — 28. Bericht über die Wettbewerbspolitik 1998, Brüssel, Luxemburg, 1999 (zitiert als: EU-Kommission, 28. Wettbewerbsbericht)

Europäische Kommission (Hrsg.) — 30. Bericht über die Wettbewerbspolitik 2000, Brüssel, Luxemburg, 2001 (zitiert als: EU-Kommission, 30. Wettbewerbsbericht)

Evans, David S./Schmalensee, Richard — A Guide to the Antitrust Economics of Networks, in: Antitrust 1996, S.36 ff. (zitiert als: Evans/ Schmalensee, Zeitschrift)

Evans, David S. — A Guide to the Antitrust Economics of Networks, in: Practising Law Institute (ed.), Antitrust and the New Economy, 2001, S.21 ff. (zitiert als: Evans).

Evans, Davis S./Nichols, Albert L./Schmalensee, Richard — An analysis of the government's economic case in U.S. v. Microsoft, in: The Antitrust Bulletin, vol. 46 (2001), S.163 ff. (zitiert als: Evans/Nichols/ Schmalensee, Zeitschrift)

Evans, David S. — Antitrust and the New Economy, in: American Law Insitutc (ed.), Antitrust Law in the 21st Century, Cambridge, 2000 (zitiert als: Evans, Antitrust and the New Economy)

Evans, David S./Reddy, Bernard — Some Economic Aspects of Standards in Network Industries and Their Relevance to Antitrust in the Computer Industry, Prepared for American Bar Association Section of Antitrust Law, Conference on Cutting Edge Issues in Network Industries, May 24, 1996, S.1 ff. (zitiert als: Evans/Reddy)

Farrell, Joseph/Saloner, Garth — Competition, Compatibility and Standards: The Economics of Horses, Penguins and Lemmings, in: Gabel, Landis H. (ed.), Product Standardization and Competitive Strategy, Amsterdam, 1987, S.1 ff. (zitiert als: Farrell/Saloner)

Farrell, Joseph/Saloner, Garth — Installed Base and Compatibility: Innovation, Product Preannouncements, and Predation, in: The American Economic Review, vol. 76 (1986), S.940 ff. (zitiert als: Farrell/Saloner, Zeitschrift)

Farrell, Joseph/Saloner, Garth — Standardization, compatibility, and innovation, in: Rand Journal of Economics, vol. 16 (1985), S.70 ff. (zitiert als: Farrell/Saloner, Zeitschrift)

Fehl, Ulrich/Schmidtchen, Dieter — Wettbewerbstheoretische Aspekte der Missbrauchsaufsicht über Autobahntankstellen, in: WuW 1986, S.572 ff. (zitiert als: Fehl/Schmidtchen, Zeitschrift)

Feldman, Alan M. — Pareto optimality, in: Newman, Peter (ed.), The New Palgrave Dictionary of Economics and the Law, vol. 2 (P-Z), London, 1998 (zitiert als: Feldman, The New Palgrave)

Fichert, Frank — Das Microsoft-Monopol: Herausforderung für die Wettbewerbspolitik, in: Wirtschaftsdienst 1998, S. 343 ff. (zitiert als: Fichert, Zeitschrift)

Fichert, Frank/Sohns, Anne — Wettbewerbsschutz auf dem Markt für Server-Betriebssysteme, in: WuW 2004, S.907 ff. (zitiert als: Fichert/Sohns, Zeitschrift)

Fisher, Franklin M. et al. (eds.) — Folded, Spindled and Mutilated. Economic Analysis and U.S. versus IBM, Cambridge, London 1983 (zitiert als: Fisher)

Fisher, Franklin M./Temin, Peter | Returns to Scale in Research and Development: What Does the Schumpeterian Hypothesis imply?, in: Journal of Political Economy, vol. 81 (1973), S.56 ff. (zitiert als: Fisher/Temin, Zeitschrift)

Fisher, Franklin M. | The IBM and Microsoft Cases: What's the Difference?, in: American Economic Review (Papers & Proceedings), vol. 90 (2000), S.180 ff. (zitiert als: Fisher, Zeitschrift)

Flamm, Kenneth | Digital Convergance?, in: Eisenach, Jeffrey A./Thomas M. Lenard (eds.), Competition, Innovation and the Microsoft Monopoly: Antitrust in the Digital Marketplace, S.255 ff., Boston/ Dordrecht/London, 1999 (zitiert als: Flamm)

Fleischer, Holger | Behinderungsmissbrauch durch Produktinnovation, 1. Auflage, Baden-Baden, 1997 (zitiert als: Fleischer)

Fleischer, Holger/Doege, Niels | Der Fall United States v. Microsoft: Zwischenbilanz eines kartellrechtlichen Jahrhundertverfahrens, in: WuW 2000, S.705 ff. (zitiert als: Fleischer/Doege, Zeitschrift)

Fleischer, Holger/Körber, Torsten | Marktmacht, Marktmissbrauch und Microsoft, in: K&R 2001, S.623 ff. (zitiert als: Fleischer/Körber, Zeitschrift)

Fleischer, Holger/Weyer, Hartmut | Neues zur „essential facilities“-Doktrin im Europäischen Wettbewerbsrecht – Eine Besprechung der Bronner-Entscheidung des EuGH –, in: WuW 1999, S.350 ff. (zitiert als: Fleischer/Weyer, Zeitschrift)

Forschungsinstitut für Wirtschaftsverfassung und Wettbewerb e.V. (Hrsg.) | Marktbeherrschung in der Fusionskontrolle, Checkliste des Bundeskartellamtes, FIW-Dokumentation Heft 15, Köln, Berlin, Bonn, München, 1990 (zitiert als: Checkliste des BKartA)

Forschungsinstitut für Wirtschaftsverfassung und Wettbewerb e.V. (Hrsg.) — Marktmacht und Recht, Ein Bericht des Expertenausschusses der OECD für wettbewerbsbeschränkende Praktiken, Köln, Berlin, Bonn, München, 1970 (zitiert als: OECD-Bericht)

Fritsch, Michael/Wein, Thomas/ Ewers, Hans-Jürgen — Marktversagen und Wirtschaftspolitik, Mikroökonomische Grundlagen staatlichen Handelns, 3. Aufl., München, 1999 (zitiert als: Fritsch/Wein/ Ewers)

Furubotn, Eirik G./Richter, Rudolf — The New Institutional Economics, Editorial Preface, in: ZfS, Band 140 (1984), S.1 ff. (zitiert als: Furubotn/Richter, Zeitschrift)

Furubotn, Eirik G./Richter, Rudolf/Schlicht, Ekkehart — The New Institutional Economics, Market Organization and Market Behaviour, in: JITE, vol. 151 (1995), S.1 ff. (zitiert als: Furubotn/ Richter/ Schlicht, Zeitschrift)

Gamm, Otto-Friedrich Freiherr von — Kartellrecht, 2. Auflage, Köln, Berlin, Bonn, München, 1990 (zitiert als: von Gamm, Kartell-recht)

Gamm, Otto-Friedrich Freiherr von — Potentieller Wettbewerb – Substitutionswettbewerb, in: Gamm, Otto Friedrich Freiherr von /Raisch, Peter/Tiedemann, Klaus (Hrsg.), FS für Gerd Pfeiffer zum Abschied aus dem Amt als Präsident des Bundesgerichtshofes, S.643 ff., Köln, Berlin, Bonn, München, 1988 (zitiert als: von Gamm)

Gey, Peter — Das Berufungsurteil in Sachen Microsoft – Kartellrecht in dynamischen Technologiemärkten, in: WuW 2001, S.933 ff. (zitiert als: Gey, Zeitschrift)

Gilbert, Richard J. — Networks, Standards, and the Use of Market Dominance: Microsoft (1995), in: Kwoka, John E., Jr./White, Lawrence J. (eds.), The Antitrust Revolution, Economics, Competition, and Policy, 3rd edition, New York, Oxford, 1999, S.409 ff. (zitiert als: Gilbert)

Glassen, Helmut/Hahn, Helmuth von u.a. (Hrsg.) — Frankfurter Kommentar zum Kartellrecht, Köln, Bd. II (Kurzdarstellungen §§ 1-60 GWB 1999 n.F.), Stand: 47. Lfg. 2001; Bd. IV (§§ 15-25 GWB a.F.), Stand 48. Lfg. 2001 (zitiert als: FK-Bearbeiter)

Grabitz, Eberhard/Hilf, Meinhard (Hrsg.) — Das Recht der Europäischen Union, Bd. I EUV/EGV, Stand: 18. Lfg. 2001, München, 2001 (zitiert als: Grabitz/Hilf-Bearbeiter)

Groeben, Hans von der/Thiesing, Jochen/Ehlermann, Claus-Dieter (Hrsg.) — Kommentar zum EU-/EG-Vertrag, Bd. 2/I Artikel 85-87 EGV, 5. Auflage, Baden-Baden, 1999 (zitiert als: GTE-Bearbeiter)

Gröhn, Andreas — Netzwerkeffekte und Wettbewerbspolitik: eine ökonomische Analyse des Softwaremarktes, Tübingen, 1999 (zitiert als: Gröhn)

Hadfield, G. K. — Problematic Relations: Franchising and the Law of Incomplete Contracts, in: Stanford Law Review, vol. 42 (1990), S.927 ff. (zitiert als: Hadfield, Zeitschrift)

Hahn, Rüdiger — Die Beurteilung von Niedrigpreispolitik und Mischkalkulation marktbeherrschender Unternehmen im Rahmen der Missrauschsaufsicht nach § 22 Abs. 4 Satz 2 Nr.1 GWB, in: WuW 1984, S.285 ff. (zitiert als: Hahn, Zeitschrift)

Harbord, David/ Graevenitz, Georg von — Market Definition in Oligopolistic and Vertically Related Markets: Some Anomalies, in: ECLR 2000, S.151 ff. (zitiert als: Harbord/von Graevenitz, Zeitschrift)

Hatch, Orrin G. — Antitrust in the Digital Age, in: Eisenach, Jeffrey A./Thomas M. Lenard (eds.), Competition, Innovation and the Microsoft Monopoly: Antitrust in the Digital Marketplace, S.19 ff., Boston/ Dordrecht/London, 1999 (zitiert als: Hatch)

Hemenway, David — Industrywide Voluntary Product Standards, Cambridge, MA, 1975 (zitiert als: Hemenway)

Herdzina, Klaus — Einführung in die Mikroökonomie, 7. Auflage, München, 2001 (zitiert als: Herdzina, Mikroökonomie)

Herdzina, Klaus — Wettbewerbspolitik, 5. Auflage, Stuttgart, 1999 (zitiert als: Herdzina)

Hess, Thomas — Netzeffekte, Verändern neue Informations- und Kommunikationstechnologien das klassische Marktmodell?, in: WiSt 2000, S.96 ff. (zitiert als: Hess, Zeitschrift)

Hohmann, Holger — Die essential facility doctrine im Recht der Wettbewerbsbeschränkungen, 1. Auflage, Baden-Baden, 2001 (zitiert als: Hohmann)

Hoppmann, Erich — Die Abgrenzung des relevanten Marktes im Rahmen der Missbrauchsaufsicht über marktbeherrschende Unternehmen, Baden-Baden, 1974 (zitiert als: Hoppmann, Die Abgrenzung des relevanten Marktes)

Hoppmann, Erich — Marktmacht und Wettbewerb, Vortrag vom 25.2.1977 auf dem X. FIW-Symposion in Innsbruck, Tübingen, 1977 (zitiert als: Hoppmann)

Hume, David — A Treatise of Human Nature, Band 2, London, 1739/40, 1911 (Nachdruck 1928) (zitiert als: Hume)

Hutchison, Terence W. — Institutionalist Economics Old and New, in: ZfS, Band 140 (1984), S.20 ff. (zitiert als: Hutchison, Zeitschrift)

Immenga, Ulrich/Mestmäcker, Ernst-Joachim — GWB Kommentar, 3. Auflage, München, 2001 (zitiert als: Immenga/Mestmäcker-Bearbeiter)

Immenga, Ulrich/Mestmäcker, Ernst-Joachim (Hrsg.) — EG-Wettbewerbsrecht, Kommentar, Band I, München, 1997 (zitiert als: Immenga/Mestmäcker-Bearbeiter, EG-Wettbewerbsrecht)

Jickeli, Joachim — Marktzutrittsschranken im Recht der Wettbewerbsbeschränkungen, 1. Auflage, Baden-Baden, 1990 (zitiert als: Jickeli)

Jorde, Thomas M./Teece, David J. — Antitrust Policy and Innovation, in: JITE, vol. 147 (1991), S.118 ff. (zitiert als: Jorde/Teece, Zeitschrift)

Kantzenbach, Erhard — Die Funktionsfähigkeit des Wettbewerbs, Göttingen, 1967 (zitiert als: Kantzenbach)

Katz, Michael L./Shapiro, Carl — Antitrust in Software Markets, in: Eisenach/Lenard (eds.), Competition, Innovation and the Microsoft Monopoly: Antitrust in the Digital Marketplace, S.29 ff., Boston/Dordrecht/London, 1999 (zitiert als: Katz/Shapiro)

Katz, Michael L./Shapiro, Carl — Network Externalities, Competition, and Compatibility, in: The American Economic Review, vol. 75 (1985), S.424 ff. (zitiert als: Katz/Shapiro, Zeitschrift)

Katz, Michael L./Shapiro, Carl — Product Introduction with Network Externalities, in: The Journal of Industrial Economics, vol. XL (1992), S.55 ff. (zitiert als: Katz/Shapiro, Zeitschrift)

Katz, Michael L./Shapiro, Carl — Systems Competition and Network Effects, in: Journal of Economic Perspectives, vol. 8 (1994), S.93 ff. (zitiert als: Katz/Shapiro, Zeitschrift)

Kaufer, Erich — Die Bestimmung von Marktmacht, Dargestellt am Problem des relevanten Marktes in der amerikanischen Antitrustpolitik, Bern, Stuttgart, 1967 (zitiert als: Kaufer)

Kirchner, Christian — Wettbewerbstheoretische Ansätze bei Ronald Coase, in: WuW 1992, S.584 ff. (zitiert als: Kirchner, WuW)

Klausner, Michael — Corporations, Corporate Law, and Networks of Contracts, in: Virginia Law Review, vol. 81 (1995), S.757 ff. (zitiert als: Klausner, Zeitschrift)

Klein, Joel/Bansal, Pretta — International Antitrust Enforcement in the Computer Industry, in: Villanova Law Review, vol. 41 (1996), S.173 ff. (zitiert als: Klein/Bansal, Zeitschrift)

Klemperer, Paul — Competition when Consumers Have Switching Costs: An Overview, Discussion Paper No.704, Centre for Economic Policy Research, London, 1992 (zitiert als: Klemperer)

Klimisch, Annette/Lange, Markus — Zugang zu Netzen und anderen wesentlichen Einrichtungen als Bestandteil der kartellrechtlichen Missbrauchsaufsicht, in: WuW 1998, S.15 ff. (zitiert als: Klimisch/Lange, Zeitschrift)

Klodt, Henning/ Laaser, Claus-Friedrich u.a. — Wettbewerb und Regulierung in der Telekommunikation, Zwischenbericht zur Strukturberichterstattung, in: Institut für Weltwirtschaft an der Universität Kiel (Hrsg.), Kieler Studie Nr.272, Kiel, 1995 (zitiert als: Klodt u.a.)

Knieps, Günter — Zugang zu Netzen, Verselbständigung, Nutzung, Vergütung, Eigentumsschutz, in: Referate des XXXI. FIW-Symposions, Köln, Berlin, Bonn, München, 1998, S.67 ff. (zitiert als: Knieps).

Knöpfle, Robert — Ist es für die Beurteilung, ob ein Unternehmen eine marktbeherrschende Stellung hat, notwendig, den relevanten Markt zu bestimmen?, in: DB 1990, S.1385 ff. (zitiert als: Knöpfle, Zeitschrift)

Kolasky, William J. — Network Effects: A Contrarian View, in: George Mason Law Review, vol. 7 (1999), S.577 ff. (zitiert als: Kolasky, Zeitschrift)

Kommission zur Ermittlung der Konzentration im Medienbereich (KEK) (Hrsg.) — Fortschreitende Medienkonzentration im Zeichen der Konvergenz, in: Konzentrationsbericht 2000, Berlin, 2000 (zitiert als: KEK, Konzentrationsbericht)

Körber, Torsten — Machtmissbrauch durch Multimedia? – Der Fall Microsoft zwischen Produktinnovation und Behinderungsmissbrauch, in: RIW 2004, S.568 ff. (zitiert als: Körber, Zeitschrift)

Körber, Torsten — Meilenstein oder Pyrrhussieg? Zur Entscheidung Microsoft/Kommission des EuG, in: K&R 2005, S.193 ff. (zitiert als: Körber, Zeitschrift)

Langen, Eugen/Bunte, Hermann-Josef — Kommentar zum deutschen und europäischen Kartellrecht, Band 1 und Band 2, 9. Auflage, Neuwied/Kriftel, 2001 (zitiert als: Langen/Bunte-Bearbeiter, GWB)

Larenz, Karl — Methodenlehre der Rechtswissenschaft, 6. Auflage, Berlin, Heidelberg, New York u.a., 1991 (zitiert als: Larenz)

Lemley, Mark A. — Antitrust and the Internet Standardization Problem, in: Connecticut Law Review, vol. 28 (1996), S.1041 ff. (zitiert als: Lemley, Zeitschrift)

Lemley, Mark A./McGowan, David — Legal Implications of Network Economic Effects, in: California Law Review, vol. 86 (1998), S.479 ff. (zitiert als: Lemley/McGowan, Zeitschrift)

Lenard, Thomas M. — Introduction and Overview, in: Eisenach/Lenard (eds.), Competition, Innovation and the Microsoft Monopoly: Antitrust in the Digital Marketplace, S.1 ff., Boston/Dordrecht/London, 1999 (zitiert als: Lenard)

Levy, Stephan M. — Should "vapourware" be an antitrust concern?, in: The Antitrust Bulletin, vol. 42 (1997), S.33 ff. (zitiert als: Levy, Zeitschrift)

Liebowitz, S. J./Margolis, Stephen E. — Are Network Externalities a New Source of Market Failure (wwwpub.utdallas.edu/~liebowit/netwextn.html – visited 29.01.2001) (zitiert als: Liebowitz/Margolis, network externalities)

Liebowitz, S. J./Margolis, Stephen E. — Network effects and externalities, in: Newman, Peter (ed.), The New Palgrave Dictionary of Economics and the Law, vol. 1 (A-O), London, 1998 (zitiert als: Liebowitz/Margolis, The New Palgrave)

Liebowitz, S.J./Margolis, Stephen E. — Network Externality: An Uncommon Tragedy, in: Journal of Economic Perspectives, vol. 8 (1994), S.133 ff. (zitiert als: Liebowitz/Margolis, Zeitschrift)

Liebowitz, S. J./Margolis, Stephen E: Path Dependence, Lock-in, and History, in: Journal of Law, Economics, and Organization, vol. 11 (1995), S.205 ff. (zitiert als: Liebowitz/Margolis, Zeitschrift)

Liebowitz, S. J./Margolis, Stephen: The Fable of the Keys, in: Journal of Law and Economics, vol. 33 (1990), S.1 ff. (zitiert als: Liebowitz/Margolis, Zeitschrift)

Lind, Robert C./Muysert, Paul: Innovation and Competition Policy: Challenges for the New Millenium, in: ECLR 2003, S.87 ff. (zitiert: Lind/Muysert, Zeitschrift)

Lind, Robert C./Muysert, Paul/Walker, Mike: Innovation and Competition Policy. A Report to the Office of Fair Trading, Charles River Associates, March 2002 (zitiert als: Lind/Muysert/Walker)

MacKie-Mason, Jeffrey K./Metzler, John: Links Between Vertically Related Markets: Kodak (1992), in: Kwoka, John E. Jr./White, Lawrence J. (eds.), The Antitrust Revolution Economics Competition, and Policy, 3. ed., New York, Oxford, 1999, S.386 ff. (zitiert als: MacKie-Mason/Metzler)

Macneil, Ian R.: Contracts: Adjustment of Long-Term Economic Relations Under Classical, Neoclassical, and Relational Contract Law, in: Northwestern University Law Review, vol. 72 (1978), S.854 ff. (zitiert als: Macneil, Zeitschrift)

Mäger, Thorsten: Abgrenzung des geographisch relevanten Marktes in der deutschen Fusionskontrolle – Abkehr von der "Backofenmarkt"-Entscheidung in der Verwaltungspraxis, in: BB 2001, S.1105 ff. (zitiert als: Mäger, Zeitschrift)

Margolis, Stephen E./Liebowitz, S.J.: Path Dependence, in: Newman, Peter (editor), The New Palgrave Dictionary of Economics and the Law, vol. 2 (P-Z), London, 1998 (zitiert als: Margolis/Liebowitz, The New Palgrave)

Marshall, Alfred: Volkswirtschaftslehre, Erster Band, in der genehmigten deutschen Übersetzung des englischen Originals "Principles of Economics" (4th ed. 1898), von Hugo Ephraim und Arthur Salz, Stuttgart und Berlin, 1905 (zitiert als: Marshall)

Martenczuk, Bernd/Thomaschki, Kathrin — Der Zugang zu Netzen zwischen Kartellrecht und sektorieller Regulierung, in: RTkom 1999, S.15 ff. (zitiert als: Martenczuk/Thomaschki, Zeitschrift)

Maske, August-Carel — Die geographische Dimension im europäischen Wettbewerbsrecht, Köln, Berlin, Bonn, München, 1998 (zitiert als: Maske)

McKenzie, Richard B./Lee, Dwight R. — How digital economics revises antitrust thinking, in: The Antitrust Bulletin, vol. 46 (2001), S.253 ff. (zitiert als: McKenzie/Lee, Zeitschrift)

Meier-Wahl, Marc/ Wrobel, Ralph Michael — Wettbewerbsregulierung in einem dynamischen Markt – Der Fall Microsoft, in: WuW 1999, S.28 ff. (zitiert als: Meier-Wahl/Wrobel, Zeitschrift)

Melamed, Douglas A. — Network Industries and Antitrust, in: Harvard Journal of Law and Public Policy, vol. 23 (1999), S.147 ff. (zitiert als: Melamed, Zeitschrift)

Mestmäcker, Ernst-Joachim — Das marktbeherrschende Unternehmen im Recht der Wettbewerbsbeschränkungen, Tübingen, 1959 (zitiert als: Mestmäcker, Das marktbeherrschende Unternehmen)

Mestmäcker, Ernst-Joachim — Marktbeherrschend Stellungen im System des Rechts der Wettbewerbsbeschränkungen, in: Vereinigung für den Gedankenaustausch zwischen deutschen und italienischen Juristen e.V. (Hrsg.), Der Missbrauch marktbeherrschender Stellungen im deutschen, italienischen und europäischen Recht, Karlsruhe, 1969 (zitiert als: Mestmäcker, Marktbeherrschende Stellungen)

Monopolkommission — Ökonomische Kriterien für die Rechtsanwendung, 5. Hauptgutachten der Monopolkommission 1982/83, 1. Auflage, Baden-Baden, 1984 (zitiert als: Monopolkommission, 5. Hauptgutachten)

Monopolkommission — Gesamtwirtschaftliche Chancen und Risiken wachsender Unternehmensgrößen: 6. Hauptgutachten der Monopolkommission 1984/1985, 1. Auflage, Baden-Baden, 1986 (zitiert als: Monopolkommission, 6. Hauptgutachten)

Monopolkommission | Wettbewerbspolitik oder Industriepolitik: 9. Hauptgutachten der Monopolkommission 1990/1991, 1. Auflage, Baden-Baden, 1992 (zitiert als: Monopolkommission, 9. Hauptgutachten)

Montag, Frank | Gewerbliche Schutzrechte, wesentliche Einrichtungen und Normung im Spannungsfeld zu Art.86 EGV, in: EuZW 1997, S.71 ff. (zitiert als: Montag, Zeitschrift)

Monti, Mario | Competition in the New Economy, 10th International Conference on Competition des Bundeskartellamtes, Berlin, May 21, 2001 (www.europa.eu.int/comm./competition/speeches/index_speeches_by_commissioner.html)

Monti, Mario | Market definition as a cornerstone of EU Competition Policy, Helsinki, October 5, 2001 (www.europa.eu.int/comm./competition/speeches/index_speeches_by_commissioner.html)

Möschel, Wernhard | Der Oligopolmissbrauch im Recht der Wettbewerbsbeschränkungen, Tübingen, 1974 (zitiert als: Möschel, Oligopolmissbrauch)

Möschel, Wernhard | Die Idee der rule of law und das Kartellrecht heute, in: ORDO, Band 30 (1979), S.295 ff. (zitiert als: Möschel, Zeitschrift)

Möschel, Wernhard | Pressekonzentration und Wettbewerbsgesetz, Tübingen, 1978 (zitiert als: Möschel, Pressekonzentration)

Möschel, Wernhard | Wettbewerbssicherung versus Vermachtung in der Informationsgesellschaft, in: Kitagawa, Zentaro/ Murakami, Junichi u.a. (Hrsg.), Regulierung – Deregulierung – Liberalisierung, Tendenzen der Rechtsentwicklung in Deutschland und Japan zur Jahrhundertwende, Tokio, Tübingen, 2000, S.113 ff. (zitiert als: Möschel, Wettbewerbssicherung versus Vermachtung)

Müller, Thomas | Anmerkung zu ITS v. Eastman Kodak Co., in: GRUR Int. 1995, S.92 f. (zitiert als: Müller, Zeitschrift)

Muris, Timothy J. — Is Heightened Antitrust Scrutiny Appropriate for Software Markets, in: Eisenach, Jeffrey A./Thomas M. Lenard (eds.), Competition, Innovation and the Microsoft Monopoly: Antitrust in the Digital Marketplace, S.82 ff., Boston/Dordrecht/London, 1999 (zitiert als: Muris)

Note (ohne Autorenangabe) — Antitrust and the Information Age: Section 2 Monopolization Analyses in the New Economy, in: Harvard Law Review, vol. 114 (2001), S.1623 ff. (zitiert: Note, Zeitschrift)

OXERA — Competition and Network Externalities, in: Oxford Economic Research Associates (ed.), Competing Ideas, February 2002, S.1 ff. (zitiert als: OXERA, Competition and Network Externalities)

OXERA — Standardisation, in: Oxford Economic Research Associates (ed.), Competing Ideas, March 2003, S.1 ff. (zitiert als: OXERA, Standardisation)

Palandt, Otto — Bürgerliches Gesetzbuch, 62. Aufl., München, 2003 (zitiert als: Palandt-Bearbeiter)

Pitofsky, Robert — Antitrust Analysis in High-Tech Industries: A 19th Century Discipline Addresses 21st Century Problems, American Bar Association, Section of Antitrust Law′s Antitrust Issues in High-Tech Industries Workshop, February 25-26, 1999, Scottsdale, Arizona (www.ftc.gov/speeches/pitofsky/hitch.htm – visited on 2 May 2001), 1 ff. (zitiert als: Pitofsky)

Posner, Richard — Antitrust Law. An Economic Perspective, Chicago, London, 1976 (zitiert als: Posner, Antitrust Law)

Posner, Richard A. — Antitrust in the New Economy, in: Antitrust Law Journal, vol. 68 (2001), S.925 ff. (zitiert als: Posner, Zeitschrift)

Posner, Richard A. — Natural Monopoly and Its Regulation, 30th Anniversary Edition, Washington D.C., 1999 (zitiert als: Posner, Natural Monopoly)

Priest — The Law and Economics of U.S. v. Microsoft, in: AEI Newsletter, August, 1998 (zitiert: Priest, AEI Newsletter)

Reddy, Bernard J./Evans, David S./Nichols, Albert J. — Why does Microsoft charge so little for Windows?, www.neramicrosoft.com/NeraDocuments/Analyses/why_does_micro/html (Stand: 17.12.01) (zitiert als: Reddy/Evans/Nichols)

Richter, Rolf/Furubotn, Eirik — Neue Institutionenökonomie eine Einführung und kritische Würdigung, 2. Auflage, Tübingen, 1999 (zitiert als: Richter/Furubotn)

Roe, Mark J. — Chaos and Evolution in Law and Economics, in: Harvard Law Review, vol. 109 (1996), S.641 ff. (zitiert als: Roe, Zeitschrift)

Rohlfs, Jeffrey — A Theory of Interdependent Demand for a Communications Service, Bell Journal of Economics, vol. 5 (1974), S.16 ff. (zitiert als: Rohlfs, Zeitschrift)

Rubinfeld, Daniel L. — Antitrust enforcement in dynamic network industries, in: The Antitrust Bulletin, vol. 43 (1998), S.859 ff. (zitiert als: Rubinfeld, Zeitschrift)

Salop Steven C./Romaine, Craig R. — Preserving Monopoly: Economic Analysis, Legal Standards, and Microsoft, in: George Mason Law Review, vol. 7 (1999), S.617 ff. (zitiert als: Salop/Romaine, Zeitschrift)

Salop, Steven C. — Using Leverage to Preserve Monopoly, in: Eisenach, Jeffrey A./Thomas M. Lenard (eds.), Competition, Innovation and the Microsoft Monopoly: Antitrust in the Digital Marketplace, S.93 ff., Boston/Dordrecht/London, 1999 (zitiert als: Salop)

Sandrock, Otto — Grundprobleme der sachlichen Marktabgrenzung, in: Merz, Hans/Schluep, Walter R. (Hrsg.), Recht und Wirtschaft heute, Festgabe zum 65. Geburtstag von Max Kummer, Bern, 1980, S.460 ff. (zitiert als: Sandrock, FS Kummer)

Schlicht, Ekkehart — Legal and Economic Issues in the Commercialisation of New Technology, in: Journal of Institutional and Theoretical Economics, vol. 147 (1997), S.185 ff. (zitiert als: Schlicht, Zeitschrift)

Schmalensee, Richard — Antitrust Issues in Schumpeterian Industries, in: American Economic Review (Papers & Proceedings), vol. 90 (2000), S.192 ff. (zitiert als: Schmalensee, Zeitschrift)

Schmalensee, Richard — On Antitrust Issues Related to Networks, Testimony before the Federal Trade Commission, Hearings on Global Competition/High-Tech Innovation, December 1, 1995 (zitiert als: Schmalensee, FTC Testimony)

Schmidt, Ingo — Wettbewerbspolitik und Kartellrecht: Eine Einführung, 6. Auflage, Stuttgart, 1999 (zitiert als: Ingo Schmidt)

Schmidtchen, Dieter — Antitrust zwischen Marktmachtphobie und Effizienzeuphorie: Alte Themen – neue Ansätze, in: Möschel, Wernhard/Streit, Manfred E./Witt, Ulrich (Hrsg.), Marktwirtschaft und Rechtsordnung, Festschrift zum 70. Geburtstag von Erich Hoppmann, Baden-Baden, 1. Auflage 1994, S.143 ff. (zitiert als: Schmidtchen)

Schumpeter, Joseph A. — Kapitalismus, Sozialismus und Demokratie, in der deutschen Übersetzung des englischen Originals mit dem Titel "Capitalism, Socialism and Democracy" (ed. 1942),von Edgar Salin, 2. Aufl., München, 1950 (zitiert als: Schumpeter)

Schwintowski, Hans Peter — Der Zugang zu wesentlichen Einrichtungen, in: WuW 1999, S.842 ff. (zitiert als: Schwintowski, Zeitschrift)

Sellien, Reinhold (Hrsg.) — Gablers Wirtschafts-Lexikon, Band 2 (L-Z), 10. Auflage, Wiesbaden, 1979 (zitiert als: Gablers Wirtschafts-Lexikon, Bd.2)

Shapiro, Carl | Address Before the American Law Institute and American Bar Association, "Antitrust in Network Industries", San Francisco, CA, Speech Delivered: January 25, 1996 (zitiert als: Shapiro, Antitrust in Network Industries)

Shapiro, Carl/Varian, Hal R. | Information Rules: A Strategic Guide to the Network Economy, Boston, 1998 (zitiert als: Shapiro/Varian)

Shelanski, Howard A./Sidak, Gregory J. | Antitrust Divestiture in Network Industries, in: University of Chicago Law Review, vol. 68 (2001), S.1 ff. (zitiert als: Shelanski/Sidak, Zeitschrift)

Sheremata, Willow A. | Barriers to innovation: a monopoly, network externalities, and the speed of innovation, in: The Antitrust Bulletin, vol. 42 (1997), S.937 ff. (zitiert als: Sheremata, Zeitschrift)

Shy, Oz | Industrial Organization; Theory and Application, 4. ed., Massachusetts, 1998 (zitiert als: Shy)

Smith, Adam | Der Wohlstand der Nationen, Eine Untersuchung seiner Natur und seiner Ursachen, in der deutschen Übersetzung des englischen Originals "An Inquiry into the Nature and Causes of the Wealth of Nations" (5th ed. 1789), von Horst Claus Recktenwald, München, 1974 (zitiert als: Adam Smith)

Snapp, Bruce R. | Network Industries and Antitrust: A Cautionary Note, in: Cutting Edge Issues in Network Industries 1 (1996), S.1 ff. (zitiert als: Snapp)

Stapper, Thilo | Das essential facility Prinzip und seine Verwendung zur Öffnung immaterialgüterrechtlich geschützter de facto Standards für den Wettbewerb, Schriften zum Wirtscahftsrecht Bd. 160, Berlin, 2003 (zitiert als: Stapper)

Stelzer, Dirk | Digitale Güter und ihre Bedeutung in der Internet-Ökonomie, in: WISU – Das Wirtschaftsstudium 2000, S.835 ff. (zitiert als: Stelzer, Zeitschrift)

Stopper, Martin | Der Microsoft-Beschluss des EuG, in: ZWeR 2005, S.87 ff. (zitiert als: Stopper, Zeitschrift)

Teece, David J./Coleman, Mary — The Meaning of Monopoly: Antitrust Analysis in High-Technology Industries, The Antitrust Bulletin, vol. 43 (1998), S.801 ff. (zitiert als: Teece/Coleman, Zeitschrift)

Temple Lang, John — Defining Legitimate Competition: Companies Duties' to Supply Competitors, and Access to Essential Facilities, in: Hawk, Barry E. (ed.), Fordham Corporate Law Institute, International Antitrust Law & Policy, 1994, S.245 ff. (zitiert als: Temple Lang, Zeitschrift)

Temple Lang, John — European Community Antitrust Law: Innovation Markets and High Technology Industries, in: Hawk, Barry E. (ed.), Fordham Corporate Law Institute, International Antitrust Law & Policy, 1997, S.519 ff. (zitiert als: Temple Lang, Zeitschrift)

Theobald, Christian — Wettbewerb in Netzen als Ziel effizienten Rechts, in: WuW 2000, S.231 ff. (zitiert als: Theobald, Zeitschrift)

Thum, Marcel — Netzwerkeffekte, Standardisierung und staatlicher Regelungsbedarf, Tübingen, 1995 (zitiert als: Thum)

Thyri, Peter — Immaterialgüterrechte und Zugang zur wesentlichen Einrichtung – Der Fall Microsoft im Licht von IMS Health, in: WuW 2005, S.388 ff. (zitiert als: Thyri, Zeitschrift)

Varian, Hal R. — Grundzüge der Mikroökonomie, 4. Auflage, München, Wien, 1999 (zitiert als: Varian)

Varian, Hal R. — Intermediate Microeconomics: A Modern Approach, 5. Auflage, New York, London, 1999 (zitiert als: Varian, Intermediate Microeconomics)

Veljanovski, Cento — E.C. Antitrust in the New Economy: Is the European Commission's View of the Network Economy Right?, in: ECLR 2001, S.115 ff. (zitiert als: Veljanovski, Zeitschrift)

Wallenberg, Gabriela von — Diskriminierungsfreier Zugang zu Netzen und anderen Infrastruktureinrichtungen, in: K&R 1999, S.152 (zitiert als: von Wallenberg, Zeitschrift)

Walras, Léon	Elements of Pure Economics or The Theory of Social Wealth, in englischer Übersetzung von William Jaffé, London, 2nd ed. 1965 (zitiert als: Walras)
Weizsäcker, C. Christian von	Wettbewerb in Netzen, in: WuW 1997, S.572 ff. (zitiert als: von Weizsäcker, Zeitschrift)
Weizsäcker, C. Christian von	The Costs of Substitution, in: Econometrica, vol. 52 (1984), S.1085 ff. (zitiert als: von Weizsäcker, Zeitschrift)
Werden, Gregory J.	Network Effects and Conditions of Entry: Lessons from the Microsoft Case, in: Antitrust Law Journal, vol. 69 (2001), S.87 ff. (zitiert als: Werden, Zeitschrift)
Wey, Christian	Marktorganisation durch Standardisierung. Ein Beitrag zur Neuen Institutionenökonomie des Marktes, Berlin 1999 (zitiert als: Wey)
Weyer, Hartmut	Neue Fragen des Missbrauchs marktbeherrschender Stellungen nach § 19 GWB, in: AG 1999, S.257 ff. (zitiert als: Weyer, Zeitschrift)
Wiedemann, Gerhard (Hrsg.)	Handbuch des Kartellrechts, München, 1999 (zitiert als: Wiedemann-Bearbeiter)
Wiese, Harald	Netzeffekte und Kompatibilität: ein theoretischer und simulationsgeleiteter Beitrag zur Absatzpolitik für Netzeffekt Güter, Stuttgart, 1990 (zitiert als: Wiese)
Wiggins, Steven N.	Organizational Structures and Economic Efficiency, in: ZfS, Band 140 (1984), S.224 ff. (zitiert als: Wiggins, Zeitschrift)
Williamson, Oliver E.	A Comparison of Alternative Approaches to Economic Organization, in: JITE, vol. 146 (1990), S.61 ff. (zitiert als: Williamson, Zeitschrift)

Williamson, Oliver E. Die ökonomischen Insitutionen des Kapitalismus, Unternehmen, Märkte, Kooperationen, in der deutschen Übersetzung des englischen Originals "The Economic Institutions of Capitalism" (ed. 1985), von Monika Streissler, Tübingen, 1990 (zitiert als: Williamson, Ökonomische Institutionen)

Williamson, Oliver E. Markets and Hierarchies: Analysis and Anti-Trust Implications: A Study in the Economics of Internal Organisation, New York, London, 1975 (zitiert als: Williamson)

Williamson, Oliver E. Reflections on the New Institutional Economics, in: Journal of Institutional and Theoretical Economics, vol. 141 (1985), S.187 ff. (zitiert als: Williamson, Zeitschrift)

Williamson, Oliver E. The Economics of Governance: Framework and Implications, in: ZfS, Band 140 (1984), S.195 ff. (zitiert als: Williamson, Zeitschrift)

Williamson, Oliver E. Transaction Cost Economics Meets Posnerian Law and Economics, in: JITE, vol. 149 (1993), S.99 ff. (zitiert als: Williamson, Zeitschrift)

Wiseman, Alan E. Economic Perspectives on the Internet, Paper on Economic Issues, Bureau of Economic Issues Federal Trade Commission (eds.), Washington D.C., July 2000 (zitiert als: Wiseman)

Zimmerlich, Antje Der Fall Microsoft – Herausforderungen für das Wettbewerbsrecht durch die Interneökonomie, in: WRP 2004, S.1260 ff. (zitiert als: Zimmerlich, Zeitschrift)

ABKÜRZUNGSVERZEICHNIS

a.a.O.	am angegebenen Ort
a.E.	am Ende
Abb.	Abbildung
ABl.	Amtsblatt
AG	Die Aktiengesellschaft
API	Application Programming Interface(s)
Art.	Artikel
Aufl.	Auflage
BB	Betriebs Berater
Bd.	Band
BGH	Bundesgerichtshof
BGHZ	Entscheidungen des Bundesgerichtshofes in Zivilsachen
BKartA	Bundeskartellamt
BT	Bundestag
bzw.	beziehungsweise
CDMA	Code Division Multiple Access
CPU	Central Processing Unit (Prozessor)
D.C. Cir.	Circuit Court for the District of Columbia

D.D.C.	District Court for the District of Columbia
d.h.	das heißt
DB	Der Betrieb
ders.	derselbe
dies.	dieselben
DoJ	US Department of Justice
Drs.	Drucksache
ECLR	European Competition Law Review
ed.	edition/editor (Auflage/Ausgabe oder Herausgeber)
eds.	editors (Herausgeber)
EG	EG-Vertrag in der Fassung des Vertrages von Amsterdam
EGKS	Vertrag über die Gründung der Europäischen Gemeinschaft für Kohle und Stahl
Einf.	Einführung
EuG	Europäisches Gericht erster Instanz
EU-Kommission	Europäische Kommission
EUV	Vertrag über die Gründung der Europäischen Union
EuZW	Zeitschrift für Europäisches Wirtschaftsrecht
F. 3d	Federal Reporter, 3rd Series

FK	Frankfurter Kommentar
Fn.	Fußnote
F.R.D.	Federal Rules Decisions
FS	Festschrift/Festgabe
F. Supp. 2d	Federal Supplement, 2nd Series
FTC	Federal Trade Commission (USA)
FuE	Forschung und Entwicklung
GA	Generalanwalt
ggf.	gegebenenfalls
GPRS	General Packet Radio Service
GRUR Int.	Gewerblicher Rechtschutz und Urheberrecht, Internationaler Teil
GSM	Global System for Mobile Communication
GWB	Gesetz gegen Wettbewerbsbeschränkungen
i.V.	in Verbindung
IE	Internet Explorer
ISP	Internet Service Provider
IT	Information Technologie
JITE	Journal of Institutional und Theoretical Economics

KEK	Kommission zur Ermittlung der Konzentration im Medienbereich
K&R	Kommunikation und Recht
Lfg.	Lieferung
m.w.Nachw.	mit weiteren Nachweisen
MMR	Multimedia und Recht
MOG	Mindestoptimale Größe
NIÖ	Neue Institutionenökonomie
No.	Number
OEM	Original Equipment Manufacturer
OFT	Office of Fair Trading (UK)
OLG	Oberlandesgericht
ORDO	Jahrbuch für die Ordnung von Wirtschaft und Gesellschaft
para.	paragraph (Randnummer)
PC	Personal Computer
Slg.	Amtliche Sammlung der Entscheidungen des Europäischen Gerichtshofs
sog.	sogenannt(e)(er)
u.a.	unter anderem
u.ä.	und ähnliche(s)
U.S.	United States

u.U.	unter Umständen
UMTS	Universal Mobile Telephone Standard
usw.	und so weiter
UWG	Gesetz gegen unlauteren Wettbewerb
VG	Verwaltungsgericht
vgl.	vergleiche
vol.	volume (Band)
WiSt	Wirtschaftswissenschaftliches Studium
WuW	Wirtschaft und Wettbewerb Zeitschrift für deutsches und europäisches Wettbewerbsrecht
WuW/E	Entscheidungssammlung der Zeitschrift Wirtschaft und Wettbewerb
zfo	Zeitschrift für Führung + Organisation
ZgS	Zeitschrift für die gesamte Staatswissenschaft (ab 1986 JITE)
ZWeR	Zeitschrift für Wettbewerbsrecht

INHALTSVERZEICHNIS

Ignorance and uncertain inference are the norm in antitrust.

Frank H. Easterbrook[1]

Außerhalb des Gebietes der öffentlichen Dienste kann die Stellung eines „einzigen Verkäufers" im allgemeinen nur unter der Bedingung erobert und während Jahrzehnten gehalten werden, dass er sich nicht wie ein Monopolist benimmt.

Joseph A. Schumpeter[2]

EINLEITUNG

A. Einführung

Wettbewerb in Gegenwart von Netzwerkeffektenstellt das Kartellrecht vor neue und komplexe Herausforderungen. Die wohl bekannteste und bisher wichtigste Entscheidung zu Märkten mit starken Netzwerkeffekten ist das jüngst vom US Bundesberufungsgericht in Washington D.C. entschiedene kartellrechtliche Missbrauchsverfahren gegen die *Microsoft* Corporation (*Microsoft*)[3]. Das von der EU-Kommission gegen Microsoft geführte Verfahren in der EU ist derzeit beim Europäischen Gericht erster Instanz anhängig[4]. Zuvor hatte die EU-Kommission in ihrer Entscheidung vom 24. März 2004 ein Rekordbußgeld in Höhe von mehr als Euro 497 Mio. gegen Microsoft verhängt und Microsoft aufgegeben, die in der Entscheidung festgestellten mißbräuchlichen Verhaltensweisen zu beenden. Dazu wurde Microsoft aufgefordert, (i) innerhalb von 120 Tagen bestimmte Schnittstelleninformationen offenzulegen, die zur Herstellung der Interoperabilität zwischen Server-Betriebssystemen dritter Anbieter und dem PC-Betriebssystem Windows erforderlich sind und (ii) innerhalb von 90

---

1 Easterbrook, Ignorance and Antitrust, S.119, 127.

2 Schumpeter, S.163.

3 United States v. Microsoft Corp., 253 F.3d 34 (D.C. Cir. 2001); zuvor hatte im Jahr 2000 der zuständige District Court auf eine Klage des US DOJ sowie 19 weiterer Bundesstaaten wegen angeblicher Verstöße gegen Sec. 1 und 2 des Sherman Act gegen Microsoft entschieden und die Entflechtung angeordnet. (United States v. Microsoft Corp., 84 F.Supp.2d 9 (Finding of Facts), 30 (Conclusions of Law) und 59 (Final Judgement) (D.DC. 1999/2000). Das Berufungsgericht hob das erstinstanzliche Urteil mit Ausnahme des Monopolisierungsvorwurfs in Bezug auf den Markt für PC-Betriebssysteme vollständig auf. Daraufhin schlossen die Kläger (das US DOJ und 18 Bundesstaaten) und Microsoft 2001 einen gerichtlich bestätigten Vergleich, mit dem der verbliebene Vorwurf der versuchten Monopolisierung des Browsermarktes unter Verletzung von Sec. 2 Sherman Act beigelegt wurde (vgl. www.usdoj.gov/atr/cases/f200400/200451.htm (endgültiger Vergleichsvorschlag) und www.dcd.uscourts.gov/98-1232cr.pdf (gerichtliche Bestätigung). Das dagegen eingelegte Rechtsmittel des Staates Massachusetts wurde vom Berufungsgericht in Washington D.C. zurückgewiesen (Handelsblatt vom 2. Juli 2004, S.14). Ausführlich zum US-Verfahren im deutschen Schrifttum Meier-Wahl/Wrobel, WuW 1999, S.28 ff.; Fleischer/Doege, WuW 2000, S.705 ff.; Fleischer/Körber, K&R 2001, S.623 ff.; Gey, WuW 2001, S.933 ff.; Stapper, S.150 ff.; Körber, RIW 2004, S.568 ff.

4 Die mündliche Verhandlung im Hauptsacheverfahren hat vom 21. bis 24. April in Luxemburg stattgefunden. Der Sitzungsbericht (einschließlich ergänzendem Sitzungsbericht) ist auf der Website des Gerichts erster Instanz unter http://curia.eu.int/jurisp/cgi-bin/form.pl?lang=de abrufbar.

Tagen eine vollfunktionsfähige Version von Windows ohne integrierten Windows Media Player auf den Markt zu bringen[5]. Auch jenseits des Microsoft-Verfahrens in der EU gab es bereits Entscheidungen des Bundeskartellamtes und der EU-Kommission, in denen es um Märkte ging, auf denen Netzwerkeffekte von Bedeutung waren. Die insoweit einschlägigen Entscheidungen des Bundeskartellamtes sind insbesondere die (angedrohten) Untersagungen zu Pay-TV und digitalem Fernsehen (*Deutsche Telekom/Beta Research*[6]), Internetportalen und -inhalten (*Bild.de/T-Online*[7]), zum Breitbandkabel (NE3/NE4) in Sachen *Liberty/Viola*[8]) sowie im Bereich Software für Webdesign, Bildbearbeitung und Vektorgraphik (*Adobe/Macromedia*[9]). Zu den insoweit relevanten Entscheidungen der EU-Kommission zählen vor allem *Microsoft/Liberty/Telewest*[10], *BSkyB/Kirch Pay TV*[11], *Deutsche Telekom/Beta Research*[12], *AOL/Time Warner*[13], *MCI Worldcom/Sprint*[14] und *Vodafone Airtouch/Mannesmann*[15].

In all diesen Fällen einschließlich der beiden in den USA und der EU geführten Auseinandersetzungen mit *Microsoft* haben die zur Entscheidung berufenen Gerichte und Behörden die Existenz von Netzwerkeffekten bestenfalls zur pro forma Kenntnis genommen. Soweit ersichtlich blieben ihre Entscheidungen davon jedoch weitestgehend unbeeinflusst. Materiell wurde stets ausschließlich auf der Basis der überkommenen kartellrechtlichen Konzepte entschieden, ohne sich mit den besonderen Bedingungen des Wettbewerbs inkompatibler Systeme[16] in Gegenwart von Netzwerkeffekten auseinanderzusetzen[17]. Dieses Versäumnis kann angesichts der im kartellrechtli-

---

5 Entscheidung der EU-Kommission vom 24.3.2004, COMP/C-3/37.792 – Microsoft. Vgl. dazu die Stellungnahmen von Fichert/Sohns, WuW 2004, 907 ff.; Zimmerlich, WRP 2004, S.260; Körber, RIW 2004, S.568 ff.; Art/McCurdy, ECLR 2004, S.694 ff.; Stopper, ZWeR 2005, S.87 ff.; Körber, K&R 2005, S.193 ff.; Thyri, WuW 2005, S.388 ff., Arowolo, ECLR 2005, S.247 ff.

6 KEK Konzentrationsbericht 2000, S. 221; Abmahnung des BKartA vom 25.01.2001, B 7-257/00 (unveröffentlicht).

7 BKartA B 6 144/01 vom 07.03.2002 (http://www.bundeskartellamt.de/wDeutsch/entscheidungen/entscheidungen.shtml).

8 BKartA B 7 168/01 vom 22.02.2002 (www.bundeskartellamt.de/wDeutsch/entscheidungen/entscheidungen.shtml).

9 BKartA B 7 162/05 vom 23.12.2005 (www.bundeskartellamt.de/wDeutsch/entscheidungen/entscheidungen.shtml).

10 EU-Kommission COMP/JV.27, zurückgenommen am 12.07.2000 (http://ec.europa.eu/comm/competition/index_de.html).

11 EU-Kommission COMP/JV.37 vom 21.03.2000, ABl. EG Nr. C 110 vom 15.4.2000, S.45. Der Text der Entscheidung befindet sich unter http://ec.europa.eu/comm/competition/index_de.html

12 EU-Kommission IV/M.1027 vom 27.05.1998, insbesondere Rn. 29 ff., 33. Der Text der Entscheidung befindet sich unter http://ec.europa.eu/comm/competition/index_de.html

13 EU-Kommission COMP/M.1845 vom 11.10.2000, ABl. EG Nr. L 268 vom 9.10.2001, S.28 ff.

14 EU-Kommission COMP/M.1741 vom 28.6.2000, ABl. EG Nr. L 300 vom 18.11.2003, S.1 ff.

15 EU-Kommission COMP/M.1795 vom 12.04.2000, ABl. EG Nr. C 141 vom 19.05.2000, S.19. Der Text der Entscheidung befindet sich unter http://ec.europa.eu/comm/competition/index_de.html

16 Die Begriffe Systeme, Netzwerke oder Plattformen werden in dieser Arbeit synonym verwendet.

17 In der Microsoft-Entscheidung z.B. stellt die EU-Kommission zwar ausdrücklich fest, dass der Markt für PC-Betriebssysteme von starken Netzwerkeffekten geprägt ist (Rn.420, 438). Gleichwohl nimmt sie die Abgrenzung des relevanten Produktmarktes ausschließlich anhand der traditionellen Kriterien wie der Existenz kurzfristig verfügbarer Alternativen aus Sicht der Marktge-

chen Schrifttum insgesamt noch wenig erörterten Thematik kaum verwundern. Dabei besteht die Gefahr fehlgeleiteter Interventionen, wenn etwa im Rahmen der Missbrauchsaufsicht der betroffene Markt unzutreffend abgegrenzt und infolgedessen die Marktmacht des marktbeherrschungsverdächtigen Unternehmens falsch beurteilt wird. Solchermaßen ungerechtfertigte Eingriffe in den Wettbewerb bedrohen die Bereitschaft zum Eingehen der mit innovativen Vorstößen verbundenen unternehmerischen Risiken, den technischen Fortschritt und damit die allgemeine Wohlfahrt. Im Interesse einer informierten Wettbewerbsaufsicht durch die Kartellbehörden besteht daher Anlass zu einer vertieften Auseinandersetzung mit den Besonderheiten des Wettbewerbs in Gegenwart von Netzwerkeffekten.

Netzwerkeffekte liegen immer dann vor, wenn eine Ware oder Dienstleistung um so wertvoller wird, je mehr Konsumenten sich für den Kauf oder die Nutzung der gleichen Ware oder Dienstleistung entscheiden. Dieser positive Zusammenhang zwischen dem Wert eines Produktes und der Häufigkeit seiner Nutzung ist das besondere Kennzeichen von Netzwerkstrukturen der Informationsindustrie. Das klassische Beispiel für die Entstehung von Netzwerkeffekten ist das Telefonnetz. Je mehr Teilnehmer an das Netz angeschlossen sind, desto größer ist der Wert des Telefons (mit Anschluss) für alle bisherigen und neu hinzukommenden Teilnehmer. An diesem Beispiel lässt sich auch der Unterschied zwischen dem Produktwert und dem Netzwerkwert eines Gutes verdeutlichen. Der Produktwert eines Telefons entspricht praktisch dem Materialwert. Der eigentliche Wert jedoch entsteht erst dadurch, dass das Telefon Zugang zum Netzwerk und damit zu anderen Teilnehmern verschafft. Nur so wird aus dem Telefon eine wertvolle Kommunikationseinrichtung. Verallgemeinert lässt sich daraus ableiten, dass der entscheidende Wert von Netzwerkgütern nicht der Produktwert, sondern der durch den Zugang zum Netzwerk (oder zum System) erzeugte Zusatznutzen ist. Dieser Zusatznutzen wird häufig als Netzwerkwert bezeichnet und kommt in der Entstehung von Netzwerkeffekten zum Ausdruck.

Von besonderem Interesse sind Märkte mit starken Netzwerkeffekten und inkompatiblen Netzwerken (die Konstellation des *Microsoft*verfahrens). Sie stellen die Wettbewerbspolitik und damit die Anwendung des Kartellrechts vor folgendes Problem:

Einerseits bewirken starke Netzwerkeffekte bei gegebener Inkompatibilität eine erhebliche Polarisierung des Marktes hin zu einem bestimmten Netzwerk (im englischsprachigen Schrifttum wird dieses Phänomen auch als *„tipping"* beschrieben). Die Konsumenten als rational handelnde Marktteilnehmer wollen in möglichst hohem Maße an den vorhandenen Netzwerkeffekten partizipieren. Da Netzwerkeffekte mit der Größe eines Netzwerkes zunehmen, werden sie sich dem größten Netzwerk anschließen. Sofern sich noch kein Netzwerk als *de facto-Standard* am Markt durchgesetzt hat, werden sich die Konsumenten für dasjenige Netzwerk entscheiden, von dem sie am ehesten erwarten, dass es sich als *de facto-Standard* am Markt wird durchsetzen

genseite (Rn.468) vor, obwohl Microsoft zu Recht auf die stets vorhandene Bredrohung seiner Marktposition durch die unvorhersehbare Dynamik technischer Innovationen hinweist, deren Erfassung mit konventionellen Mitteln der Marktabgrenzung überhaupt nicht gelingen kann. (Rn.465, 468).

können. Infolgedessen besitzen Netzwerkmärkte bei gegebener Inkompatibilität eine Tendenz zum natürlichen Monopol. Die Marktstruktur entspricht in der Regel der eines asymmetrischen Oligopols („*winner takes most scenario*") oder, im Extremfall, der eines natürlichen (Quasi-)Monopols („*winner takes all scenario*"). In beiden Fällen sind die Marktanteile des Marktführers um ein Vielfaches größer als die Marktanteile der Wettbewerber, bei denen es sich in der Regel um Nischenwettbewerber handelt. Aus kartellrechtlicher Sicht erscheint diese Entwicklung bedenklich, da die Kartellbehörden – zu Recht – davon ausgehen müssen, dass unter diesen Umständen kein wirksamer Wettbewerb auf dem Markt möglich ist.

Andererseits ist unbestritten, dass die Existenz eines einzigen großen Netzwerkes am Markt beträchtliche wohlfahrtssteigernde Wirkung hat. Die Konsumenten profitieren von starken positiven Netzwerkeffekten. Der Förderer des erfolgreichen Netzwerks wird in die Lage versetzt, die nach Erreichen der kritischen Masse steigende Zahlungsbereitschaft der Konsumenten zur Amortisation seiner Investitionen und zur Erzielung eines angemessenen Ertrages auf das eingesetzte Kapital zu nutzen. Auf diese Weise gelingt es, die mit der Größe eines Netzwerks zunehmenden positiven Netzwerkeffekte (wenigsten teilweise) zu internalisieren. Überdies reduziert die Existenz eines einzigen Netzwerks die bei der Vornahme von Rechtsgeschäften über den Markt entstehenden Transaktionskosten. Kann der Förderer eines Netzwerks seinen technischen Standard im Wettbewerb als *de facto-Standard* am Markt durchzusetzen (wie dies z.B. *Microsoft* mit den APIs[18] seines Betriebssystems Windows gelungen ist), so wird es für Konsumenten und Hersteller von Komplementärprodukten erheblich einfacher und kostengünstiger zu produzieren, zu vergleichen, kompatibles Zubehör zu finden, Verträge zu schließen etc.

Wie nun lässt sich dieser wettbewerbspolitische Zielkonflikt lösen? Ist die Konzentration auf Netzwerkmärkten angesichts der damit verbundenen wohlfahrtssteigernden Effekte trotz fehlender wettbewerblicher Kontrolle hinzunehmen? Wäre umgekehrt eine Regulierung der Netzwerkindustrie der richtige Ansatz, um den möglichen Gefahren fehlenden Wettbewerbs wirksam zu begegnen und gleichzeitig die positiven Auswirkungen großer Netzwerke (starke Netzwerkeffekte, einheitliche Standards etc.) zu erhalten? Oder soll man auf Regulierung verzichten in der Hoffnung, dadurch einen Anreiz zur Entwicklung konkurrierender Systeme zu bewahren? Letzterer von *Möschel*[19] formulierter Gedanke kommt einer möglichen Lösung am nächsten. Entscheidend ist die Erkenntnis, dass fehlender Wettbewerb auf dem Markt durch *Schumpeter'*schen Innovationswettbewerb um den Markt kompensiert wird. Der von *Schumpeter'*schem Innovationswettbewerb ausgehende Wettbewerbsdruck sorgt dafür, dass der Förderer eines *de facto-Standard*-Netzwerkes nicht über wettbewerblich unkontrollierte Verhaltensspielräume verfügt.

Die in Gegenwart starker Netzwerkeffekte bei gegebener Inkompatibilität entstehenden (Quasi-)Monopole oder asymmetrischen Oligopole sind normaler Bestandteil des von *Schumpeter* beschriebenen Prozesses der „schöpferischen Zerstörung". Unter diesen Bedingungen sind aufeinanderfolgende Monopolstellungen daher Ausdruck

---

18 APIs sind die Schnittstellen zwischen Betriebssystem und Anwendungsprogrammen.

19 Möschel, Wettbewerbswirkung versus Vermachtung, S.114.

funktionierenden Wettbewerbs um den Markt. Bei funktionierendem Innovationswettbewerb aber sind Monopolstellungen lediglich temporärer oder – im *Arndt*'schen Sinne – prozessualer Natur. *Schumpeter*'scher Innovationswettbewerb hat damit den Charakter eines besonders intensiven, sequentiell verlaufenden Alles-oder-Nichts-Wettbewerbs. Als solcher unterscheidet er sich grundlegend von dem neoklassischen Leitbild parallelen Preiswettbewerbs auf polypolistischen Märkten, das die Vorstellungen des Kartellrechts bis heute entscheidend prägt.

Dieser besondere Charakter des Wettbewerbs in Gegenwart von Netzwerkeffekten ist – soweit ersichtlich – von Bundeskartellamt und EU-Kommission bisher nicht ausreichend zur Kenntnis genommen oder jedenfalls nicht erörtert worden. Allein die Entscheidung des Bundesberufungsgerichts im jüngsten US *Microsoft*-Verfahren lässt erkennen, dass das Gericht zumindest theoretisch die Möglichkeit in Betracht gezogen hat, dass Wettbewerb auf Netzwerkmärkten „*rather for the field than on the field*" stattfinden könnte. In der Sache jedoch hat es seine Entscheidung auf die hergebrachten, von neoklassischen Wettbewerbsvorstellungen geprägten Konzepte der Marktabgrenzung und Marktbeherrschung gestützt. Dabei muss der Versuch, sequentiell verlaufenden Alles-oder-Nichts-Wettbewerb mit den Kriterien zu erfassen, die auf parallelen Preiswettbewerb auf polypolistischen Märkten zugeschnitten sind, offensichtlich scheitern. Bei dieser Vorgehensweise – das ist eine der zentralen Thesen dieser Arbeit – gerät die Abgrenzung des sachlich relevanten Marktes viel zu eng. Infolgedessen besteht die Gefahr, dass sich Kartellbehörden und Gerichte vorschnell dazu verleiten lassen, vom Bestehen einer marktbeherrschenden Stellung auszugehen.

Die Unsicherheit der Kartellrechtspraxis im Umgang mit Netzwerkmärkten wird am Beispiel des *Microsoft*verfahrens besonders deutlich. Kurz nachdem das Berufungsgericht bestätigt hatte, *Microsoft* verfüge über eine marktbeherrschende Stellung auf dem – zu eng abgegrenzten – Markt für Intel-kompatible PC-Betriebssysteme, hat der angeblich marktbeherrschende Monopolist Pressemeldungen zufolge größte Schwierigkeiten bei der Umsetzung seines neuen – und für die meisten Unternehmen teureren – Lizenzsystems für *Windows XP*[20]. Wäre *Microsoft* tatsächlich ein marktbeherrschender Monopolist, hätten sich die Abnehmer von *Windows* – wenn auch zähneknirschend – mangels Produktalternativen nicht erfolgreich gegen die kompromisslose Durchsetzung des neuen Lizenzsystems zur Wehr setzen können. Statt dessen ist zu lesen, dass zahlreiche Abnehmer erfolgreich, weil glaubhaft, damit gedroht haben, im Falle der unveränderten Umsetzung des Lizenzsystems zu anderen Anbietern von Betriebssystemsoftware, vornehmlich *Linux*, zu wechseln. Der zunehmende Erfolg von Linux unterstreicht die Plausibilität dieser Drohung ebenso wie das Nachgeben *Microsofts* beweist, wie ernst der angeblich marktbeherrschende Monopolist die Kundenproteste im Lichte dieser Alternative zu nehmen hat. All dies spricht jedenfalls *prima facie* dagegen, die Marktstellung *Microsofts* als marktbeherrschendes Monopol auf dem Markt für Intel-kompatible PC-Betriebssysteme anzusehen[21].

---

[20] Financial Times Deutschland vom 10.10.2001, S.4 sowie vom 4.6.2002, S.35.

[21] Darauf deutet auch die jüngste Entwicklung von Openoffice aus dem Bereich der Open-Source Software hin, vgl. Financial Times vom 22.1.2003, S.11 und Financial Times Deutschland vom 5. März 2003, S.29. Anders die EU-Kommission, die zwar zugesteht, dass Linux aus Sicht der Kunden eine Alternative darstellt. Zugleich zieht die EU-Kommission den Schluss, dass Linux

Es wäre sogar denkbar, dass *Microsofts* Angebot, *Windows* nunmehr für die Konkurrenz zu öffnen[22], nur vordergründig im Zusammenhang mit den gegenwärtig in den USA und Brüssel geführten Kartellverfahren steht. Tatsächlich könnte es sich um eine Maßnahme handeln, mit der *Microsoft* äußerst geschickt und effektiv auf zunehmenden Wettbewerbsdruck reagiert. Mit der Öffnung von Windows könnte es *Microsoft* gelingen, einen möglicherweise drohenden Verlust seiner Marktposition zu verhindern: Die Herstellung von Kompatibilität z.B. zwischen Anwendungssoftware und Betriebssystemen verschiedener Hersteller oder den Betriebssystemen von Servern und PCs nimmt dem bisher herrschenden Alles-oder-Nichts-Wettbewerb die Schärfe. Netzwerkeffekte und die Größe der installierten Basis spielen bei Kompatibilität der am Markt angebotenen Systeme keine Rolle mehr. Im Wettbewerb kompatibler Systeme geht es – wie auf traditionellen Märkten auch – lediglich um Marktanteile und nicht mehr um den Markt als Ganzes.

Netzwerkeffekte allein – auch dies ist eine wichtige Erkenntnis dieser Arbeit – sind eine notwendige, aber keine hinreichende Bedingung für die Entstehung eines marktbeherrschenden asymmetrischen Oligopols bzw. eines (Quasi-)Monopols. Auch auf Netzwerkmärkten spielen insoweit die „klassischen" Kriterien wie hohe Fixkosten, Skalenerträge bei der Produktion etc. eine wichtige Rolle. Befürchtungen, dass Netzwerkeffekte bewirken könnten, dass ein einmal etabliertes Netzwerk einschließlich des zugrundeliegenden technischen Standards aus dieser Position nicht mehr zu verdrängen sei[23], sind übertrieben und unbegründet[24]. Anders als dies in den von der KEK[25] geäußerten Bedenken zum Ausdruck kommt, handelt es sich bei Netzwerkeffekten nicht um (praktisch) unüberwindliche Marktzutrittsschranken. Vielmehr sind sie gewissermaßen als Katalysator *Schumpeter'*schen Innovationswettbewerbs zu begreifen.

---

den Verhaltensspielraum von Microsoft nicht wirksam kontrolliert, da sich weder die Ertragslage noch die Preispolitik oder das Geschäftsgebaren von Microsoft substantiell geändert hätten (vgl. EU-Kommission COMP/C -3/37.792 – Microsoft, Rn.461).

22 Financial Times Deutschland vom 6.8.2002, S.1 und 4.

23 So aber KEK, Konzentrationsbericht 2000, S.222. Dort heißt es im Zusammenhang mit Betriebssystemsoftware für Pay-TV Decoder (Set-top-Boxen) wörtlich: „Problematisch sind bei der Einführung einer Decoder-Technologie vor allem Standardsetzungen aufgrund von Netzwerkeffekten. Diese Netzwerkeffekte bewirken, dass ein einmal etablierter technologischer Standard für zusätzliche Anwender stets attraktiver ist als eine neu in den Markt eingeführte Alternative. Ursächlich dafür ist, dass für den etablierten Standard bereits Anwendungsmöglichkeiten bestehen, die mit der neuen alternativen Technologie nicht genutzt werden können. Mit zunehmender Verbreitung eines Standards wird der Markteintritt für einen Newcomer also immer schwieriger." An dieser Stelle sei erwähnt, dass auch die Begriffe des Standards und des Netzwerks in der Literatur und auch in dieser Arbeit synonym gebraucht werden.

24 Zeitungsberichten zufolge (vgl. Financial Times Deutschland vom 25.7.2002, S.3) hat die Kirch-Gruppe nunmehr auch offiziell eingeräumt, dass sie beabsichtige, ihre Pay-TV-Plattform Premiere auch für andere Techniken zu öffnen und sie nicht mehr allein über die D-Box zu vertreiben. Zukünftig sei davon auszugehen, dass die Kabelnetzeigner über die Empfangstechnik entscheiden. Sie wollen neben der TV-Versorgung auch andere Dienste anbieten können (z.B. schnellen Internetzugang, interaktives Fernsehen etc.). Damit aber erweisen sich die Befürchtungen der KEK auch im Lichte der tatsächlichen Entwicklungen am Markt als unbegründet.

25 Siehe oben, Fn.23. Mit ähnlicher Argumentation auch das Bundesberufungsgericht in Sachen *Microsoft*, vgl. United States v. Microsoft Corp., 253 F. 3d 34, 50, 56 (D.C. Cir. 2001).

In dem Maße nämlich wie Netzwerkeffekte einer neuen Technologie zum Durchbruch verhelfen, zerstören sie notwendigerweise zugleich die Monopolstellung des etablierten Standards. Die Beispiele für den sequentiellen Verlauf dieser Art von Wettbewerb sind zahlreich. Man denke nur an die verschiedenen Generationen von Textverarbeitungsprogrammen, Videospielkonsolen, PC-Betriebssystemen, Tabellenkalkulationsprogrammen etc. Dagegen gibt es keine empirisch belegbaren Beispiele für das von der KEK befürchtete ineffiziente Verharren des Marktes in einem bestimmten Standard trotz verfügbarer technisch überlegener Alternativen.

An diesem Punkt lohnt es, inne zu halten und die eingangs zitierten Äußerungen von *Frank H. Easterbrook* und *Joseph A. Schumpeter* wirken zu lassen. *Easterbrook* stellt fest, dass die Gefahr irrtümlicher Entscheidungen im Kartellrecht besonders groß ist[26]. Zugleich weist *Schumpeter* darauf hin, dass die Präsenz nur eines Anbieters am Markt keinesfalls automatisch mit monopolistischer Marktbeherrschung gleichzusetzen ist. Zusammen ermuntern die Erkenntnisse dieser bedeutenden Juristen und Ökonomen, die Tauglichkeit der hergebrachten kartellrechtlichen Konzepte zu hinterfragen, die Richtigkeit der mit ihrer Hilfe gefundenen Lösungen kritisch zu überprüfen und ggf. nach neuen Lösungen zu suchen. Wettbewerb in Gegenwart von Netzwerkeffekten ist jedenfalls im deutschen und europäischen Kartellrecht ein bisher weitgehend unbehandelter Themenkomplex. Kartellbehörden und Gerichte – soweit sie sich bisher überhaupt mit dieser Thematik beschäftigt haben – neigen dazu, vor allem die von Netzwerkeffektenmöglicherweise ausgehenden Gefahren für den Wettbewerb in den Mittelpunkt zu stellen[27].

---

26 Speziell für Netzwerkstrukturen ebenso Möschel, Wettbewerbssicherung versus Vermachtung, S.116 („Innerhalb von Verbundstrukturen ist das Risiko kartellrechtlicher Fehlentscheidungen besonders groß.").

27 Symtomatisch insoweit etwa die Entscheidung der EU-Kommission in COMP/C-3/37.792, Rn.470 („In fact, the specific characteristics of the market in question (for example, network effects and applications barrier to entry) would rather suggest that there is an increased likelihood of positions of entrenched market power, compared to certain "traditional industries".). Ebenso Kolasky, George Mason Law Review 7 (1999), S.577, 578. Abzuwarten bleibt, welche Position die EU-Kommission künftig bei der Beurteilung horizontaler Zusammenschlüsse auf Netzwerkmärkten in der Praxis einnehmen wird. Im Entwurf einer Mitteilung vom 11.12.2002 über die Beurteilung horizontaler Zusammenschlüsse (veröffentlicht unter: http://www.europa.eu.int/comm/competition/mergers/review/final_draft_de.pdf, Stand: 23. 3 2003) werden Märkte mit starken Netzwerkeffekten (am Beispiel der Videospielkonsolen) nunmehr gesondert in einer eigenen Randnummer erwähnt (Rn.67). Allerdings deutet die Erörterung dieser Märkte im Zusammenhang mit Oligopolen mit „erhöhtem Koordinierungsrisiko" im Abschnitt „Abschreckungsmechanismen" darauf hin, dass die Kommission die Bedeutung von Netzwerkeffekten verkennt. Da Märkte mit starken Netzwerkeffekten eine Tendenz zum natürlichen Monopol besitzen, ist das von der Kommission angenommene Szenario eines Oligopols, dessen Mitglieder z.B. versuchen, ihr Preissetzungsverhalten zu koordinieren, unter den Bedingungen eines „Alles-oder-Nichts-Wettbewerb" um den Markt äußerst unwahrscheinlich (zustimmend Bishop/Walker, S.304 (7.93) „Finally, when competition is for the market, there can be no question of collective dominance concerns."). Möglicherweise ist die EU-Kommission zwischenzeitlich zu derselben Schlussfolgerung gelangt. Jedenfalls ist diese Randnummer in der endgültigen Fassung der Leitlinien zur Bewertung horizontaler Zusammenschlüsse nicht mehr enthalten (ABl. EG Nr. C 31 vom 5.2.2004, S.3 ff.). Auch wenn zu einem bestimmten Zeiptpunkt mehrere Anbieter einer neu-

Demgegenüber soll mit dieser Arbeit der Versuch unternommen werden, andere Akzente bei der Betrachtung des Wettbewerbs in Gegenwart von Netzwerkeffekten zu setzen. Dabei geht es weniger um eine Gegenüberstellung der wohlfahrts- und effizienzsteigernden Auswirkungen positiver Netzwerkeffekte einerseits mit den wettbewerblichen Gefahren hochkonzentrierter Märkte andererseits. Vielmehr kommt es darauf an, deutlich zu machen, dass die der kartellrechtlichen Missbrauchsaufsicht zugrundeliegenden traditionellen Konzepte insgesamt nicht unverändert geeignet sind, auf Märkten mit Netzwerkeffektenund inkompatiblen Systemen sachgerechte Ergebnisse zu erzielen. Dies zu erkennen gehört zu den wichtigsten, über den eigentlichen Fall hinausweisenden Ergebnissen der „Nachlese" des *Microsoft*verfahrens in den USA (und möglicherweise auch in der EU). Mit Rücksicht darauf, dass ähnliche Fälle aus dem Bereich der Netzwerkindustrie zukünftig an Bedeutung gewinnen werden, ist es an der Zeit, die Besonderheiten des Wettbewerbs in Gegenwart von Netzwerkeffekten näher zu beleuchten.

B. Überblick über Inhalt und Verlauf der Arbeit

I. Summarischer Überblick

Die vorliegende Arbeit besteht aus drei Teilen, die gemeinsam unter ökonomischen, wettbewerbstheoretischen und kartellrechtlichen Gesichtspunkten einen Überblick über die Besonderheiten des Wettbewerbs in Gegenwart von Netzwerkeffekten geben sollen.

Im ersten Teil der Arbeit geht es vor allem darum, Ursachen und Wirkungen des ökonomischen Phänomens der Netzwerkeffekte zu erarbeiten, soweit dies für den kartellrechtlichen Ansatz dieser Arbeit erforderlich ist. Zu diesem Zweck vertieft der erste Teil die standardisierungsökonomische Theorie der Netzwerkeffekte, erörtert die Rolle von Transaktionskosten auf Netzwerkmärkten und analysiert die Besonderheiten des Wettbewerbs in Gegenwart von Netzwerkeffekten.

Im zweiten Teil der Arbeit folgt die wettbewerbstheoretische Einordnung der (standardisierungs-)ökonomischen Erkenntnisse zu Ursachen und Wirkungen von Netzwerkeffekten aus dem ersten Teil. Der den zweiten Teil der Arbeit überwölbende Leitgedanke ist die Rolle des Kartellrechts auf Netzwerkmärkten, wenn man davon auszugehen hat, dass Netzwerkmärkte über eine von Natur aus monopolistische Marktstruktur verfügen.

Im dritten Teil schließlich geht es um die Frage, ob die kartellrechtlichen Konzepte, die ursprünglich für traditionelle Märkte ohne Netzwerkeffekte entwickelt wurden,

---

en Generation von Videospielen auf dem Markt tätig sind, zeigt die Entwicklung in der Vergangenheit, dass sich stets nur ein Anbieter durchsetzt, dessen Absatzzahlen die der anderen Anbieter weit hinter sich lassen (wie z.B. Nintendo, Atari, Sega oder derzeit Sony mit der Playstation II). Dieser erlangt zwar für eine gewisse Zeit die Marktführerschaft; zugleich jedoch ist er intensivem Innovationswettbewerb um die nächste Spielegeneration ausgesetzt. Preiswettbewerb hingegen spielt nur in der Anfangsphase der Auseinandersetzung um den Markt eine Rolle. Wichtiger sind Verfügbarkeit und Qualität der systemkompatiblen Spiele sowie innovative technische Eigenschaften der Konsolen (z.B. Internetzugang und die Möglichkeit, im Internet mit anderen oder virtuellen Gegnern zu spielen, vgl. Financial Times Deutschland vom 21.2.2003, S.5).

Bundeskartellamt und EU-Kommission in die Lage versetzen, dem Auftrag des Kartellrechts auch auf Netzwerkmärkten gerecht zu werden, d.h. im richtigen Moment und im richtigen Umfang zu intervenieren.

Anlässlich der jüngsten Entscheidung im Missbrauchsverfahren gegen *Microsoft* bietet es sich an, diese Frage exemplarisch am Tatbestand des BehinderungsMissbrauchs im deutschen und europäischen Kartellrecht zu erörtern. Im Mittelpunkt dieser Diskussion steht die Anwendung der traditionellen Konzepte der Marktabgrenzung, der Marktbeherrschung und des Missbrauchs einer marktbeherrschenden Stellung auf Netzwerkmärkten.

II. Die Hauptteile der Arbeit im Einzelnen

1. Überblick über den ersten Hauptteil

Der erste Teil der Arbeit beginnt mit einer einführenden Erläuterung der allgemeinen Merkmale der Industriebereiche, die hier gemeinsam unter dem Stichwort der Netzwerkindustrie behandelt werden. Es folgt sodann eine eingehende Auseinandersetzung mit der standardisierungsökonomischen Theorie der Netzwerkeffekte in begrifflicher und konzeptioneller Hinsicht. Die im Netzwerkkontext verwendeten Begrifflichkeiten stehen in engem Zusammenhang mit der inhaltlichen Abgrenzung von Netzen und Netzwerken sowie den funktionellen Unterschieden zwischen Kommunikations- und Komponentennetzwerken. Bei den konzeptionellen Grundlagen geht es vor allem um Entstehung und Natur sowie Wirkung und Identifizierung von Netzwerkeffekten, letzteres insbesondere in Abgrenzung zu sonstigen wirtschaftlichen Phänomenen mit teilweise vergleichbaren Auswirkungen.

Der zweite Abschnitt des ersten Teils beschäftigt sich mit der Frage nach dem wirtschaftlichen Grund der Existenz von Netzwerken. Dazu werden mit dem neoklassischen Modell vollständiger Konkurrenz und der Neuen Institutionenökonomie zunächst die beiden „großen" mikroökonomischen Ansätze erläutert, die darüber hinaus auch für den weiteren Verlauf der Arbeit von Bedeutung sind. Aus Sicht der neoklassischen Theorie sind Netzwerke eine wirtschaftliche Anomalität, die sich nur mit dem Streben nach wirtschaftlicher Macht erklären lässt. Vom Standpunkt der Transaktionskostenökonomie hingegen handelt es sich bei Netzwerken bzw. den ihnen zugrunde liegenden Kompatibilitätsstandards um effizienzsteigernde wirtschaftliche Institutionen des Marktes.

Im dritten Abschnitt schließlich geht es um die Auswirkungen von Netzwerkeffekten auf den Wettbewerb. Im Wettbewerb inkompatibler Netzwerke auf Märkten mit starken Netzwerkeffekten kommt es zu einer Polarisierung des Marktes zugunsten eines der Wettbewerber. Je nach Stärke der Netzwerkeffekte führt diese Polarisierung zur Entstehung eines natürlichen asymmetrischen Oligopols bzw. eines natürlichen (Quasi-)Monopols. Angesichts dieser Marktstruktur findet der Wettbewerb nicht wie auf traditionellen Märkten ohne Netzwerkeffekte zwischen mehreren Anbietern auf dem Markt, sondern um den Markt statt. Der Wettbewerbsprozess verläuft nicht wie im neoklassischen Modell parallel auf der Basis von Preiswettbewerb. Vielmehr entspricht der Wettbewerbsprozess dem Leitbild *Schumpeter'* schen Innovationswettbewerbs, bei dem es sich um sequentiell verlaufenden Alles-oder-Nichts-Wettbewerb um den Markt handelt.

2. Überblick über den zweiten Hauptteil

Der zweite Teil ist der wettbewerbstheoretische Teil der Arbeit. In Anbetracht der monopolistischen Struktur von Märkten mit starken Netzwerkeffekten und dem dadurch bedingten Fehlen von Preiswettbewerb auf dem Markt stellt sich die Frage nach der Rolle des Kartellrechts auf Netzwerkmärkten, die vom wettbewerbstheoretischen Standpunkt aus zu den natürlichen Ausnahmebereichen zu zählen sind. Im Zuge der Beantwortung dieser Frage geht es zunächst darum, die unter bestimmten Bedingungen stets hochkonzentrierten Netzwerkmärkte wettbewerbstheoretisch zu verorten. Da es sich bei diesen Märkten im Extremfall um natürliche Monopole handelt, steht die Theorie des natürlichen Monopols im Mittelpunkt des ersten Abschnitts. Im zweiten Abschnitt folgt sodann die theoretische Begründung der disziplinierenden Wirkung von Innovationswettbewerb einerseits und ihre empirische Überprüfung am Beispiel des *Microsoft*verfahrens andererseits. Maßstab ist jeweils die Frage, ob sich der Förderer eines *de facto-Standard*netzwerkes wie ein *Cournot*monopolist verhalten kann.

3. Überblick über den dritten Hauptteil

Der dritte Teil der Arbeit ist der kartellrechtliche Teil im eigentlichen Sinne. Gegenstand des dritten Teils ist die Analyse der Auswirkungen von Netzwerkeffekten auf die hergebrachten Konzepte der Marktabgrenzung, Marktbeherrschung und des Missbrauchs von Marktmacht am Beispiel des Tatbestandes des Behinderungsmissbrauchs im deutschen und europäischen Kartellrecht.

Im Mittelpunkt des ersten Abschnitts steht die Frage, ob die zur Abgrenzung von traditionellen Märkten entwickelten Kriterien der funktionellen Austauschbarkeit und der Kreuzpreiselastizität auch zur Abgrenzung von Netzwerkmärkten geeignet sind. Ausgangspunkt für die Beantwortung dieser Frage ist der Sinn und Zweck der kartellrechtlichen Marktabgrenzung. Sie dient dazu, die Wettbewerbsintensität in einem näher definierten sachlich und räumlich abgegrenzten Bereich zu bestimmen. Dazu muss der relevante Markt all jene Waren und Dienstleistungen umfassen, von denen Wettbewerbsdruck auf die Waren und Dienstleistungen des marktbeherrschungsverdächtigen Unternehmens ausgeht. Im Idealfall stimmt daher der juristisch definierte Markt mit den tatsächlichen Wettbewerbsverhältnissen vollkommen überein.

Bei näherer Betrachtung zeigt sich, dass die zur Abgrenzung traditioneller Märkte verwendeten Kriterien, allen voran die Kriterien der funktionellen Austauschbarkeit und der Kreuzpreiselastizitätstest, nicht geeignet sind, Märkte mit starken Netzwerkeffekten sachgerecht abzugrenzen. Die Anwendung dieser Kriterien führt im Ergebnis zur Abgrenzung viel zu enger Märkte. Beide Kriterien beruhen auf neoklassischen Wettbewerbsvorstellungen, während der Wettbewerb um Netzwerkmärkte dem Leitbild Schumpeter'schem Innovationswettbewerbs entspricht. Der Versuch, die von Natur aus monopolistischen Netzwerkmärkte mit den auf polypolistischen Wettbewerb zugeschnittenen Kriterien der funktionellen Austauschbarkeit und der Kreuzpreiselastizität abzugrenzen, führt mangels (kurzfristig) verfügbarer Alternativen aus Sicht der

Marktgegenseite zwangsläufig dazu, für jedes Netzwerk getrennte Produktmärkte anzunehmen. Das aber widerspräche Sinn und Zweck der Marktabgrenzung, weil bei dieser Vorgehensweise die von Schumpeter'schem Innovationswettbewerb ausgehende Wettbewerbswirkung unberücksichtigt bliebe. Deshalb ist am Ende des ersten Abschnitts die Frage nach geeigneten alternativen Kriterien zur Marktabgrenzung aufzuwerfen, mit denen sich die Wettbewerbsverhältnisse auf Netzwerkmärkten kartellrechtlich adäquat, so erfassen lassen, dass sie mit dem sachlich relevanten Markt als Bezugspunkt des „area of effective competition" möglichst übereinstimmen.

Im zweiten Abschnitt des dritten Teils geht es um das Konzept der Marktbeherrschung im allgemeinen und um den Nachweis von Marktmacht auf Netzwerkmärkten im besonderen. Schwerpunkt dieses Abschnitts ist die Frage, welche Rolle die im Rahmen der Missbrauchsaufsicht traditionell besonders wichtigen Marktstrukturmerkmale, allen voran Marktanteile und Marktzutrittsschranken, beim Nachweis einer marktbeherrschenden Stellung auf Netzwerkmärkten spielen.

Der dritte und letzte Abschnitt schließlich behandelt unterschiedliche Formen des Behinderungsmissbrauchs sowohl nach § 19 Abs. 4 Nr. 1 und 4 GWB als auch nach Art. 82 EG. Neben den „klassischen" Formen des Behinderungsmissbrauchs (z.B. Kampfpreisen, Koppelungs- und Ausschließlichkeitsbindungen) und der Fallgruppe der missbräuchlichen Verweigerung des Zugangs zu wesentlichen Einrichtungen geht es auch um solche Verhaltensweisen, die erst auf dem Hintergrund der besonderen Bedingungen von Netzwerkmärkten kartellrechtlich zu missbilligen sind (z.B. missbräuchliche Produktvorankündigungen).

1. Teil: Die theoretischen und wirtschaftlichen Grundlagen von Netzwerkeffekten und ihre Bedeutung für den Wettbewerb

A. Allgemeine Merkmale der Netzwerkindustrie

Zu den Wirtschaftsbereichen, die schlagwortartig als *Netzwerkindustrie* (network economy oder industry)[28] bezeichnet werden, gehört in erster Linie die Computer- und Softwareindustrie, aber auch die Kommunikations- und Informationsindustrie sowie die Internetindustrie[29], die all jene Waren und Dienstleistungen umfasst, die im weitesten Sinne einen Bezug zum Internet aufweisen (B2B, B2C und andere Plattformen, Portale, E-Mail-Dienste, Internet-Telephonie etc.)[30]. Zum Teil werden diese Industriebereiche auch mit Begriffen wie New Economy[31], „Neue Wirtschaft"[32], Informations- (*information economy*) [33] oder Wissensindustrie (*knowledge economy*)[34] umschrieben[35]. Welcher Begriff diese Sektoren am zutreffendsten beschreibt, hängt wohl davon ab, ob man die zentrale Bedeutung von Know-how und Innovation oder den Vernetzungsgedanken stärker hervortreten lässt. Jenseits der unterschiedlichen Begrifflichkeiten aber bestehen in der Sache zahlreiche Gemeinsamkeiten, die es rechtfertigen, die unterschiedlichen Industriebereiche zusammenfassend als Netzwerkindustrien zu bezeichnen[36].

Die augenfälligste Gemeinsamkeit ist zunächst, dass die Netzwerkindustrie hochtechnologisierte und hoch-dynamische Segmente umfasst, die jeweils eine enorm hohe Innovationsrate aufweisen und demzufolge von rasanten technischen Entwicklungen gekennzeichnet sind[37].

Eine weitere Gemeinsamkeit besteht darin, dass sich die auf den Märkten der Netzwerkindustrien gehandelten Waren und Dienstleistungen (Dienste zur Sprach- und Datenübertragung, Spiele, Filme, Musik, Software, Nachrichten etc.) typischerweise mit Hilfe von Informationssystemen entwickeln, produzieren, transportieren, vertreiben und anwenden lassen. Dies impliziert, dass im Bereich der New Economy der Handel mit teilweise oder vollständig digitalisierten[38] oder zumindest digitalisierbaren Informationen im Vordergrund steht[39].

---

28 Shapiro, Antitrust in Network Industries, Speech before the American Bar Association's 44th Annual Antitrust Spring Meeting, March 27, 1996.

29 Lind/Muysert/Walker, S.20, Rn.3.14.

30 Vgl. nur EU-Kommission, 30. Wettbewerbsbericht 2000, S.70 ff. u. 80 ff., insbesondere Kästen 4 und 6; ähnlich Möschel, Wettbewerbssicherung versus Vermachtung, S.113.

31 Posner, The Antitrust Law Journal 68 (2001), S.925.

32 EU-Kommission, 30. Wettbewerbsbericht 2000, S.70 ff., Rn.209 ff.

33 Z.B. Shapiro/Varian, S.1 passim; Note, Harvard Law Review 114 (2001), S.1623, 1627; Snapp, Cutting Edge Issues in Network Industries 1 (1996), S.1 ff.; Evans/Reddy, 1 ff.

34 Arthur, Harvard Business Review No.4, 1996, S.100, 104 passim.

35 Zu den in diesem Zusammenhang verwendeten Begriffen vgl. Stelzer, WISU – Das Wirtschaftsstudium 2000, S.835 ff. m.w.Nachw.

36 Aus sprachlichen Gründen werden jedoch auch die anderen Begriffe synonym verwendet.

37 Allgemeine Meinung, vgl. zuletzt Fleischer/Körber, K&R 2001, S.623; Gey, WuW 2001, S.933, 934; Fleischer/Doege, WuW 2000, S.705, 708 f.

38 Digitalisierte Güter sind Produkte oder Dienstleistungen, die in Form von Binärdaten dargestellt, übertragen und verarbeitet werden können. Beispiele für digitale Güter sind etwa digitale Fern-

Der nutzenstiftende Zugriff des Einzelnen auf Kommunikationsdienste oder die aus binären Datenbündeln bestehenden Waren und Dienstleistungen erfordert einen Mindestumfang an Hard- und/oder Software (z.B. PC, Drucker, Modem, d-box oder andere set-top-Boxen für digitales Fernsehen, Kommunikationsgeräte, Zugang zum Internet oder proprietären Informationssystemen (etwa Buchungs- und Reservierungssysteme, Finanzdienstleistungen etc.)), wobei jede Hardware nur zusammen mit der passenden, d.h. kompatiblen Software oder Hardware anderer Teilnehmer funktioniert. Daraus ergibt sich als gemeinsames Merkmal der Netzwerkindustrie, dass der nutzenstiftende Zugriff des Einzelnen auf das informationsgestützte Angebot aus Waren und Dienstleistungen ein *kompatibles System* aus Hard- und/oder Software erfordert. Dies gilt sowohl für „horizontale" Systeme, die der Interaktion zwischen verschiedenen Teilnehmern dienen (z.B. Mobilfunknetze, deren Geräte den gleichen Standard verwenden, interaktives Fernsehen etc.) als auch für „vertikale" Systeme (sog. „Plattformen"), die aus komplementären Gütern bestehen und von jedem Nutzer zu einem bestimmten Zweck miteinander verbunden werden (z.B. PC, Betriebssystem und Textverarbeitungssoftware über interoperable Schnittstellen und Interfaces oder Fernsehgerät, set-top-Box und Betriebssystem)[40].

Die seitens der Konsumenten zu tätigenden Investitionen in einzelne Hardware (z.B. Mobiltelefone, Faxgeräte, Modems etc.) zwecks Interaktion mit anderen Teilnehmern oder in komplette Systeme aus Hard- und Software (z.B. PC mit Betriebssystem und Anwendungssoftware) lassen sich als „Beitritt" zu einer bestimmten Art von Netzwerk begreifen, wobei es sich entweder um Kommunikations- oder Komponentennetzwerke handeln kann. Im ersten Fall sind die Teilnehmer des Netzwerkes zwecks Kommunikation durch eine wie auch immer geartete physische Verbindung miteinander verbunden (Festnetz, Mobilfunknetze etc.). Im letzteren Fall erfolgt der Beitritt zu einem Netzwerk, dessen Teilnehmer nicht physisch, sondern nur „virtuell" miteinander verbunden sind. Die Verbindung zwischen den Teilnehmern besteht hier nur in der Nutzung des gleichen Produktsystems. Ein „virtuelles" Netzwerk dieser Art ist beispielsweise das Netzwerk der Nutzer des PC-Betriebssystems Windows.

Ohne bereits an dieser Stelle näher auf die Einzelheiten des Netzwerkbegriffs einzugehen, lässt der Aspekt des „Beitritts" ein weiteres Kennzeichen der hier in Rede

---

sehprogramme, Anwendungssoftware, Dienstleistungen elektronischer Marktplätze oder Informationsdienstleistungen, die erst durch das Internet erforderlich geworden sind wie z.B. Dienste von Suchmaschinen. Zu den unterschiedlichen Digitalisierungsgraden Stelzer, WISU – Das Wirtschaftsstudium 2000, S.835, 837. Man unterscheidet unterschiedliche Grade der Digitalisierung. Bei Software mit Einführungsberatung z.B. handelt es sich um ein digitales Gut mit Dienstleistungsanteil, bei Software auf Datenträgern mit Handbuch um ein digitales Gut auf einem physischen Medium und bei Software zum Download im Internet um ein vollständig digitalisiertes Gut, das weder einen traditionellen Dienstleistungs- noch einen physischen Anteil beinhaltet.

39 Zu den prinzipiell digitalisierbaren Gütern gehören beispielsweise Medien, Finanzdienstleistungen, Aus- und Weiterbildung, Reisevermittlung und alle Beratungs-, Makler- und Informationsvermittlungstätigkeiten, vgl. Stelzer, WISU – Das Wirtschaftsstudium 2000, S.835, 836 f.

40 Der Unterschied liegt auf der Hand: in „horizontalen" Systemen kauft jeder Teilnehmer ein einzelnes Stück Hardware, das erst gemeinsam mit derselben oder kompatibler Hardware anderer Teilnehmer ein System ergibt. In „vertikalen" Systemen dagegen kauft der Einzelne sämtliche Komponenten, um den gewünschten Nutzen zu erzielen.

stehenden Netzwerkindustrien hervortreten: Der mit dem „Beitritt" verbundene Zugang zu einem Netzwerk impliziert, dass der eigentliche Wert der jeweiligen Hard- oder Software erst aus der Vernetzung mit anderen Konsumenten derselben oder kompatibler Hard- oder Software resultiert. Der Konsument kauft nicht das Produkt als solches, sondern den darüber vermittelten Zugang zu einem Netzwerk. Damit aber steht bei den Produkten der Netzwerkindustrie nicht der Produktwert, sondern der aus dem Beitritt zu einem Netzwerk resultierende Zusatznutzen im Vordergrund.

Schließlich zeichnen sich die aus übereinstimmenden „Beitrittsentscheidungen" entstehenden Netzwerke dadurch aus, dass jeder weitere „Beitritt" den Wert des Netzwerkes für alle bisherigen und neu hinzutretenden Nutzer erhöht, so dass die Zahlungsbereitschaft der Konsumenten für eine Ware oder Dienstleistung mit zunehmender Größe des Netzwerks steigt. Aus diesem Befund lassen sich zwei weitere Wesensmerkmale der Netzwerkindustrie ableiten: Zum einen ist festzuhalten, dass der Wert eines Gutes – anders als in traditionellen Industrien – vorrangig auf Masse und nicht auf Knappheit beruht[41]. Zum anderen ist der mit zunehmender Größe eines Netzwerkes generierte Wertzuwachs Ausdruck positiver Netzwerkeffekte.

B. Theorie der Netzwerkeffekte – Konzeptionelle Grundlagen

Der für die Netzwerkindustrie konstitutive Begriff des Netzwerkes wurde zuerst von *Rohlfs*[42] Mitte der Siebziger Jahre im Zusammenhang mit Telekommunikationssystemen geprägt. Seine Arbeit ist zu einem Klassiker der Standardisierungsökonomie geworden[43]. Nach *Rohlfs* spricht man von Netzwerken, wenn die das Netzwerk konstituierenden Güter (Netzwerkgüter) eine Interdependenz im Nutzen aufweisen. Eine Interdependenz im Nutzen besteht, wenn der Wert des Netzwerkes davon abhängt, wie viele andere Wirtschaftssubjekte diese oder kompatible Güter gleichfalls nutzen[44]. Am Beispiel der von *Rohlfs* analysierten Telekommunikationssysteme bedeutet diese Erkenntnis, dass das Telefon des einzelnen Teilnehmers – abgesehen vom Produktwert an sich (*stand-alone value*) – praktisch wertlos ist. Erst durch den Anschluss weiterer Teilnehmer entsteht das Telefonnetz und damit der eigentliche Wert – der Netzwerkwert (*network value*) – des Telefons für jeden angeschlossenen Teilnehmer.

Mit dieser Beobachtung hatte *Rohlfs* erkannt, dass die Nachfrage auf Netzwerkmärkten nicht nur vom Preis für den Beitritt zum Netzwerk, sondern vor allem von der Beitrittsentscheidung anderer Teilnehmer abhängt. Neben Telefon und Faxgerät gehören zu den modernen Kommunikationsnetzwerken im *Rohlf'schen* Sinne beispielsweise Mobilfunknetze, Instant-Messenger-Systeme, B2B-Marktplätze[45] und das Internet[46].

---

41 Hess, WiSt 2000, S.96; Dietl/Royer, zfo 69 (2000), S.324, 325.

42 Rohlfs, Bell Journal of Economics 5 (1974), S.16 ff.

43 Wey, S.24. Insbesondere die von Rohlfs entwickelte Nachfragefunktion in Gegenwart von Netzwerkeffekten findet sich heute in vielen Lehrbüchern zum Thema Netzwerke. Näher zur *Rohlfs'*schen Nachfragekurve aus volkswirtschaftlicher Sicht Wiese, S.34 ff.

44 Thum, S.5; Lemley/McGowan, California Law Review 86 (1998), S.484.

45 Vgl. 30. Wettbewerbsbericht, S.63; Ahlborn/Seeliger, EuZW 2001, S.552 ff.

46 Für die Einordnung des Internets (das ein „Netzwerk der Netze" ist) als Kommunikationsnetzwerk EU-Kommission, IV/M. 1069 vom 08.07.1998, Abl. EG Nr. L 116 vom 4.5.1999, S. 1 ff.);

Ihnen allen ist gemeinsam, dass sich der Wert des Netzwerkes für den Einzelnen mit der Anzahl der Teilnehmer insgesamt erhöht. Dieser aus der Interdependenz im Nutzen resultierende Wertzuwachs wird heute mit vielerlei Begriffen umschrieben: meist als positiver[47] *Netzwerkeffekt*[48], teilweise aber auch als positive *Netzwerkexternalität*[49], als *„demand-side economies of scale"*[50], *„increasing returns"*[51] oder *„economies of scale in consumption"*[52].

Aus *Rohlfs* richtungsweisender standardisierungsökonomischer Analyse ist seitdem die *Theorie der Netzwerkeffekte*[53] bzw. die Theorie der Kompatibilitätsstandards[54] hervorgegangen. Sie betrachtet Netzwerke als Verbindungen zwischen komplementären Knoten, bei denen es sich jeweils um Endpunkte eines Netzwerkes handelt[55]. In Kommunikationsnetzwerken repräsentieren diese Knoten die einzelnen Teilnehmer bzw. deren mit dem Netzwerk verbundene Kommunikationsgeräte. In Komponentennetzwerken stehen die Knoten als Variable für die Nutzer bzw. deren Produktsysteme, die – im Gegensatz zu Kommunikationsnetzwerken – nur auf einer virtuellen Ebene miteinander verbunden sind (z.B. Betriebssysteme und Anwendungssoftware, Videospielkonsolen und Videospiele, Video- und DVD-Rekorder und die entsprechenden Filme)[56].

Für die im Kontext der Netzwerkindustrie zu wählenden Begrifflichkeiten ergibt sich daraus zweierlei: Zum einen muss deutlich werden, dass sich die hier interessie-

---

Shapiro/Varian, S.13, 174; Lemley/McGowan, California Law Review 86 (1998), 479, 494 und 551 ff.; sowie Lemley, Connecticut Law Review 28 (1996), 1041 ff.

47 Das Gegenstück zu positiven Netzwerkeffekten sind negative Netzwerkeffekte. Negative Netzwerkeffekte entstehen zum Beispiel, wenn es zu Kapazitätsengpässen infolge einer zu großen Anzahl an Nutzern kommt (z.B. Serverzusammenbruch eines ISP etc.). Jeder weitere Nutzer verschlechtert die Nutzungsmöglichkeiten aller anderen Nutzer. Sie werden regelmäßig am Beispiel der Allmendegüter behandelt. Allmendegüter können ohne ein den Knappheitsverhältnissen entsprechendes Entgelt genutzt werden und es besteht (zumindest ab einem gewissen Nutzungsgrad) Rivalität in der Nutzung des Gutes. Ein Beispiel für ein solches Allmendegut sind die Fischbestände in internationalen Gewässern, vgl. dazu Fritsch/Wein/Ewers, S.84 f.

48 Gröhn, S.29; Thum, S.5 f.; Katz/Shapiro, Journal of Economic Perspectives 8 (1994), 93 ff., 95; Lemley/McGowan, California Law Review 86 (1998), 479, 483; Rubinfeld, The Antitrust Bulletin 43 (1998), 859, 861; Liebowitz/Margolis, The New Palgrave, S.671.

49 Katz/Shapiro, The American Economic Review 75 (1985), 424; dies., The Journal of Industrial Economics Vol. XL (1992), 55 ff.; Farrell/Saloner, Rand Journal of Economics 16 (1985), 70 ff.; Wiseman, S.52, Wey, 9 ff.; Shy, S.254.

50 Shapiro/Varian, S.179 ff.; Katz/Shapiro, The American Economic Review 75 (1985), S.425.

51 Arthur, Harvard Business Review No.4 1996, S.100 ff.

52 Posner, Antitrust Law Journal 68 (2001), S.925 ff., 926.

53 Muris, S.83, 85 („Network effects have become one of the foundations of „The City of Theory" that characterizes so much of modern Industrial Organization").

54 Wey, S.17 passim. Wey datiert den Beginn der modernen Theorie der Kompatibilitätsstandards auf das Erscheinen der Artikel von Katz/Shapiro und Farrell/Saloner 1985, in denen erstmals die Institution des Kompatibilitätsstandards konsequent unter Zuhilfenahme des modernen spieltheoretischen Instrumentariums analysiert wurde.

55 Economides, International Journal of Industrial Organization 14 (1996), S.673 ff., 674; ebenso Schmalensee, FTC Testimony; Shapiro/Varian, S.174.

56 Gröhn, S.25; Shapiro/Varian, S.173; Wey, S. 34, 36 spricht lediglich von Produkten, dürfte aber wohl auch Systeme aus Waren und Dienstleistungen in die Definition miteinbeziehen.

renden Netzwerke der Informationsindustrie von den Netzen der traditionellen Industrien (Strom und Erdgas, Straßen-, Bahn- und Flugnetze, Wasser- und Abwassernetze, Kabel- und Telekommunikationsnetze[57] etc.) unterscheiden. Zum anderen müssen die Begriffe Kommunikations- und Komponentennetzwerke geeignet sein, die wesentlichen Unterschiede dieser beiden Netzwerktypen zum Ausdruck zu bringen.

I. Begriffsbestimmung im Netzwerkkontext

Um die in der Sache bestehenden Unterschiede zwischen den Netzen der traditionellen Industrien und denen der Netzwerkindustrie sprachlich zutreffend zum Ausdruck zu bringen, werden die traditionellen physischen Netze nachfolgend als Netze und die Netze der Netzwerkindustrien als Netzwerke bezeichnet.

Zur Beschreibung der unterschiedlichen Netzwerktypen eignet sich am besten das Begriffspaar der Kommunikations- und Komponentennetzwerke. Kommunikationsnetzwerke sind Netzwerke, welche die technischen Vorrichtungen der Teilnehmer zwecks Austauschs von Information miteinander verbinden. Komponentennetzwerke hingegen bestehen aus der virtuellen Verbindung der Gesamtheit der Nutzer des gleichen Produktsystems, wobei letztere das eigentliche Bindeglied zwischen den Angehörigen des virtuellen Netzwerkes darstellen.

1. Netzwerke und Netze

Der entscheidende Unterschied zwischen Netzwerken und Netzen – mit Ausnahme von Telekommunikationsnetzen – besteht darin, dass Netzwerkeffekte auf den Märkten der traditionellen Netzindustrien entweder überhaupt nicht existieren oder jedenfalls praktisch bedeutungslos sind. Die Vergrößerung von Wasser- oder Abwasser-, Strom-, Gas-, Fernwärme- oder Verkehrsnetzen führt weder unmittelbar noch mittelbar zur Entstehung von Netzwerkeffekten. Der Wert eines Wasser-, Strom-, Gas- oder Autobahnanschlusses bleibt von der Entscheidung anderer, denselben Autobahnanschluss zu benutzen oder die gleiche Leistung über dasselbe Netz von demselben Anbieter zu beziehen, unberührt. Gerade im Verkehrsbereich hat die stärkere Nutzung desselben Verkehrswegs im Zweifel am ehesten negative Folgen durch Staus, Unfällen, Bauarbeiten etc. In diesen Fällen kommt es zur Entstehung negativer externer Effekte, die mit positiven Netzwerkeffekten nichts zu tun haben.[58]

---

57 Eine gewisse Sonderstellung nimmt in diesem Zusammenhang das Telefonnetz ein. Einerseits handelt es sich um ein ehemaliges Staatsmonopol, dessen Ursprünge bis zurück in das vorletzte Jahrhundert reichen. Zugleich ist die fortschreitende Digitalisierung der Sprach- und Datenübertragung (ISDN und xDSL) ein Ergebnis der jüngsten technischen Entwicklung.

58 Zum Begriff der Externalität siehe unten, S.26 f. Die Häufigkeit, mit der es bei Verkehrsnetzen oder anderen öffentlichen Netzen infolge zu geringer Kapazitäten zur Entstehung negativer Externalitäten kommt, ist ein typisches Merkmal öffentlicher Güter, bei denen externe Effekte von niemandem internalisiert werden. Mangels Internalisierung hat das betreffende Netz nur eine suboptimale Größe. Befindet sich das Netz dagegen in Privateigentum (z.B. die Telefonnetze), sorgt der jeweilige Betreiber dafür, dass die Größe des Netzes mit der Intensität der Nutzung in Einklang steht.

Bei Abschluss eines entsprechenden Strom-, Gas- oder sonstigen Belieferungsvertrages geht es allein um den Bezug der versprochenen Leistung. Dass auch andere Konsumenten demselben Netz angehören, verschafft dem Einzelnen keinen irgendwie gearteten Zusatznutzen. Der Wert des Strom-, Gas- oder sonstigen Anschlusses bleibt vom Abschluss weiterer Belieferungsverträge unberührt. Folglich erhöht sich auch nicht die Zahlungsbereitschaft der Konsumenten mit zunehmender Größe eines Versorgungsnetzes. Es besteht eher umgekehrt die Erwartung, dass die Preise für den Bezug von Strom, Gas etc. sinken, je mehr Kunden an das Netz des Versorgers angeschlossen sind. Unterstellt, ein Wechsel des Netzes wäre ohne Schwierigkeiten möglich, würde der Einzelne im Falle einer signifikanten Preiserhöhung ohne Rücksicht auf die Entscheidung anderer Kunden zu einem anderen Anbieter wechseln. Daraus folgt, dass der Wert der traditionellen Netze für die Konsumenten nicht mit zunehmender Größe steigt und im Gegensatz zu den Netzwerken der New Economy keine Interdependenz zwischen den Entscheidungen der Konsumenten erfordert.

Die zunehmende Größe eines traditionellen Netzes kann nur insofern Bedeutung erlangen, als eine größere Netzdichte die Erbringung der vertraglichen Leistung zu niedrigeren Kosten ermöglicht. Diese aus Bündelungsvorteilen resultierenden Kostenvorteile entstehen jedoch allein bei der „Produktion", d.h. bei der Erbringung der Leistung durch die Netzbetreiber. Selbst wenn die aufgrund von angebotsseitigen Größenvorteilen erzielten Kostenersparnisse an die angeschlossenen Kunden weitergereicht werden, ändert dies nichts daran, dass die Ursache ihrer Entstehung ausschließlich anbieterseitig festzumachen ist. Auch daran zeigt sich, dass der Anschluss zusätzlicher Kunden bei traditionellen Netzen – im Unterschied zu Netzwerken – keinen nachfrageseitigen Zusatznutzen für den bereits bestehenden Kundenkreis mit sich bringt.

Die zwischen traditionellen Netzen und Netzwerken bestehenden Unterschiede bezüglich der Existenz von Netzwerkeffekten[59] kommen in dem hier verwendeten Begriffspaar zutreffend zum Ausdruck. Zunächst entspricht der Begriff des Netzwerkes dem im englischsprachigen Schrifttum etablierten Begriff des *„network"*[60]. Von dort aus hat sich der Begriff des Netzwerkes zwischenzeitlich auch in Deutschland über die Grenzen der standardisierungsökonomischen Literatur[61] hinweg verbreitet und beispielsweise Eingang in das telekommunikationsrechtliche Schrifttum gefunden[62]. Im kartellrechtlichen Kontext hat sich der Begriff des Netzwerks zwar noch nicht im selben Maße etabliert. Allerdings spricht viel dafür, auch hier zwischen Netzen und Netzwerken zu unterscheiden.

Die durchgängige Verwendung des Begriffs des Netzes in Anlehnung an *von Weizsäcker*, der diesen Begriff in anderem Zusammenhang gebraucht hat, wird dem unterschiedlichen Charakter von traditionellen Netzen und Netzwerken der Informationsindustrie nicht gerecht. Dass *von Weizsäcker* nicht nur Güter- und Personennetze, son-

---

59 Ähnlich Hohmann, S.219, der in dieser Unterscheidung auch den Anknüpfungspunkt für die strikte Trennung zwischen Regulierungs- und Standardisierungsproblemen in der Volkswirtschaftlehre sieht.

60 Vgl. statt aller Shapiro/Varian, 1 ff. sowie U.S. v. Microsoft, 253 F. 3d 34, 49 ff. (D.C Cir. 2001).

61 Wey, S.9 ff.; Gröhn, S.1 ff.

62 Klodt u.a., S.1 ff.

dern auch die Netze der Informationsgesellschaft unter den einheitlichen Begriff des Netzes gefasst hat, darf nicht dazu verleiten, den Begriff des Netzes vorschnell zu verallgemeinern. *Von Weizsäcker* nämlich hat den Begriff des Netzes in erster Linie mit Blick auf das Thema seines Beitrages, die „Gemeinsamkeiten aller Netze“[63], definiert.

Diese Definition aus ihrem Kontext herauszulösen und ohne Rücksicht auf die Unterschiede zwischen Netzen und Netzwerken anzuwenden, wäre für sich genommen schon bedenklich. Hinzu kommt jedoch, dass der Begriff des Netzes im kartellrechtlichen Kontext tatbestandlich schon „besetzt“ ist. In § 19 Abs. 4 Nr. 4 GWB hat der Gesetzgeber den Begriff der *„Essential Facilitiy“*“ (oder wesentlichen Einrichtung) durch das Tatbestandsmerkmal der „Netze und Infrastruktureinrichtungen“ konkretisiert. Da vom Tatbestandsmerkmal der Netze aber ganz überwiegend physische Netze der traditionellen Industrien (Strom, Gas, Wasser, Fernwärme etc.) erfasst sind, entspräche die Erweiterung dieses Begriffs um Netzwerke der Informationsindustrie nicht dem bereits von § 19 Abs. 4 Nr. 4 GWB geprägten allgemeinen Verständnis von Netzen im Sinne des Kartellrechts.

2. Kommunikations- und Komponentennetzwerke

In der ökonomischen Literatur zur Theorie der Netzwerkeffekte wird nur vereinzelt der Versuch unternommen, den Begriff des Netzwerkes zu definieren. Zumeist werden die konstituierenden Merkmale des Netzwerkbegriffs, der einem bestimmten ökonomischen Modell zugrunde liegt, nicht ausdrücklich benannt. Induktiv jedoch lassen sich aus den Beschreibungen der Modellvoraussetzungen die wichtigsten Merkmale ableiten. Im übrigen ist zu berücksichtigen, dass der Bedarf nach exakten Begriffsdefinitionen wegen des erfahrungswissenschaftlichen Charakters der Volkswirtschaft im Vergleich zur Rechtswissenschaft wesentlich geringer ist. Während die Rechtswissenschaft Aussagen über Geltung und Inhalt von Rechtsnormen macht[64], beginnt die Analyse der Volkswirtschaft nicht mit einem Begriff, sondern mit der Erklärung eines bestimmten realen Phänomens[65]. Um so erfreulicher ist es aus juristischer Sicht, dass einige standardisierungsökonomische Beiträge gleichwohl den Versuch unternommen haben, den Begriff des Netzwerkes zu definieren und zu systematisieren[66].

Ein Netzwerk ist ganz allgemein die Gesamtheit der Nutzer eines bestimmten Gutes oder kompatibler Technologien[67]. Innerhalb dieses Netzwerkbegriffs lassen sich zwei

---

63 Dazu gehören Größenvorteile, Bündelungsvorteile, Distanzkostendegression und Produktivitätsvorteile, vgl. näher von Weizsäcker, WuW 1997, S.572, 573.

64 Larenz, S.195 f. („Aussagen über die Geltung (oder Nichtgeltung) sowie über den Inhalt (Sinngehalt) von Rechtsnormen sind keine Aussagen über wahrnehmbare, der Beobachtung zugängliche und im Experiment zu erhärtende „Fakten“").

65 Landeskartellbehörde Hoppmann, S.5 f. Hoppmann illustriert die erfahrungswissenschaftliche Vorgehensweise am Beispiel der Physik. Für die Physik sei die Frage „Was ist Energie?“ eine metaphysische Frage ohne Bedeutung. Sie frage deshalb nicht nach dem „Was“, sondern nach dem „Wie“.

66 Wey, S.33 ff.; Gröhn, S.25 ff.; Dietl/Royer, zfo 69 (2000), 324 ff.; Katz/Shapiro,S.29, 32.

67 Dietl/Royer, zfo 69 (2000), S.324.

verschiedene Netzwerktypen unterscheiden: Kommunikations- und Komponentennetzwerke.

Kommunikationsnetzwerke sind Netzwerke, welche die technischen Vorrichtungen der Teilnehmer zwecks Informationsaustausches miteinander verbinden[68]. Hier sind die Nutzer einer bestimmten Kommunikationsvorrichtung entweder physisch-gegenständlich (z.B. kabel- oder leitungsgebunden wie im Falle des Internet oder des Telefons) oder jedenfalls physikalisch (z.B. elektro-magnetisch im Fall von Mobilfunknetzen) miteinander verbunden[69]. In Netzwerken dieser Art entsteht der Zusatznutzen für den Einzelnen unmittelbar durch die Verbindung mit anderen Teilnehmern auf gleicher (horizontaler) Ebene[70].

Komponentennetzwerke dagegen bestehen aus der Gesamtheit aller Nutzer eines bestimmten Produktsystems. Ein Produktsystem wiederum besteht aus mindestens zwei Komponenten, die auf der Basis des Kompatibilitätsstandards des Primär- oder Plattformprodukts zu einer nutzenstiftenden Einheit zusammengefügt werden[71]. Der Produktwert eines solchen Systems[72] entsteht durch das reibungslose Zusammenwirken des Primärproduktes mit mindestens einem weiteren Sekundärprodukt[73]. Der darüber hinausgehende Zusatznutzen, d.h. der Netzwerkwert, ergibt sich erst aus der „virtuellen" Verbindung aller Nutzer des gleichen Produktsystems zu einem Komponentennetzwerk[74]. Mit zunehmender Größe des Komponentennetzwerks erhöht sich der individuelle Wert jedes Produktsystems, weil die zunehmende Marktdurchdringung nicht nur die Möglichkeiten zum Austausch von Wissen, Erfahrungen oder Ergebnissen aus dem Einsatz des Systems (etwa Dateien etc.) vergrößert. Vielmehr führt die zunehmende Verbreitung der gleichen Plattform auch zu einem vielseitigeren

---

68 Katz/Shapiro, S.32; ähnlich Wey, S.34

69 Dietl/Royer, zfo 69 (2000), S.324; Klodt u.a., S.40.

70 Gröhn, S.27; . Innerhalb der horizontalen Netzwerke differenziert Gröhn, S.26 weiter zwischen bidirektionalen und undirektionalen Netzen. Nach Gröhn ist in einem bidirektionalen Netz die Kommunikation *sowohl* von Knoten A nach Knoten B *als auch* umgekehrt von Knoten B nach Knoten A möglich und sinnvoll. In einem undirektionalen Netz dagegen kann die Kommunikation sinnvollerweise nur in eine Richtung von Knoten A nach Knoten B *oder* von Knoten B nach Knoten A erfolgen. Diese Differenzierung entspricht im Ansatz der von Economides vorgenommenen Unterscheidung zwischen „one-way" und „two-way" Netzwerken. Allerdings wird sie von Gröhn auf einer anderen Ebene vorgenommen: während Economides „one-way" und „two-way" als zwei unterschiedliche Netzwerktypen begreift (vgl. Economides/White, European Economic Review 38 (1994), S.651 ff., 652 ff.), betrachtet Gröhn bi- und undirektionale Netzwerke als Unterfall der horizontalen Netzwerke. Diese von Gröhn vorgenommene Differenzierung ist vor allem auf Telekommunikationsmärkten von Bedeutung, spielt jedoch für die Zwecke dieser Arbeit keine Rolle.

71 Ähnlich Wey, S.36.

72 Diese Produktsysteme können auch als „Plattformen" bezeichnet werden, da sie auf einem gemeinsamen Standard beruhen und aus mehreren Komponenten bestehen.

73 Katz/Shapiro, Journal of Economic Perspectives 8 (1994), S.93, 94; *dies.*, The American Economic Review 75 (1985), S.424 („durable goods" and „complementary goods"); Liebowitz/Margolis, The New Palgrave, S.671; Lemley/McGowan, California Law Review 86 (1998), 479, 491.

74 Dietl/Royer, zfo 69 (2000), S.324.

Angebot an Sekundärprodukten, sinkenden Preisen etc.[75]. Typische Beispiele für Komponentennetzwerke dieser Art sind die Gesamtheit aller Nutzer des Betriebssystems *Windows*, von DVD-Geräten, Videospielkonsolen oder set-top-Boxen[76].

Für beide Arten von Netzwerken ist der Prozess der Begriffsbildung noch nicht abgeschlossen. Im englischen Sprachraum weit verbreitet ist das von *Katz/Shapiro*[77] eingeführte Begriffspaar der „physical" und „virtual networks". Daneben finden sich häufig auch die Begriffspaare „communications" und „virtual networks"[78], „hardware-software networks"[79] oder „actual" und „virtual networks" Verwendung[80]. Nur vereinzelt stößt man auf die Bezeichnung „one-way" und „two-way[81] networks"[82]. In deutschsprachigen Veröffentlichungen findet man vor allem folgende Begriffspaare: physische und komplementäre[83], horizontale und vertikale[84], reale und virtuelle Netzwerke sowie Kommunikations- und Komponentennetzwerke[85]. Letzteres wird – wie gesagt – auch im weiteren Verlauf der Arbeit verwendet. Es knüpft zutreffend an die unterschiedliche Funktionsweise beider Arten von Netzwerken an, ohne – wie z.B. horizontale und vertikale Netzwerke – im kartellrechtlichen Kontext Missverständnisse hervorzurufen.

---

75 Näher dazu sogleich unten, S.24 f. Obwohl die Bedeutung dieser Vorteile ganz unterschiedlich sein kann, wird man annehmen müssen, dass sie im Hinblick auf die Produktsysteme der Netzwerkindustrie erheblich ist, weil z.B. Lerneffekten im Umgang mit Systemen, der Möglichkeit zum Austausch von digitalisierten Daten sowie regelmäßigen Updates seitens der Konsumenten große Bedeutung beigemessen wird.

76 Insbesondere die Kombination aus Hard- und Software ist das „klassische" Beispiel eines Komponentennetzwerkes, da Katz/Shapiro an diesem Beispiel schon sehr früh ihre ersten Modelle zur Theorie der Netzwerkeffekte entwickelt haben, vgl. Katz/Shapiro, The American Economic Review 75 (1985), S.424; *dies.*, Journal of Economic Perspectives 8 (1994), S.425 f. Im Anschluss an die Analysen von Katz/Shapiro werden Komponentennetzwerke auch als Hardware-Software-Paradigma bezeichnet, vgl. Wey, S.37.

77 Katz/Shapiro, The American Economic Review 75 (1985), 424 (die jedoch in neueren Veröffentlichungen das Begriffspaar „communications networks" und „virtual networks" bzw. „hardware-software networks" verwenden, vgl. Katz/Shapiro, Journal of Economic Perspectives 8 (1994), 93 ff., 96 passim) sowie *dies.*, S.29, 32.

78 Note, Harvard Law Review 114 (2001), S.1623, 1631.

79 Katz/Shapiro, S.29, 32; Economides, Federal Reserve Bank of St. Louis Review 1995, S.60; ferner Shapiro/Varian, S.174 ff.; Dranove/Gandal, Discussion Paper No.2335, S.1, Fn.1, S.2.

80 Shapiro/Varian, S.174; Kolasky, George Mason Law Review 7 (1999), S.577, 579; Lemley/McGowan, California Law Review 86 (1998), S.479, 488, 491

81 „Two-way" und „one-way" Netzwerke könnten als bidirektionale und undirektionale Netzwerke ins Deutsche übersetzt werden; vgl. Gröhn, S.26.

82 Economides/White, European Economic Review 38 (1994), S.651 ff., 652 – 654, wobei Economides später nur noch das Begriffspaar der „physical networks" und „virtual networks" verwendet, vgl. Economides, Federal Reserve Bank of St. Louis Review 1995, S.60.

83 Thum, S.6, 8.

84 Gröhn, S.25 ff.

85 Wey, S.34 ff.

3. Konstitutive Merkmale von Kommunikations- und Komponentennetzwerken

Kommunikations- und Komponentennetzwerke weisen drei Merkmale auf, welche für die hier interessierenden Netzwerke der New Economy konstitutiv sind. Zunächst sind Netzwerke untrennbar mit der Entstehung von Netzwerkeffekten verbunden. Führt das Nachfrageverhalten eines Konsumenten nicht zu dem mit diesem Begriff umschriebenen Zusatznutzen jenseits des Produktwertes, handelt es sich bei den fraglichen Produkten nicht um Netzwerkgüter. Zwei weitere grundlegende Merkmale von Netzwerken sind Kompatibilität und Switching Costs. Kompatibilität ist von zentraler Bedeutung, um überhaupt eine Vernetzung der Adoptoren[86] zu erreichen. Switching Costs entstehen im Falle eines Netzwerkwechsels. Sie sind konstitutiver Bestandteil des Netzwerkbegriffs, weil für die Konsumenten nur in Gegenwart von Switching Costs (den Kosten eines Netzwerkwechsels im Anschluss an den ex ante erfolgten Beitritt zum ex post falschen Netzwerk) Anlass besteht, vor dem Beitritt zu einem Netzwerk zu antizipieren, ob das Netzwerk, dem beizutreten sie beabsichtigen, tatsächlich die besten Aussichten hat, sich als *de facto-Standard* am Markt zu etablieren.

a) Netzwerkeffekte

Netzwerkeffekte beschreiben ganz allgemein das Phänomen, dass der Wert eines Produktes mit zunehmender Anzahl der Nutzer steigt[87]. Diese Wertsteigerung resultiert aus den positiven Auswirkungen des Beitritts eines Konsumenten auf die übrigen Adoptoren des betreffenden Netzwerks[88]. Der in der Entstehung von Netzwerkeffekten zum Ausdruck kommende positive Zusammenhang zwischen dem Wert eines Produktes und der Anzahl seiner Nutzer ist möglicherweise nicht auf die vorstehend definierten Netzwerke beschränkt[89]. Umgekehrt gilt jedoch, dass Netzwerke immer zur Entstehung von Netzwerkeffekten führen und letztere gerade im Bereich der Netzwerkindustrie von größter Bedeutung sind. Im Lichte der fortschreitenden Vernetzung von Marktteilnehmern durch weitreichende, bisweilen globale Kommunikations- und In-

---

86 Der Begriff der Adoptoren wurde in Anlehnung an die Terminologie der Monopolkommission (9. Hauptgutachten, Rn.830) gewählt. Er umfasst sowohl die Teilnehmer eines Kommunikationsnetzwerkes als auch die Nutzer eines Komponentennetzwerkes.

87 Grundlegend Katz/Shapiro, American Economic Review 75 (1985), S.424.

88 Hess, WiSt 2000, S.96.

89 Klimisch/Lange (vgl. WuW 1998, S.15, 16) und Martenczuk/Thomaschki (RTkom 1999, S.15, 16) etwa behaupten, dass sich Netze i.S. der weiten Definition von Weizsäckers (WuW 1997, S.572 – siehe oben), also einschließlich der traditionellen Versorgungsnetze, durch „positive externe Effekte auf der Nutzenseite" bzw. Netzwerkexternalitäten auszeichneten. Beide belegen diese Behauptung allerdings nur am Beispiel des Telefonnetzes. Letzteres ist in der Tat nicht eindeutig der Netzwerkindustrie im eingangs beschriebenen Sinne zuzuordnen, sondern nimmt aufgrund seiner historischen Wurzeln einerseits und seiner Bedeutung für den Transport digitalisierter Güter andererseits eine gewisse Sonderstellung ein. Darüber hinaus jedoch bleibt unklar, worin der für Netzwerke typische Zusatznutzen bei traditionellen Netzwerken bestehen könnte. Unzutreffend ist es jedenfalls, die aus der Größe von Telekommunikationsnetzen resultierenden Kostenvorteile zu den auf Nachfrageseite entstehenden Netzwerkeffekten zu zählen (so aber Klodt u.a., S.41).

formationssysteme einerseits und der zunehmenden Digitalisierung des Angebots an Waren und Dienstleistungen andererseits besteht gerade wegen der damit einhergehenden positiven Netzwerkeffekte ein großes Bedürfnis nach einheitlichen Standards oder Schnittstellen[90].

Im Sinne der neoklassischen Theorie vollständiger Konkurrenz[91] handelt es sich bei Netzwerkeffekten um eine spezielle Form *positiver externer Effekte*[92]. In der Mikroökonomie beschreiben externe Effekte Nebenwirkungen individuellen Handelns, die nicht über den Markt entgolten werden[93]. Dadurch wird der Preis als Knappheitsindikator verfälscht, weil sich die Auswirkungen individuellen Handelns nicht im Marktpreis niederschlagen. Dies wiederum hat zur Folge, dass der tatsächliche Wert (Kosten oder Nutzen) eines Verhaltens bei den Entscheidungen der Marktteilnehmer nicht berücksichtigt (internalisiert) wird (Marktversagen)[94]. In diesem Sinne können sich auch Netzwerkeffekte als nicht im Marktpreis reflektierte Nebenwirkungen individuellen Handelns darstellen, da die begünstigten Adoptoren keinen zusätzlichen Preis für die infolge eines weiteren Beitritts eingetretene Wertsteigerung des Netzwerkes zu entrichten haben[95].

Netzwerkeffekte können sowohl direkt als auch indirekt entstehen. Deshalb ist zwischen direkten und indirekten Netzwerkeffekten zu unterscheiden:

aa) Direkte Netzwerkeffekte

Direkte Netzwerkeffekte sind das Wesensmerkmal von Kommunikationsnetzwerken[96]. Ihre Existenz ist unbestritten[97]. Sie bezeichnen die *unmittelbar* aus der Vergrößerung eines Kommunikationsnetzwerkes resultierende Wertsteigerung für den installierten Bestand[98]. Direkte Netzwerkeffekte entstehen unmittelbar aus der Verbindung der Knoten, d.h. der technischen Vorrichtungen der Teilnehmer eines Kommunikationsnetzwerkes. Jede neue Verbindung vergrößert den Kreis der erreichbaren Teilnehmer. Die damit einhergehende Erweiterung der Kommunikationsmöglichkeiten erhöht wiederum den Wert des Kommunikationsnetzwerkes insgesamt. Je mehr Personen beispielsweise über einen Zugang zum Internet und über eine E-Mail-Adresse verfügen, desto wertvoller werden Internetzugang und E-Mail-Adresse für den installierten

90 So bereits früh und zu Recht Montag, EuZW 1997, S.71, 77.

91 Zu dieser Theorie im Einzelnen unten, 48 ff.

92 Varian[4], S.578; Hess, WiSt 2000, S.96.

93 Varian[4], S.578; Herdzina, Mikroökonomie, S.162; Hess, WiSt 2000, S.96.

94 Ingo Schmidt, S.37; Fritsch/Wein/Ewers, S.85 f.

95 Insoweit handelt es sich streng genommen um Netzwerkexternalitäten. Sobald man jedoch die Möglichkeit der Internalisierung wie bei den hier interessierenden proprietären Standards geförderter Netzwerke (siehe unten) mit in Betracht zieht, ist der Begriff der Netzwerkeffekte die korrekte Bezeichnung. Näher dazu unten, 45 f.

96 Katz/Shapiro, Journal of Economic Perspectives 8 (1994), 93 ff. 95 ff.; Liebowitz/Margolis, The New Palgrave, S.671; Wiseman, S.52; Evans/Reddy, S.3; Gröhn, S.29; Thum, S.5 ff.; zur Abgrenzung der Begriffe Netzwerkeffekte und -externalitäten siehe unten, 45 f.

97 Vgl. statt aller Lemley/McGowan, California Law Review 86 (1998), 484; Liebowitz/Margolis, Journal of Economic Perspectives 8 (1994), 138 f.; dies., The New Palgrave, S.674.

98 Die Gesamtheit der Adoptoren eines Netzwerkes ist der „installierte Bestand" oder – gleichbedeutend – die „installierte Basis".

Bestand. Zugleich erhöht sich die Attraktivität des Netzwerkes für neue Generationen[99] von Teilnehmern.

Der Zusammenhang zwischen der Größe des Netzwerkes und seinem Wert für die Teilnehmer ist auch als „Metcalfe's Law"[100] beschrieben worden. Geht man davon aus, dass sich der Wert eines Netzwerkes für jeden Teilnehmer proportional zur Gesamtzahl der Teilnehmer verhält, dann entspricht der Wert eines Netzwerkes dem Quadrat der Anzahl der Teilnehmer[101]. Dies sei am Beispiel des Telefonnetzes verdeutlicht: Beträgt der Wert des Telefonnetzes für jeden einzelnen Teilnehmer US$ 1, dann ist ein System mit 10 Teilnehmern US$ 100 wert. Im Unterschied dazu beträgt der Wert eines Telefonnetzes mit 100 Teilnehmern schon insgesamt US$ 10.000[102]. Aus der Vergrößerung um den Faktor 10 resultiert ein Wertzuwachs um den Faktor 100.

bb) Indirekte Netzwerkeffekte

Indirekte Netzwerkeffekte sind das Kennzeichen von Komponentennetzwerken[103]. Sie entstehen nur auf der – virtuellen – Ebene der Gesamtheit aller Nutzer des gleichen Systems und nicht bereits durch die Verbindung der komplementären Komponenten. Diese Verbindung ergibt zunächst lediglich den Produktwert. Der netzwerktypische Zusatznutzen entsteht erst dadurch, dass der zunehmende Absatz von Primärprodukten und die damit einhergehende Vergrößerung des Netzwerkes insbesondere positive Auswirkungen auf Preis, Verfügbarkeit und Vielfalt der Sekundärprodukte hat[104]. Somit entstehen die Netzwerkeffekte bei Komponentennetzwerken nicht wie bei Kommunikationsnetzwerken unmittelbar durch die Interaktion mit anderen Teilnehmern, sondern mittelbar durch die infolge übereinstimmender Beitrittsentscheidungen steigende Nachfrage nach Primärprodukten.

Zu den aus der Größe eines Komponentennetzwerkes resultierenden indirekten Netzwerkeffekten gehört zunächst, dass die mit dem Primärprodukt des Netzwerkes kompatiblen Komponenten in größerer Menge und Vielfalt zur Verfügung stehen, während die Preise wegen zunehmender Skalenerträge in der Bereitstellung und verschärfter Konkurrenz auf der Basis des gemeinsamen Standards des Primärproduktes

---

99 Dieser Begriff bezeichnet das erschließbare und noch nicht ausgeschöpfte Nachfragevolumen auf dem relevanten Markt.

100 Bob Metcalfe ist der Erfinder des Ethernets (Standardnetzwerksoftware für Local Area Networks (LAN)). Metcalfe zufolge wurde ihm dieses „Gesetz", das eher eine Daumenregel als ein mathematisches Gesetz ist und keine exakten Aussagen über den Wert eines Netzwerkes zuläßt, von George Gilder als dem eigentlichen Urheber zugeschrieben, Forbes ASAP, 13. September 1993, S.158, vgl. Lemley/McGowan, California Law Review 86 (1998), 484. Metcalfe sei aber mit der Nennung seiner Urheberschaft einverstanden (Shapiro/Varian, S.184).

101 Shapiro/Varian, S.184.

102 Beispiel bei Shapiro/Varian, S.184.

103 Economides, International Journal of Industrial Organization 14 (1996), 673 ff., 678; Thum, S.5, 8; Kolasky, George Mason Law Review 7 (1999), S.577, 579; Pitofsky, S.3; Evans/Reddy, S.3 f.; Posner, Antitrust Law Journal 68 (2001), 928.

104 Farrell/Saloner, Rand Journal of Economics 16 (1985), S.70 f.; Katz/Shapiro, S.29, 32; Lemley/McGowan, California Law Review 86 (1998), S.479, 483; Kolasky, George Mason Law Review 7 (1999), S.577, 579.

sinken[105]. Ferner profitieren die Nutzer, indem sie vermehrt Wissen und Erfahrungen (*Lerneffekte*)[106] sowie Ergebnisse aus dem Einsatz des Netzwerkes (*selbsterstelltes Repertoire*) austauschen können[107]. Überdies verringern sich verbleibende Unsicherheiten über künftige Verfügbarkeit und Weiterentwicklung (updates) des Systems sowie die Entwicklung völlig neuer Sekundärprodukte[108].

Ein typisches Beispiel, an dem sich die so beschriebenen Netzwerkeffekte nachweisen lassen, ist ein Komponentennetzwerk bestehend aus Rechner (PC) mit CPU, Betriebssystem, Anwendungssoftware (etwa Textverarbeitung oder Computerspiele) und weiteren Peripheriegeräten (z.B. Drucker, CD-Rom-Laufwerk etc.). Je mehr Nutzer mit der Anschaffung des Primärproduktes (PC und Betriebssystem) und passender Komponenten diesem Netzwerk beitreten, desto stärker sinken die Preise für Sekundärprodukte (Peripheriegeräte, Spiele etc.) bei zunehmender Vielfalt und Verfügbarkeit. Ferner verringern sich verbleibende Unsicherheiten über die künftige Entwicklung des Systems einschließlich Updates. Und schließlich vergrößern sich die Möglichkeiten zum Austausch von Wissen, Erfahrungen und Ergebnissen aus dem Einsatz des Systems (z.B. Dateien, Handhabung etc.). Je stärker die installierte Basis auf diese Weise von der Größe eines Komponentennetzwerkes profitiert, desto stärker sind die damit einhergehenden indirekten Netzwerkeffekte.

(1) Indirekte Netzwerkeffekte gleich pekuniäre externe Effekte?

Vereinzelt wird die Existenz indirekter Netzwerkeffekte bestritten. Diese Auffassung wird im Kern damit begründet, dass indirekte Netzwerkeffekte in Wirklichkeit pekuniäre externe Effekte[109] seien[110]. Die als Indiz für die Existenz von indirekten Netzwerkeffekten interpretierte umgekehrte Beziehung zwischen sinkenden Preisen für Sekundärprodukte und einer Vergrößerung des Netzwerkes könne ebenso auf steigende Skalenerträge oder technische Fortschritte im Herstellungsverfahren oder in der Pro-

---

105 Farrell/Saloner,, The American Economic Review 76 (1986), 940; Katz/Shapiro, Journal of Economic Perspectives 8 (1994), 93, 99; Economides/White, European Economic Review 38 (1994), 651, 654; Shapiro, Antitrust in Network Industries; Varian[4], 582 f.; Thum, S.8 und Wey, S.37 ff.; Kolasky, George Mason Law Review 7 (1999), S.577, 579.

106 Sie spielen bei innovativen Technologien, deren sämtliche Einsatzmöglichkeiten nicht einmal dem Hersteller bekannt sind, eine besondere Rolle, Thum, S.9 f.

107 Hess, WiSt 2000, S.96, 97. Dabei handelt es sich nicht um direkte Netzwerkeffekte, weil die Investition in ein Produktsystem erfolgt und erst die Ergebnisse aus dem Einsatz desselben ausgetauscht werden.

108 Dazu bereits Hemenway, S.38; ferner Thum, S.10 f.

109 Pekuniäre externe Effekte (pecuniary externalities) sind externe Effekte, die sich als Folge von Marktbeziehungen in den Preisen der Güter niederschlagen. Folglich werden sie von den Marktteilnehmern in die Entscheidungen miteinbezogen (*internalisiert*), so dass es sich in Wirklichkeit nicht um Externalitäten handelt. Siehe dazu auch Fritsch/Wein/Ewers, S.75.

110 Liebowitz/Margolis, Journal of Economic Perspectives 8 (1994), 133 ff.; dies., The New Palgrave, S.671 f. („Indirect network effects are „market mediated effects" such as cases where complementary goods (e.g. toner cartridges) are more readily available or lower in price as the number of users of a good (laser printers) increases."); *dies.*, network externalities, S.5 f.

duktion[111] zurückzuführen sein[112]. Von diesen beiden Erklärungsmöglichkeiten aber könne von vornherein nur erstere mit indirekten Netzwerkeffekten in Zusammenhang gebracht werden. Denn nur bei steigenden Skalenerträgen bestehe, ähnlich Netzwerkeffekten, eine umgekehrte Beziehung zwischen Preis und Netzwerkgröße[113]. Sofern sinkende Preise dagegen Ausfluss des allgemeinen technischen Fortschrittes seien, spiele die Größe des Netzwerkes keine Rolle.

Wenn aber die Produktion komplementärer Güter mit steigenden Skalenerträgen einhergehe und insoweit ein Zusammenhang zwischen sinkenden Preisen und der Netzwerkgröße bestehe, so handle es sich bei den vermeintlichen Netzwerkeffekten in Wirklichkeit nur um pekuniäre externe Effekte. Denn wenn der Förderer eines Netzwerkes infolge steigender Skalenerträge effizienter produziere und deshalb günstiger anbieten könne, seien die Vorteile des einen Netzwerkes (Marktanteilsgewinne) notwendigerweise die Nachteile des anderen (Marktanteilsverluste). Dieser Zusammenhang aber, so *Liebowitz/Margolis* weiter, sei ein natürliches Ergebnis des Marktprozesses[114] und geradezu *conditio sine qua non* funktionierenden Wettbewerbs. Wenn

---

111 Verfahrensfortschritt bedeutet, dass ein bestimmtes Produkt durch ein kostengünstigeres Verfahren hergestellt werden kann. Produktionsfortschritt meint demgegenüber die Produktion neuer, bisher unbekannter Güter, siehe dazu näher Herdzina, Mikroökonomie, S.111 ff.

112 Zur Begründung der kostensenkenden Wirkung beider Alternativen siehe Herdzina, Mikroökonomie, S.111 ff.

113 Steigende Skalenerträge bedeuten in der mikroökonomischen Theorie, dass durch eine proportionale Vermehrung des Einsatzes aller Produktionsfaktoren eine überproportionale Erhöhung des Outputs erreicht werden kann (Fritsch/Wein/Ewers, S.148). Steigende Skalenerträge bewirken sinkende Stückkosten (=Durchschnittskosten) und dadurch überproportionale Ertragssteigerungen (Herdzina, Mikroökonomie, S.122). Sinkende Stückkosten beruhen auf Größenvorteilen bei der Produktion. Solche Größenvorteile können verschiedene Ursachen haben. Beispielsweise können größere Unternehmen bei Produktion, Absatz, Management, Transport und Lagerhaltung durch Arbeitsteilung, Zentralisierung, das Prinzip des kleinsten gemeinsamen Vielfachen, Lernkurveneffekte etc. (zu den Ursachen von Größenvorteilen im Einzelnen Monopolkommission, 6. Hauptgutachten, Rn.592 ff.) zu niedrigeren Stückkosten produzieren als kleinere Unternehmen (Ingo Schmidt, S.86; Fritsch/Wein/Ewers, S.143 f.). In der Regel haben Größenvorteile den Verlauf einer U-förmigen Kurve, wobei auf der Abszisse die produzierte Menge und auf der Ordinate die Produktionskosten abzutragen sind (Ingo Schmidt, S.84 f.). Aus dem U-förmigen Verlauf der Kurve läßt sich ableiten, dass Größenvorteile nur in gewissem Umfang existieren. Ausnahmsweise kann es zur Entstehung eines natürlichen Monopols oder Oligopols kommen. Das ist der Fall, wenn die Stückkosten über den gesamten Verlauf der Nachfragekurve hinweg fallen, so dass die Nachfrager am kostengünstigsten von nur einem Anbieter bedient werden (Herdzina, Mikroökonomie, S.164). Ein Beispiel dafür ist das Vorliegen von Unteilbarkeiten. Sie existieren in der Regel dann, wenn die Kapazität bestimmter Ressourcen (z.B. von Kraftwerken) aus technischen Gründen nur in großen Sprüngen variiert werden kann (Fritsch/Wein/Ewers, S.142 ff.). Ein Ansatz zur adäquaten Erfassung der Kostenfunktion von Größenvorteilen ist das Konzept der Subadditivität. Subadditivität bedeutet, dass die Gesamtkosten für die Produktion von Teilmengen eines Gutes höher sind als die Kosten der Produktion der gesamten Menge aus „einer Hand" (Fritsch/Wein/Ewers, S.147).

114 Insoweit beziehen sich Liebowitz/Margolis auf Farrell/Saloner, Rand Journal of Economics 16 (1985), 71 und die von diesen zur Beschreibung indirekter Netzwerkeffekte verwendeten Formulierung der „market mediated effects". Farrell/Saloner meinen damit allerdings den „Konkurrenzeffekt der Standardisierung", der zu einem Sinken der Preise für Sekundärprodukte führt.

nämlich die Vor- und Nachteile, die einem Wirtschaftssubjekt durch die Aktivitäten anderer Wirtschaftssubjekte entstehen, Ergebnis des Marktprozesses sind, so seien sie bereits internalisiert. Folglich handele es sich nicht um Netzwerkexternalitäten, sondern um pekuniäre externe Effekte. Eine (weitere) Internalisierung dieser Effekte gegen den Marktprozess oder über ihn hinaus könne nur durch Kartellierung erreicht werden und sei mit erheblichen Wohlfahrtsverlusten verbunden.

(2) Inkongruenz zwischen indirekten Netzwerkeffekten und externen pekuniären Effekten

Die Argumente, mit denen die Existenz indirekter Netzwerkeffekte bestritten wird, können nicht überzeugen. Zum einen manifestieren sich indirekte Netzwerkeffekte nicht nur in sinkenden Preisen für Sekundärprodukte, sondern auch in größerer Produktvielfalt, geringerer Unsicherheit über künftige Updates, neuen Produkten sowie in erweiterten Möglichkeiten zum Austausch von Wissen, Erfahrungen und Ergebnissen. Zum anderen konzentrieren sich *Liebowitz/Margolis* in ihrer Begründung des umgekehrten Verhältnisses zwischen Netzwerkgröße und sinkenden Preisen einseitig auf steigende Skalenerträge bei der Produktion und damit auf die Angebotsseite des Marktes. Die mit zunehmender Anzahl von Adoptoren nachfrageseitig eintretenden Wertsteigerungen eines Netzwerkes bleiben hingegen unberücksichtigt. Mit steigenden Skalenerträgen auf der Angebotsseite allein aber lassen sich die positiven Auswirkungen für die Nutzer eines Komponentennetzwerkes nicht erklären[115].

Bezüglich sinkender Preise bei zunehmender Größe des Netzwerkes sind – gerade in der Informationsindustrie – natürlich *auch* Skalenerträge auf der Angebotsseite von Bedeutung. Auf der Nachfrageseite aber hat die Präsenz indirekter Netzwerkeffekte unabhängig von Skalenerträgen bei der Produktion eine ganz ähnliche Wirkung. Auf Märkten mit Netzwerkeffekten wird die Nachfrage von der Nachfrage anderer Marktteilnehmer bestimmt, so dass die Nachfrage nach einem Netzwerk um so größer wird, je mehr Nutzer bereits zum installierten Bestand eines Komponentennetzwerkes zu zählen sind[116]. Da sich die Konsumenten darüber im Klaren sind, dass sie nach vollzogenem Beitritt durch den Kauf eines Primärproduktes weitere netzwerkspezifische Investitionen vornehmen müssen (insbesondere Investitionen in Sekundärprodukte und Lernkosten), versuchen sie, diese Kosten vor dem Beitritt zu einem Netzwerk zu antizipieren. Insoweit gibt die Menge der bisher verkauften Primärprodukte eines Produktsystems und damit die Größe des installierten Bestandes eines Komponentennetzwerkes Aufschluss über Vielfalt und Preise der Sekundärprodukte in der Zukunft.[117] Wenn

---

[115] Shapiro/Varian, S.179 f., 182; Posner, Antitrust Law Journal 68 (2001), S.928; Snapp, S.3 f.; Evans/Reddy, S.4.

[116] Technisch ausgedrückt ist die künftige Nachfrage eine Funktion des gegenwärtigen Konsums, McKenzie/Lee, The Antitrust Bulletin 46 (2001), S.253, 268.

[117] Dies bedeutet zugleich, dass unmittelbar nach Einführung des Produktsystems am Markt, d.h. zu einem Zeitpunkt, zu dem noch keine Verkaufszahlen bekannt sind, die Nachfrage nach dem Primärprodukt von der Erwartungsbildung über Preis und Vielfalt der kompatiblen Sekundärprodukte abhängt (vgl. Katz/Shapiro, Journal of Economic Perspectives 8 (1994), S.93 f., 99; Sheremata, The The Antitrust Bulletin 42 (1997), S.937, 953; Wey, S.37 f.)

aber die gegenwärtige Nachfrage die künftige bedingt, besteht für die Hersteller von Sekundärprodukten ein bedeutender Anreiz, die Preise zu senken.[118]

Auch die sonstigen positiven Auswirkungen der zunehmenden Größe eines Komponentennetzwerkes sind allein eine Folge der steigenden *Nachfrage*, nicht aber von Skalenerträgen bei der Produktion. Jeder weitere Beitritt zu einem Komponentennetzwerk vergrößert den Absatzmarkt für die mit dem Primärprodukt kompatiblen Sekundärprodukte. Als Reaktion auf die Vergrößerung des Absatzmarktes steigen Angebot und Vielfalt der betreffenden Komponenten, was wiederum die Attraktivität des Netzwerkes aus Sicht der Nutzer erhöht[119]. Dies veranlasst weitere Nutzer, sich dem Netzwerk anzuschließen, wodurch sich Angebot und Vielfalt sowie die Möglichkeiten zum Austausch von Wissen, Erfahrungen und Ergebnissen erneut vergrößern. Diese nachfrageseitigen Effekte aber lassen sich kaum mit dem von *Liebowitz/Margolis* favorisierten Konzept der pekuniären Externalitäten erklären.

Ein weiterer Beleg dafür, dass indirekte Netzwerkeffekte nicht identisch mit pekuniären Externalitäten sind, ist die Tatsache, dass indirekte Netzwerkeffekte nicht nur einem bestimmten Hersteller, sondern unterschiedlichen Marktteilnehmern auf verschiedenen Wirtschaftsstufen (z.B. Konsumenten und Herstellern von Sekundärprodukten) zugute kommen. Während Skalenerträge definitionsgemäß immer an die Produktion eines bestimmen Herstellers gebunden sind, begünstigt etwa die von indirekten Netzwerkeffekten ausgehende Vergrößerung des Absatzmarktes nicht nur einen bestimmten Komponentenhersteller, sondern alle, die auf dem entsprechenden Sekundärmarkt tätig sind[120].

Ein Blick auf die Wirtschaftsgeschichte schließlich zeigt, dass es noch keinem Unternehmen allein aufgrund steigender Skalenerträge gelungen ist, so hohe Marktanteile zu erreichen, wie dies bei Unternehmen auf Netzwerkmärkten regelmäßig der Fall ist[121]. Während *Microsoft* bereits 1996 sowohl bei den Intel-kompatiblen PC-Betriebssystemen[122] als auch bei Anwendungssoftware (z.B. Microsoft Word 1997[123]) einen Marktanteil von ca. 90% erreicht hat, ist es im Vergleich dazu noch keinem der großen Automobil-, Stahl- oder petrochemischen Unternehmen gelungen, praktisch die gesamte Nachfrage auf sich zu vereinen[124]. Die Konzentration dieser Märkte ging nie –

---

[118] McKenzie/Lee, The Antitrust Bulletin 46 (2001), S.253, 268 („When future demand is positively linked to current consumption, any revenue forgone currently can be made up, possibly, with greater sales and, possibly, with higher prices in the future.“); ähnlich Kolasky, George Mason Law Review 7 (1999), S.577, 586 („In such markets, a firm has more incentive to cut price, because a reduction in price will increase the price-cutting firm's market share, thus making it even more attractive due to the increase in customers buying from it relative to its competitors.“); Katz/Shapiro, Journal of Economic Perspectives 8 (1994), S.93 f., 99.

[119] Dietl/Royer, zfo 69 (2000), S.324, 325; Wey, S.39.

[120] Gröhn, S.29.

[121] Shapiro/Varian, S.179.

[122] Laut International Data Corporation belief sich *Microsofts* weltweiter Marktanteil bei Intel-gestützten Betriebssystemen 1996 auf 92%, vgl. declaration of David S. Sibley pt.2, table 1, US v. Microsoft Corp. (www.usdoj.gov/atr/cases/f1700/1767b.htm), zitiert nach Salop/Romaine, George Mason Law Review 7 (1999), S.619, Fn.3.

[123] Ahlborn/Evans/Padilla, ECLR 2001, S.160.

[124] Monopolkommission, 6. Hauptgutachten, Rn.610 ff. (Brachenstudien).

wie übrigens auf vielen anderen Märkten der traditionellen Industrien auch – über die Bildung eines Oligopols mit symmetrischen und – im Vergleich zur Netzwerkindustrie – verhältnismäßig niedrigen Marktanteilen hinaus[125].

Der entscheidende Grund dafür ist, dass Netzwerkeffekte in traditionellen Industrien keine oder jedenfalls keine signifikante Rolle spielen. Die Vorteile, die daraus erwachsen, dass sich auch andere für das gleiche Auto, die gleiche Restaurantkette, das gleiche Hemd oder die gleichen Materialien zum Bau ihres Hauses entscheiden, sind unbedeutend. Hinzu kommt, dass auch die Bedeutung von Skalenerträgen in diesen Industrien geringer ist als auf Netzwerkmärkten. Die aus Größenvorteilen resultierenden Ersparnisse bei der Herstellung werden über den ohnehin U-förmigen Verlauf der Skalenertragskurve hinaus zusätzlich dadurch relativiert, dass der Herstellstückkostennachteil in der überwiegenden Mehrzahl der Branchen unter 10% liegt, die Herstellstückkostenersparnisse durch steigende Transportkosten oder ein erhöhtes Risiko von Produktionsausfällen vermindert werden, ein Erreichen der MOG in der Regel den Verlust von Flexibilität bei der Reaktion auf Nachfrageeinbrüche bedeutet etc.[126].

cc) Das Zusammenwirken von Netzwerkeffekten und steigenden Skalenerträgen

Unabhängig von der ökonomischen Kontroverse um indirekte Netzwerkeffekte und pekuniäre Externalitäten bleibt anzumerken, dass steigende Skalenerträge bei der Produktion auf Netzwerkmärkten eine bedeutende Rolle spielen[127]. Insbesondere die Kombination von steigenden Skalenerträgen und Netzwerkeffekten, wie sie z.B. im Bereich der Softwareindustrie zu finden ist, sorgt für eine zusätzliche Beschleunigung des Wachstums eines Netzwerks[128].

Die in Gegenwart starker Netzwerkeffekte zu beobachtende Polarisierung des Marktes, die im Extremfall zur Entstehung eines natürlichen Monopols führen kann, wird durch steigende Skalenerträge auf der Anbieterseite noch vergrößert. Daraus folgt, dass das Gleichgewicht der Märkte der Netzwerkindustrie entweder ein „*winner takes all*"- (natürliches (Quasi-)Monopol) oder – typischerweise – ein „*winner takes most*"- (asymmetrisches Oligopol) Szenario ist[129]. Am Beispiel von Software lässt sich der erhebliche Einfluss steigender Skalenerträge auf die Anbieterkonzentration im Markt besonders gut veranschaulichen.

---

125 Shapiro/Varian, S.179.

126 Monopolkommission, 6. Hauptgutachten, Rn.607 ff.

127 Kolasky, George Mason Law Review 7 (1999), S.577, 587 ff. („The Critical Role of Increasing Returns to Scale").

128 So auch Shapiro/Varian, S.182, die diese Kombination einen „double whammy" nennen; ferner Ahlborn/Evans/Padilla, ECLR 2001, S.161 und Snapp, S.5 f.

129 Vgl. nur Shapiro/Varian, S.176 f., 301; Hess, WiSt 2000, S.96, 97; Katz/Shapiro, S.29, 33; Wiese, S.99 („Bei Netzeffekt-Gütern gibt es somit eine Tendenz hin zum natürlichen Monopol; Produktnischen sind damit jedoch vereinbar"); Klein/Bansal, Villanova Law Review 41 (1996), S.173, 176 f.; Möschel, Wettbewerbssicherung versus Vermachtung, S.113; Bishop/Walker, S.38 (2.45 am Ende).

Bei Software entfallen praktisch sämtliche Kosten auf die Herstellung und Entwicklung (Fixkosten). Die Kosten für die Produktion weiterer Exemplare (variable Kosten) sind dagegen zu vernachlässigen und bleiben auch bei steigender Stückzahl nahezu unverändert. Die millionste Kopie eines Computerprogramms ist nicht teurer als die erste. Gleiches gilt für alle anderen vollständig digitalisierten Güter[130]. Ökonomisch gesprochen zeichnet sich Software durch hohe Fixkosten und praktisch unbedeutende Grenzkosten aus[131]. Diese Kostenstruktur führt zu sinkenden Stückkosten, so dass die langfristige Gesamtkostenkurve degressiv verläuft. Daraus wiederum folgt, dass das natürliche Gewinnmaximum, d.h. der Punkt, an dem der Grenzgewinn gleich null ist, erst sehr spät auf der Nachfragekurve erreicht wird. Da der Grenzgewinn erst dort null ist, wo der Erlös der letzten verkauften Mengeneinheit den Kosten für Herstellung und Vertrieb entspricht[132], liegt das Gewinnmaximum bei Software oder anderen digitalisierten Gütern im Extremfall (z.B. bei vollständiger Produkthomogenität) im Gleichgewicht des natürlichen Monopols.

b) Kompatibilität

Kompatibilität hat eine technische und eine wirtschaftliche Seite. Während Kompatibilität im technischen Sinne die Interoperabilität zwischen den Knoten eines Netzwerkes sicherstellt, bedeutet Kompatibilität im wirtschaftlichen Sinne die Überwindung inkompatibler technischer Standards verschiedener Netzwerke auf dem Markt[133]. Als konstituierendes Merkmal von Kommunikations- und Komponentennetzwerken ist zwar nur die technische Kompatibilität anzusehen, weil sie den einem Netzwerk zugrundeliegenden Standard bestimmt. Die wirtschaftliche Dimension von Kompatibilitätsstandards ist jedoch insbesondere im Zusammenhang mit der Einsparung von Transaktionskosten von Bedeutung.

aa) Technische Kompatibilität

Kompatibilität ist zunächst die grundlegende *technische* Voraussetzung dafür, ob und in welchem Umfang die Adoptoren eines Netzwerkes von positiven Netzwerkeffekten profitieren können. Sie ist gleichsam *conditio sine qua non* für den technischen Erfolg eines Netzwerks[134]. Kompatibilität besteht, wenn zwischen zwei Netzwerkknoten eine Verbindung hergestellt werden kann[135], wobei sich Kompatibilität sowohl auf die Verbindung zwischen zwei Knoten desselben als auch auf die Verbindung zwischen

---

130 Stelzer, WISU – Das Wirtschaftsstudium 2000, S.835, 838.

131 Vgl. nur Shapiro/Varian, S.3 passim Katz/Shapiro, S.29, 34; Bishop/Walker, S.37 (2.45); Klein/Bansal, Villanova Law Review 41 (1996), S.173, 176; Kolasky, George Mason Law Review 7 (1999), 577, 583; Elzinga/Mills, The Antitrust Bulletin 44 (1999), S.739, 756.

132 Herdzina, Mikroökonomie, S.107.

133 Evans/Reddy, S.8; Katz/Shapiro, The American Economic Review 75 (1985), 424 f.

134 Vgl. auch Katz/Shapiro, The American Economic Review 75 (1985), 424, welche die Bedeutung der Kompatibilität wie folgt umschreiben: „The central feature of the market that determines the scope of the relevant network is whether the products of different firms may be used together".

135 Gröhn, S.28.

den Knoten verschiedener Netzwerke bezieht[136]. Die Möglichkeit, eine Verbindung zwischen zwei Netzwerkknoten herzustellen, impliziert, dass die Netzwerkknoten funktionsspezifisch miteinander vereinbar und damit interoperabel sind. Die Interoperabilität zwischen den Knoten desselben oder verschiedener Netzwerke zur Herstellung von Intra- oder Inter-Netzwerkkompatibilität wird durch Kompatibilitätsstandards[137] (oder Schnittstellenstandards[138]) sichergestellt. Kompatibilitätsstandards sind damit das Ergebnis koordinierter Produktgestaltung[139]. Sie signalisieren den Benutzern von Produkten, dass ein Zwischenprodukt oder eine Produktkomponente reibungslos mit anderen Produkten zu einem Produktsystem verbunden werden kann[140]. Deshalb spielen Kompatibilitätsstandards insbesondere bei komplexen Netzwerken eine wichtige Rolle[141].

Bei Kommunikationsnetzwerken haben Kompatibilitätsstandards die Aufgabe, zu gewährleisten, dass die Kommunikationseinrichtungen der Teilnehmer unabhängig vom Fabrikat miteinander verbunden werden können. Ein Beispiel für die Kompatibilität technischer Kommunikationsvorrichtungen unterschiedlicher Hersteller innerhalb eines proprietären Netzwerkes ist etwa das Festnetz der Deutschen Telekom AG. Aufgrund gemeinsamer Schnittstellen können die Teilnehmer trotz des Einsatzes von Geräten unterschiedlicher Hersteller miteinander kommunizieren. Gleiches gilt für die Kommunikation über die Grenzen proprietärer Netzwerke hinweg. Obwohl die Teilnehmer Kunden unterschiedlicher Netzbetreiber oder ISPs sind, können sie netzwerkübergreifend telefonieren oder E-Mails versenden.

Im Unterschied dazu ist die Kommunikation zwischen Teilnehmern der Mobilfunknetze in Nord- und Südamerika (CDMA-Standard) einerseits und Europa und Asien (GSM-/GPRS-Standards) andererseits derzeit mangels einheitlicher Kompatibilitätsstandards nicht ohne weiteres möglich[142]. Im Fall der konkurrierenden *„Instant Messenger"* Systeme[143] von *Microsoft* (*„MSN Messenger"*) und *AOL Time Warner* (*„Instant Messenger"*) ist die Versendung von Nachrichten über die Grenzen des jeweiligen Netzwerkes hinweg sogar vollkommen unmöglich. Beide Netzwerke sind mangels

---

136 Farrell/Saloner, Rand Journal of Economics 16 (1985), 70; Katz/Shapiro, The American Economic Review 75 (1985), 424 f.; Monopolkommission, 9. Hauptgutachten, Rn.816.

137 Je nach ihrem Regelungszweck lassen sich neben Kompatibilitäts- auch Referenz-, Qualitätsstandards unterscheiden. Referenzstandards liefern Informationen über Eigenschaften komplexer Produkte, um die Vergleichbarkeit verschiedener Technologien zu erleichtern. Qualitätsstandards beschreiben ein Mindestmaß an Leistungsfähigkeit und beinhalten Informationen über die Anwendbarkeit der Produkte und Verfahren, vgl. Monopolkommission, 9. Hauptgutachten, Rn.815 f.; zu weiteren Definitionen von Standards siehe Wey, S.27 ff.

138 Da Interoperabilität meist durch die Normierung von Schnittstellen bewirkt wird, wird der Begriff „Schnittstellenstandard" synonym verwendet, Monopolkommission, 9. Hauptgutachten, Rn.816.

139 Farrell/Saloner, S.1; Wey, S.28.

140 Wey, S.28.

141 Balto, S.2.

142 Vgl. die Übersicht über die weltweit unterschiedlichen Mobilfunkstandards in Financial Times Deutschland vom 11.6.2002, Beilage Telekommunikation, S.4.

143 Dies sind Systeme, die Internetnutzern den Austausch von Nachrichten in Echtzeit ermöglichen.

gemeinsamer Schnittstellen inkompatibel und stehen daher miteinander im Systemwettbewerb[144].

Auch Komponentennetzwerke beruhen auf technischer Kompatibilität zwischen Primärprodukt und Komponenten eines Produktsystems. Kompatibilitätsstandards können bei Komponentennetzwerken in zweifacher Hinsicht Bedeutung erlangen: erstens für die Gewährleistung der Interoperabilität der Komponenten auf der Basis des Standards des Primärprodukts (Kompatibilität *innerhalb* eines Komponentennetzwerkes). Zweitens, unter der Prämisse, dass mehrere Systeme am Markt vorhanden sind, für die Herstellung von Interoperabilität zwischen den unterschiedlichen Standards der Primärprodukte dieser Systeme (Kompatibilität *zwischen* verschiedenen Komponentennetzwerken). Beispiele für Kompatibilität im zuletzt genannten Sinne sind etwa die Produktsysteme der Computerindustrie. Die Möglichkeit, beispielsweise Drucker, Tastaturen und Bildschirme unterschiedlicher Hersteller ohne weiteres mit Intel-kompatiblen PCs oder Apple-Computern zu verbinden, beruht maßgeblich auf der Existenz genormter Schnittstellen. Ein fast schon klassisches Beispiel für die Inkompatibilität proprietärer Standards sind hingegen die virtuellen Schnittstellen (APIs) von *Microsofts* Windows und dem *Apple*-Betriebssystem, die beide jeweils nur mit solchen Anwendungsprogrammen kombiniert werden können, die speziell für die APIs des einen oder anderen Betriebssystems geschrieben sind.

Andere berühmte Beispiele für ausschließlich systemimmanente Kompatibilität sind die Mitte der 70er Jahre entwickelten Videosysteme VHS von *JVC*, Beta von *Sony* und V2000 von *Philips* sowie der seit den 80er Jahren mit wechselndem Erfolg ausgetragene intensive Wettbewerb zwischen den Herstellern von Videospielkonsolen (insbesondere *Atari*, *Nintendo*, *Sega*, *Sony* und *Microsoft*)[145]. Obwohl sich in allen Fällen der proprietäre Standard eines Netzwerkes als Industriestandard am Markt etablieren konnte, war dies nicht das Ergebnis staatlicher Intervention oder von Kooperation zwischen den Marktteilnehmern, sondern einzig und allein das Resultat eines Verdrängungswettbewerbs um den Markt[146].

bb) Wirtschaftliche Bedeutung von Kompatibilität

Neben ihrer technischen Natur haben Kompatibilitätsstandards auch eine ökonomische Funktion. Die ökonomische Theorie der Standardisierung unterscheidet Standards sowohl nach der Art ihrer Durchsetzung am Markt[147] als auch nach dem Grad ihrer Verbindlichkeit[148]. Da die Art der Durchsetzung eng mit dem Grad der Verbindlichkeit von Standards zusammenhängt, ergibt sich die nach beiden Ansätzen übereinstimmende Klassifizierung von Kompatibilitätsstandards in *de facto*- und *de jure-Standards*.

---

144 Financial Times Deutschland vom 18.6.2001, S.3 und 22.6.2001, S.4. Näher dazu unten, S.70 ff.

145 Zahlreiche weitere Beispiele finden sich bei Shapiro/Varian, S.210 ff.

146 Shapiro/Varian, S.176 f.; Katz/Shaprio, S.29, 34; Muris, S.83, 87; Bresnahan, S.155, 169 ff. mit weiteren Beispielen zum Wettbewerb um den Markt. Im Einzelnen dazu unten, S.87 ff.

147 David/Greenstein, Economics of Innovation and New Technologies 1 (1990), S.3, 4. Aus dieser Terminologie leitet sich der auch hier verwendete Begriff des Förderers (Sponsors) eines Netzwerkes ab.

148 Monopolkommission, 9. Hauptgutachten, Rn.817.

De facto-Standards sind freiwillige Standards, die entweder dadurch entstehen, dass sie von Beginn an auf breite Akzeptanz der Marktteilnehmer stoßen, oder dadurch, dass sich ein Standard im Wettbewerb gegen andere Standards durchsetzt. De facto-Standards lassen sich weiter unterteilen in „unsponsored" (*nicht-geförderte*) und „sponsored" (*geförderte*) de facto-Standards[149].

Nicht-geförderte Standards sind typischerweise nicht Gegenstand von Verfügungsrechten anderer Wirtschaftssubjekte. Es handelt sich um offene Standards, die nicht durch geistige Eigentumsrechte geschützt sind[150] (z.B. das Betriebssystem Linux[151], dessen Quellcode allgemein und uneingeschränkt zur Verfügung steht[152]). Sie haben meist keinen identifizierbaren Verursacher und ihre Durchsetzung wird in der Regel von keinem Marktteilnehmer gefördert, eben weil sie nicht durch Eigentumsrechte und infolgedessen auch nicht durch Ausschlussrechte geschützt sind[153]. Da sie allen Marktteilnehmern gleichermaßen zur Verfügung stehen, haben nicht-geförderte *de facto-Standards* den Charakter öffentlicher Güter[154]. Sie entstehen in der Regel auf polypolistisch strukturierten Märkten mit niedrigen Zutrittsschranken[155] und damit in einer Situation, in der kein Marktteilnehmer groß genug ist, um das Marktgeschehen zu beeinflussen. Die Durchsetzung eines einheitlichen Kompatibilitätsstandards am Markt ist mithin das Ergebnis anonymen Wettbewerbs[156].

Im Gegensatz dazu haben geförderte *de facto-Standards* einen oder mehrere Förderer. Das Ziel des Förderers eines Standards ist es, den von ihm geförderten Standard am Markt durchzusetzen[157]. Die Standardtechnologie ist durch ausschließliche Verfügungsrechte geschützt, so dass die Benutzung des Standards bzw. der Vertrieb von auf diesem Standard beruhenden Gütern einseitig abgewehrt werden kann[158]. Deshalb sind geförderte Standards praktisch immer auch proprietäre Standards. Produkte, die nicht dem geförderten Standard entsprechen, sind inkompatibel und können nicht mit Netzwerken verbunden werden, denen andere technische Standards zugrundeliegen[159]. Die Durchsetzung eines geförderten *de facto-Standards* am Markt ist erfolgreich, wenn es dem Sponsor des Netzwerkes gelungen ist, konkurrierende Standards vom Markt zu verdrängen.

---

149 David/Greenstein, Economics of Innovation and New Technologies 1 (1990), S.3, 4.

150 David/Greenstein, Economics of Innovation and New Technologies 1 (1990), S.3, 4.

151 Das Betriebssystem stammt ursprünglich von Namensgeber Linus Torvalds.

152 Financial Times Deutschland vom 4.2.2002, S. 4.

153 David/Greenstein, Economics of Innovation and New Technologies 1 (1990), S.3, 4; Monopolkommission, 9. Hauptgutachten, Rn.817. Insoweit unterscheidet sich allerdings die Situation bei *Linux*. Mit *IBM* hat *Linux* einen Quasi-Sponsor gefunden, der in 2001 hohe Summen in die Förderung dieses Betriebssystems investiert hat. Allerdings nicht uneigennützig, sondern als Alternative zu *Windows* und zur Förderung des Absatzes von *IBM* Computern, Software und Dienstleistungen. Siehe auch Financial Times Deutschland vom 4.2.2002.

154 Wey, S.30; Thum, S.7; zum Begriff der öffentlichen Güter siehe Herdzina, Mikroökonomie, S.3 und Varian[4], S.593 f.

155 Monopolkommission, 9. Hauptgutachten, Rn.817, 832 ff.

156 Wey, S.30.

157 Monopolkommission, 9. Hauptgutachten, Rn.817.

158 Evans/Reddy, S. 9.

159 Siehe dazu David/Greenstein, Economics of Innovation and New Technologies 1 (1990), S.3, 4.

De jure-Standards sind in erster Linie Standards, deren Geltung hoheitlich (z.B. durch gesetzliche Regelungen) angeordnet wird. Daneben zählen auch solche Standards zu den *de jure*-Standardsdie auf Empfehlungen von Standardisierungsorganisationen beruhen und nicht unmittelbar rechtsverbindlich sind[160]. Im Unterschied zu *de facto-Standards*sind *de jure*-Standards weder von Anfang an am Markt akzeptiert noch das Ergebnis eines Wettbewerbsprozesses, wenngleich sie in der Regel rivalisierende Technologien berücksichtigen[161]. Innerhalb der *de jure*-Standards werden *Zwangsstandards* und *Normenempfehlungen* unterschieden. Zwangsstandards sind Standards, die mit hoheitlichen Mitteln am Markt durchgesetzt werden. Normenempfehlungen sind das Ergebnis freiwilliger, konsensualer Zusammenarbeit in nationalen oder internationalen Standardisierungsorganisationen[162].

c) Switching Costs

Switching Costs sind die beim Wechsel eines Netzwerkes insgesamt anfallenden Kosten[163]. Zu den Switching Costs zählen daher nicht nur die Kosten, die von den unmittelbar wechselnden Adoptoren zu tragen sind, sondern auch die Kosten, die infolge des Wechsels bei den Förderern des alten und neuen Netzwerkes entstehen. Sofern diese Kosten nicht durch einen Netzwerk*wechsel*, sondern durch einen Beitritt, d.h. die *erstmalige* Investition in ein Netzwerk entstehen, handelt es sich um *„Setup"-Kosten*[164]. Sie sind die Voraussetzung dafür, dass ein späterer Netzwerkwechsel Switching Costs auslöst.

Ein typisches Beispiel für die Entstehung von Setup-Kosten in einem Komponentennetzwerk ist die sukzessive Anschaffung von Sekundärprodukten. Zunächst erfolgt der Kauf eines beliebigen Primärprodukts (z.B. PC mit Betriebssystem) mit einem Minimum an Komponenten (z.B. Software). Anschließend werden weitere Komponenten (z.B. Drucker, Scanner, Modem, CD-ROM-Laufwerk oder zusätzliche Software) hinzuerworben. Die Bindung an das einmal gewählt Produktsystem wird um so größer, je mehr Komponenten im Laufe der Zeit hinzuerworben werden, weil dadurch die im Falle eines Wechsels zu veranschlagenden Switching Costs steigen.

Neben den Investitionen in neue Hard- und Software gehören auch die Opportunitätskosten zu den Switching Costs. Die Opportunitätskosten der Entscheidung, das System zu wechseln, bestehen darin, dass die ursprünglich genutzten Netzwerkgüter nicht mehr verwendet werden können. Unter der Prämisse, dass das bisherige Netzwerk steuerlich noch nicht voll abgeschrieben ist, bestehen die Switching Costs im Falle von Computersystemen z.B. aus den Kosten für die Anschaffung der neuen Hard- und Software, den Lernkosten für den Umgang mit dem neuen System und den

---

160 Monopolkommission, 9. Hauptgutachten, Rn.817.

161 Monopolkommission, 9. Hauptgutachten, Rn.817.

162 Wey, S.32; Monopolkommission, 9. Hauptgutachten, Rn.817; David/Greenstein, Economics of Innovation and New Technologies 1 (1990), S.3, 4.

163 Shapiro/Varian, S.112; grundlegend zu *„Switching Costs"* von Weizsäcker, Econometrica 52 (1984), 1085 ff.

164 Thum, S.85.

verlorenen Abschreibungen für die bisher genutzte Hard- und Software (Opportunitätskosten)[165].

In ähnlicher Weise entstehen Kosten beim Wechsel eines Kommunikationsnetzwerkes. Der Wechsel zu einem neuen Mobiltelefonanbieter oder ISP erfordert zwar nicht unbedingt Investitionen in neue Hardware. Dennoch entstehen Lernkosten, um sich mit der Nutzung der Angebote des neuen Anbieters vertraut zu machen. Überdies ist der wechselbedingte Aufwand an zeitlichen und finanziellen Ressourcen beispielsweise für die Mitteilung der neuen Telefonnummer oder E-Mail-Adresse nicht zu unterschätzen[166].

Die Beispiele zeigen, dass Switching Costs in der Informationsindustrie die Regel sind. Grund hierfür ist, dass zur Speicherung, Bearbeitung, Vervielfältigung und Weiterleitung von Informationen regelmäßig Produktsysteme zum Einsatz kommen, die nicht nur aus einer Vielzahl von Komponenten bestehen, sondern auch ein systemspezifisches Training erfordern[167]. Ferner sind Switching Costs nicht nur beim Wechsel besonders teurer und hochwertiger Netzwerkkomponenten (z.B. digitale Switches in Telefonnetzen, Mainframe Computern und hochspezialisierte Software zur Datenbankverwaltung[168]) von Bedeutung, sondern auch dann, wenn es um den Wechsel eines Netzwerkes im Massensegment geht (z.B. Kosten im Zusammenhang mit dem Wechsel der Telefongesellschaft oder des ISP).

Werden Switching Costs nicht nur nach ihrer absoluten Höhe, sondern im Verhältnis zu den Einkünften, die der Förderer eines Netzwerkes pro Teilnehmer oder Nutzer erzielt, beurteilt, so erscheinen die absolut gesehen geringfügigen Kosten z.B. beim Wechsel eines ISPs in einem ganz anderen Licht. Setzt man den zeitlichen und finanziellen Aufwand, der mit dem Wechsel eines ISPs verbunden ist (z.B. die Installation der Zugangssoftware), mit dem Entgelt, das von einem durchschnittlichen Internetnutzer für die Bereitstellung der Online-Dienste einschließlich E-Mail-Adresse monatlich zu entrichten ist, ins Verhältnis, so sind die Switching Costs insgesamt gesehen hoch (Lernkosten, Suchkosten, Installation, Anmeldung, Information an bisherige Adressaten etc.)[169].

Die Höhe der Switching Costs gibt Auskunft über die Gewinne, die der Förderer eines Netzwerkes vom installierten Bestand maximal abschöpfen kann. Der maximale Gewinn entspricht genau der Höhe der insgesamt entstehenden Switching Costs zuzüglich des Wertes sonstiger Wettbewerbsvorteile, die der Netzwerkbetreiber dem installierten Bestand bieten kann, wie z.B. die Vorteile eines größeren Netzwerkes (starke Netzwerkeffekte), eine starke Marke, guten Service, auf Größenvorteilen beruhende Preisvorteile oder einen technisch objektiv überlegenen Standard[170].

---

165 Varian[4], Intermediate Microeconomics, S.603.

166 Allerdings hat das VG Köln am 3.4.2001 entschieden, dass die Rufnummernportabilität ab 1.2.2002 nunmehr auch für Mobilfunknetze gilt, vgl. MMR 2001, S.556 ff.

167 Shapiro/Varian, S.116.

168 Siehe die instruktiven Beispiele bei Shapiro/Varian, S.105 ff.

169 Shapiro/Varian, S.108 f.; Varian[4], Intermediate Microeconomics, S.604.

170 MacKie-Mason/Metzler, S.394; Thum, S.85; Shapiro/Varian, S.113 f.

Switching Costs können nach den Ursachen ihrer Entstehung klassifiziert werden als[171]: (1) Vertragliche Verpflichtungen in Form von Entschädigungs-, Schadensersatz- oder Vertragsstrafezahlungen für den Fall einer vertragswidrigen Beendigung des Vertragsverhältnisses; (2) Investitionen in Primärprodukte kombiniert mit der zeitlich versetzten Anschaffung von Sekundärprodukten[172], wobei die Höhe der Switching Costs von der wirtschaftlichen Lebensdauer („*life cycle*") des jeweiligen Primärproduktes abhängt. Verliert das Primärprodukt infolge der rasanten technischen Entwicklung schnell an Wert, so relativiert dies die Bedeutung von Switching Costs[173]. Sind die Komponenten jedoch zeitlich versetzt angeschafft worden, so können die Switching Costs trotz des rapiden Wertverlustes beträchtlich sein. Dann nämlich überschneidet sich die wirtschaftliche Lebensdauer der Komponenten des Netzwerks, so dass ein Wechsel auch dann noch mit erheblichen Kosten verbunden ist, wenn ein Teil der Komponenten voll abgeschrieben ist[174]. Ferner gehören zu den Switching Costs (3) Lernkosten, (4) Kosten für die Übertragung von vorhandenen Informationen in ein anderes Format (Konvertierung), (5) Investitionen in alternative Bezugsquellen im Rahmen von *Second-Sourcing*-Strategien[175], (6) Kosten für die Suche nach neuen Anbietern bzw. Abnehmern einschließlich der damit verbundenen Unsicherheit über deren Qualität und Zuverlässigkeit[176] und (7) der Verlust von Bonusprogrammen und Rabattvorteilen (etwa Web-Miles, Payback-Karten etc.).

Diese unterschiedlichen Arten von Switching Costs lassen sich in zwei großen Gruppen als *finanzielle* und *technische* Switching Costs zusammenfassen. Zu den finanziellen Wechselkosten zählen insbesondere die unter (2) genannten Investitionen in langlebige Primärgüter. Sie sind auf das Fehlen eines funktionierenden Marktes für gebrauchte langlebige Netzwerkkomponenten zurückzuführen[177]. Der Verkäufer eines gebrauchten Primärgutes hat praktisch keine Möglichkeit, den tatsächlichen wirtschaftlichen Wert des fraglichen Gegenstandes durch eine Veräußerung desselben zurückzuerlangen. Eine denkbare Ursache für das Fehlen eines funktionsfähigen Marktes können Informationsasymmetrien sein. Sie zeichnen sich durch eine asymmetrische Informationsverteilung über die Qualität des gebrauchten Primärproduktes zwischen den Transaktionspartnern aus. Im Extremfall können Informationsasymmetrien zum sog. „*Lemons-Problem*"[178] führen.

---

171 Klemperer, S.2 ff.; Shapiro/Varian, S.116 ff.

172 Vgl. Wey, S.36; Hess, WiSt 2000, S.96.

173 MacKie-Mason/Metzler, S.393.

174 Shapiro/Varian, S.119.

175 Vgl. Thum, S.112 ff.; ferner unten, S.78 f.

176 Zur Entstehung von Unsicherheit bei Transaktionen siehe unten, S.57 f.

177 MacKie-Mason/Metzler, S.393.

178 Das „*Lemons*-Problem" ist der Extremfall einer Negativauslese, die dadurch entsteht, dass uninformierte Nachfrager nicht in der Lage sind, die wirkliche Qualität der angebotenen Güter zu überprüfen. Deshalb entspricht ihr Vorbehaltspreis nur der Durchschnittsqualität und nicht der wirklichen Qualität der angebotenen Ware. Dies hat zur Konsequenz, dass die Anbieter überdurchschnittlicher Qualität keine Gewinne erzielen und sich vom Markt zurückziehen. Infolgedessen verringert sich die Durchschnittsqualität, weshalb die Nachfrager nur zur Zahlung eines entsprechend niedrigeren Preises bereit sind. Dadurch scheiden weitere Anbieter überdurchschnittlicher Qualität aus dem Markt aus. Diese Abwärtsspirale von Preissenkung und Qualitäts-

Daneben zählen zu den finanziellen Switching Costs auch die unter (1) genannten Kosten der vorzeitigen Auflösung eines Vertragsverhältnisses sowie der unter (7) genannte Verlust von Bonusprogrammen und Rabattvorteilen. Sie sind Ausfluss der Beendigung einer an die Person des wechselnden Nutzers oder Teilnehmers gebundenen Vertragsbeziehung und können deshalb nicht über den anonymen Marktmechanismus ausgeglichen werden. Selbst wenn die vor einem Wechsel erreichten Boni und Rabatte erhalten bleiben, weil sie der neue Netzwerkbetreiber in gleichem Umfang gewährt, so werden die insgesamt entstehenden Switching Costs nicht verringert. Es findet lediglich eine Verlagerung der Kosten vom wechselnden Konsumenten zum Förderer des neuen Netzwerkes statt.

Die Gruppe der technischen Switching Costs umfasst die verbleibenden Arten von Wechselkosten, also die Kosten für (3) Training, (4) Konvertierung von Informationen, (5) Schaffung alternativer Bezugsquellen und (6) die Suche nach neuen Anbietern bzw. Abnehmern. Gemeinsames Merkmal dieser Kosten ist, dass sie aufgewendet werden, um die wechselbedingten Folgen technischer Inkompatibilitäten zu beheben. Diese Folgen manifestieren sich vor allem darin, dass bestimmte herstellerspezifische Investitionen in das bisherige Netzwerk wertlos werden, weil sich z.B. die Konfiguration des neuen Netzwerkes geändert hat. Dies ist häufig bei Software der Fall, die speziell für die Bedürfnisse eines Nutzers konfiguriert wurde und nunmehr an die neue Hardware angepasst werden muss[179]. Insoweit handelt es sich bei technischen Wechselkosten um Opportunitätskosten oder versunkene (irreversible) Kosten („*Sunk Costs*"), die u.a. dadurch entstehen, dass sich die mit der Anschaffung eines Gutes bei Markteintritt verbundenen Fixkosten nach dem Austritt aus dem Markt weder durch Verkauf noch durch anderweitige Nutzungsmöglichkeiten zurückgewinnen lassen[180].

Last not least ist die Höhe der Wechselkosten auch ein Indikator für die Intensität des durch sie hervorgerufenen „*Lock-in*"-Effektes[181]. Als „*Lock-in*" bezeichnet man –

verschlechterung endet mit dem Zusammenbruch des Marktes. Grundlegend zum „*Lemons-Problem*" Akerlof, Quarterly Journal of Economics 84 (1970), S.488 ff. Dem läßt sich nur durch vertrauensbildende Maßnahmen begegnen, z.B. durch Garantien, Marken, Diplome, Lizenzen etc., Richter/Furubotn, S.234 (7.).

179 Shapiro/Varian, S.106 ff. und MacKie-Mason/Metzler, S.393.

180 Varian, Intermediate Microeconomics, S.353 f.

181 MacKie-Mason/Metzler, S.394; Shapiro/Varian, S.111; zum Zusammenhang zwischen „*Lock-in*" Effekt und Switching Costs vgl. ferner *Image Technical Service, Inc. et al. v. Eastman Kodak Co.* 1988 WL 156332 (N.D.Cal.); 903 F.2d 612 (9th Cir. 1990); 504 U.S. 451 (1992), zusammengefasst in GRUR Int. 1995, S.86 ff. mit Anmerkung von Müller, GRUR Int. 1995, S.92 f. Der Supreme Court hob die Entscheidung des District Courts auf, der Kodak von dem Vorwurf freigesprochen hatte, versucht zu haben, durch missbräuchliches Verhalten auf dem Markt für Wartungsleistungen für Kodak Kopiergeräte eine marktbeherrschende Stellung zu erlangen. Dabei folgte der District Court der von Kodak vorgetragenen Argumentation, dass der auf dem vorgelagerten Markt für Kopiergeräte herrschende wirksame Wettbewerb per se verhindere, dass Kodak auf dem nachgelagerten Markt für Wartungsleistungen eine marktbeherrschende Stellung erlangen könne. Dieser Argumentation widersprach der Supreme Court mit dem Hinweis, dass effektiver Wettbewerb auf dem vorgelagerten Markt nicht per se den Missbrauch einer marktbeherrschenden Stellung auf nachgelagerten Märkten verhindere, wenn hohe *Switching Costs zu „Lock-in"-Effekten* führten, die einen Wechsel der bisherigen Kunden zu einem anderen Anbie-

sehr bildlich – eine Situation, in der die Adoptoren eines Netzwerkes in einen bestimmten technischen Standard „eingeschlossen“ sind. Zwar sind die Adoptoren frei, zu konkurrierenden Netzwerken zu wechseln. Fraglich ist jedoch zu welchem Preis. Je höher die Wechselkosten sind, desto geringer ist die Neigung der Adoptoren, den Wechsel zu anderen Anbietern zu vollziehen. Diese müssen unter sonst gleichen Bedingungen die entstehenden Wechselkosten übernehmen, damit sich die Adoptoren zu einem Netzwerkwechsel entschließen. Etwas anderes gilt jedoch dann, wenn der Wechsel zu einem neuen, qualitativ überlegenen Netzwerkstandard erfolgen soll. Auch wenn im Grundsatz davon auszugehen ist, dass höhere Switching Costs „*Lock-in*“-Effekte verstärken[182], gibt es keine empirischen Belege dafür, dass „*Lock-in*“-Effekte aufgrund prohibitiver Switching Costs so stark sind, dass ein Wechsel zu konkurrierenden Netzwerken auf Dauer vollständig unterbleibt[183].

II. Faktoren, die die Wirkung von Netzwerkeffekten relativieren

Auf Netzwerkmärkten gibt es Kräfte, die die Vorteile der Größe eines Netzwerkes und damit die Entstehung und Stärke von Netzwerkeffekten relativieren. Dies zeigt sich schon daran, dass die Präsenz von Netzwerkeffekten nicht auf jedem Markt zu einer Polarisierung führt, bei der nur ein einziger Anbieter übrig bleibt. Ob es sich um einen „*tippy market*“[184] handelt, das Marktgleichgewicht also erst dann erreicht ist, wenn sich ein Netzwerk als *de facto-Standard* am Markt durchgesetzt hat, hängt immer von der Marktstruktur insgesamt ab[185].

Den größten Einfluss auf die Marktstruktur hat die Stärke der auf einem Markt vorhandenen Netzwerkeffekte selbst[186]. Dies wird am Beispiel des von *Microsoft* entwickelten persönlichen Vermögensverwaltungsprogramms „Quicken“ deutlich. Obwohl Quicken die führende Software auf dem Markt für persönliche Vermögensverwal-

---

ter von Kopiergeräten praktisch ausschlössen; dazu auch Kolasky, George Mason Law Review 7 (1999), S.577, 594 ff.

182 Dietl/Royer, zfo 69 (2000), S.324, 326; Stelzer, WISU – Das Wirtschaftsstudium 2000, S.835, 840.

183 Varian, Intermediate Microeconomics, S.604; empirische Belege dafür, dass es auf Netzwerkmärkten jemals zu einem *dauerhaften* „*Lock-in*“ gekommen ist, gibt es nicht. Die insoweit immer wieder zitierten Beispiele der QWERTY und DVORAK Tastaturen für Schreibmaschinen bzw. der VHS und Beta Standards von Videorecordern (vgl. nur Monopolkommission, 9. Hauptgutachten, Rn.833 f.) sind von Liebowitz/Margolis, The Journal of Law and Economics 33 (1990), S.1 ff. und *dies.*, Journal of Economic Perspectives 8 (1994), S.133, 146 ff. eindrucksvoll widerlegt worden. Ablehnend ebenfalls Kolasky, George Mason Law Review 7 (1999), S.577, 591 ff. und Muris, S.83, 85.

184 Wörtlich übersetzt bedeutet „*to tipp*“ = kippen. Teilweise spricht man auch von „*tippy markets*“, wörtlich wackelige Märkte. Gemeint ist in beiden Fällen, dass der Wettbewerb zugunsten eines Wettbewerbers den Ausschlag gibt. Katz und Shapiro beschreiben den ökonomischen Sachverhalt des „tipping“ wie folgt: „Because of the strong positive-feedback elements, systems markets are especially prone to „tipping“, which is the tendency of one system to pull away from its rivals in popularity once it has gained an initial edge.“, Katz/Shapiro, Journal of Economic Perspectives 8 (1994), S.93, 107.

185 Shapiro/Varian, S.188; OXERA, Competition and Network Externalities, S.2.

186 Wiese, S.99.

tungsprogramme ist, werden – im Vergleich zu anderen Softwaremärkten – „nur" 65% Marktanteil erreicht. Da Unterschiede in der Kostenstruktur im Vergleich zu anderer Software (oder digitalisierten Informationsgütern) nicht bestehen, lässt sich dieser relativ geringe Marktanteil nur mit schwächeren Netzwerkeffekten erklären[187].

Tatsächlich ergibt die Frage nach den positiven Auswirkungen einer maximalen Zahl an Nutzern von Quicken, dass dazu zwar Vorteile im Hinblick auf Preis, Qualität und Verfügbarkeit zählen. Darüber hinaus jedoch spielt die Größe des Netzwerkes aus Sicht der Nutzer keine entscheidende Rolle. Die Nutzer des aus PC, Betriebssystem und Quicken bestehenden Produktsystems haben nicht im selben Maße das Bedürfnis, Dateien auszutauschen, wie dies beispielsweise für die Nutzer von Textverarbeitungs- oder Tabellenkalkulationsprogrammen gilt. Ist aber die Wertschätzung von Quicken nur in eingeschränktem Maße von der Anzahl der Nutzer abhängig, so relativiert dies zugleich die Stärke der auf dem Markt vorhandenen Netzwerkeffekte. Als Faustformel für die Stärke von Netzwerkeffekten kann gelten: Je höher der Produktwert im Verhältnis zum Netzwerkwert zu veranschlagen ist, desto schwächer sind die zu erwartenden Netzwerkeffekte[188].

Immerhin reicht die Präsenz von Netzwerkeffekten im Quicken-Beispiel aber aus, um – verstärkt durch die besondere Kostenstruktur von Informationsgütern – ein asymmetrisches Oligopol entstehen zu lassen: Im Vergleich zu seinem wichtigsten Wettbewerber, „Managing Your Money" mit ca. 5% Marktanteil, verfügt Quicken über einen deutlichen Wettbewerbsvorsprung[189]. Berücksichtigt man ferner, dass „Managing Your Money" bis 1989 seinerseits Marktführer mit ca. 60% Marktanteil war[190], so ist dieses Beispiel nicht nur ein Beleg dafür, dass Netzwerkmärkte durch extrem ungleiche Marktanteile gekennzeichnet sind, sondern auch für die erhebliche Dynamik dieser Märkte, die innerhalb kurzer Zeit zu dramatischen Veränderungen der Marktpositionen führen kann[191].

Auch das Volumen des Absatzmarktes ist von wesentlicher Bedeutung für die Stärke von Netzwerkeffekten. Nur wenn das Nachfragevolumen groß genug ist, um mehreren Netzwerken die erforderliche kritische Masse zu sichern, ist ein Nebeneinander konkurrierender Netzwerke auf demselben Markt denkbar. Weitere Faktoren für die Intensität von Netzwerkeffekten sind die Heterogenität der Netzwerkprodukte und Konsumentenpräferenzen[192]. Für den Teilnehmer eines Kommunikationsnetzwerkes, z.B. eines Instant Messenger Service, kommt es darauf an, dass auch diejenigen, mit denen er in Kontakt treten will, demselben Netzwerk angehören. Bei Komponentennetzwerken dagegen steht im Vordergrund, dass das System den persönlichen Nutzen maximiert.

---

187 Elzinga/Mills, The Antitrust Bulletin 44 (1999), S.739, 757.

188 Lemly/McGowan, California Law Review 86 (1998), S.479, 488.

189 Vgl. Ahlborn/Evans/Padilla, ECLR 2001, S.160.

190 Vgl. Ahlborn/Evans/Padilla, ECLR 2001, S.160.

191 Economides, Working Paper Antitrust, S.7 ff.; Shapiro/Varian, S.182.

192 Lemley/McGowan, California Law Review 86 (1998), S.479, 497 f.; Sheremata, The Antitrust Bulletin 42 (1997), S. 937, 959; Wiese, S.99; Kolasky, George Mason Law Review 7 (1999), S.577, 587; Elzinga/Mills, The Antitrust Bulletin 44 (1999), S.739, 758 f.; Schmalensee, American Economic Journal 90 (2000), S.192 .

Schließlich wird die Stärke von Netzwerkeffekten auch von der Kapazität eines Netzwerkes beeinflusst. Sobald die bestehenden Kapazitäten ausgelastet sind, schlagen die bis dahin positiven Netzwerkeffekte im Falle des Hinzutretens weiterer Adoptoren um in *negative Netzwerkeffekte*. Sind etwa die Kapazitäten eines Netzwerkrechners erschöpft, so führen weitere Zugriffe zu einer Überlastung des Systems. Dadurch werden die übrigen Nutzer in ihren Zugriffsmöglichkeiten beeinträchtigt[193].

III. Abgrenzung von Netzwerkeffekten und wirtschaftlichen Phänomenen mit vergleichbaren Auswirkungen

Am Markt gibt es eine Reihe von wirtschaftlichen Phänomenen, die zwar von ihren Auswirkungen her Ähnlichkeit mit Netzwerkeffekten besitzen, tatsächlich aber keine Netzwerkeffekte sind. Gerade weil indirekte Netzwerkeffekte auf den ersten Blick ein weit verbreitetes Phänomen zu sein scheinen, ist besonders darauf zu achten, Netzwerkeffekte scharf von anderen wirtschaftlichen Phänomenen abzugrenzen. Zu den allgemeinen wirtschaftlichen Phänomenen, die lediglich in einigen ihrer Wirkungen Ähnlichkeit mit Netzwerkeffekten besitzen, gehören insbesondere allgemeine Veränderungen der Nachfrage, Skalenerträge bei der Produktion, Pfadabhängigkeiten und geschlossene Personennetzwerke.

1. Allgemeine Veränderungen der Nachfrage

Die Gemeinsamkeiten zwischen Netzwerkeffekten und allgemeinen Veränderungen der Nachfrage bestehen darin, dass die Entscheidung anderer Konsumenten für dasselbe Produkt positive Auswirkungen auf den Nutzen aller bisherigen Konsumenten hat. Die positiven Auswirkungen allgemeiner Veränderungen der Nachfrage lassen sich stellvertretend am Beispiel der Befüllung von Getränkeautomaten mit *Pepsi*-Dosen veranschaulichen[194]. Eine allgemeine Erhöhung der Nachfrage nach *Pepsi*-Getränken hat positive Auswirkungen auf die Konsumenten dieser Getränke, weil sie häufiger auf Getränkeautomaten treffen, die mit den von ihnen bevorzugten Getränkedosen bestückt sind. Je mehr Marktteilnehmer sich für den Konsum von *Pepsi*-Getränken entscheiden, desto mehr profitieren alle bisherigen Anhänger von Pepsi-Getränken.

Trotz dieser Gemeinsamkeiten wäre es verfehlt, Netzwerkeffekte als Ursache der positiven Auswirkungen auf die Konsumenten von *Pepsi*-Getränken zu vermuten. Um Netzwerkeffekte kann es sich schon deshalb nicht handeln, weil ein mit *Pepsi*-Dosen befüllter Getränkeautomat nicht als Komponentennetzwerk anzusehen ist. Mangels Investition der *Pepsi*-Konsumenten in die Getränkeautomaten fehlt es schon an den mit einem Beitritt zu einem Komponentennetzwerk verbundenen Set up-Kosten für die Anschaffung eines Primärproduktes (hier die Getränkeautomaten). Infolgedessen fehlt es auch an den ebenfalls konstitutiven Switching Costs im Falle eines Wechsel zu einem anderen Getränk (z.B. *Coca Cola*). Die Nachfrage des Einzelnen wird damit nicht von den Entscheidungen der anderen Marktteilnehmer bestimmt. Der Wechsel zu

---

193 Vgl. Kolasky, George Mason Law Review 7 (1999), S.577, 586.

194 Vgl. Evans/Reddy, S.4; Muris, S.83, 86; Kolasky, George Mason Law Review 7 (1999), S.577, 585 f. mit weiteren Beispielen (Autos, Restaurants, Kopierern). Er unterscheidet jedoch nicht deutlich genug zwischen Netzwerkeffekten und allgemeinen Veränderungen der Nachfrage.

Coca Cola ist für denjenigen, der bisher *Pepsi* konsumiert hat, ohne fühlbare wirtschaftliche Nachteile möglich. Die positiven Auswirkungen einer höheren Nachfrage nach *Pepsi*-Getränken sind deshalb lediglich ein *Reflex* der allgemeinen Veränderung der Nachfrage infolge veränderter persönlicher Präferenzen. Die Wertschätzung der Konsumenten bezieht sich nur auf das Produkt selbst, unabhängig von den Entscheidungen anderer Konsumenten. Die Entscheidungen anderer Konsumenten für dasselbe *Pepsi*-Getränk erhöhen den Wert der einzelnen Getränkedose nicht über den Produktwert hinaus.

Gleiches gilt etwa für den Wechsel einer Restaurantkette. Zwar profitiert ein Marktteilnehmer davon, dass auch andere sich für das von ihm bevorzugte Restaurant entscheiden, weil er dann „sein" Restaurant häufiger antreffen wird. Ist jedoch das betreffenden Restaurant ständig ausgebucht und verändern sich daraufhin die persönlichen Präferenzen, so ist ein Wechsel zu einer anderen Restaurantkette jederzeit und ohne Wechselkosten möglich.

2. Skalenerträge bei der Produktion

Auch steigende Skalenerträge bei der Produktion haben Ähnlichkeit mit Netzwerkeffekten. Ausmaß und Stärke von Skalenerträgen und Netzwerkeffekten hängen eng mit der Anzahl der Adoptoren und daher mit der Größe eines Netzwerkes zusammen[195]. Dabei ist zu berücksichtigen, dass die Entstehung von steigenden Skalenerträgen durch die Kostenstruktur der auf Netzwerkmärkten gehandelten digitalen Güter (Informationen und informationsbezogene Dienstleistungen) ganz entscheidend begünstigt wird. Da die Herstellung von Informationen mit hohen Fix- und praktisch zu vernachlässigenden Grenzkosten verbunden ist[196], können sich steigende Skalenerträgen u.U. über die gesamte Nachfragekurve hinweg erstrecken.

Im Unterschied zu Gütern mit „normaler" Kostenstruktur, bei denen die Stückkostenkurve (Kurve der durchschnittlichen Gesamtkosten) auch im zweiten Teil U-förmig verläuft, steigt dieser letzte Teil der Kurve, der die Entwicklung der variablen Kosten darstellt, bei Informationsgütern mit hohen Fixkosten und unbedeutenden Grenzkosten nur langsam an. Die Erklärung dafür ist, dass bei Gütern mit „normaler" Kostenstruktur eine Vergrößerung des Outputs mit rasch ansteigenden Grenzkosten verbunden ist. Bleiben hingegen die Grenzkosten – wie dies bei der Vervielfältigung digitalisierter Informationen (Spielfilme, Musik, Computerprogramme) der Fall ist – unabhängig von der produzierten Menge nahezu konstant, so nimmt der zweite Teil der Stückkostenkurve einen fast waagerechten und keinen U-förmigen Verlauf[197].

Dennoch bestehen erhebliche Unterschiede zwischen steigenden Skalenerträgen und Netzwerkeffekten[198]. Von grundlegender Bedeutung für die Unterscheidung ist zunächst, dass steigende Skalenerträge bei der Produktion und damit ausschließlich auf

195 Dazu schon oben, S.28 f.

196 Siehe bereits oben, S.29; Arthur, Harvard Business Review 72 (1996), S.100, 101; Shapiro/Varian, S.3; Posner, Antitrust Law Journal 68 (2001), 926 f. Erfolgt der Vertrieb von Software vollständig digitalisiert über das Internet, sind die Grenzkosten praktisch gleich null.

197 Vgl. auch Varian, Intermediate Microeconomics, S.358 ff.

198 Näher dazu oben, S.26 ff.

der Angebotsseite entstehen. Im Gegensatz dazu handelt es sich bei Netzwerkeffekten gewissermaßen um Skalenerträge auf der Nachfrageseite. Sie sind das Resultat steigenden Konsums (und nicht des Outputs) der jeweiligen Güter. Überdies führt die Größe eines Netzwerkes nicht allein zu Kosteneinsparungen (niedrigere Preise und geringere Transaktionskosten[199]). Vielmehr erhöht sich der Wert des Netzwerks für den installierten Bestand mit jedem weiteren Beitritt, weil der individuelle Zusatznutzen durch den Zugang zu einem größer werdenden Netz von Adoptoren zunimmt.

3. Pfadabhängigkeiten

Die Ähnlichkeit zwischen *Pfadabhängigkeiten* und Netzwerkwerkeffekten ergibt sich daraus, dass beide Phänomene zur Entstehung von *„Lock-in"*-Effekten führen können. Der Begriff der Pfadabhängigkeit hat seine Wurzeln in der Chaostheorie[200]. Von dort hat er seinen Weg über die Mathematik und Physik in die wirtschaftshistorische Prozesstheorie gefunden[201]. Fraglich ist jedoch, ob nicht schon die Art und Weise, wie das Konzept der Pfadabhängigkeiten für die Volkswirtschaftslehre fruchtbar gemacht wurde, unter methodischen Gesichtspunkten zu beanstanden ist. Aus der Chaostheorie übernommen wurde lediglich der Ansatz, dass „kleine", zufällige Ereignisse am Beginn einer Entwicklung erhebliche Auswirkungen auf das spätere Ergebnis haben können. Dort bewirken diese an sich unbedeutenden Ereignisse, dass sich ein System unvorhersehbar entwickelt, ohne jemals den Zustand eines stabilen Gleichgewichts zu erreichen. In der Wirtschaftswissenschaft hingegen ist dieser Ansatz auf eine Theorie „aufgepfropft" worden, die von einer begrenzten Zahl völlig stabiler alternativer Gleichgewichte ausgeht, von denen sich eines in Abhängigkeit von den Ausgangsbedingungen einstellen wird[202].

In der Sache besagt das wirtschaftswissenschaftliche Konzept der Pfadabhängigkeit, dass in der Vergangenheit liegende Ereignisse in der Gegenwart zu treffende Entscheidungen determinieren[203]. Bei solchen Ereignissen handelt es sich meist um „kleine" für sich betrachtet unbedeutende und unvorhersehbare Ereignisse, die eine Vorhersage darüber, zu welchem Ergebnis der einmal eingeschlagene Pfad führen wird, unmöglich machen[204]. Ein illustratives Beispiel für Pfadabhängigkeiten in diesem Sinne ist die Entstehung einer kurvenreichen statt einer geraden Straße[205]. Der kurvige Verlauf der Straße beruht auf Gründen, die zum Zeitpunkt der Entstehung der Straße

199 Dazu siehe unten, S.63 ff.

200 Roe, Harvard Law Review 109 (1996), S.641, 642, der darauf hinweist, dass Chaos in diesem Zusammenhang nicht gleichbedeutend mit Unordnung ist. Vielmehr bringt dieser Begriff zum Ausdruck, dass Vorhersagen darüber, wohin sich ein System entwickelt wird, nur schwer zu treffen sind.

201 Margolis/Liebowitz, The New Palgrave, S.17; Monopolkommission, 9. Hauptgutachten, Rn.832 Fn.2.

202 Margolis/Liebowitz, The New Palgrave, S.18.

203 David, American Economic Review (Papers & Proceedings) 75 (1985), S.332 ff.

204 Arthur, Economic Journal 99 (1989), S.116, 127; David, Structural Change and Economic Dynamics 5 (1994), 205, 217; Monopolkommission, 9. Hauptgutachten, Rn.832; Wey, S.49 ff.; Thum, S.169 ff. m.w.Nachw.

205 Roe, Harvard Law Review 109 (1996), S.643 f.

wichtig waren, heute aber nicht mehr von Belang sind. So mag der kurvige Verlauf der Straße auf eine Route zurückzuführen sein, die ein Händler gewählt hat, um eine Begegnung mit Wölfen und anderen Gefahren zu vermeiden. Andere Reisende folgten der einmal gewählten und vorgezeichneten Route, so dass sich der Pfad zum Weg und weiter zur Straße entwickelte, obwohl die ursprünglichen Gefahren im Laufe der Zeit längst nicht mehr existierten. Schließlich siedelten sich Menschen, Geschäfte und Fabriken entlang der Straße an.

Die Entwicklung dieser Straße verlief pfadabhängig. Wäre die Straße in der Gegenwart gebaut worden, so wäre eine direkte Verbindung und damit ein gerader Verlauf gewählt worden. Eine nachträgliche Begradigung der Straße etwa im Zuge von Reparaturen der Straßendecke unterbleibt jedoch, weil die bisherigen Investitionen in die Straße und in die angrenzende Bebauung den Wert der Begradigung übersteigen. Die zuständige Verwaltung ist damit – so die Theorie der Pfadabhängigkeit – „Gefangene" der von einem Händler in der Vergangenheit getroffenen Entscheidung, einen bestimmten Weg einzuschlagen.

Im standardisierungsökonomischen Schrifttum vertreten namentlich *David* und *Arthur* die These, dass Pfadabhängigkeiten bei der Entstehung von Kompatibilitätsstandards zu ähnlichen *„Lock-in"*-Effekten wie im Beispiel der Straße führen. Im Zuge der QWERTY[206] Debatte formulierte *David* die griffige These *„history matters"*. Mit dieser These bringt *David* seine Ansicht auf den Punkt, es seien insbesondere „kleine" unvorhersehbare Ereignisse in der Anfangsphase, die den Standardisierungsprozess unabänderlich determinierten. Zum Beweis seiner These verweist *David* darauf, dass ein Wechsel vom QWERTY-Tastaturstandard zum angeblich überlegenen DVORAK-Tastaturstandard[207] bisher nicht erfolgt sei. Obwohl ein solcher Standardwechsel unter wohlfahrtsökonomischen Gesichtspunkten wünschenswert sei, werde er durch *„Lock-in"*-Effekte verhindert.

Der QWERTY-Tastaturstandard hat sich im angelsächsischen Sprachraum in den 70er Jahren des 19. Jahrhunderts als Reaktion auf technische Probleme der ersten kommerziellen Schreibmaschinen herausgebildet. Das Problem dieser ersten Maschinen lag darin, dass sich die Typenhebel verklemmten, wenn bestimmte Tastenkombinationen zu schnell angeschlagen wurden. Insoweit schuf die QWERTY-Tastatur Abhilfe, weil sie die im angelsächsischen Sprachraum am häufigsten angeschlagenen Buchstaben „E" und „T" so platzierte, dass sie nur mit der linken Hand und von der Ausgangsposition versetzt zu erreichen sind. Aus Marketinggründen wurde das „R" mit in die erste Reihe aufgenommen, damit die Verkäufer den Markennamen „Type Writer" möglichst schnell tippen konnten. Da das erste Acht-Finger-Schreibverfahren und das erste Handbuch über das Blindschreibverfahren zufällig für die QWERTY-Tastatur und nicht für eine der zahlreichen anderen Tastaturanordnungen entwickelt wurde, erreichte das Komponentennetzwerk aus Schreibmaschine mit QWERTY-

---

206 QWERTY steht für die ersten sechs Buchstaben direkt unter den Zahlen im linken oberen Teil der Tastatur einer angelsächsischen Schreibmaschine oder einer Computertastatur.

207 1936 ließ Professor August Dvorak das „Dvorak Simplified Keyboard" patentieren. Die Anordnung dieser Tastatur entsprach ergonomischen Erkenntnissen und soll angeblich einfacher zu erlernen sein und die Zahl der Anschläge um 20% bis 80% erhöhen, vgl. Margolis/Liebowitz, The New Palgrave, S.21.

Standard und geschultem Schreibpersonal schnell die kritische Masse und wurde *de facto* zum allgemein anerkannten Tastaturstandard[208].

David nun behauptet, dass diese „kleinen" Wettbewerbsvorteile am Anfang der Entwicklung der QWERTY-Tastatur zusammen mit komplexen Interdependenzen zwischen Schreibmaschinentastaturen, der Ausbildung von Schreibkräften und den Bedürfnissen der Arbeitgeber zur Entstehung von Pfadabhängigkeiten geführt hätten. Trotz der Überlegenheit des zwischenzeitlich entwickelten DVORAK-Tastaturstandards und obwohl die ursprünglich vorhandenen technischen Probleme (Verklemmen der Typenhebel) im Laufe der Zeit obsolet geworden seien, verharre die Gesellschaft in dem unterlegenen QWERTY-Standard. Da die bei einem Wechsel zum überlegenen DVORAK-Standard anfallenden Kosten nunmehr prohibitiv hoch seien, hätten, so *David* weiter, Pfadabhängigkeiten zu einer dauerhaften *„Lock-in"*-Situation geführt. Die Marktteilnehmer seien somit quasi Gefangene des unterlegenen QWERTY-Standards[209].

Ob – wie *David* behauptet – aus „kleinen" unvorhersehbaren Ereignissen am Anfang einer Entwicklung tatsächlich Pfadabhängigkeiten resultieren, die zu einer dauerhaft ineffizienten *„Lock-in"*-Situation (und damit zu Marktversagen) führen, ist bisher allenfalls theoretisch[210], nicht jedoch empirisch bewiesen. Insbesondere *Liebowitz/Margolis* kritisieren nicht nur das Beispiel des QWERTY-Standards, sondern auch die Entwicklung des VHS-Standards zum *de facto-Standard* für Videosysteme als „Marktversagensfabel". Sie haben nachgewiesen, dass keines dieser Beispiele als ernstzunehmender Beleg für ein dauerhaft ineffizientes Verharren des Marktes in einem unterlegenen Standard anzusehen ist[211]. Die angebliche Überlegenheit des DVORAK-Standards ergibt sich nur aus einer einzigen Studie, die in den 40er Jahren des 20. Jahrhunderts von Dvorak selbst erstellt wurde. Zwischenzeitlich haben unabhängige empirische Untersuchungen ergeben, dass die in der Dvorak-Studie behauptete Unterlegenheit des QWERTY-Standards unzutreffend ist[212]. *Liebowitz/Margolis* ziehen daraus zu Recht den Schluss: „if path dependency is a common phenomenon, the real world should be rife with examples of [it]."[213]

---

208 Im Einzelnen zur QWERTY-Debatte und zur Ineffizienzhypothese Davids Wey, S.49 ff.

209 Wey, S.51 f.

210 Arthur, The Economic Journal 99 (1989), S.116 ff. hat den in *Davids* Analyse des QWERTY-Standards zum Ausdruck kommenden Gedanken, dass der Prozess der Standardisierung in erster Linie durch Pfadabhängigkeiten und den stochastischen Einfluss zufälliger Ereignisse gekennzeichnet ist, aufgegriffen und in einem Modell formalisiert. Dieses stochastisch-dynamische Modell *Arthurs* ist zum Referenzmodell für die Bedeutung von Pfadabhängigkeiten bei der Entwicklung technischer Standards geworden (vgl. Wey, S.53 ff.).

211 Liebowitz/Margolis, Journal of Law, Economics, and Organization 11 (1995), S.205 ff.; *dies.*, Journal of Law and Economics 33 (1990), S.1 ff.; zustimmend Wey, S.52 ff. m.w. Nachw.; Kolasky, George Mason Law Review 7 (1999), S.577, 578; Muris, S.83, 89.

212 Dazu gehört insbesondere eine von Earl Strong erstellte Studie von 1956, die für die General Services Administration erstellt wurde, vgl. Muris, S.83, 87. Ebenso Margolis/Liebowitz, The New Palgrave, S.22 unter Bezugnahme auf neuere ergonomische Studien.

213 Liebowitz/Margolis, Policy and Path Dependence from QWERTY to Windows 95", Regulation, vol. 3, 1995, S.222, zitiert nach Muris, S.83, 89.

Lässt man den von *Arthur* geführten Beweis für die theoretische Existenz dauerhafter „*Lock-in*"-Situationen genügen, so stellt sich nunmehr die Frage, worin der (theoretische) Unterschied zwischen „*Lock-in*"-Effekten als Folge von Pfadabhängigkeiten und solchen besteht, die durch Netzwerkeffekte verursacht werden. Die Antwort ist zum Teil bereits gegeben. „*Lock-in*"-Effekte im Sinne der von *David* und *Arthur* vertretenen Ineffizienzhypothese beruhen auf historischen Zufälligkeiten und sind unumkehrbar. Im Unterschied dazu sind auf Netzwerkeffekten beruhende „*Lock-in*"-Situationen nur vorübergehender Natur. Ferner sind sie aus Sicht der institutionenökonomischen Gegenposition[214] zu *David* und *Arthur* nicht das Produkt historischer Zufälligkeiten, sondern das Ergebnis einer bewussten Optimierung durch rationales Verhalten der Marktteilnehmer in einer Welt mit Transaktionskosten. Von diesem Standpunkt aus verharren die Akteure nur solange im unterlegenen Standard, wie dies in Gegenwart von Switching Costs und Transaktionskosten die effizientere Alternative ist. Selbst wenn ein Konsument den „neuen", technisch überlegenen Standard bevorzugt, wird er solange Mitglied des Netzwerkes mit dem „alten", unterlegenen Standard bleiben, wie die mit einem Wechsel verbundenen Kosten den individuellen Nutzen des überlegenen Standards überwiegen.

4. Geschlossene Personennetzwerke

Schließlich haben auch geschlossene Personennetzwerke Ähnlichkeit mit Netzwerkeffekten, weil auch sie von steigenden Mitgliederzahlen profitieren. Geschlossene Personennetzwerke sind insbesondere politische und soziale Organisationen, bei denen der Beitritt durch den Erwerb einer Mitgliedschaft erfolgt. Obwohl der Einfluss von politischen und sozialen Organisationen – ebenso wie der Wert von Netzwerken – mit der Anzahl ihrer Mitglieder steigt, besteht der entscheidende Unterschied darin, dass der Erfolg geschlossener Personennetzwerke maßgeblich davon abhängt, dass nicht jeder, der dies wünscht, Mitglied werden kann[215].

IV. Exkurs – Netzwerkeffekte versus Netzwerkexternalitäten

Obwohl in der Literatur zur Theorie der Netzwerkeffekte die Begriffe Netzwerkeffekte und Netzwerkexternalitäten bisweilen synonym verwendet werden[216], ist in dieser Arbeit ganz bewusst von Netzwerkeffekten die Rede. Der Grund hierfür ist bereits angesprochen worden. Netzwerkexternalitäten sind eine besondere Form positiver externer Effekte, so dass der Begriff der Netzwerkexternalität eine ganz bestimmte Bedeutung hat. Er indiziert, dass die positiven Auswirkungen des Beitritts eines weiteren Teilnehmers oder Nutzers auf die installierte Basis nicht internalisiert, d.h. nicht im Preis für den Beitritt zum Netzwerk enthalten sind. Die darin zum Ausdruck kommende fehlende Internalisierung ist jedoch keineswegs immer zutreffend.

---

214 Zu diesem mikroökonomischen Ansatz sogleich unten, S.51 ff.

215 Vgl. auch Lemley/McGowan, California Law Review 86 (1998), S.598.

216 Vgl. z.B. Katz/Shapiro, The American Economic Review 75 (1985), S.424; Farrell/Saloner, Rand Journal of Economics 16 (1985), S.70; Wey, 33 ff.; Economides, European Economic Review 38 (1994), 651, 653 f.; Klausner, Virginia Law Review 81 (1995), S.757, 764.

Sobald man die idealen Voraussetzungen des neoklassischen Modells verlässt und die Bedeutung von Kompatibilitätsstandards und Netzwerken für die Organisation des Marktes in Gegenwart von Transaktionskosten zur Kenntnis nimmt, sind neben der Existenz offener Standards auch geförderte, proprietäre Standards in die Betrachtung miteinzubeziehen. Dem Förderer eines erfolgreichen *de facto-Standards* aber kann es gelingen, wenigstens einen Teil des durch die Vergrößerung des Netzwerkes generierten Wertzuwachses zu internalisieren, indem er die steigende Zahlungsbereitschaft der Konsumenten nutzt und höhere Preise für den Beitritt verlangt.[217] In diesen Fällen aber ist – wie insbesondere *Liebowitz/Margolis* zu Recht angemerkt haben[218] – die Verwendung des Begriffs der Netzwerkexternalität unzutreffend. Dieser Begriff sollte daher nur dann Verwendung finden, wenn feststeht, dass die Marktteilnehmer nicht die vollen Kosten ihres Handelns zu tragen haben. Damit ist zugleich gewährleistet, dass dem Begriff der Externalität im Netzwerkkontext dieselbe Bedeutung zukommt wie in der Mikroökonomie allgemein[219].

C. Die Verstärkung von Netzwerkeffekten durch Transaktionskosten

Die Erörterung der Theorie der Netzwerkeffekte hat gezeigt, dass Netzwerkeffekte die Erwartungen und damit letztlich auch das Verhalten der Marktteilnehmer auf Netzwerkmärkten in erheblichem Maße beeinflussen. Um seinen individuellen Nutzen zu maximieren, wird der Einzelne bestrebt sein, möglichst frühzeitig (wegen des dann noch geringen Preises) dem Netzwerk beizutreten, das die besten Aussichten hat, zum künftigen *de facto-Standard* am Markt zu werden. Auf diese Weise profitiert er von starken Netzwerkeffekten, ohne dass sein Nutzen durch die mit einem Netzwerkwechsel verbundene Entstehung von Switching Costs geschmälert wird. Unter den Voraussetzungen von Systemwettbewerb bewirkt dieses Verhalten eine Polarisierung des Marktes zugunsten des Förderers eines bestimmten Netzwerkes, die im Extremfall zur Entstehung eines natürlichen (Quasi-)Monopols führen kann[220].

Dieser Einfluss von Netzwerkeffekten wird auf realen Märkten durch die Existenz von Transaktionskosten weiter verstärkt. Rational handelnde Marktteilnehmer werden sich nicht nur aufgrund positiver Netzwerkeffekte dem (potentiell) größten Netzwerk anschließen, sondern auch, weil sie auf diese Weise die Kosten der über den Markt vorzunehmenden Transaktionen minimieren können. Transaktionskosten verstärken somit die von positiven Netzwerkeffekten ausgehende Polarisierung des Marktes. Sie schaffen zusätzliche Anreize für die Marktteilnehmer, sich dem (künftigen) *de facto-*

---

[217] Monopolkommission, 9. Hauptgutachten, Rn.820; Dietl/Royer, zfo 69 (2000), S.324, 325.

[218] Liebowitz/Margolis, Journal of Economic Perspectives 8 (1994), S.133, 134; zustimmend Katz/Shapiro, Journal of Economic Perspectives 8 (1994), S.93, 95 ff.; Lemley/McGowan, California Law Review 86 (1998), S.479, 482 Fn.5; Muris, S.83, 86.

[219] Liebowitz/Margolis, The New Palgrave, S.671 („Network effects should not be properly called network externalities unless the participants in the market fail to internalize these effects. After all, it would not be useful to have the term „externality" mean something different in this literature than it does in the rest of economics.").

[220] Zur Entstehung von (Quasi-)Monopolen unter den Voraussetzungen des Systemwettbewerbs siehe bereits oben, S.28 f. und unten S. 66 ff.

Standard und damit auch dem aus transaktionskostenökonomischer Sicht effizientesten Netzwerk anzuschließen.

Zur Begründung der Verstärkung von Netzwerkeffekten durch Transaktionskosten werden zunächst die beiden wichtigsten mikroökonomischen Theorien erläutert: das neoklassische Gleichgewichtsmodell der vollständigen Konkurrenz (*neoklassische Theorie*) auf der einen und die *Neue Institutionen*ökonomie auf der anderen Seite, mit der die neoklassische Theorie im Anschluss an die von *Ronald H. Coase* vorgetragene Kritik erweitert worden ist. Sodann ist mit Hilfe der institutionenökonomischen Ansätze der Einfluss von Transaktionskosten auf das Verhalten der Marktteilnehmer auf Netzwerkmärkten zu erörtern. Im Mittelpunkt steht dabei die Frage, worauf die transaktionskostensparende Wirkung eines Beitritts zum (potentiell) größten Netzwerk zurückzuführen ist. Ihre Beantwortung zeigt, dass auch die bereits angesprochene[221] wirtschaftliche Dimension netzwerkspezifischer Kompatibilitätsstandards von erheblicher Bedeutung ist.

I. Mikroökonomische Theorien

Die Mikroökonomie hat die Aufgabe, die Mechanismen der Preisbildung und der Allokation im vollkommenen Wettbewerb aufzuzeigen und damit die Idealbedingungen zu formulieren, unter denen der Austausch von Gütern auf dem Markt stattfindet[222]. Diese Bedingungen hat die neoklassische Theorie im *Gleichgewichtsmodell der vollständigen Konkurrenz* formuliert. Vollkommener Wettbewerb im Sinne der neoklassischen Theorie setzt jedoch voraus, dass Austauschvorgänge auf dem Markt kostenlos sind, d.h. bei der Nutzung des Preismechanismus' des Marktes keine Kosten entstehen. Es war *Coase*, der zuerst darauf hingewiesen hat, dass diese Voraussetzung in Wirklichkeit nicht zutrifft[223], sondern vielmehr jede Inanspruchnahme des Marktmechanismus stets mit Kosten verbunden ist:

> „In order to carry out a market transaction it is necessary to discover who it is that one wishes to deal with, to inform people that one wishes to deal and on what terms, to conduct negotiations leading up to a bargain, to draw up the contract, to undertake the inspection needed to make sure that the terms of the contract are being observed, and so on.“[224]

Diese simple[225] Feststellung hat eine Erweiterung des bisherigen Modells der neoklassischen Theorie um das Konzept der Transaktionskosten erforderlich gemacht. *Coase* brachte dies mit den Worten zum Ausdruck: „Without the concept of transac-

221 Vgl. oben, S.29, 31 ff., 63 ff.

222 Vgl. nur Herdzina, Mikroökonomie, S.35.

223 In seinem berühmten Aufsatz „The Nature of the Firm“ von 1937 nähert er sich der von ihm eingangs aufgeworfenen Frage, warum überhaupt Unternehmen existieren, wenn doch der Preismechanismus für eine effiziente Ressourcenallokation sorgt, mit der Hypothese, dass „the main reason why it is profitable to establish a firm would seem to be that there is a cost of using the price mechanism.“, Coase, Economica 4 (1937), S.368, 390.

224 Coase, The Journal of Law and Economics 3 (1960), S.1, 15.

225 Coase selbst schreibt „As the argument in these papers is, I believe, simple, so simple indeed as almost to make their propositions fall into the category of truths which can be deemed self-evident...“, Coase, The Firm, the Market, and the Law, S.1

tion costs it is my contention that it is impossible to understand the working of the economic system, to analyze many of its problems in a useful way, or to have a basis for determining policy."[226] Die Fortentwicklung[227] der neoklassischen Theorie im *Coase*'schen Sinne mit dem Ziel, die wirtschaftliche Wirklichkeit möglichst realistisch zu beschreiben, hat sich die Neue Institutionenökonomie zur Aufgabe gemacht[228]. Sie und die neoklassische Theorie sollen nunmehr in ihren wichtigsten Punkten erläutert werden.

1. Neoklassische Theorie

Die neoklassische Theorie hat in dem von ihr entwickelten Gleichgewichtsmodell der vollständigen Konkurrenz die Bedingungen spezifiziert, unter denen das volkswirtschaftliche Allokationsproblem gelöst werden kann[229]. Es beruht auf drei grundlegenden Gruppen von Annahmen: (1) Das Nachfrageverhalten der Marktteilnehmer ist vollkommen informiert, uneingeschränkt rational und auf Gewinn- (bei Unternehmen) bzw. Nutzenmaximierung (bei Haushalten) gerichtet, (2) Der Zustand der Wirtschaft ist stationär und es herrscht (3) vollständige Konkurrenz[230].

a) Informiertheit, Rationalität und Maximierung

Die Annahmen der ersten Gruppe bilden den Kern der Theorie der Nachfrage. Sie beruhen auf dem Konzept der vollständigen Informiertheit, der Rationalität und der Maximierung. Alle drei Konzepte sind innerhalb der Theorie der Nachfrage miteinander verwoben. Das Konzept der *vollkommenen Information* bedeutet, dass die Unternehmen und Haushalte vollkommene Kenntnis über die zu erwerbenden Güter, deren Preise sowie das verfügbare eigene Einkommen besitzen. Die Kenntnis der Preise und des eigenen Einkommens ist entscheidend für die Fähigkeit der Marktteilnehmer, ihr individuelles Gleichgewicht und damit ihr Nutzenmaximum unter gegebenen Preis- und Einkommensrestriktionen zu erreichen. Darauf ist im Rahmen der Erläuterung des Konzepts der Maximierung zurückzukommen. Die Kenntnis der zu erwerbenden Güter impliziert, dass den Marktteilnehmern Qualität und Nutzen, d.h. der Wert derselben bekannt sind[231].

---

226 Coase, S.6.

227 Unter Betonung des Aspekts der Weiterentwicklung schreibt Williamson, einer der Protagonisten (vgl. Coase, JITE 149 (1993), 96, 98 „My discussions with researchers in this field [contractual arrangements] has made it clear that Williamson's influence has been immense.") der Neuen Institutionenökonomie: „New institutional economists ... regard what they are doing as complementary to, rather than a substitute for, conventional analysis.", Williamson, Ökonomische Institutionen, S.1.

228 Kirchner, WuW 1992, 584; Richter/Furubotn, S.40.

229 Eine allgemeine Darstellung des neoklassischen Gleichgewichtsmodells nebst historischem Abriss über die Entwicklung der Wirtschaftstheorien findet sich bei Arrow/Hahn, S.1 ff.

230 Ingo Schmidt, S.5. Schmidt zählt zwar nur die beiden zuletzt genannten Gruppen von Annahmen ausdrücklich zu den Voraussetzungen des neoklassischen Modells. In deren Rahmen jedoch berücksichtigt auch er die notwendigen Eigenschaften der Marktteilnehmer.

231 Herdzina, Mikroökonomie, S.62 und 69.

Das Wissen um den Wert eines Gutes setzt voraus, dass sich sein Nutzen quantifizieren und damit im Verhältnis zu anderen Gütern in eine bestimmten Reihenfolge bringen lässt. Gleichgültig ist dabei, ob der Nutzen kardinal (wie im Rahmen der Grenznutzenanalyse) oder ordinal (wie im Rahmen der Indifferenzkurvenanalyse) gemessen wird. Sowohl aus der kardinalen als auch aus der ordinalen Nutzenschätzung kann das Nachfrageverhalten der Marktteilnehmer und damit die Lage der individuellen Nachfragekurve abgeleitet werden[232]. Beide Analysemethoden unterscheiden sich in der Art und Weise, wie die Nutzenempfindungen der Konsumenten zum Ausdruck zu bringen sind. Der kardinale Ansatz besagt, dass sich eine Reihung der Güter in quantifizierbaren Größen, also Geld vornehmen lässt. Im Gegensatz dazu sind die Konsumenten dem ordinalen Ansatz zufolge nur in der Lage, Güterbündel im Verhältnis zu anderen Alternativen zu reihen, ohne die für die Reihung maßgeblichen unterschiedlichen Nutzenempfindungen in Geld ausdrücken zu können[233].

Obwohl beide Ansätze zur Ermittlung der Nachfrage der Marktteilnehmer geeignet sind, ist die Fähigkeit zur kardinalen Nutzenschätzung schon früh und stärker angezweifelt worden als die Fähigkeit zur ordinalen Nutzenschätzung[234]. Da die Indifferenzkurvenanalyse, die heute überwiegend bevorzugt wird[235], letztlich aus der Kritik an der Grenznutzenanalyse heraus entstanden ist[236], soll zur nachfolgenden Darstellung der Konzepte der Rationalität und der Maximierung der ordinale Nutzenbegriff verwendet werden.

Das Konzept der *Rationalität* bedeutet, dass jeder Marktteilnehmer über eine vollständige, konsistente und transitive Präferenzordnung verfügt. Das Merkmal der Vollständigkeit besagt, dass ein Konsument alle ihm zur Verfügung stehenden Entscheidungsalternativen im Hinblick auf bestimmte Güterbündel nach ordinalen Gesichtspunkten ordnen kann. Die Präferenzordnung ist konsistent, wenn zwischen alternativen Güterbündeln nur eine Beziehung gilt. Hat also ein Marktteilnehmer die Wahl zwischen A und B, so ist seine Präferenzordnung nur dann konsistent, wenn er angeben kann, ob A>B oder A<B oder A=C ist. Die Präferenzordnung ist schließlich auch transitiv, wenn für den Fall, dass A>B und B>C ist, gilt, dass auch A>C sein muss[237].

Das Konzept der *Maximierung* besagt, dass ein Marktteilnehmer, der die Wahl zwischen alternativen Güterbündeln hat, die Entscheidung treffen wird, die seinen individuellen Nutzen maximiert. Im Lichte des Konzepts der Rationalität ist das diejenige Entscheidungsalternative, die er am meisten präferiert. Abgesehen von den individuellen Präferenzen jedoch wird das Spektrum der möglichen Entscheidungsalternativen

---

232 Herdzina, Mikroökonomie, S.69.

233 Einen ausgezeichneten Überblick über die Kontroverse zwischen den Positionen der kardinalen und ordinalen Nutzenmessung am Beispiel der Auseinandersetzung zwischen Pigou und Robbins gibt Eidenmüller, S.42 ff.

234 Vgl. Eidenmüller, S.42 ff.

235 Eidenmüller, S.47, der von einer „Wende vom kardinalen zum ordinalen Nutzenbegriff" in der Wohlfahrtsökonomie spricht. Als Beispiel aus der Standardlehrbuchliteratur in diesem Sinne vgl. Varian, Intermediate Microeconomics, S.560; kritischer dagegen Herdzina, Mikroökonomie, S.81.

236 Herdzina, Mikroökonomie, S.81.

237 Herdzina, Mikroökonomie, S.69.

aufgrund äußerer Umstände begrenzt. Bei diesen Determinanten handelt es sich um Preis- und Einkommensrestriktionen. Erstere bezeichnen Handlungsbeschränkungen, die sich aus der Knappheit der Güter ergeben. Letztere ergeben sich daraus, dass die Marktteilnehmer nur über ein begrenztes Einkommen verfügen, welches sie zum Konsum einsetzen können[238]. Beide Beschränkungen führen dazu, dass ein Marktteilnehmer nur eine bestimmte maximale Mengenkombination der gewünschten Güter kaufen kann, wobei er diejenige Güterkombination wählen wird, die unter den gegebenen Beschränkungen seinen individuellen Nutzen maximiert.

b) Stationärer Zustand der Wirtschaft

Der Wettbewerb im Gleichgewichtsmodell der neoklassischen Theorie ist statisch. Es wird die augenblickliche Situation der Wirtschaft als Momentaufnahme festgehalten, so „als ob diese keine Vergangenheit und keine Zukunft hätte"[239]. Die Nachfrage, die Ausstattung der Bevölkerung mit Produktionsfaktoren (Arbeit, Boden, Sachkapital und Technisches Wissen) und die Produktionstechnik sind exogen vorgegeben. Wesentliche Ursache für die Entwicklung des stationären Gleichgewichtsmodells waren die wohlfahrtsökonomischen Überlegungen, die an die klassische Theorie *Adam Smith's* bereits zu Beginn des 20. Jahrhunderts herangetragen wurden.

Kernanliegen der Wohlfahrtsökonomie zu jener Zeit war es, einen Beitrag zur Lösung des Armutsproblems zu leisten[240]. Aussagen über den Grad des wirtschaftlichen Wohlstandes in unterschiedlichen Szenarien und die Maßnahmen zur Herstellung und Einhaltung des insoweit günstigsten Modells (das der vollständigen Konkurrenz) setzten die Vergleichbarkeit verschiedener Szenarien und damit eine notwendig stationäre Betrachtungsweise voraus. In dem Maße aber, wie die klassische Wettbewerbstheorie in den Dienst der Wohlfahrtsökonomie gestellt wurde, um die Bedingungen für eine optimale Lösung des volkswirtschaftlichen Allokationsproblems zu finden[241], wurde gleichzeitig die ursprünglich dynamische, Vorgänge und Zustände in der Vergangenheit und in der Zukunft ausdrücklich berücksichtigende Betrachtungsweise[242] aufgegeben. Vom wirtschaftsphilosophischen Standpunkt aus betrachtet wurde im Zuge dieser Entwicklung die Idee des wirtschaftlichen Wohlstandes von der Idee der Freiheit abgetrennt und verselbständigt[243].

c) Vollständige Konkurrenz

Die neoklassische Theorie analysiert die Produktion und den Güteraustausch auf Märkten unter Idealbedingungen, die von den beiden Theoremen der Wohlfahrtsöko-

238 Herdzina, Mikroökonomie, S.73.

239 Schumpeter, S.139.

240 Eidenmüller, S.42 m.w.Nachw.

241 Diese Bedingungen haben ihren Niederschlag in der Formulierung der beiden berühmten Wohlfahrtstheorem gefunden, vgl. dazu sogleich unten, S.50 f.

242 Adam Smith, S.48 ff. und S.206 ff.

243 Hoppmann, Erich, Zum Problem einer wirtschaftspolitisch praktikablen Definition des Wettbewerbs, in: Grundlagen der Wettbewerbspolitik, Schneider, Hans K. (Hrsg.), Berlin, 1968, zitiert nach Ingo Schmidt, S.4.

nomie bestimmt werden. Wesentlicher Bestandteil dieser Idealbedingungen ist insbesondere die Existenz vollkommener Märkte. Daneben beruht das Modell vollständiger Konkurrenz auf der Annahme, dass die Marktform bilateral polypolistisch ist und keine staatlichen oder privaten Eingriffe (z.B. Kartelle) in den Preisbildungsprozess erfolgen. Um das Konzept der vollständigen Konkurrenz zu erläutern, folgt zunächst eine kurze Beschreibung der beiden Theoreme der Wohlfahrtsökonomie. Sodann werden die beiden Definitionsmerkmale eines vollkommenen Marktes skizziert.

Das *erste Theorem der Wohlfahrts*ökonomie besagt, dass jedes Wettbewerbsgleichgewicht *pareto-optimal* ist[244]. Pareto-optimal ist eine wirtschaftliche Situation, in der sich die Wohlfahrt irgendeines Wirtschaftssubjekts nicht mehr vergrößern lässt, ohne gleichzeitig die eines anderen zu verringern[245]. Zusammengefasst beschreibt also das erste Theorem einen Zustand maximaler wirtschaftlicher Effizienz[246]: Auf vollkommen funktionierenden Märkten entsteht ein Gleichgewicht, bei dem eine Verbesserung der Stellung eines Wirtschaftssubjekts nur noch bei gleichzeitiger Verschlechterung der eines anderen möglich ist.

Im *zweiten Theorem der Wohlfahrts*ökonomie werden die Bedingungen spezifiziert, unter denen sich das Pareto-Optimum als Wettbewerbsgleichgewicht einstellt. Dies geschieht, wenn die in einem *Edgeworth-Diagramm* dargestellten Präferenzen zweier Konsumenten konvex zueinander sind und sich ihre Indifferenzkurven deshalb nur an einer Stelle der gemeinsamen Budgetgeraden schneiden. Dieser Schnittpunkt ist pareto-optimal. Er bestimmt das Haushaltsgleichgewicht der beiden Konsumenten und damit ihr unter den gegebenen Beschränkungen maximal erreichbares Nutzenniveau. An welcher Stelle der Budgetgeraden das pareto-optimale Wettbewerbsgleichgewicht liegt, hängt von der jeweiligen Anfangsausstattung der Akteure mit volkswirtschaftlichen Ressourcen (z.B. Geld und Gütern) ab[247]. Im Umkehrschluss bedeutet dies, dass jede beliebige Grundausstattung mit ökonomischen Ressourcen zum Eintritt eines pareto-optimalen Gleichgewichts führt.

Die beiden Wesensmerkmale eines vollkommenen Marktes sind vollständige Transparenz und Homogenität der Güter. Vollständige *Markttransparenz* besteht, wenn alle Marktteilnehmer zu jeder Zeit über alle Marktbedingungen vollständig informiert sind[248]. Vollständige Informiertheit der Nachfrager bedeutet, dass sie neben den Anbietern auch den Wert der angebotenen Güter, d.h. deren Preise und ihre Einkommensverhältnisse kennen. Aus Sicht der Anbieter hingegen sind die Marktbedingungen (Typ und Struktur) sowie ihre Produktions- und Kostenbedingungen bekannt. Die völlige Transparenz der Marktverhältnisse impliziert, dass keinerlei Friktionen auf dem Markt bestehen. Durch das Wirken der „unsichtbaren Hand"[249] bzw. des *Walrasi-*

---

244 Vgl. statt aller Varian[4], 484, 489 f.

245 Feldman, The New Palgrave, S.6.

246 Ingo Schmidt, S.6.

247 Varian[4], 481 ff.

248 Herdzina, Mikroökonomie, S.130.

249 Das Theorem der unsichtbaren Hand stammt von Adam Smith, S.370: „...wird der Mensch von einer unsichtbaren Hand geleitet, um einen Zweck zu fördern, den zu erfüllen er in keiner Weise beabsichtigt hat."

anischen Auktionators[250], wird das Marktgleichgewicht ganz von selbst erreicht, so dass die Nutzung des Marktmechanismus ohne Transaktionskosten möglich ist. Die vollkommene Informiertheit und die Abwesenheit von Trankaktionskosten versetzen die Marktteilnehmer überdies in die Lage, sofort auf Verhaltens- oder Strukturänderungen am Markt zu reagieren und erforderlichenfalls ohne Rücksicht auf rechtliche oder tatsächliche Zu- oder Austrittsschranken zwischen Märkten zu wechseln[251].

Vollständige *Homogenität* der Güter bedeutet, dass sie aus Sicht der Marktteilnehmer völlig gleichwertig sind. Sie unterscheiden sich weder in sachlicher noch in räumlicher, zeitlicher oder persönlicher Hinsicht. Dies bedeutet, dass die Güter qualitativ gleichartig sind (sachliche Unterschiedslosigkeit), räumlich für alle Nachfrager gleichermaßen zur Verfügung stehen (räumliche Unterschiedslosigkeit), entweder sofort verfügbar sind oder identische Lieferfristen haben (zeitliche Unterschiedslosigkeit) und kein Anbieter aus persönlichen Gründen präferiert wird (persönliche Unterschiedslosigkeit)[252]. Selbst wenn weitere Unterschiede zwischen Gütern denkbar sind, gilt stets das Prinzip der Unterschiedslosigkeit. Das entscheidende Merkmal des Konzepts der vollständigen Homogenität besteht folglich darin, dass alle denkbaren Unterscheidungsmöglichkeiten eliminiert werden.

2. Die Neue Institutionenökonomie

a) Das Ziel der Neuen Institutionenökonomie und ihre Kritik an der Neoklassischen Theorie

Die Neue Institutionenökonomie (NIÖ) nimmt die von *Coase* an der neoklassischen Theorie vorgetragene Kritik auf und macht sie zum Ausgangspunkt ihres eigenen, neuen Ansatzes. Ziel dieses Ansatzes ist es, die wirtschaftlichen Vorgänge und Zusammenhänge in der *realen* Welt verstehen und erklären zu können. „What should characterise modern institutional economics, and does to a considerable extent, is that the problems tackled are those thrown up in the real world."[253] Diesem Ziel aber kommt man aus Sicht der NIÖ nicht dadurch näher, dass man wirtschaftliche Handlungsempfehlungen aus einem Vergleich des tatsächlichen Zustandes der Wirtschaft mit den idealtypischen Bedingungen des neoklassischen Modells ableitet:

> „Such a procedure is pointless. We can carry out the operations required to bring about the ideal state on a blackboard but they have no counterpart in real life. In the real world, to influence economic policy, we set up or abolish an agency, amend the law, change the personnel and so on: we work through institutions."[254]

Grundlegende Voraussetzung für die von der NIÖ beabsichtigte Beschreibung der wirtschaftlichen Realität ist demnach, dass bestehende Institutionen zur Kenntnis genommen und in das Modell der vollständigen Konkurrenz integriert werden[255].

---

250 Vgl. Walras, Lesson 5, §§ 41-43 (S.83-86).
251 Ingo Schmidt, S.5.
252 Herdzina, Mikroökonomie, S.130 f.
253 Coase, ZgS 140 (1984), S.230.
254 Coase, ZgS 140 (1984), S.230
255 Furubotn/Richter, ZgS 140 (1984), S.2.

Insoweit haben die beiden grundlegenden Beiträge von *Coase*[256] deutlich gemacht, dass es sich bei Märkten und Unternehmen um zwei wichtige ökonomische Institutionen handelt, welche das Spektrum der tatsächlich existierenden Institutionen an den jeweils äußeren Enden begrenzen[257]. Jene Kräfte, die die Entstehung und Entwicklung von Institutionen beeinflussen, hat *Coase* selbst als „the cost of using the price mechanism"[258] bzw. „the costs of carrying out the exchange transactions in the open market"[259] bezeichnet. Dieser Gedanke wurde anschließend zum Begriff der Transaktionskosten kondensiert, den *Kenneth Arrow* sehr bildhaft mit „Betriebskosten des Wirtschaftssystems" umschrieben hat[260]. Im Zentrum des Interesses der NIÖ steht damit der Zusammenhang zwischen Transaktionskosten und der Entstehung und Veränderung von Institutionen, wobei diese als Resultat transaktionskostensparenden Verhaltens der Marktteilnehmer und damit letztlich als Reaktion auf die Existenz von Transaktionskosten zu begreifen sind[261].

Für das Verhältnis der NIÖ zum neoklassischen Modell gilt, dass sich die Kritik der NIÖ nicht gegen das analytische Vorgehen im Rahmen des neoklassischen Modells richtet. Gegenstand der Kritik sind vielmehr die Annahmen, aufgrund derer das Modell als Mittel zur Analyse wirtschaftlicher Sachverhalte eingesetzt wird. Im Einklang mit der Zielsetzung der NIÖ, einen Beitrag zur Beschreibung der wirtschaftlichen Wirklichkeit zu leisten, wird beanstandet, dass das neoklassische Modell vollständiger Konkurrenz im luftleeren Raum freischwebend, d.h. ohne Bezüge zur Wirklichkeit (den Menschen, den Unternehmen, den Märkten, den äußeren Einflüssen wie technischen Errungenschaften etc.) angewendet wird. *Coase* bringt diese Kritik wie folgt auf den Punkt:

> „The objection essentially is that the theory floats in the air. It is as if one studied the circulation of the blood without having a body. Firms have no substance. Markets exist without laws and therefore without any clear specification of what is bought and sold. What distinguishes the modern institutionalist economists is not that they speak about institutions...nor that they have introduced a new economic theory, though they may have modified the existing theory in various ways, but that they use standard economic theory to analyze the working of these institutions and to discover the part they play in the operation of the economy."[262]

b) Herkunft und Klärung des Begriffs

Der Begriff der NIÖ stammt von *Oliver Williamson*[263]. Unter diesem Begriff hat sich eine neue Forschungsrichtung etabliert, die sich seit den vorerwähnten Beiträgen von

256 „The Nature of the Firm" (1937) und „The Problem of Social Cost" (1960).
257 Williamson, Ökonomische Institutionen, S.17 f.
258 Coase, Economica 4 (1937), 378 (siehe auch Coase, S.38).
259 Coase, Economica 4 (1937), 390 (siehe auch Coase, S.45).
260 Arrow, S.48.
261 Fehl/Schmidtchen, WuW 1986, 572 f.; Theobald, WuW 2000, S.231 f.
262 Coase, ZgS 140 (1984), 230.
263 Williamson, Ökonomische Institutionen, S.1; Coase, ZgS 140 (1984), S.229; Richter/Furubotn, S.33.

Coase und anderen[264] in den frühen sechziger Jahren zu einem eigenen Ansatz entwickelt hat. Das Adjektiv „neu" bedeutet allerdings nicht, dass der Komplementärbegriff „Alte Institutionenökonomie" lautet. Zwar trifft es zu, dass sich schon die Theoretiker des Wettbewerbs der Klassik wie z.B. *Adam Smith*[265] und *Alfred Marshall*[266], mit dem Markt als Institution beschäftigt haben. Dies geschah aber mehr beiläufig und nicht unter dem Gesichtspunkt, welche Kosten die Marktnutzung verursachen würde und welche anderen Institutionen zur Verfügung stünden, um Tauschvorgänge kostengünstiger abwickeln zu können.

Nicht zu verwechseln ist die NIÖ ferner mit dem neuen und alten Institutionalismus. Obwohl die NIÖ bisweilen auch unter der Bezeichnung „Neuer Institutionalismus" firmiert[267], unterscheidet sie sich wesentlich von den Ansätzen der *Institutionalisten*. Innerhalb der Gruppe der Institutionalisten lassen sich im wesentlichen zwei Forschungsrichtungen unterscheiden: zum einen die Vertreter der *Deutschen Historischen Schule* und zum anderen die *Amerikanischen Institutionalisten*[268]. Als Begründer der Deutschen Historischen Schule kann *Wilhelm Roscher* gelten, der bereits 1843 die Grundzüge dieser Denkrichtung in einem von ihm verfassten Manifest umrissen hat. Er verlangte, dass die abstrakt-deduktive Vorgehensweise der klassischen Ökonomie ersetzt werden müsse durch eine stärkere Berücksichtigung der Erkenntnisse anderer Sozialwissenschaften, insbesondere der Rechtswissenschaft, sowie eine Verbreiterung der Basis der in die Analyse einzubeziehenden empirischen, geographischen und historischen Daten[269]. Prominentester Vertreter der jüngeren Deutschen Historischen Schule ist *Gustav Schmoller*. *Schmoller* formulierte seine Kritik an der neoklassischen Preistheorie pointierter als *Roscher* und die anderen Vertreter dieser Schule. Ähnlich wie später *Coase*[270] kritisierte er, „die alte Volkswirtschaftslehre mit ihrem Untergehen in Preisuntersuchungen und Zirkulationserscheinungen stellte den Versuch einer volkswirtschaftlichen Säftephysiologie ohne Anatomie des sozialen Körpers dar."[271]

Schumpeter nannte *Schmoller* später den „Vater" der Amerikanischen Institutionalisten[272], denn zwischen beiden bestand große Übereinstimmung, was die methodolo-

---

264 Vgl. Williamson, Ökonomische Institutionen, S.18, Fn.1 und 2 m.w.Nachw. zu Armen Alchians Untersuchung über Verfügungsrechte (1961), Kenneth Arrows Arbeit über die Problematik der ökonomischen Eigenschaften der Information (1962, 1963) und Alfred Chandlers, Jr. Untersuchungen zur Unternehmensgeschichte (1962); es folgten mehrere Beiträge von Williamson, Lance Davis und Douglas North, Armen Alchian und Harold Demsetz u.a. im Laufe der frühen siebziger Jahre, durch die der neue Forschungsansatz seinen Wirklichkeitsbezug erhielt.

265 Zur Institutionenanalyse bei Adam Smith siehe Elsner, S.216 ff.

266 Marshall, V. Buch, 1. Kapitel, § 2 (S.338).

267 So z.B. in der deutschen Übersetzung von Williamsons englischem Original „The Economic Institutions of Captialism", obwohl er doch der Namensgeber der NIÖ ist und selbst den Terminus „New Institutional Economics" gebraucht, vgl. Williamson, ZgS 141 (1985), 187, 190 ff.

268 Hutchison, ZgS 140 (1984), S.20.

269 Hutchison, ZgS 140 (1984), S.21.

270 Siehe oben, S.52.

271 Schmoller, Grundriß der Allgemeinen Volkswirtschaftslehre, München, 1900, S.64, zitiert nach Richter/Furubotn, S.40.

272 Schumpeter, Gustav Schmoller und die Probleme von heute, in: Schmollers Jahrbuch für Gesetzgebung und Verwaltung 50 (1926), S.337, 355, zitiert nach Richter/Furubotn, S.40.

gische Kritik an der neoklassischen Analyse und das praktische Vorgehen im Rahmen des eigenen Ansatzes betraf[273]. Auch für die Amerikanischen Institutionalisten, die in den zwanziger Jahren des 20. Jahrhunderts den Höhepunkt ihres Einflusses auf die amerikanische Wirtschaftswissenschaft erreicht hatten, waren Institutionen ein zentrales Thema. Die amerikanischen Institutionalisten verlangten, die wirtschaftliche Wirklichkeit müsse unter Einbeziehung des historischen Wandels analysiert werden, was eine genaue statistische Erfassung – im Gegensatz zur nicht quantifizierenden Vorgehensweise der Deutschen Historischen Schule – der existierenden sozialökonomischen Institutionen erfordere[274]. Da die Amerikanischen Institutionalisten, *Thorstein B. Veblen*, *Wesley C. Mitchell* und *John R. Commons*, durchaus unterschiedlicher Ansicht hinsichtlich der Bedeutung des Begriffs der Institution waren, kann als eigentlich verbindendes Element die gemeinsame Kritik an der neoklassischen Theorie angesehen werden[275].

Der wesentliche Unterschied zwischen Institutionalisten und den Vertretern der NIÖ besteht – trotz der Beschäftigung der Institutionalisten mit der empirischen Bedeutung und Struktur von Institutionen – insbesondere darin, dass die Institutionalisten keine Theoretiker waren. Genau genommen waren sie sogar Gegner jeder Theorie und insbesondere der klassischen und neoklassischen Theorie. Mangels eines eigenen theoretischen Ansatzes, zu dem sie das zusammengetragene empirisch-statistische Material hätten veredeln können, gab es nichts, was die weitere wissenschaftliche Arbeit in der Folgezeit hätte befruchten können[276]. Deshalb blieben die wissenschaftlichen Beiträge der Institutionalisten langfristig weitgehend folgenlos. *Coase* zieht Bilanz mit den Worten: „Without a theory they had nothing to pass on except a mass of descriptive material waiting for a theory, or a fire.“[277] Schon um Verwechslungen mit den Institutionalisten zu vermeiden, soll in der vorliegenden Arbeit der Begriff der NIÖ und nicht der des „Neuen Institutionalismus“ Verwendung finden. Im übrigen könnte letzterer Verwirrung stiften, da es auch in anderen Disziplinen, z.B. in der Politik- oder der Rechtswissenschaft, institutionalistische Ansätze gibt, die jedoch mit der NIÖ der Volkswirtschaft nicht zu vergleichen sind[278].

Abschließend bleibt zu erwähnen, dass sich auch NIÖ und juristisch-ökonomische Analyse erheblich voneinander unterscheiden. Zwar beschäftigen sich beide Forschungsrichtungen mit der Koordination privater Aktivitäten auf Märkten und dabei insbesondere mit der Frage, wie eine konkrete Transaktion so organisiert werden kann, dass bei ihrer Durchführung nur ein Minimum an Transaktionskosten entsteht. Ganz unterschiedlich jedoch ist das zur Beantwortung dieser Frage eingesetzte Instrumenta-

273 Hutchison, ZgS 140 (1984), S.22.
274 Vahlens Großes Wirtschaftslexikon, S.891.
275 Hutchison, ZgS 140 (1984), S.21.
276 Eine Ausnahme ist insoweit für die Deutsche Historische Schule und *Walter Eucken* zu machen. Obwohl ein entschiedener Gegner *Schmollers* ließ er einen wichtigen Bestandteil der Deutschen Historischen Schule, nämlich die Beschäftigung mit der Wirklichkeit, in die von ihm entwickelte deutsche „Ordnungspolitik“ einfließen, vgl. im einzelnen Richter/Furubotn, S.40 f.; Hutchison, S.22.
277 Coase, ZgS 140 (1984), S.230.
278 Kirchner, WuW 1992, S.584, Fn.4.

rium. Während sich die juristisch-ökonomische Analyse ausschließlich auf das Spektrum staatlicher Eingriffsmöglichkeiten konzentriert, interessiert sich die NIÖ nur für die privaten Optionen der Marktteilnehmer. Konkret verlangt jene rechtspolitische Interventionen des Staates dort, wo private Verhandlungen zwecks Durchführung von Transaktionen an prohibitiv hohen Transaktionskosten scheitern. Im Gegensatz dazu geht es dieser allein darum zu analysieren, welche Gestaltungsmöglichkeiten privaten Akteuren zur Verfügung stehen, um Transaktionen möglichst kostensparend zu organisieren[279].

Diese Unterscheidung ist insofern von Bedeutung, als es hier allein darum geht, mit Hilfe der NIÖ zu analysieren, wie es *privaten* Marktteilnehmern gelingen kann, durch den Beitritt zu einem bestimmten Netzwerk Transaktionskosten einzusparen. Aus diesem Grund beschränken sich die nachfolgenden Ausführungen auf die Durchsetzung von Netzwerkstandards im Wettbewerb. *De jure*-Standards als das Ergebnis staatlicher Intervention bleiben hingegen unberücksichtigt.

c) Die Ansätze der NIÖ unter besonderer Berücksichtigung der Transaktionskostenökonomie

Innerhalb der NIÖ können im wesentlichen drei Ansätze unterschieden werden: dies sind die *Transaktionskosten*ökonomie (Transaktionskostentheorie), die *Verfügungsrechtsanalyse* (Property-Rights-Analyse) und die *Agencytheorie* (Vertragstheorie), wobei innerhalb der Agencytheorie zwischen der „positiven" Agencytheorie und der „*Principal-Agent*"-Theorie zu differenzieren ist[280]. Das verbindende Merkmal dieser Ansätze ist die Überlegung, dass die Durchführung von Transaktionen durch eine möglichst effiziente Ausgestaltung der vertraglichen Beziehungen kostensparend organisiert werden kann[281]. Zur Erreichung eines Höchstmaßes an Effizienz bedienen sich alle drei NIÖ-Ansätze eigentums- bzw. gewinngestützter Anreizordnungen[282]. Gleichwohl bestehen wichtige Unterschiede.

Im Gegensatz zur Transaktionskostenökonomie gehen Agencytheorie und Verfügungsrechtsanalyse davon aus, dass die gesamte Verhandlungstätigkeit in der Vorvertragsphase zum Abschluss gebracht wird. Mittels der den Verträgen zugrunde liegenden Anreizordnung werden alle Eventualitäten im Voraus bedacht, so dass im Zuge der Vertragsabwicklung keine Überraschungen mehr auftreten. Alle relevanten Aspekte des Vertrages sind in umfassenden Verhandlungen ex ante berücksichtigt worden. Von entscheidender Bedeutung für beide Ansätze ist jedoch die Existenz eines wirksamen und effizienten staatlichen Gerichtssystems, das die Einhaltung der vereinbarten Rechte und Pflichten garantiert[283].

Demgegenüber ist die Sichtweise der Transaktionskostenökonomie keineswegs auf das ex ante-Stadium der Vertragsverhandlungen beschränkt. Vielmehr geht sie davon aus, dass Verhandlungen bis zur endgültigen Beendigung des Vertrages erforderlich

---

279 Eidenmüller, S.95.

280 Richter/Furubotn, S.35 f.; Williamson, Ökonomische Institutionen, S.30 ff.

281 Williamson, Ökonomische Institutionen, S.20 ff.; *ders.*, ZgS 141 (1985), 187, 190.

282 Williamson, Ökonomische Institutionen, S.30 f.

283 Williamson, Ökonomische Institutionen, S.31.

sind, so dass Transaktionskosten nicht nur in der Vorvertragsphase, sondern auch nach Vertragsschluss anfallen. Zu den ex post entstehenden Transaktionskosten gehören beispielsweise „die Kosten des Feilschens", wenn versucht wird, Fehlentwicklungen nachträglich zu korrigieren, die Kosten außergerichtlicher Streitbeilegung (z.B. Schiedsgerichte) sowie die Kosten für Kontrolle, Sicherung und Durchsetzung der vertraglichen Versprechen[284].

Die Annahmevoraussetzungen der Transaktionskostenökonomie unterscheiden sich von denen der Verfügungsrechtsanalyse und der Agencytheorie außerdem darin, dass sich erstere nicht im selben Maße auf Wirksamkeit und Effizienz der staatlichen Gerichtsbarkeit zur Sicherung und Durchführung der vertraglichen Bestimmungen verlässt. Diese Prämisse ist aus Sicht der Transaktionskostenökonomie ein wirklichkeitsfremdes Relikt der Tradition des „Rechtszentralismus", nach deren Vorstellung Vertragsstreitigkeiten von den Gerichten „sachgerecht, scharfsinnig und mit geringen Kosten" entschieden werden[285]. Statt dessen setzt die Transaktionskostenökonomie auf vertragsimmanente *Beherrschungs- und Überwachungssysteme* wie z.B. Vertragsstrafen, Möglichkeiten zur Aufhebung und Beendigung des Vertrages, Schiedsverfahren etc.[286].

Vergleicht man die Annahmevoraussetzungen dieser drei Ansätze im Lichte der eingangs erwähnten Zielsetzung der NIÖ, die wirtschaftlichen Verhältnisse möglichst realitätsnah zu beschreiben, so dürfte der Ansatz der Transaktionskostenökonomie hierzu am besten geeignet sein. Die Beobachtung der Transaktionskostenökonomie, dass neben den staatlichen Gerichten auch vertragsimmanente und außergerichtliche Streitbeilegungsmechanismen zur Verfügung stehen und häufig genutzt werden, ist einem Juristen ebenso geläufig wie die Annahme, die Verhandlungstätigkeit sei nicht auf die Vorvertragsphase beschränkt, sondern finde durchgehend bis zum Ende des Vertrages statt. Paradigmatisch für die Richtigkeit dieser Annahme ist das Rechtsinstitut des Wegfalls der Geschäftsgrundlage[287], welches für eben jene Fälle entwickelt worden ist, in denen künftige Ereignisse nicht bereits bei Abschluss des Vertrages vorherzusehen waren.

Der tiefere Grund dafür aber, dass die Transaktionskostenökonomie der wirtschaftliche Wirklichkeit am nächsten kommt, tritt erst hervor, wenn man die Frage stellt, weshalb insbesondere *Williamson* als Protagonist der Transaktionskostenökonomie zu der Annahme gelangt, dass Verhandlungen auch nach Vertragsschluss erforderlich sind und die staatliche Gerichtsbarkeit nicht mit der gewünschten Effizienz für die Einhaltung der vertraglichen Bestimmungen sorgt.

aa) Begrenzte Rationalität, Opportunismus und Faktorspezifität

Ausschlaggebend für die Annahme, dass sich Vertragsverhandlungen nicht allein auf die Phase vor Vertragsschluss beschränken, sind nicht nur bestimmte Eigenschaften der Beteiligten, sondern auch der Transaktion selbst. Die wichtigsten Eigenschaften

---

284 Williamson, Ökonomische Institutionen, S.24.
285 Williamson, Ökonomische Institutionen S.23.
286 Williamson, Ökonomische Institutionen S.23, 25, 38.
287 Palandt-Heinrichs, § 313, Rn.14 ff.

der handelnden Akteure sind *begrenzte Rationalität* („*bounded rationality*") und *Opportunismus* („*opportunism*"). Die Transaktion selbst hingegen wird maßgeblich vom jeweiligen Grad der *Faktorspezifität* bestimmt.

Begrenzte Rationalität bedeutet, dass das Verhalten der Marktteilnehmer „*intendiert* rational ist, aber das nur *begrenzt*"[288]. Die gleichzeitige Hervorhebung der intendierten wie begrenzten Rationalität verdeutlicht, dass die Marktteilnehmer zum einen bestrebt sind, den eigenen Nutzen zu vergrößern, zum andern aber auch, dass dieses Streben durch die eingeschränkte Fähigkeit zur Erlangung, Aufnahme und Verarbeitung von Informationen begrenzt ist[289]. Wesentliche Ursache dieser Begrenztheit – abgesehen von den Unzulänglichkeiten des menschlichen Gedächtnisses – sind die mit der Erlangung, Aufnahme, Speicherung und Verarbeitung umfassender Informationen verbundenen Transaktionskosten. Insoweit unterscheidet sich das Konzept der begrenzten Rationalität[290] auch von dem der vollkommenen Rationalität der neoklassischen Theorie[291].

Die zweite wichtige Eigenschaft der Marktteilnehmer im Sinne der Transaktionskostenökonomie ist die stets vorhandene Neigung zu opportunistischem Verhalten. Opportunismus ist die stärkste Form der Verfolgung von Eigeninteressen zu Lasten Dritter. Sie reicht von nur moralisch verwerflichem Verhalten wie Irreführung durch unvollständige oder verzerrte Weitergabe von Informationen über die Anwendung von List und Täuschung bis hin zu kriminellen Verhaltensweisen wie Diebstahl, Unterschlagung, Betrug etc.[292]. Infolge der nicht auszuschließenden Gefahr opportunistischen Verhaltens des Vertragspartners entstehen *Verhaltensunsicherheiten* bei der Vereinbarung und Durchführung von Transaktionen. Da die Akteure niemals vollständig und nur in unterschiedlichem Maß vertrauenswürdig sind, müssen sie stets davon ausgehen, dass ihr Vertragspartner die getroffenen Vereinbarungen jedenfalls nicht vollkommen erfüllt. Im Gegensatz dazu operiert die neoklassische Theorie mit der Annahme, dass die Marktteilnehmer ihr Eigeninteresse ehrlich verfolgen, richtige Erklärungen abgeben, Regeln einhalten und ihre Ausgangspositionen vollständig und uneingeschränkt offenlegen[293].

Die Transaktion selbst schließlich wird vom jeweiligen Grad der Faktorspezifität bestimmt. Nach *Williamson* lassen sich mindestens vier verschiedene Arten von Faktorspezifität unterscheiden: Standortspezifität, Spezifität des Sachkapitals, Spezifität des Humankapitals und zweckgebundene Sachwerte[294]. Unterscheidet man Transaktionen mit Einzweckinvestitionen und Mehrzweckinvestitionen, so sind insbesondere Einzweckinvestitionen durch Faktorspezifität gekennzeichnet. Sie unterscheiden sich von Mehrzweckinvestitionen dadurch, dass sie nur zu einem ganz bestimmten Zweck

---

288 Simon, Herbert A., Administrative Behaviour, 2. Aufl. New York, 1961, zitiert nach Williamson, Ökonomische Institutionen, S.34 (Hervorhebung im Original).

289 Wiggins, ZgS 140 (1984), S.224.

290 Eine Übersicht über die unterschiedlichen Stufen der Rationalität findet sich bei Williamson, Ökonomische Institutionen S.50 ff.

291 Siehe oben, S.47 ff.

292 Williamson, Ökonomische Institutionen S.54 f.

293 Williamson, Ökonomische Institutionen S.56.

294 Williamson, Ökonomische Institutionen, S.62.

vorgenommen werden, der eine anderweitige Verwendung der jeweiligen Güter praktisch ausschließt.

Die anfangs u.U. sogar höheren Einzweckinvestitionen führen zwar im Laufe ihrer wirtschaftlichen Lebensdauer häufig zu Kostenersparnissen, weil sie stärker auf die Bedürfnisse der Vertragspartner zugeschnitten sind. Gleichzeitig jedoch sind sie riskanter als Mehrzweckinvestitionen, da es sich bei einem nicht unerheblichen Teil um versunkene Kosten handelt[295]. Daher besteht die Gefahr, dass im Falle einer vorzeitigen Vertragsbeendigung ein erheblicher Teil der Einzweckinvestition verloren geht. Mit zunehmender Faktorspezifität der Investitionen aber gewinnt nicht nur die Identität der Transaktionspartner, sondern auch die Fortdauer des Vertrages an Bedeutung. Auch dies unterscheidet die Transaktionskostenökonomie von der neoklassischen Theorie, denn im Gegensatz zu dieser sind Transaktionen unter den Bedingungen von Faktorspezifität weder „gesichtslos" noch eine „Sache des Augenblicks"[296], d.h. es gilt nicht das Prinzip der Unterschiedslosigkeit.

Das kumulative Vorliegen von begrenzter Rationalität, Opportunismus und Faktorspezifität schließt es aus, dass alle Eventualitäten der Vertragsentwicklung schon vor Vertragsschluss berücksichtigt werden können. Dies gilt insbesondere für langfristige Verträge mit zunehmendem Grad an Faktorspezifität. Die Kosten, die aufgewendet werden müßten, um einen Vertrag in jeder Hinsicht vollständig zu regeln und die Vertragsparteien vor ex post opportunistischem Verhalten (auch als „*hold up*"[297] bezeichnet[298]) zu schützen, stünden außer Verhältnis zum wirtschaftlichen Zweck der Vereinbarung. In der Praxis behilft man sich eben deshalb in fast allen Fällen mit salvatorischen Klauseln, in denen die Parteien sich verpflichten, bei unvorhergesehenen Entwicklungen oder Lücken der Vereinbarung gemäß dem übereinstimmend zugrunde gelegten wirtschaftlichen Zweck des Vertrages nachzuverhandeln. Die auf realen wirtschaftlichen Zwängen beruhende Unvollständigkeit fast aller Verträge zeigt in großer Klarheit, dass Vertragsverhandlungen bei realistischer Betrachtung keineswegs im Vorfeld des Vertragsschlusses zu einem umfassenden Abschluss gebracht werden können.

Die Transaktionskostenökonomie macht damit insgesamt dreierlei wichtige Konzessionen an die Wirklichkeit, wenn sie im Unterschied zum neoklassischen Modell von begrenzter Rationalität und Opportunismus der Akteure sowie Faktorspezifität der Transaktionen ausgeht. Überdies unterscheidet sie sich durch die Kumulierung dieser drei Faktoren von der Agencytheorie und der Verfügungsrechtsanalyse. Deren Annahme, dass Transaktionen allein durch gewinn- oder eigentumsgestützte Anreizordnungen vor Vertragsschluss effizient und kostensparend organisiert werden können, lässt sich nur dann aufrecht erhalten, wenn *nicht* alle drei Faktoren gleichzeitig vorliegen[299].

---

295 Williamson, ZgS 140 (1984), 195 ff.; *ders*., Ökonomische Institutionen S.61 ff.

296 Williamson, Ökonomische Institutionen S.63 f. unter Bezugnahme auf ein Zitat von Yoram Ben-Porath, The F-connection: Families, friends, and firms and the organization of exchange, in: Population and Development Review 6 (1980), S.1, 4.

297 In der wörtlichen Übersetzung „räuberischer Überfall".

298 Z.B. Richter/Furubotn, S.93.

299 Mit ausführlicher Begründung Williamson, Ökonomische Institutionen S.34 ff.

bb) Die Bedeutung relationaler Verträge für die gerichtliche Streitbeilegung

Der tiefere Grund für die Annahme der Transaktionskostenökonomie, die staatliche Gerichtsbarkeit könne die Einhaltung der vertraglichen Bestimmungen nicht mit der gewünschten Effizienz garantieren, ist die Erkenntnis, dass im modernen Wirtschaftsleben klassische Verträge die rare Ausnahme und relationale Verträge die Regel sind. Klassische Verträge sind vollständige Verträge und – als juristisches Pendant zum neoklassischen Modell der vollständigen Konkurrenz[300] – so umfassend geregelt, dass die Identität der Vertragsparteien, begrenzte Rationalität und Opportunismus keine Rolle spielen[301]. Nur in Gegenwart klassischer Verträge könnte man annehmen, dass „courts can administer justice in an informed, low cost, and efficacious way"[302]. Nur unter dieser Prämisse wären die von der Agencytheorie und der Verfügungsrechtsanalyse in die staatliche Gerichtsbarkeit gesetzten Erwartungen auch unter realen Bedingungen gerechtfertigt.

Verträge sind jedoch realiter wenn überhaupt nur äußerst selten so ausformuliert, dass sie in einem umfassenden Sinne gerichtlich nachprüfbar und vollstreckbar sind. Tatsächlich sind sie – das ist bereits deutlich geworden – fast immer unvollständig. Unvollständige Verträge werden in der Terminologie der Transaktionskostenökonomie als *relationale Verträge* bezeichnet[303]. Sie sind im Gegensatz zu klassischen Verträgen nicht umfassend ausgehandelt und nicht in einem eindeutig definierten Sinne vollkommen verbindlich, gerichtlich überprüfbar und durchsetzbar[304]. Deshalb ist es unumgänglich, auch über den Wortlaut des Vertrages hinaus mit der anderen Seite zusammenzuarbeiten[305]. Es ist daher nur folgerichtig, wenn die Transaktionskostenöko-

300 Richter/Furubotn, S.157.

301 Die Klassifizierung verschiedener Vertragstypen geht zurück auf Macneil, der eine Einteilung in „classical contracting", „neoclassical contracting" und „relational contracting" vornimmt, vgl. Northwestern University Law Review 72 (1978), S.854, 856 ff., 865 ff., 886 ff. Auf ihn bezieht sich Williamson in JITE 149 (1993), S.99, 108 („I have found his work in contract law ...especially illuminating.").

302 Williamson, JITE 146 (1990), S.61, 67; *ders.*, Ökonomische Institutionen, S.23.

303 Williamson, Ökonomische Institutionen, S.80 f.

304 Zu den einzelnen Merkmalen relationaler Verträge vgl. auch Richter/Furubotn, S.157 ff.; Williamson, Ökonomische Institutionen, S.78 ff.

305 Hadfield, Stanford Law Review 42 (1990), S.927. Diese Erfordernis verdeutlicht eine empirischen Untersuchung von *Macaulay*, mit der er nachgewiesen hat, dass sich das Vertragsverhalten in der Wirklichkeit stärker am relationalen als am klassischen Vertragstypus ausrichtet: „...Geschäftsleute verlassen sich oft lieber auf das in einem kurzen Brief „gegebene Wort", auf einen Handschlag oder „Anstand und gute Sitte" – selbst wenn die Transaktion eine durchaus riskante ist...Streitigkeiten werden häufig ohne Bezugnahme auf den Vertrag oder auf denkbare oder tatsächliche Rechtssanktionen beigelegt. Man zögert, von gesetzlichen Rechten zu sprechen oder in den Verhandlungen mit einer Klage zu drohen....Ein Einkäufer sprach für die Geschäftswelt allgemein, als er sagte: „...wenn es ein Problem gibt, so holt man sich den anderen ans Telefon und regelt es. Man liest sich nicht legalistische Vertragsklauseln vor, wenn man jemals noch miteinander Geschäfte machen will. Man läuft auch nicht zum Anwalt, wenn man im Geschäftsleben bleiben will; man muss sich anständig benehmen."...", Macaulay, S., Non-Contractual Relations in Business: A Preliminary Study, in: American Sociological Review, 28 (1963), S.55, 58 ff., zitiert nach Richter/Furubotn, S.159.

nomie die staatliche Gerichtsbarkeit nicht als Garanten für die Kontrolle und Durchsetzung der vereinbarten Vertragsbestimmungen ansieht.

cc) Fazit

Ein Vergleich der Annahmevoraussetzungen der Verfügungsrechtsanalyse, Agencytheorie und Transaktionskostenökonomie hat gezeigt, dass zwischen den innerhalb der NIÖ vertretenen Ansätze nicht unerhebliche Unterschiede bestehen. Zwar nehmen sie insgesamt – im Unterschied zum neoklassischen Modell – die Existenz von Transaktionskosten auf realen Märkten zur Kenntnis. Sie unterscheiden sich jedoch hinsichtlich der ihren Konzepten zugrundegelegten Annahmevoraussetzungen, unter denen sie die Möglichkeiten zur Einsparung von Transaktionskosten analysieren.

Im einzelnen unterscheidet sich die Transaktionskostenökonomie von den beiden anderen Ansätzen nicht nur in der Einschätzung der Rolle staatlicher Gerichte zur Beilegung von Streitigkeiten. Vielmehr gehen die Ansichten auch darüber auseinander, über welchen Zeitraum hinweg Verhandlungen zwischen den Vertragspartnern erforderlich sind. Diese Divergenzen wurzeln in der unterschiedlichen Beurteilung der Eigenschaften der an der Transaktion beteiligten Akteure (begrenzte Rationalität und Opportunismus) sowie der Transaktion selbst (Faktorspezifität). Insgesamt ergibt sich, dass die Transaktionskostenökonomie der Ansatz ist, der die wirtschaftliche Realität am besten zu beschreiben vermag. Mithin wird auf der Basis dieses Ansatzes nunmehr der Versuch unternommen, die eingangs aufgeworfene Frage nach dem Grund für die Verstärkung von Netzwerkeffekten durch Transaktionskosten zu beantworten.

II. Die transaktionskostensenkende Wirkung von Kompatibilitätsstandards

Die Begründung der Verstärkung von Netzwerkeffekten durch die auf realen Märkten vorhandenen Transaktionskosten hat mit der Kritik an der von *Williamson* selbst als unzureichend empfundenen Behandlung von Netzwerken durch die Transaktionskostenökonomie zu beginnen.

1. Kritik an der Transaktionskostenökonomie im Netzwerkkontext

Im Hinblick auf die Analyse von Netzwerken ist die Transaktionskostenökonomie insbesondere wegen ihrer Konzentration auf bilaterale Vertragsbeziehungen zu kritisieren[306]. Multilaterale Anreiz- und Koordinationsmechanismen, wie sie in Netzwerkindustrien sowohl auf der Ebene der Unternehmen als auch auf der der Konsumenten anzutreffen sind, wurden bisher vernachlässigt[307]. *Williamson* selbst räumt ein, dass

> „transaction cost economics mainly works out of a dyadic setup. Albeit adequate and instructive for studying many complex transactions, provision for larger numbers of actors and interaction effects is sometimes needed“[308].

Deshalb wird gerade bei der Untersuchung von Netzwerkindustrien eine stärker holistisch ausgerichtete Analyse gefordert, in die verstärkt soziale Institutionen wie Kon-

306 Wey, S.72 ff. m.w.Nachw.
307 Furubotn/Richter/Schlicht, JITE 151 (1995), S.1, 2.
308 Williamson, JITE 149 (1993), S.36, 56.

ventionen, Reziprozität und soziale Netzwerke (einschließlich industrieller und Wissensnetzwerke) oder Allianzen einzubeziehen seien[309]. Allerdings gibt es bisher noch keine operationalisierbaren Konzepte, die geeignet wären, eine an Effizienzgesichtspunkten ausgerichtete holistische Analyse von Netzwerkstrukturen vorzunehmen[310].

Weiter ist zu dem von *Williamson* geprägten bilateralen Ansatz der Transaktionskostenökonomie kritisch anzumerken, dass sich Opportunismusprobleme auf großen Absatzmärkten in der Regel nicht durch den Abschluss zweiseitiger, relationaler Langzeitverträge lösen lassen[311]. Dies gilt sowohl für Verträge zwischen den Konsumenten, mit denen sie den Beitritt zu einem bestimmten Netzwerk vereinbaren könnten als auch für Verträge zwischen den Förderern von Netzwerken und den Konsumenten. In beiden Fällen verhindern Koordinations- und Anreizprobleme den Abschluss entsprechender Verträge.

Die berechtigte Kritik am bilateralen Fokus der Transaktionskostenökonomie steht der Beantwortung der Frage nach dem Grund für die Verstärkung von Netzwerkeffekten durch Transaktionskosten letztlich aber nicht entgegen. Bei dieser Frage nämlich geht es nicht um die – bisher ungelöste – Analyse der multilateralen Interaktion von Marktteilnehmern in Gegenwart von Netzwerkstrukturen mit dem Ziel, einen einheitlichen Kompatibilitätsstandard möglichst effizient am Markt zu etablieren. Vielmehr geht es allein darum, zu begründen, weshalb Transaktionskosten einen Anreiz für rational handelnde Marktteilnehmer darstellen, dem Netzwerk beizutreten, das die besten Aussichten hat, als Sieger aus dem Wettbewerb um den künftigen *de facto-Standard* hervorzugehen. Dazu aber bedarf es lediglich eines Vergleiches der Transaktionskosten, die beim Abschluss bilateraler Verträge zwischen dem Förderer eines Netzwerks und potentiellen Adoptoren entstehen, wenn derselbe Vertrag in Gegenwart eines einheitlichen Kompatibilitätsstandards und ein weiteres Mal in Ermangelung eines solchen geschlossen wird. Ein solcher Vergleich ist mit dem theoretischen Instrumentarium der Transaktionskostenökonomie ohne weiteres zu bewerkstelligen.

2. Exkurs: Transaktionskosten und Netzwerkeffekte im neoklassischen Modell

Zentrale Voraussetzung des neoklassischen Modells sind perfekt und kostenlos funktionierende Märkte. Märkte mit diesen Eigenschaften sind jedoch nur in Abwesenheit von Transaktionskosten denkbar, d.h. nur dann, wenn die Inanspruchnahme des Marktmechanismus' nichts kostet. Ohne Transaktionskosten aber besteht für die neoklassische Theorie kein Anlass, die Existenz realer Institutionen (Unternehmen, staatliche Institutionen, Institutionen des Rechts etc., aber auch Netzwerke bzw. die ihnen zugrundeliegenden Kompatibilitätsstandards[312]) zur Kenntnis zu nehmen und sie im Rahmen der modelltheoretischen Analyse zu berücksichtigen. Im neoklassischen Modell sind Institutionen daher allokationsneutral und können folgenlos ignoriert wer-

309 Wey, S.73; zum Begriff der sozialen Netzwerke dort S.92 ff.
310 Wey, S.103 und 107 ff.
311 Wey, S.73.
312 Dazu sogleich unten, S. 63 ff.

den[313]. Als Abweichung vom modellhaften Idealzustand ist ihre Existenz aus Sicht der neoklassischen Theorie allenfalls Ausdruck monopolistischer (wettbewerbschädlicher) Verhaltensweisen[314]. Folglich ergibt sich aus dem neoklassischen Modell kein Erkenntnisgewinn in Bezug auf den Grund für die Verstärkung von Netzwerkeffekten durch Transaktionskosten.

3. Netzwerke und Kompatibilitätsstandards in der Theorie der Transaktionskostenökonomie

a) Der Begriff der Institution

Die Transaktionskostenökonomie hat ihre Wurzeln im zweiten und dritten der von *David Hume*[315] formulierten „fundamentalen Naturgesetze". Gegenstand dieser beiden Gesetze ist einerseits die Möglichkeit zur einvernehmlichen Übertragung von Eigentum und andererseits die Pflicht zur Einhaltung von Versprechen. Rechtlich gesehen handelt es sich insoweit um das Bestehen von Vertragsfreiheit und Erfüllungspflicht[316]. Auf perfekten Märkten ist der Gebrauch der Vertragsfreiheit sowie die Erfüllung von Verträgen kostenlos, d.h. ohne Einsatz tatsächlicher Ressourcen (Zeit und Geld) möglich. Unter den Bedingungen von begrenzter Rationalität und Opportunismus hingegen sind Abschluss und Erfüllung von Verträgen stets mit Transaktionskosten verbunden[317]. In Gegenwart von Transaktionskosten aber spielt die Organisation von Transaktionen eine bedeutende Rolle[318].

Das Problem der Organisation von Transaktionen wird von der Transaktionskostenökonomie als Vertragsproblem formuliert[319] und unter dem Aspekt der Transaktionskosteneinsparung untersucht[320]. Im Kern geht es daher um die optimale, d.h. kostenminimierende Gestaltung konkreter Transaktionen durch die privaten Akteuren am Markt zur Verfügung stehenden Koordinierungsmechanismen[321]. Im Einklang mit dem so formulierten Ziel, eine möglichst kostenminimierende Regelungsstruktur (governance structure) zur Durchführung privater Transaktionen zu finden, definiert *Williamson* ökonomische Institutionen als Koordinierungsmechanismen, deren Hauptzweck und Wirkung in der Einsparung von Transaktionskosten besteht[322].

313 Richter/Furubotn, S.9 f.
314 Williamson, Ökonomische Institutionen, S.22 und 27 m.w.Nachw.
315 Die drei fundamentalen Naturgesetze nach Hume sind 1. Sicherheit des Eigentums, 2. Möglichkeit der einvernehmlichen Übertragung des Eigentums und 3. Vertragstreue, Hume, S.228.
316 Richter/Furubotn, S.136.
317 Richter/Furubotn, S.45.
318 Die empirische Bedeutung von Transaktionskosten ist enorm. Schätzungen über die Höhe des Anteils der gesamten Transaktionskosten am Bruttosozialprodukt der westlichen Industrieländer schwanken zwischen 55 % und 70 – 80 % (Theobald, WuW 2000, S.231). Richter/Furubotn, S.58 schätzen die Summe der Unternehmens- und Markttransaktionskosten in diesen Ländern auf ca. 55 % des Endverbraucherpreises.
319 Williamson, Ökonomische Institutionen, S.22.
320 Williamson, Ökonomische Institutionen, S.1, 20 und passim.
321 Eidenmüller, S.94.
322 Williamson, Ökonomische Institutionen, S.19.

b) Netzwerke als Institutionen

Vom Standpunkt der Transaktionskostenökonomie aus handelt es sich bei Netzwerken um Institutionen, wenn sie durch die ihnen zugrundeliegenden Kompatibilitätsstandards die Einsparung von Transaktionskosten bewirken. Die transaktionskostensenkende Wirkung ist durch einen Vergleich der Kosten zu ermitteln, die beim Abschluss ein und desselben Vertrages in Gegenwart und in Abwesenheit einheitlicher Kompatibilitätsstandards entstehen. Ein solches komparatives Vorgehen ist innerhalb der Transaktionskostenökonomie zulässig und anerkannt[323]. Es hat den Vorteil, dass die bei Inanspruchnahme unterschiedlicher Institutionen entstehenden Transaktionskosten nicht kardinal quantifiziert werden müssen. Dadurch werden vielfältige Schwierigkeiten bei der Messung sowie der Abgrenzung von Transaktions- und Produktionskosten vermieden[324].

Ein Vergleich der Kosten einer Transaktion in Gegenwart und in Abwesenheit einheitlicher Kompatibilitätsstandards lässt die transaktionskostensenkende Wirkung derselben deutlich hervortreten. Ihre Geltung am Markt führt insbesondere zu einer Senkung der Such-, Informations- und Entscheidungskosten[325].

Die zur Suche und Information aufzuwendenden Ressourcen werden in Gegenwart einheitlicher Kompatibilitätsstandards erheblich verringert. Bei Komponentennetzwerken etwa ist sofort klar, welche Sekundärprodukte sich mit dem Primärprodukt des vom Nutzer verwendeten Produktsystems kombinieren lassen. Auch das Bestehen oder Nichtbestehen systemübergreifender Kompatibilität lässt sich mittels gemeinsamer Standards leicht feststellen. Gleiches gilt für Kommunikationsvorrichtungen zwecks Verbindung mit einem bestimmten Kommunikationsnetzwerk. Überdies erleichtern einheitliche Standards den Vergleich von Preis und Qualität kompatibler Sekundärprodukte, was ebenfalls dazu beiträgt, die Such- und Informationskosten zu senken.

Im Falle einer Erst- oder Neuanschaffung reduzieren Kompatibilitätsstandards außer den Such- und Informationskosten auch die Kosten der Entscheidung selbst. Zwar schützt auch der Beitritt zu einem etablierten Netzwerk nicht davor, dass die Investition „versinkt", wenn das im Zeitpunkt des Beitritts etablierte Netzwerk schon kurz darauf von einem Konkurrenten verdrängt wird. Allerdings ist das Risiko versunkener Investitionen ungleich höher, solange sich noch kein bestimmter Standard als *de facto-Standard* am Markt etabliert hat. Da sich jedenfalls in Gegenwart von starken Netzwerkeffekten regelmäßig nur ein Standard am Markt durchsetzt, besteht unter den Bedingungen begrenzter Rationalität und Faktorspezifität[326] die Gefahr, dass die Kon-

---

323 Williamson, Ökonomische Institutionen, S.25. Er weist ausdrücklich darauf hin, dass es lediglich auf die Differenz der Transaktionskosten ankomme, nicht auf deren absolute Höhe; für ein komparatives Vorgehen auch Fritsch/Wein/Ewers, S.81, die eine Gegenüberstellung der Transaktionskosten verschiedener Koordinationsmechanismen vornehmen (z.B. für zentrale und dezentrale Allokationsmechanismen).

324 Zu Messungs- und Abgrenzungsfragen vgl. Richter/Furubotn, S.56 ff.; ferner Eidenmüller, S.100 ff.

325 Zur Klassifizierung von Transaktionskosten allgemein vgl. Dahlmann, The Journal of Law and Economics 22 (1979), S.141, 148; Richter/Furubotn, S.51.

326 Investitionen in proprietäre Netzwerke sind faktorspezifisch, weil sie im Falle eines Netzwerkwechsels versinken, vgl. Fritsch/Wein/Ewers, S.330.

sumenten einem Netzwerk beitreten, dessen Standard sich im Wettbewerb nicht durchzusetzen vermag. Auch dann „versinkt" die mit dem Beitritt getätigte Investition, so dass die Konsumenten, die sich für den ex post erfolglosen Standard entschieden haben, „stranden"[327].

Im übrigen führt die Durchsetzung eines einheitlichen *de facto-Standards* für das Primärprodukt eines Netzwerks auch deshalb zu Einsparungen von Transaktionskosten, weil auf der Basis dieses Standards Wettbewerb zwischen verschiedenen Herstellern von Sekundärprodukten auf dem nachgelagerten Komplementärmarkt entsteht[328]. Wettbewerb auf Sekundärmärkten aber bedeutet, dass den Konsumenten Austauschmöglichkeiten zur Verfügung stehen, so dass die Gefahren eines opportunistischen *„hold-up"* durch den Förderer eines Netzwerkwerkes mit Blick auf die sukzessive anzuschaffenden Sekundärprodukte eher gering sind. Dies gilt erst recht, wenn man bedenkt, dass Wettbewerb auf dem Sekundärmarkt (z.B. sinkende Preise, größere Vielfalt etc.) auch die Attraktivität des Primärproduktes und damit die des Netzwerkes insgesamt erhöht[329]. Sind aber die Gefahren eines opportunistischen *„hold-up"* von vornherein eher gering, so hat dies unmittelbare Auswirkungen auf die Kosten des Vertragsschlusses. Denn der zeitliche und finanzielle Aufwand, der erforderlich wäre, um trotz der Gefahr eines opportunistischen *„hold-up"* eine Entscheidung über das „ob" und „wie" eines Vertrages zu treffen, dürfte wesentlich höher sein.

Wegen der so begründeten transaktionskostensenkenden Wirkung von Kompatibilitätsstandards handelt es sich bei diesen um Institutionen im Sinne der Transaktionskostenökonomie. Die Möglichkeit zur Einsparung von Transaktionskosten aufgrund möglichst weit verbreiteter einheitlicher (oder zumindest kompatibler netzwerkübergreifender) Kompatibilitätsstandards hat den Effekt, dass rational handelnde, am Maßstab der Gewinnmaximierung orientierte Marktteilnehmer bei Ihrer Entscheidung über den Beitritt zu einem Netzwerk nicht nur die zu erwartenden Netzwerkeffekte, sondern auch die möglicherweise zu erzielenden Einsparungen von Transaktionskosten berücksichtigen. Die eingangs aufgeworfene Frage nach dem Grund für die Verstärkung von Netzwerkeffekten durch Transaktionskosten lässt sich damit wie folgt beantworten: Mit dem Erfolg eines Netzwerkes im Wettbewerb wird der dem Primärprodukt zugrundeliegende Kompatibilitätsstandard zum *de facto-Standard* am Markt. Wenn aber in Gegenwart einheitlicher oder jedenfalls möglichst weit verbreiteter Kompatibilitätsstandards die beim Abschluss bilateraler Verträge entstehenden Transaktionskosten am geringsten sind, ist dies für rational handelnde Marktteilnehmer ein zusätzlicher Anreiz, dem (voraussichtlich) größten Netzwerk beizutreten und damit auch die aus transaktionskostenökonomischer Sicht effizienteste Entscheidung zu treffen.

---

327 Ein bekanntes Beispiel für ein solches Szenario ist der bereits erwähnte Wettbewerb zwischen den unterschiedlichen Standards für Videosysteme. Wer sich seinerzeit für den Standard von Philips oder Sony und nicht für das letztlich erfolgreiche VHS System von JVC entschieden hat, hatte nur noch die Wahl, sich mit einem begrenzten Umfang an Filmen zu begnügen oder zum VHS System zu wechseln. Vgl. dazu die Fallstudie zur Durchsetzung des VHS Systems als *de facto-Standard* für Videorecorder, Thum, S.126 ff.

328 Siehe dazu bereits oben, S.24 sowie unten, S.170 f.

329 Siehe bereits oben, S.22 f.

D. Die Auswirkungen von Netzwerkeffekten auf den Wettbewerb

Um die Auswirkungen von Netzwerkeffekten auf den Wettbewerb herauszuarbeiten, ist von zwei Voraussetzzungen auszugehen: Zum einen wird nachfolgend unterstellt, dass es sich um Märkte mit starken Netzwerkeffekten handelt, d.h. um solche, auf denen die Wertschätzung der Größe eines Netzwerks sowie das Bedürfnis nach einheitlichen Standards besonders groß ist, zum andern, dass die konkurrierenden Systeme *inkompatibel* sind. Dies bedeutet einerseits, dass die Waren und Dienstleistungen konkurrierender Netzwerke nicht miteinander kombiniert werden können. Andererseits impliziert das Bestehen von Inkompatibilität, dass sich die Konsumenten für einen bestimmten Standard und damit zugleich für den Beitritt zu einem bestimmten Netzwerk entscheiden müssen. In Gegenwart von Netzwerkeffekten wird diese Entscheidung maßgeblich von der (zu erwartenden) Größe des Netzwerkes beeinflusst.

Sind die konkurrierenden Systeme hingegen kompatibel, spielen Netzwerkeffekte in der wettbewerblichen Auseinandersetzung keine Rolle. Bei Bestehen netzwerkübergreifender Kompatibilität wird der Wettbewerb durch die Präsenz von Netzwerkeffekten nicht berührt[330]. Zwar vergrößert sich der Wert eines Netzwerkes bei einer zunehmenden Zahl von Adoptoren, so dass dies auch dann gilt, wenn zuvor inkompatible Netzwerke über interoperable Schnittstellen zu einem einzigen Netzwerk verbunden werden[331]. Zugleich jedoch spielt die (voraussichtliche) Größe des einzelnen Netzwerkes aus Sicht der potentiellen Adoptoren keine entscheidende Rolle mehr. Sie kommen nunmehr in den Genuss maximaler Netzwerkeffekte, unabhängig davon, welchem der kompatiblen Netzwerke sie sich anschließen. Folglich wird die Beitrittsentscheidung bei netzwerkübergreifender Kompatibilität nur noch von traditionellen Wettbewerbsparametern (Preis, Design etc.) bestimmt.

Schließlich erscheint es angebracht, noch einmal darauf hinzuweisen, dass es ausschließlich um die Durchsetzung proprietärer Kompatibilitätsstandards *im Wettbewerb* geht[332]. Die staatliche Implementierung von *de jure*-Standards bleibt dagegen ebenso außer Betracht wie die Etablierung eines gemeinsamen *de facto-Standard*s durch kooperatives Zusammenwirken von Wettbewerbern, Kunden und Lieferanten in Verbänden und Standardisierungsorganisationen. Gleiches gilt für die Entstehung industrieweiter nicht proprietärer, d.h. offener Standards[333]. Auch sie spielen für die hier allein interessierenden Besonderheiten des Wettbewerbs zwischen proprietären Standards geförderter Netzwerke keine Rolle.

---

330 Shapiro/Varian, S.228 ff.; Katz/Shapiro, S.29, 33; Economides, Working Paper Antitrust, S.9 passim; Veljanovski, ECLR 2001, S.115, 116.

331 Gleiches gilt für Komponentennetzwerke. Sind die Standards der Primärprodukte konkurrierender Produktsysteme kompatibel, vergrößert sich der Absatzmark, was wiederum positive Auswirkungen auf den Nutzer hat (sinkende Preise, größerer Produktvielfalt etc.).

332 Siehe oben, S.31 ff. und S.55.

333 Ein Überblick über die verschiedenen Szenarios der Entstehung und Durchsetzung von Standards findet sich bei OXERA, Standardisation, S.1 ff.

I. Der Einfluss von Netzwerkeffekten auf die Marktstruktur

Die Struktur von Märkten mit starken Netzwerkeffekten weist eine Reihe von Besonderheiten auf. Hervorzuheben ist zunächst, dass Netzwerkmärkte durch eine sehr hohe Anbieterkonzentration und eine extrem ungleiche Verteilung von Marktanteilen und Gewinnen gekennzeichnet sind. Zumeist handelt es sich um „*winner takes most*" Märkte, welche die Struktur eines asymmetrischen Oligopols aufweisen[334]. Verbleibt im Extremfall nur ein einziger Anbieter auf dem Markt, handelt es sich um eine „*winner takes all*" Situation und damit um ein natürliches (Quasi-)Monopol[335]. Die hohe Konzentration von Netzwerkmärkten beruht einerseits auf der von Netzwerkeffekten hervorgerufenen Polarisierung des Marktes („*tipping*"). Andererseits wird die monopolistische Tendenz des Marktes durch die besondere Kostenstruktur von Informationsgütern noch verstärkt. Hohe Fixkosten und praktisch zu vernachlässigende Grenzkosten führen zu erheblichen Größenvorteilen und steigenden Skalenerträgen bei der Produktion[336].

Ein „klassisches" Beispiel für einen hoch konzentrierten Netzwerkmarkt mit quasimonopolistischer Marktstruktur ist der Markt für Intel-kompatible PC-Betriebssysteme. Die große Vielfalt an Anwendungssoftware und regelmäßigen Updates, die Möglichkeit zum Austausch von Dateien, Erfahrungen etc. steigert aus Sicht der Anwender die Attraktivität des *Microsoft*-Betriebssystems und führt dazu, dass sich weitere Konsumenten zur Nutzung von *Windows* entschließen. Die mit dem Beitritt zum Netzwerk der *Windows*-Nutzer einhergehenden Vorteile erhöhen zunehmend den Grad der Markdurchdringung. Folgerichtig liegt *Windows* mit einem Marktanteil von über 90% mit weitem Abstand vor seinen Wettbewerbern[337]. Da die durchschnittliche Zahlungsbereitschaft der Nachfrager mit der Größe des Netzwerkes steigt[338], schlägt sich die Marktführerschaft *Microsofts* auch in deutlich höheren Gewinnen nieder[339]. Dies gilt insbesondere, wenn die gewinnsteigernde Wirkung von Netzwerkeffekten durch steigende Skalenerträge, d.h. durch sinkende Stückkosten bei zunehmendem Output verstärkt wird.

---

334 Schmalensee, American Economic Review (Papers & Proceedings) 90 (2000), S.192; Economides, Working Paper Antitrust, S.7 passim.

335 Vgl. auch die in Fn.129 auf S.28 enthaltenen Angaben. Ferner Sheremata, The Antitrust Bulletin 42 (1997), S.937, 959. Zur Begründung des natürlichen Monopolcharakters von Netzwerkmärkten im einzelnen siehe unten, S.82 ff.

336 Siehe oben, S.25 ff.; S. 28 f.; Shapiro/Varian, S.3; Katz/Shapiro, S.29, 34; Bishop/Walker, S.37 (2.45); Note, Harvard Law Review 114 (2001), S.1623, 1628 f.; Evans/Schmalensee, Antitrust 1996, S.36, 38.

337 Die EU-Kommission gibt den Marktanteil Microsofts auf dem Markt für PC-Betriebssysteme in 2002 mit 93,8% (Stück) und 96,1% (Wert) an, COMP/C-3/37.792 Rn.434.

338 Es sei daran erinnert, dass auf Netzwerkmärkten nicht Knappheit, sondern Masse den Preis bestimmt.

339 Economides, Working Paper Antitrust, S.8; Dietl/Royer, zfo 69 (2000), S.324, 325.

Die oligopolistische bzw. monopolistische Marktstruktur entspricht dem *natürlichen* stabilen *Gleichgewicht* von Netzwerkmärkten[340]. Auf einem Netzwerkmarkt gibt es drei denkbare Gleichgewichte[341], d.h. Punkte, an denen sich die Marktnachfrage- und -angebotskurve schneiden. Diese sind in nachstehender Skizze[342] mit den Punkten A, B und C gekennzeichnet.

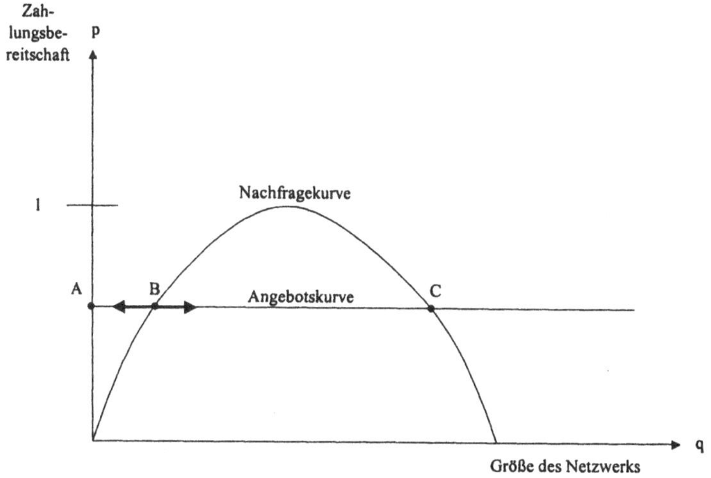

Abbildung 1: Diese Abbildung zeigt multiple Gleichgewichte auf Netzwerkmärkten. Die Gleichgewichte in den Punkten A und C sind stabil. Das Gleichgewicht in Punkt B ist instabil. Je nach Erwartungsbildung und Mitläufereffekten tendiert das Gleichgewicht in Punkt B zum stabilen Gleichgewicht in Punkt A oder C.

Wenn man davon ausgeht, dass sich ein Netzwerk als *de facto-Standard* am Markt durchsetzt, kann man das erste (stabile) Gleichgewicht im (Null)Punkt A auf der Abszisse ausklammern. Dieses Gleichgewicht stellt sich nur dann ein, wenn niemand bereit ist, die mit dem Beitritt zu einem Netzwerk anfallenden Investitionen vorzunehmen (Gleichgewicht „pessimistischer Erwartung")[343]. Das zweite (stabile) Gleichgewicht liegt im Punkt C. Dieses Gleichgewicht stellt sich ein, wenn die Preise am Anfang des Lebenszyklus von Netzwerkgütern niedrig genug sind[344], um die kritische

340 Economides, Working Paper Antitrust, S.8; ebenso Besen/Farrell, Journal of Economic Perspectives 8 (1994), S.117, 118; Katz/Shapiro, Journal of Economic Perspectives 8 (1994), S.93, 97; ferner Kolasky, George Mason Law Review 7 (1999), S.577, 587.

341 Katz/Shapiro, Journal of Economic Perspectives 8 (1994), S.93, 97. Sie sind der Ansicht, dass sich *Rohlfs* als erster mit der Problematik multipler Gleichgewichte auseinandergesetzt hat.

342 Skizze in Anlehnung an Varian[4], S.580.

343 Varian[4], S.580.

344 Zu diesem Zeitpunkt gibt es noch wenige Nutzer, deren Zahlungsbereitschaft entsprechend noch unter den Stückkosten liegt, vgl. Dietl/Royer, zfo 69 (2000), S.324, 325.

Masse[345] zu erreichen. Das Gleichgewicht in Punkt C ist ein Gleichgewicht auf hohem Niveau und steht für den Eintritt einer „*winner takes most*"- oder „*winner takes all*"-Situation[346]. Das dritte (instabile) Gleichgewicht in Punkt B mit einer positiven aber kleinen Zahl an Adoptoren schließlich beschreibt eine Situation, in der die Marktteilnehmer unsicher sind, welches Netzwerk sich als *de facto-Standard* durchsetzen wird[347]. Da die Erwartungen der Konsumenten bezüglich der Größe eines Netzwerkes diffus sind, sind sie zum gegenwärtigen Zeitpunkt nicht bereit, einem bestimmten Netzwerk beizutreten[348].

Die Abhängigkeit des Erfolges eines Netzwerkes von den Erwartungen der Marktteilnehmer ist ein weiteres besonderes Merkmal der Netzwerkindustrie[349]. Die Interdependenz der Erwartungen der Konsumenten führt zur Entstehung von *Mitläufereffekten* (*„bandwagon effects"*)[350], die letztlich darüber entscheiden, welches Netzwerk sich am Markt durchsetzen wird[351]. Wegen des engen Zusammenhangs zwischen dem erwarteten und dem tatsächlichen Schicksal eines Netzwerkes werden die Gleichgewichte auf Netzwerkmärkten auch als Gleichgewichte sich *selbsterfüllender Erwartungen* (*„fulfilled expectations equilibrium"*) bezeichnet[352].

Vor dem Hintergrund, dass die oligopolistische bzw. monopolistische Marktstruktur dem stabilen natürlichen Gleichgewicht von Netzwerkmärkten entspricht, erhellt, dass jeder Versuch, die Marktstruktur durch staatliche Interventionen künstlich zu verändern, nicht nur sinnlos, sondern sogar kontraproduktiv wäre[353]. Korrigierende Eingriffe dieser Art wären sinnlos, weil Märkte stets zu ihrem stabilen Gleichgewicht zurückkehren. Sie wären auch kontraproduktiv, da sie notwendigerweise zu Effizienzverlusten führen würden[354]. Die Konsumenten würden die Möglichkeit verlieren, sich dem im Wettbewerb um den Markt (potentiell) erfolgreichsten Netzwerk anzuschließen, um auf diese Weise – durch starke Netzwerkeffekte und die Einsparung von Transaktionskosten[355] – ihren persönlichen Nutzen zu maximieren. Als weitere Folge staatlicher Eingriffen in die Marktstruktur wären auch gesellschaftliche Wohlfahrtsverluste zu gewärtigen, etwa weil der Übergang zu einem neuen, technisch oder in sonstiger Hin-

345 Näher zum Begriff der kritischen Masse sogleich unten, S.78.

346 Varian[4], S.581 f.

347 Besen/Farrell, Journal of Economic Perspectives 8 (1994), S.117, 118 („the coexistence of incompatible products may be unstable, with a single winning standard dominating the market.").

348 Varian[4], S.580.

349 Shapiro/Varian, S.175 ff.; Rubinfeld, The Antitrust Bulletin 43 (1998), S.859, 866.

350 Monopolkommission, 9. Hauptgutachten, Rn.830; Shapiro/Varian, S.181.

351 Dazu und zur Bedeutung sich selbsterfüllender Erwartungen sogleich unten, S.96 ff.

352 Katz/Shapiro, American Economic Review 75 (1985), S.424, 427 f.; ferner Wey, S.174 ff.

353 Economides, Working Paper Antitrust, S.8.

354 Posner, Natural Monopoly, S.1 („If such a market [natural monopoly] contains more than one firm, either the firms will quickly shake down to one through mergers or failures, or production will continue to consume more resources than necessary. In the first case competition is short-lived and in the second it produces inefficient results."); Kolasky, George Mason Law Review 7 (1999), S.577, 584 ff.; Economides, Working Paper Antitrust, S.9.

355 Zur Einsparung von Transaktionskosten durch einheitliche Kompatibilitätsstandards, vgl. oben S.63 ff.

sicht verbesserten Standard verhindert oder zumindest verzögert wird[356]. Eine ineffiziente Allokation wirtschaftlicher Ressourcen aber hat negative Folgen für die Entstehung neuer bzw. die Vergrößerung bestehender Märkte und den daraus resultierenden höheren Grad an Arbeitsteilung, Spezialisierung und Innovation. Das gleiche gilt, soweit erst die mit der Etablierung einheitlicher Kompatibilitätsstandards einhergehende Senkung der Transaktionskosten Anreize zur Durchführung von Transaktionen schafft.

Mit Blick auf die ebenfalls zur Marktstruktur gehörenden *Marktzutrittsschranken* haben *Economides/Flyer* nachgewiesen, dass ihre Verringerung oder Eliminierung durch staatliche und insbesondere kartellbehördliche Interventionen praktisch keine Auswirkungen auf die Marktstruktur hat[357]. Unter der Prämisse des Fehlens jeglicher Marktzutrittsschranken zeigen *Economides/Flyer* in ihrem Modell, dass im Falle eines Dreier-Oligopols der Eintritt eines vierten Unternehmens nur geringfügige Auswirkungen auf Marktanteile und Preise der Oligopolisten hat, während der Zutritt jedes weiteren Wettbewerbers praktisch überhaupt keine Veränderungen der Marktstruktur mehr bewirkt. Dieses Ergebnis lässt sich an den Werten der in nachstehender Tabelle enthaltenen Parameter „Marktanteil" und „Preis" leicht ablesen[358].

---

356 Economides/Flyer, Discussion Paper, S.1 ff. zeigen anhand eines formalisierten Modells, dass bei Eingriffen in die natürliche Struktur von Märkten mit starken Netzwerkeffekten Wohlfahrtsverluste entstehen. Sie beruhen insbesondere darauf, dass die mit Netzwerkeffekten verbundenen Wohlfahrtsgewinne bei zunehmender Fragmentierung des Marktes abnehmen, vgl. Economides, Working Paper Antitrust, S.9.

357 Economides, Working Paper Antitrust, S.9.

358 Vgl. Economides, Working Paper Antitrust, S.8, Fn.23. Nachstehende Tabelle ist Teil der Berechnungen, die *Economides/Flyer* in einem früheren Beitrag vorgenommen haben. Grundlage dieser Berechnungen ist ein formales Modell, das sich mit der Wettbewerbssituation auf Märkten mit starken Netzwerkeffekten unter Inkompatibilitätsbedingungen beschäftigt. Die für nachstehende Ergebnisse relevanten Annahmen sind im wesentlichen, dass die Kostenstrukturen ebenso wie die von den Unternehmen produzierten Güter mit Ausnahme der technischen Standards identisch sind. Im übrigen entscheiden die Unternehmen frei darüber, welche Technologie sie wählen und welche Mengen sie produzieren. Der Höchstverkaufswert wurde in der Tabelle mit 1 festgelegt.

Quantities, market coverage, and price among incompatible platforms

Number of firms I	Sales of largest firm q_1	Sales of second firm q_2	Sales of third firm q_3	Market coverage $\Sigma_{1 j=i} q_j$	Price of largest firm p_1	Price of second firm p_2	Price of third firm p_3	Price of smallest firm p_I
1	0.6666			0.6666	0.222222			2.222e-1
2	0.6357	0.2428		0.8785	0.172604	0.0294		2.948e-2
3	0.6357	0.2326	0.0888	0.9555	0.170007	0.0231	0.0035	3.508e-3
4	0.6339	0.2320	0.0851	0.9837	0.169881	0.0227	0.0030	4.533e-4
5	0.6339	0.2320	0.0849	0.9940	0.169873	0.0227	0.0030	7.086e-5
6	0.6339	0.2320	0.0849	0.9999	0.169873	0.0227	0.0030	9.88e-11
7	0.6339	0.2320	0.0849	0.9999	0.169873	0.0227	0.0030	0

Wenn sich aber die Marktstruktur trotz Fehlens jeglicher Marktzutrittsschranken nicht mehr verändert, besteht für andere Unternehmen naturgemäß kein Anreiz, mit den etablierten Unternehmen auf Netzwerkmärkten in Wettbewerb zu treten. Sind damit dem Wettbewerb *auf* Netzwerkmärkten Grenzen gesetzt, muss es den Unternehmen darum gehen, in den Wettbewerb *um* den Markt einzugreifen. Auf diesen Gesichtspunkt ist sogleich zurückzukommen.

II. Besonderheiten des Wettbewerbsprozesses und die Auswirkungen von Netzwerkeffekten auf das Marktverhalten

Der Wettbewerbsprozess auf den Märkten der Netzwerkindustrie unterscheidet sich grundlegend vom Ablauf des Wettbewerbs auf Märkten ohne Netzwerkeffekte. Der Wettbewerb in Gegenwart von Netzwerkeffekten ist ein Wettbewerb um den Markt[359]. Er trägt die Züge eines Alles-oder-Nichts-Wettbewerbs, in dessen Verlauf sich meist nur der Förderer eines Netzwerkes durchsetzen kann. Dieser Wettbewerb ist ein hochdynamischer Prozess, der von fortwährenden Innovationen angetrieben wird. Die Besonderheiten dieser Art von Wettbewerb sowie die Auswirkungen von Netzwerkeffekten auf das Verhalten der Marktteilnehmer sind Gegenstand der nachfolgenden Ausführungen.

1. Sequentieller Wettbewerb durch Innovation

Der Wettbewerb zwischen inkompatiblen Netzwerken in Gegenwart starker Netzwerkeffekte verläuft sequentiell und wird von fortwährenden Innovationen angetrieben[360]. Da es auf Märkten mit starken Netzwerkeffekten entscheidend auf die Größe eines Netzwerkes ankommt, „kippt" der Markt zugunsten des Netzwerks, welches zuerst die kritische Masse erreicht[361]. Dieses Netzwerk, unterstützt von *„positive feedback effects"*[362], gewinnt das „Rennen" um den Markt und wird aufgrund der dadurch ausgelösten Polarisierung zum *de facto-Standard.* Unter diesen Bedingungen ist es regelmäßig ausgeschlossen, dass auf Dauer mehrere in etwa gleich starke Systeme zur selben Zeit, d.h. parallel in Wettbewerb miteinander stehen. Vielmehr verläuft der Wettbewerb in einer Abfolge von natürlichen Oligopolen oder (Quasi-) Monopolen.

Die treibende Kraft, die für das „Entstehen und Vergehen" der natürlichen Oligopole oder (Quasi-)Monopole auf Netzwerkmärkten sorgt, ist *Schumpeter'scher* Innovati-

---

359 Gey, WuW 2001, S.933, 934; Fleischer/Körber, K&R 2001, S.623, 624; Ahlborn/Evans/Padilla, ECLR 2001, S.156, 160; Bishop/Walker, S.36 (2.44).

360 Arthur, Harvard Business Review 7/8 vol. 74 (1996), S.100, 104; Boudreaux/Folsom, The Antitrust Bulletin 44 (1999), S.555, 574; Fleischer/Körber, K&R 2001, S.623, 624; Shelanski/Sidak, University of Chicago Law Review, (2001), S.1, 11 f.; in diese Richtung auch Fleischer/Doege, WuW 2000, S.705, 714.

361 In diesem Zusammenhang fällt regelmäßig der Begriff des „tipping" oder der „tippy markets", vgl. nur Katz/Shapiro, S.29, 33 passim; Besen/Farrell, Journal of Economic Perspectives 8 (1994), S.117, 118; Rubinfeld, The Antitrust Bulletin 43 (1998), S.859, 865; Kolasky, George Mason Law Review 7 (1999), S.577, 589.

362 Siehe dazu unten, S.79 f.

onswettbewerb[363]. *Joseph A. Schumpeter* ist es zu Beginn der 40er Jahre des 20. Jahrhunderts gelungen, mit seiner *Theorie der Innovation* den entscheidenden Anstoß zur Entwicklung der Theorie des *dynamischen Wettbewerbs* zu geben[364]. Schumpeter beschreibt einen von Innovationen angetriebenen dynamischen Wettbewerbsprozess, der für das Verständnis des Wettbewerbs um Netzwerkmärkte von essentieller Bedeutung ist. Aus diesem Grund erscheint es angebracht, die wichtigsten Passagen der Ausführungen *Schumpeters* hier zu zitieren:

> „Als wesentlichster Punkt ist festzuhalten, dass wir uns bei der Behandlung des Kapitalismus mit einem Entwicklungsprozess befassen. Es mag merkwürdig scheinen, dass ein so offensichtlicher Sachverhalt, der zudem schon längst von Karl Marx hervorgehoben worden war, überhaupt übersehen werden kann. Und doch wird er von jener fragmentarischen Analyse [gemeint ist das neoklassische Modell], die den Großteil unserer Behauptungen über das Funktionieren des modernen Kapitalismus liefert, beharrlich vernachlässigt. ... Die Eröffnung neuer...Märkte und die organisatorische Entwicklung vom Handwerksbetrieb zu solchen Konzernen wie U.S.-Steel illustrieren den gleichen Prozess einer industriellen Mutation..., der unaufhörlich die Wirtschaftsstruktur *von innen heraus* revolutioniert, unaufhörlich die alte Struktur zerstört und unaufhörlich eine neue schafft. Dieser Prozess der *„schöpferischen Zerstörung“* ist das für den Kapitalismus wesentliche Faktum. ... [D]a wir uns mit einem organischen Prozess befassen, kann die Analyse dessen, was in einem besonderen Teil des Prozesses sich ereignet...zwar Einzelheiten des Mechanismus aufklären, gibt darüber hinaus jedoch keinen Aufschluss. Jedes Teilstück der Wirtschaftsstrategie erhält seine wahre Bedeutung nur gegen den Hintergrund dieses Prozesses und innerhalb der durch ihn geschaffenen Situation. Es muss in seiner Rolle im *ewigen Sturm der schöpferischen Zerstörung* gesehen werden; es kann nicht davon unabhängig verstanden werden oder gar auf Grund der Hypothese, dass eine ewige Windstille herrscht.
>
> Nationalökonomen, die *ex visu* eines Zeitpunktes zum Beispiel das Verhalten einer oligopolistischen Industrie...betrachten,...machen jedoch gerade diese Hypothese. Sie akzeptieren die Daten der momentanen Situation, als ob diese keine Vergangenheit und keine Zukunft hätte, und glauben, sie hätten verstanden, was es zu verstehen gibt, wenn sie das Verhalten dieser Unternehmungen aus dem Prinzip des Strebens nach möglichst großen Profiten auf der Basis dieser Daten interpretieren. Die üblichen Abhandlungen des Theoretikers und die üblichen Berichte der Regierungskommissionen versuchen praktisch nie, dieses Verhalten einerseits als ein Ergebnis eines Stückes vergangener Geschichte und andererseits als einen Versuch zu sehen, eine Situation zu meistern, die bestimmt sich sofort wieder ändern wird – als einen Versuch dieser Unternehmungen, sich auf einem Boden, der unter ihnen weggleitet, aufrechtzuerhalten. ...

---

363 Schmalensee, American Economic Review (Papers & Proceedings) 90 (2000), S.192; Evans, Antitrust and the New Economy, S.41, 52 ff.; Bishop/Walker, S.37 (2.44 am Ende); Economides, Working Paper Antitrust, S.10; Posner, Antitrust Law Journal 68 (2001), S.925, 930; Gey, WuW 2001, S.933, 934 f.; Fleischer/Körber, K&R 2001, S.623, 624; Note, Harvard Law Review 114 (2001), S.1623, 1634 f.; Economides, Working Paper Antitrust, S.10; Shelanski/Sidak, University of Chicago Law Review 68 (2001), S.1, 10 ff. Zur Begründung der Wettbewerbswirkung von Innovationswettbewerb im Einzelnen siehe unten, S.92 ff.

364 Ingo Schmidt, S.10.

In der kapitalistischen Wirklichkeit jedoch...zählt ...die Konkurrenz der neuen Ware, der neuen Technik, der neuen Versorgungstechnik, des neuen Organisationstyps...– jene Konkurrenz, die über einen entscheidenden Kosten- oder Qualitätsvorteil gebietet und die bestehenden Firmen nicht an den Profit- und Produktionsgrenzen, sondern in ihren Grundlagen, ihrem eigentlichen Lebensmark trifft. ...Es ist kaum nötig zu erwähnen, dass die Konkurrenz von der Art, wie wir sie nun im Sinn haben, nicht nur wirkt, wenn sie tatsächlich vorhanden, sondern auch wenn sie nur eine allgegenwärtige Drohung ist. Sie nimmt in Zucht, bevor sie angreift."[365]

Mit dieser Analyse ist es *Schumpeter* gelungen, das Wettbewerbsgeschehen auf Netzwerkmärkten lange vor Entstehung der Netzwerkindustrien zu beschreiben. *Schumpeter'*scher Innovationswettbewerb unterscheidet sich von neoklassischem Preiswettbewerb dadurch, dass er zur Entstehung neuer Märkte führt oder jedenfalls bestehende Märkte durch die Verbesserung existierender Güter revolutioniert. Dieser Prozess „schöpferischer Zerstörung" besteht aus einer Abfolge *temporärer Monopole*[366]. Da sich aber temporäre Monopole grundlegend von *Cournot*-Monopolen (oder Machtmonopolen im *Arndt'*schen Sinne) unterscheiden[367], wäre es verfehlt, allein aus der hohen Anbieterkonzentration zu schließen, der Wettbewerb sei geschwächt oder das Bestehen einer marktbeherrschenden Stellung zu vermuten[368].

Nur in einem Punkt dürfte *Schumpeter* die Richtigkeit seiner eigenen Analyse unterschätzt haben. Er geht davon aus, dass der Prozess der „schöpferischen Zerstörung" zwar ununterbrochen, aber in „unsteten Stößen [auftritt], die voneinander durch Spannen verhältnismäßiger Ruhe getrennt sind."[369] Der fortwährend ablaufende Prozess des Entstehens und Vergehens braucht also eine gewisse Zeit, bis er neue Technologien, Organisationsformen etc. hervorbringt. Um dies zu verdeutlichen, dachte *Schumpeter* in historischen Zeiträumen[370] und gelangte zu dem Schluss, dass „der mächtige Sauerteig, der *auf lange Sicht* die Produktion ausdehnt und die Preise herunterdrückt, ...auf jeden Fall aus anderem Stoff gemacht [ist]" als die Konkurrenz um Kosten- und Qualitätsvorteile[371]. *Schumpeter* wird kaum geahnt haben, dass der von ihm beschriebene Wettbewerbsprozess angesichts der Geschwindigkeit der technischen Entwicklung im Zeitalter der Informationsindustrie viel schneller und damit quasi im Zeitraffer ablaufen würde[372].

---

365 Schumpeter, S.137-140.

366 Arndt, S.37 f. Arndt bezeichnet temporäre Monopole als prozessuale Monopole und unterscheidet diese von Machtmonopolen à la *Cournot.* Zuletzt ebenso Bishop/Walker, S.37 (2.44 – „Rather than representing an inefficient market structure that harms consumers, monopoly is a necessary market structure that ensures that consumers benefit from firms undertaking risky innovative activities.").

367 Näher Arndt, S.39 f. und unten, S.87 ff.

368 Hier sei an das dieser Arbeit vorangestellte Zitat Schumpeters erinnert. Ebenso Economides, Working Paper Antitrust, S.9 und Bishop/Walker, S.37 (2.44 am Ende).

369 Schumpeter, S.137, Fn.2.

370 Schumpeter, S.137, wo er das Beispiel der Entwicklung des Arbeiterbudgets von 1760 bis 1940 heranzieht oder die Geschichte der landwirtschaftlichen Produktion.

371 Schumpeter, S.140 (Kursivsetzung hinzugefügt).

372 Besen/Farrell, Journal of Economic Perspectives 8 (1994), S.117, 118 („Moreover, tipping can happen very rapidly"); prägnant auch Gilbert, S.409, 427 („It [gemeint ist das Microsoft-

Die Beispiele für die Dynamik des technischen Wandels in der Netzwerkindustrie sind vielfältig. Gleichgültig ob es um PC-Betriebssysteme (auf CP/M folgten die DOS-Systeme, dann die graphische Oberfläche *Windows*[373] und künftig möglicherweise *Linux*[374] oder Java-gestützte Betriebssysteme), Tabellenkalkulationsprogramme (Excel folgte auf Lotus 1-2-3, das seinerseits zuvor Visicalc verdrängt hatte), Textverarbeitungssoftware (nach WordStar kam WordPerfect, gefolgt von den verschiedenen Generationen von Word)[375] oder sonstige Produkte der Informationsindustrie (Videospiele, CDs, Videorekorder, Internetbrowser, Decoder zur Entschlüsselung von Fernsehprogrammen etc.)[376] geht, stets zeigt sich, dass die gegenwärtige Technologie nach verhältnismäßig kurzer Zeit durch eine neue abgelöst wird.

Die Dynamik dieses Prozesses verdeutlicht zugleich, dass es dem Förderer eines erfolgreichen Netzwerkes nur gelingen kann, seine Marktführerschaft zu verteidigen, wenn er zu fortgesetzten Innovationsanstrengungen willens und in der Lage ist[377]. Dieser fortwährende Innovationsdruck wird von *Kolasky*[378] unter Bezugnahme auf *Franklin Fisher* als „the treadmill nature of competition in any technology-driven industry" beschrieben. Entsprechend sieht sich *Microsoft* etwa gezwungen, ihre Produkte fortwährend zu verbessern, zu „akzeptablen" Preisen[379] anzubieten und hart an

---

Verfahren] was a competitive inquiry into an industry that in little more than a decade metamorphosed from hobby toys into the engine of the modern information economy.").

373 Evans/Schmalensee, Antitrust 1996, S.36, 39.

374 Financial Times Deutschland vom 30.8.2001, S.8; Financial Times Deutschland von 4.2.2002, S.4; Financial Times Deutschland vom 15.5.2002, S.32; zuletzt vom 31.5.2002, S.4.

375 Evans/Schmalensee, Antitrust 1996, S.36, 39.

376 Vgl. die zahlreichen Beispiele bei Elzinga/Mills, The Antitrust Bulletin 44 (1999), S.739, 770 ff.; ferner Evans/Nichols/Schmalensee, The Antitrust Bulletin (46) 2001, S.163, 198 ff. Ferner auch Möschel, Wettbewerbssicherung versus Vermachtung, S.116 f.

377 So jüngst auch das Bundeskartellamt in der Entscheidung über den Zusammenschluss zwischen Adobe Systems Inc. und Macromedia Inc. Das Bundeskartellamt hat den Erwerb von Macromedia durch Adobe trotz hoher Marktanteile von Adobe auf den betroffenen Märkten und geringfügigen Marktanteilsadditionen unter Hinweis auf den von fortwährenden Innovationen ausgehenden Wettbewerbsdruck freigegeben hat (Umdruck, Rn.44, 46, 51, 60 passim, abrufbar unter http://www.bundeskartellamt.de/wDeutsch/entscheidungen/entscheidungen.shtml

378 Kolasky, George Mason Law Review 7 (1999), S.577, 600.

379 Der „akzeptable" Preis für *Windows* ist nicht ganz einfach zu ermitteln. Wählt man das statische Modell vollständiger Konkurrenz, so ist der einzig „akzeptable" Preis für Windows der Wettbewerbspreis, d.h. der Preis, der den Grenzkosten entspricht. Angesichts der zu vernachlässigenden Grenzkosten der Produktion von Software, wären die tatsächlich verlangten Preise von durchschnittlich US$ 40 bis US$ 60 wesentlich höher und damit inakzeptabel. Berechnet man andererseits den „statischen" Monopolpreis für Windows, so gelangt man – in Abhängigkeit des eingesetzten Hardwarepreises (alles außer Windows) und des Elastizitätswertes – auf einen Betrag zwischen US$ 1.800 bis US$ 600 pro Kopie, wobei selbst der niedrigere Monopolpreis von US$ 600 den im Durchschnitt tatsächlich verlangten Preis von US$ 40 – 60 noch um ein Vielfaches übersteigt (zur Berechnung siehe Economides, Working Paper Antitrust, S.16 Fn.30). Bei dieser Sichtweise wären die Preise für *Windows* akzeptabel. Wählt man jedoch als Referenzsystem ein dynamisches Wettbewerbsmodell, dann orientiert sich der Preis nicht an den Kosten des Produktes, sondern an seinem Wert für die Konsumenten, so dass die Bestimmung des akzeptablen Preises in tatsächlicher Hinsicht mit erheblichen Unsicherheiten verbunden ist.

der Entwicklung neuer Produkte zu arbeiten[380]. Die „allgegenwärtige Drohung" der nächsten revolutionären Entdeckung nimmt „in Zucht, bevor sie angreift". Sie erzwingt „auf die Dauer ein Verhalten..., das sehr ähnlich dem der vollkommenen Konkurrenz ist"[381]. *Franklin M. Fisher*, einer der wichtigsten ökonomischen Sachverständigen im US-amerikanischen IBM-Kartellverfahren, hat den innovationsgetriebenen Wettbewerb im *Schumpeter'*schen Sinne folgendermaßen beschrieben:

> „It is true, however, that a firm having forged ahead in the race may be in a better position than others to remain ahead, provided it keeps running. The profits earned by the innovative firm, therefore, are in no helpful sense monopoly profits. One important difference between these profits and monopoly profits is that the firms must keep on serving customer needs better in order to continue to earn hard profits. ... The monopolist, by contrast, can continue to earn high profits simply by virtue of its monopoly position. It does so by restricting output and by not offering product improvements while retaining customers who have nowhere else to turn."[382]

Zusammenfassend lässt sich festhalten, dass *Schumpeter'*scher Innovationswettbewerb[383] trotz der Netzwerkmärkten innewohnenden Tendenz zum natürlichen Monopol für Wettbewerb sorgt. Dieser Wettbewerb hat Alles-oder-Nichts-Charakter, weil es in Gegenwart starker Netzwerkeffekte nicht allein um Marktanteile, sondern um den Markt als Ganzes geht[384]. Deshalb verläuft der Wettbewerbsprozess nicht parallel, sondern sequentiell in einer Reihe aufeinanderfolgender Innovationszyklen, für deren Dauer das jeweils erfolgreiche Netzwerk die Marktführerschaft übernimmt[385]. Zugleich wird die Marktführerschaft durch immer neue innovative Vorstöße der Förderer konkurrierender Netzwerke bedroht, die versuchen, den Wettbewerb um den Markt mit erfolgreichen Innovationen für sich zu entscheiden. Mit den Worten *Arthurs* geht es daher auf Märkten mit starken Netzwerkeffekten stets um die Erfindung des „*Next Big Thing*"[386].

---

380 Bill Gates hat diesen Sachverhalt in einem Interview mit dem „Economist" vom 13. Juni 1998, S.19 wie folgt beschrieben: „The potential financial reward for building the „next Windows" is so great that there will never be a shortage of new technologies seeking to challenge it.... That is one reason why we price Windows so low. If we increased prices, failed to innovate, or stopped incorporating the features consumers want, ...we would rapidly lose market share.".

381 Schumpeter, S.140.

382 Fisher, S.35.

383 Illustrativ wird diese Art von Wettbewerb in der englischsprachigen Literatur auch als „leap-frog competition" bezeichnet.

384 Die Intensität dieses Wettbewerbs wird zum Teil mit martialischem Vokabular umschrieben: Shapiro/Varian, S.261 ff. („Waging a Standars War"); Note, Harvard Law Review 114 (2001), S.1623, 1646 („innovate or die"); Evans, Antitrust and the New Economy, S.41, 53, die Andrew W. Grove, den ehemaligen CEO von Intel mit den Worten „only the paranoid survive" zitieren.

385 Im Grundsatz schon früh Kantzenbach, S.34 f.; mit ähnlichen Überlegungen Evans, S.21, 25; Bresnahan, S.155, 161 (epochaler Wettbewerb); Boudreaux/Folsom, The Antitrust Bulletin 44 (1999), S.555, 574; Fleischer/Doege, WuW 2000, S.705, 714.

386 Arthur, Harvard Business Review, 7/8 vol. 74 (1996), S.100, 104; Note, Harvard Law Review 114 (2001), S.1623, 1632 f.; Evans, Antitrust and the New Economy, S.41, 52; teilweise wird die entscheidende neue Erfindung auch als „killer application" bezeichnet.

2. Die Auswirkungen von Netzwerkeffekten auf das Marktverhalten

Das Verhalten der Marktteilnehmer wird in Gegenwart von starken Netzwerkeffekten und bei gegebener Inkompatibilität ganz entscheidend von folgenden Faktoren beeinflusst: Erstens von den Erwartungen der Konsumenten, zweitens vom Erreichen der kritischen Masse und drittens von der Existenz positiver Rückkopplungen. Dies sind die Schlüsselbegriffe, von denen sowohl die Strategie der Anbieter als auch das Nachfrageverhalten der Konsumenten abhängt. Zusammen bestimmen sie, welches Netzwerk sich als *de facto-Standard* am Markt zu etablieren vermag.

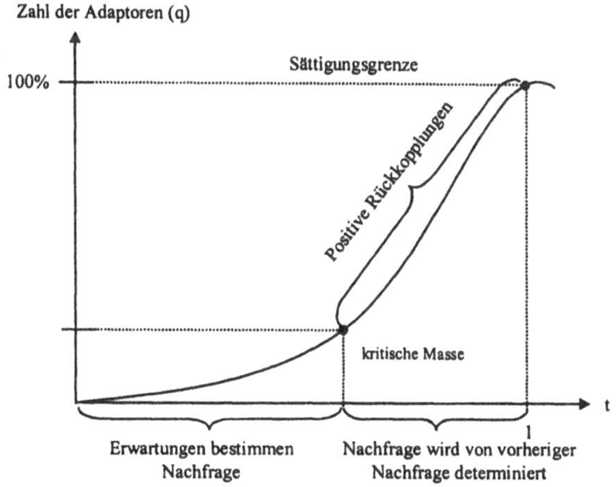

Abbildung 2: Diese Abbildung gibt eine Übersicht über das Zusammenwirken verschiedener Ursachen bei der Entstehung eines dominanten Netzwerks. Zunächst bestimmen die Erwartungen, welches Netzwerk die kritische Masse erreicht. Die kritische Masse ist der neuralgische Punkt, von dem an Mitläufereffekte die Erwartungen bestimmen. Dies führt zu einem sprunghaften Anstieg der Nachfrage, die sich, durch positive Rückkopplungen selbst verstärkt, und bis zum Erreichen der Sättigungsgrenze fortsetzt.

a) Erwartungen

Die *Erwartungen* der Konsumenten sind – dies wurde bereits deutlich[387] – von zentraler Bedeutung für den wettbewerblichen Erfolg eines Netzwerks[388], da sie als sich selbst erfüllende Erwartungen zu charakterisieren sind. „Systems that are expected to be popular...will be more popular for that very reason"[389]. Die Erwartungen der Konsumenten haben für den Wettbewerb um die Märkte der Netzwerkindustrie in etwa den Stellenwert von Stückzahlen auf traditionellen Märkten, auf denen Größenvorteile von besonderer Bedeutung sind. Beide entscheiden über Erfolg oder Misserfolg des Anbieters am Markt[390].

Ein wichtiges Instrument der Förderer von Netzwerken, um die Erwartungen der Konsumenten positiv zu beeinflussen, ist die Preisgestaltung der Netzwerkgüter. Um in der Anfangsphase trotz niedriger durchschnittliche Zahlungsbereitschaft möglichst schnell die erforderliche kritische Masse zu erreichen, ist es aus unternehmerischer Sicht geboten, die Preise unterhalb der Stückkosten anzusetzen und dabei auch Anfangsverluste in Kauf zu nehmen. Diese Strategie wird im allgemeinen als „*penetration pricing*" bezeichnet. Gelingt es, mit dieser Strategie die Nachfrage anzukurbeln, hat dies positive Auswirkungen auf die Erwartungen der Konsumenten und damit auch auf die Stärke der künftigen Nachfrage. Zugleich signalisiert „*penetration pricing*", dass sich der Förderer eines Netzwerkes darüber im Klaren ist, dass die künftige Nachfrage eine Funktion der gegenwärtigen Nachfrage ist, was wiederum auf die Ernsthaftigkeit der Absicht schließen lässt, die Marktführerschaft tatsächlich übernehmen zu wollen[391]. Auch diese Schlussfolgerung beeinflusst die Erwartungen der Konsumenten positiv.

Daneben steht den Förderern von Komponentennetzwerken eine weitere Variante strategischer Preissetzung zur Verfügung. Die Preise für die Sekundärprodukte eines Produktsystems haben wichtige Signalfunktion für die Erwartungsbildung der Konsumenten. Die Konsumenten wissen, dass der Kauf eines Primärproduktes die Anschaffung weiterer Komponenten nach sich zieht und sich auf diese Weise das „*Lock in*", d.h. die systemspezifische Bindung vergrößert. In dieser Situation geben die Preise der Sekundärprodukte Aufschluss über die (vermeintliche) Zahl der bisher verkauften Primärprodukte und damit über die gegenwärtige Größe des Netzwerks. Da rational handelnde Konsumenten in Gegenwart starker Netzwerkeffekte bestrebt sind, dem größten Netzwerk beizutreten, kann ein (glaubhaft) niedriger Preis[392] für Sekundärpro-

---

[387] Siehe oben, S.68.

[388] McKenzie/Lee, The Antitrust Bulletin 46 (2001), S.253, 270 („The greater the expectation of a particular firm's dominance in the future, the greater the current demand and consumption, and the greater the likelihood of that firm's eventual market dominance."); Besen/Farrell, Journal of Economic Perspectives 8 (1994), S.117, 118; Katz/Shapiro, Journal of Economic Perspectives 8 (1994), S.93, 94; Sheremata, The Antitrust Bulletin 42 (1997), S.937, 958.

[389] Katz/Shapiro, Journal of Economic Perspectives 8 (1994), S.93, 94.

[390] Sheremata, The Antitrust Bulletin 42 (1997), S.937, 958.

[391] McKenzie/Lee, The Antitrust Bulletin 46 (2001), S.253, 270.

[392] Dass niedrige Komponentenpreise die Größe und damit den Erfolg eins Netzwerkes signalisieren, hängt eng mit der Entstehung indirekter Netzwerkeffekte zusammen, denn diese ergeben

dukte die Erwartungsbildung der Konsumenten positiv beeinflussen. Eine Absenkung des Preisniveaus für Sekundärprodukte kann somit gerade in der Anfangsphase dazu beitragen, die Nachfrage nach Primärprodukten zu verstärken[393]. Im übrigen bleibt es den Förderern von Netzwerken natürlich unbenommen, die Konsumenten zusätzlich mit Hilfe von Verlautbarungen zur eigenen Marktposition für sich zu gewinnen. Hier besteht für die Marketingabteilungen ein breites Betätigungsfeld. Zu den Möglichkeiten, die eigene Position öffentlichkeitswirksam zu kommunizieren[394], gehören u.a. Produktvorankündigungen (*„vaporware"*[395]), gezielte Übertreibungen, öffentliche Unterstützung von Lieferanten und Kunden, die Ankündigung von Allianzen usw.[396].

Eine weitere Möglichkeit, Einfluss auf die Erwartungsbildung der Konsumenten zu nehmen, ist die ***strategische Selbstbindung*** des Förderers eines Netzwerks. Das Instrument der strategischen Selbstbindung kann insbesondere dazu dienen, Unsicherheiten der Konsumenten über die künftige Verfügbarkeit von Netzwerkgütern zu beseitigen. Zwei Varianten der Selbstbindung stehen zur Verfügung: zum einen das „Second Sourcing" und zum anderen der *Aufbau von* Produktions(über)kapazitäten.

„Second Sourcing" bedeutet, dass die Produktion des gewünschten Gutes mindestens zwei konkurrierenden Unternehmen übertragen wird. Für die Netzwerkindustrie ergibt sich daraus, dass der Förderer eines Netzwerkes die Erwartungen der Konsumenten positiv beeinflussen kann, indem er den proprietären Standard „seines" Netzwerkes auch seinen Konkurrenten zur Verfügung stellt[397]. Soll dies – wie im Fall von *Linux* – auf Dauer geschehen, bietet es sich an, den vormals proprietären Standard in einen offenen Standard zu verwandeln. Alternativ kommt das Vorgehen von *Netscape* oder *Adobe* in Betracht, die die Nutzung des Standards ohne oder gegen lediglich geringe Lizenzgebühren gestatten.[398] Entscheidend für die Erwartungsbildung der Nachfrager ist letztlich, dass der Eigentümer eines Standards selbst für Konkurrenz sorgt. Unter diesen Umständen wird der netzwerkspezifische *„Lock-in"*-Effekt gemildert, weil die Konsumenten dann davon ausgehen können, dass die Netzwerkgüter auch in Zukunft zu angemessenen Preisen und insbesondere ohne die Gefahr opportunistischer Preiserhöhungen zur Verfügung stehen.

Gleiches gilt für den gezielten Aufbau von Überkapazitäten. Auf diese Weise wird den Konsumenten signalisiert, dass der Förderer eines Netzwerkes von seinem Erfolg überzeugt und bereit ist, ernsthaft in den Wettbewerb einzugreifen. Überdies ist der

---

sich gerade aus der Vergrößerung des Absatzmarktes für Sekundärprodukte. Im Einzelnen dazu oben, S.26 f.

393 Katz/Shapiro, Journal of Economic Perspectives 8 (1994), S.93, 98. Zur kartellrechtlichen Beurteilung im Rahmen der Missbrauchsaufsicht siehe unten, S.176 ff.

394 Zum „Expectations Management" siehe auch Shapiro/Varian, S.275 f.

395 Vgl. Farrell/Saloner, American Economic Review 76 (1986), S.940 ff.; Levy, The Antitrust Bulletin 42 (1997), S.33 ff.

396 Arthur, Harvard Business Review 7/8 vol. 74 (1996), S.100, 107 („Hence we see psychological jockeying in the form of preannouncements, feints, threatened alliances, technological preening, touted future partnerships, parades of vaporware..."); Besen/Farrell, Journal of Economic Perspectives 8 (1994), S.117, 122 ff.

397 Thum, S.116.

398 Katz/Shapiro, Journal of Economic Perspectives 8 (1994), S.93, 103; Thum, S.142; Varian[4], S.584.

Förderer eines Netzwerkes aufgrund geplanter Überkapazitäten in der Anfangsphase in der Lage, nach Erreichen der kritischen Masse schnell zu reagieren und die rasant ansteigende Nachfrage zu befriedigen[399].

b) Kritische Masse

Die kritische Masse ist der neuralgische Punkt, an dem der installierte Bestand eines Netzwerkes die Anzahl an Nutzern erreicht, bei der die durchschnittliche Zahlungsbereitschaft der Konsumenten die Stückkosten übersteigt[400]. Bis zum Erreichen der kritischen Masse muss der Förderer eines Netzwerkes versuchen, die Erwartungen der Konsumenten aktiv zu beeinflussen. Danach erzeugt die Größe des installierten Bestandes, d.h. die Zahl der bisherigen Adoptoren Mitläufereffekte, die einen bestimmenden Einfluss auf die Erwartungen der Konsumenten ausüben. Mit zunehmender Größe des Netzwerkes verstärken sich die Mitläufereffekte, denen sich die Konsumenten von nun an vernünftigerweise nicht mehr entziehen können.

c) Positive Rückkopplungen

Die mit Erreichen der kritischen Masse ausgelösten und immer stärker werdenden Mitläufereffekte werden als positive Rückkopplungen (*positive feedback*) bezeichnet. Sie beschreiben die sich selbst verstärkende Nachfrage nach Netzwerkgütern in Gegenwart starker Netzwerkeffekte. Positive Rückkopplungen haben deshalb den Effekt, dass der Marktanteil des Netzwerks, das zuerst die kritische Masse erreicht hat, in die Höhe schnellt, während die Förderer konkurrierender Netzwerke vom Markt verdrängt oder zu Nischenanbietern werden[401]. Bildlich gesprochen profitiert das erfolgreiche Netzwerk von der Dynamik einer Aufwärtsspirale (*virtuous cycle*). Die „Verlierer" hingegen befinden sich in einer Abwärtsspirale (*vicious cycle*). „Success begat more success, which is the essence of positive feedback. Failure breeds failure: this, too, is the essence of positive feedback"[402]. Die Dynamik positiver Rückkopplungen veranschaulicht die nachfolgende Abbildung[403]:

---

399 Thum, S.131 ff., der dies am Beispiel des Wettbewerbs zwischen den Systemen VHS und Beta empirisch belegt.

400 Dietl/Royer, zfo 69 (2000), S.324, 325.

401 Shapiro/Varian, S.174 erläutern diesen Prozess am Windows/Intel/Apple Beispiel: „As Wintel's share of the personal computer market grew, users found the Wintel system more and more attractive. ...With Apple's share continuing to decline, many computer users now worry that the Apple Macintosh will shortly become the Sony Beta of computers, orphaned and doomed to a slow death as support from software producers gradually fades away. This worry is cutting into Apple's sales, making it a potentially self-fulfilling forecast."

402 Shapiro/Varian, S.174. Diese negative Wirkung positiver Rückkopplungen ist jedoch nicht zu verwechseln mit negativen Rückkopplungen (*negative feedback*). Negative Rückkopplungen bewirken, dass die Starken schwächer und die Schwachen stärker werden, so dass sich im Ergebnis eine ausgeglichene Situation zwischen den Wettbewerbern einstellt. Märkte mit negativen Rückkopplungen sind beispielsweise die traditionellen Märkte der Automobil-, Stahl-, Öl- oder chemischen Industrie, die von symmetrischen Oligopolen gekennzeichnet sind, vgl. Shapiro/Varian, S.176, 173.

403 Dietl/Royer, zfo 69 (2000), S.324, 326.

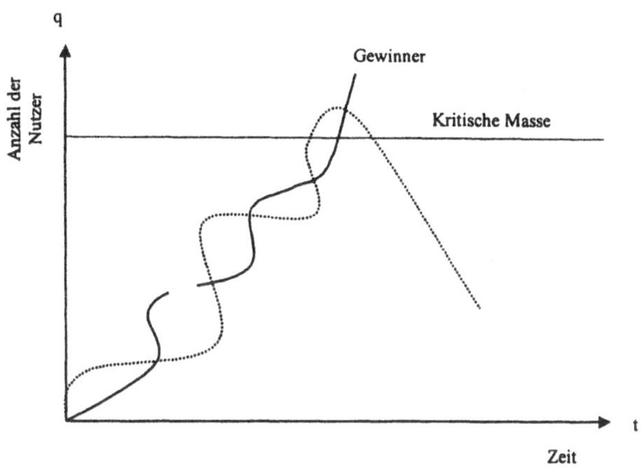

Abbildung 3:Diese Abbildung zeigt die Dynamik positiver Rückkopplungen. Das Netzwerk, dessen installierter Bestand die kritische Masse erreicht, gerät in eine sich selbst verstärkende Aufwärtsspirale, die Wettbewerber hingegen geraten in eine gegenläufige Abwärtsspirale.

Der Anstieg der Nachfragekurve des erfolgreichen Netzwerkes setzt sich solange fort, bis eine „*winner takes most*"- oder „*winner takes all*"-Situation erreicht ist[404], wobei sich der Effekt positiver Rückkopplungen mit zunehmender Größe des Netzwerkes allmählich abzuschwächen beginnt[405].

---

404 Shapiro/Varian, S.176 f.

405 Economides, Working Paper Antitrust, S.7, Fn.20.

2. Teil: Wettbewerbstheoretische Überlegungen zur Rolle des Kartellrechts auf Netzwerkmärkten

Unter der Prämisse, dass Märkte mit starken Netzwerkeffekten und inkompatiblen Systemen eine Tendenz zum natürlichen Monopole aufweisen, spricht auf den ersten Blick vieles dafür, dass die hier beschriebenen Netzwerkmärkte wettbewerbstheoretisch zu den natürlichen Ausnahmebereichen zu zählen sind, in denen aus ökonomischen Gründen kein Wettbewerb möglich ist[406]. Dieser Schluss würde die Frage aufwerfen, mit welchen anderen Mitteln (außer Wettbewerb) die ökonomischen Ziele des wettbewerbspolitischen Zielkataloges[407] zu realisieren wären[408], um die Folgen eines Marktversagens[409] abzuwenden. Insoweit werden allgemein vor allem staatliche Interventionen in Form von öffentlicher Regulierung oder sogar Verstaatlichung in Betracht gezogen[410]. Zugleich wäre klar, dass das Kartellrecht keinen Beitrag zur Realisierung der gewünschten wettbewerbspolitischen Ziele leisten könnte. Denn ohne Wettbewerb ist der Schutz der Freiheit des Wettbewerbs gegenstands- und damit sinnlos.

Demgegenüber lautet die These des nachfolgenden wettbewerbstheoretischen Teils der Arbeit, dass Netzwerkmärkte trotz ihrer Tendenz zum natürlichen Monopol nicht den natürlichen Ausnahmebereichen zuzurechnen sind. Zwar ist Wettbewerb auf Netzwerkmärkten selbst im Falle des natürlichen asymmetrischen Oligopols so gut wie ausgeschlossen. Dafür aber sorgt die vom *Schumpeter'*schen Innovationswettbewerb ausgehende Wettbewerbswirkung für die Realisierung der ökonomischen Zielfunktionen, obwohl der Wettbewerb nicht (statisch) auf dem Markt, sondern (dynamisch) um den Markt stattfindet. Dies ergibt sich aus dem theoretisch begründbaren und empirisch zu erhärtenden Argument, dass keine Anhaltspunkte dafür bestehen, dass sich der Förderer eines Netzwerkes, der über eine (Quasi-)Monopolstellung verfügt, wie ein *Cournot*-Monopolist verhalten kann. Für die Rolle des Kartellrechts auf Netzwerkmärkten folgt daraus, dass es vor allem darauf ankommt, wirksamen Innovationswettbewerb zu gewährleisten. Weitergehende

---

406 Ingo Schmidt, S.35 ff.

407 Zum wettbewerbspolitischen Zielkatalog Kantzenbach, S.16; allgemein Ingo Schmidt, S.32. Heute sind folgende ökonomischen Zielfunktionen anerkannt: leistungsgerechte Einkommensverteilung, Konsumentensouveränität, optimale Faktorallokation, Anpassungsflexibilität und technischer Fortschritt.

408 Da es in der wirtschaftlichen Wirklichkeit regelmäßig zu Konflikten zwischen den theoretisch gleichberechtigten gesellschaftspolitischen und ökonomischen Zielen des wettbewerbspolitischen Kataloges kommt (Dilemmathese I bei Zielkonflikten innerhalb der ökonomischen Funktionen und Dilemmathese II bei solchen zwischen ökonomischen und gesellschaftspolitischen Funktionen des Wettbewerbs, vgl. Kantzenbach, S.52 f. und Ingo Schmidt, S.34 f. und 81 ff. m.w.Nachw.), sind die wirtschaftspolitischen Entscheidungsträger berufen, unter Abwägung der widerstreitenden Ziele Prioritäten zu setzen und zu entscheiden.

409 Vgl. Fritsch/Wein/Ewers, S.85.

410 Ingo Schmidt, S.45 ff., 154 ff.; Fritsch/Wein/Ewers, S.91 ff. auch mit zahlreichen anderen Varianten staatlicher Eingriffs- oder Lenkungsmöglichkeiten.

regulatorische Eingriffe sind hingegen mit Rücksicht auf die Selbstheilungskräfte des (Innovations-)Wettbewerbs nicht erforderlich[411].

Die Begründung der Wettbewerbswirkung *Schumpeter'*schen Innovationswettbewerbs hat sich zunächst mit der Frage auseinanderzusetzen, warum auf Netzwerkmärkten eine Tendenz zum natürlichen Monopol besteht. Nur wenn es sich bei Netzwerkmärkten um natürliche Monopole handelt, kommt es überhaupt entscheidend auf die Wettbewerbswirkung *Schumpeter'*schen Innovationswettbewerbs an. Sodann sind die ökonomischen Gefahren des natürlichen *Cournot*monopols zu erläutern, gefolgt von der Frage, ob Anhaltspunkte dafür vorliegen, dass sie sich auf Netzwerkmärkten ohne staatliche Eingriffe realisieren. Abschließend ist zu begründen, weshalb der Förderer eines Netzwerkes, dessen Standard sich im Wettbewerb am Markt durchgesetzt hat, unter den Bedingungen *Schumpeter'*schen Innovationswettbewerbs nicht wie ein *Cournot*-Monopolist agieren kann.

A. Netzwerkmärkte und natürliche Monopole

Steigende Skalenerträge – oder, allgemeiner, die Subadditivität von Kostenfunktionen[412] – und Netzwerkeffekte bewirken, dass die Netzwerkmärkte der Informationsindustrie eine Tendenz zum natürlichen Monopol aufweisen. Je nach Stärke dieser beiden Faktoren handelt es sich entweder um asymmetrische Oligopole mit einem klar dominierenden Netzwerk oder um natürliche Monopole im eigentlichen Sinne. Dieser Sachverhalt lässt sich jedoch anhand der traditionellen Theorie des natürlichen Monopols nur unzureichend erläutern. Die traditionelle Theorie ist nicht in der Lage, Netzwerkeffekte als nachfrageseitige Ursache für die Entstehung natürlicher Monopole zu berücksichtigen. Erforderlich ist deshalb eine Definition des natürlichen Monopols, die Netzwerkeffekte und angebotsseitige Skalenerträge zu integrieren vermag.

---

411 Fichert, Wirtschaftsdienst 1998, S.30. Ähnlich Möschel, Wettbewerbssicherung versus Vermachtung, S.117, der in Netzwerkindustrien unter Hinweis auf die Dynamik des technischen Wandels auf die Erosion von Machtstellungen durch die Kräfte des Marktes setzt und regulative Eingriffe mit dem Risiko kontraproduktiver Wirkungen für „weniger zwingend" erachtet.

412 Obwohl das Konzept der Subadditivität der Kosten das umfassendste ist, sind die Konzepte der sinkenden Durchschnittskosten, aber insbesondere das der steigenden Skalenerträge für die Praxis von herausragender Bedeutung (Wiese, S.92; Fritsch/Wein/Ewers, S.186). Diese Konzepte unterscheiden sich nur insofern voneinander, als letzteres definitorisch an eine proportionale Steigerung des gesamten Inputs (Niveauvariation) gebunden ist, die über eine überproportionale Erhöhung des Outputs zu sinkenden Durchschnittskosten für die Produktion weiterer Einheiten führt. Da die Durchschnittskosten aber auch infolge nicht-proportionaler (d.h. nur partieller) Veränderungen des Inputs abnehmen können, wird dieses Phänomen zur Abgrenzung als Konzept der sinkenden Durchschnittskosten bezeichnet, vgl. Fritsch/Wein/Ewers, S.183 ff.

I. Definition und Ursachen natürlicher Monopole

Im natürlichen Monopol kann die gesamte Nachfrage am kostengünstigsten von einem Anbieter allein befriedigt werden[413]. Die Entstehung natürlicher Monopole ist meist auf die Existenz von Unteilbarkeiten zurückzuführen. Das Vorliegen von Unteilbarkeiten bedeutet, dass bestimmte Güter oder Produktionsfaktoren entgegen den Annahmen des neoklassischen Modells nicht beliebig teilbar sind, sondern nur in großen Sprüngen variiert werden können. Unteilbarkeiten haben eine Konzentration auf der jeweiligen Marktseite zur Folge, wobei die Konzentration im Extremfall zur Entstehung eines natürlichen Monopols führt. Meist jedoch bewirken Unteilbarkeiten, dass nur eine beschränkte Anzahl von Anbietern auf dem Markt verbleibt (natürliches Oligopol)[414].

Die Ursachen von Unteilbarkeiten werden üblicherweise am Beispiel der leitungsgebundenen Industrien erläutert. Wird eine Strom- , Gas- oder Telefonleitung verlegt, so entstehen hohe Fixkosten für die Verlegung und Instandhaltung, aber – im Rahmen der vorhandenen Kapazität – nur sehr geringe Grenzkosten für die Bereitstellung zusätzlicher Mengen an Strom oder Gas oder Hausanschlüssen. Diese Kostenstruktur – hohe Fixkosten und niedrige Grenzkosten – gilt gleichermaßen für die Produktion digitaler Waren und Dienstleistungen der Informationsindustrie. Sie führt in der Regel dazu, dass die Durchschnittskosten jeder weiteren produzierten Einheit abnehmen. Wenn aber gilt, dass jede Erhöhung des Outputs die Durchschnittskosten verringert, dann beruhen sinkende Durchschnittskosten (ganz gleich ob proportionale oder partielle Inputerhöhungen zugrunde liegen) letztlich auf Größenvorteilen bei der Produktion. In welchem Ausmaß Größenvorteile im Wettbewerbsprozess die Konzentration einer Marktseite bewirken, hängt entscheidend von der mindestoptimalen Größe (MOG) der Akteure und dem Verlauf der Nachfragekurve ab[415]. Deshalb ist beispielsweise die Entstehung natürlicher Monopole auf extrem großen Absatzmärkten bei geringer Bedeutung von Größenvorteilen aus ökonomischer Sicht äußerst unwahrscheinlich. Der Zusammenhang zwischen Größenvorteilen und Nachfragekurve sowie der Entstehung eines natürlichen Monopols im Wettbewerb sei anhand nachfolgender Abbildung verdeutlicht[416]:

413 So schon Posner, Natural Monopoly, S.1: „If the entire demand within a relevant market can be satisfied at lowest cost by one firm rather than by two or more, the market is a natural monopoly, whatever the actual number of firms is.“.

414 Fritsch/Wein/Ewers, S.178 f.

415 Varian[4], S.405 f.; Fritsch/Wein/Ewers, S.180.

416 Siehe Fritsch/Wein/Ewers, S.181 ff.; Ingo Schmidt, S.36.

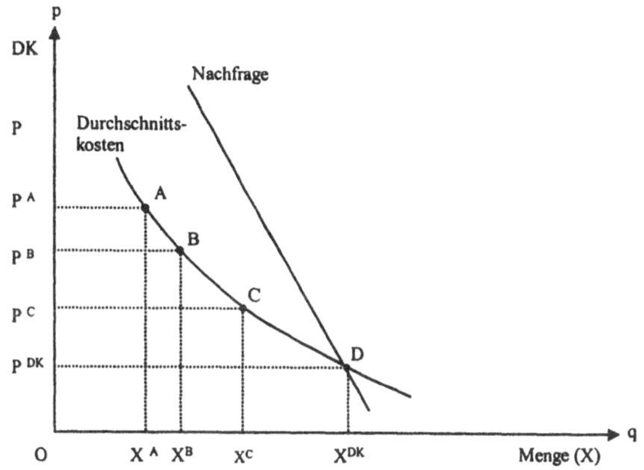

Abbildung 4: Diese Abbildung zeigt den Zusammenhang zwischen MOG der Anbieter A bis D und dem Verlauf der Nachfragekurve. Unter den gegebenen Umständen führt der Wettbewerbsprozess zur Entstehung eines natürlichen Monopols, wenn man annimmt, dass die Preise der Anbieter ihren Durchschnittskosten entsprechen. Zunächst bietet A die Menge X^A zum Preis von P^A an. Ein Anbieter B kann A verdrängen, wenn er eine größere Menge zu einem niedrigeren Preis auf den Markt bringt. Ebenso kann B von Anbieter C verdrängt werden, der die Menge X^C zu einem Preis P^C bereitstellen kann. Erst Produzent D, der eine Menge X^D zum gerade *kostendeckenden* Preis P^{DK} anbieten kann, ist vor Verdrängung durch Konkurrenten sicher, wenn man unterstellt, dass keine Nachfrageänderungen oder Innovationen mehr zu erwarten sind.

Hervorzuheben ist, dass die Entstehung eines natürlichen Monopols keineswegs bedeutet, dass diese Position unangreifbar ist und deshalb immer mit Marktbeherrschung gleichzusetzen wäre. Zwar kann ein natürlicher Monopolist nicht durch Preiswettbewerb aus seiner Position verdrängt werden. Dafür aber kann es bei dem für die Entstehung eines natürlichen Monopols entscheidenden Verhältnis von Größenvorteilen zur Nachfragekurve durchaus zu Veränderungen kommen. Zum einen kann eine gesteigerte Nachfrage bei gegebener Begrenztheit von Größenvorteilen (ihr U-förmiger Verlauf, Ineffizienzen etc.)[417] dazu führen, dass sich ein zu einem bestimmten Zeitpunkt bestehendes Monopol zu einem Duopol oder engen Oligopol erweitert und dadurch obsolet wird. Zum anderen können technische Fortschritte bei der Produktion die Auflösung eines natürlichen Monopols zur Folge haben, sofern die MOG aufgrund von technischen Neuerungen nun schon bei der Produktion wesentlich geringerer Stückzahlen erreicht wird. In diesen Fällen handelt es sich stets um temporäre natürliche Monopole[418].

[417] Siehe dazu bereits oben, S.27 f. m.w.Nachw.
[418] Fritsch/Wein/Ewers, S.183.

II. Die Unvollständigkeit der Theorie des natürlichen Monopols

Überträgt man die soeben skizzierte Theorie des natürlichen Monopols in den Netzwerkkontext, so fällt auf, dass Netzwerkeffekte als eine Art Skalenerträge auf der Nachfrageseite in der Theorie des natürlichen Monopols nicht vorkommen. Die Theorie des natürlichen Monopols blickt nur auf die Angebotsseite. Mit Netzwerkeffekten können aber auch nachfrageseitige Faktoren zur Entstehung natürlicher Monopole führen. Hat ein Netzwerk erst eine bestimmte Marktdurchdringung in Höhe der kritischen Masse erreicht, so wird sich das Wachstum dieses Netzwerkes *ceteris paribus* infolge positiver Rückkopplungen sogar noch verstärken[419]. Dies gilt erst recht, wenn die nachfrageseitige Wirkung von Netzwerkeffekten auf der Angebotsseite durch die traditionelle Kostenstruktur des natürlichen Monopols, d.h. durch steigende Skalenerträge infolge hoher Fixkosten für die Informationserstellung und zu vernachlässigender Grenzkosten für die Vervielfältigung noch verstärkt wird.

Wiese unternimmt den Versuch, die insoweit unvollständige Definition des natürlichen Monopols mit einer Definition des *natürlichen Netzeffekt-Monopols* zu komplementieren. Er schlägt vor, das Netzeffekt-Monopol wie folgt zu definieren:

> „Ein natürliches Netzeffekt-Monopol liegt in einem Markt vor, falls die Produkte, die diesen Markt definieren, Netzeffekt-Güter sind und falls sie (zumindest partiell) inkompatibel sind.“[420]

Diese Definition trifft genau auf die im Rahmen dieser Arbeit betrachteten Netzwerkmärkte zu. Andere Definitionen sind nach Auffassung von *Wiese* ebenfalls denkbar. Führe man als Analogon zur subadditiven Kostenfunktion die Bedingung einer superadditiven Nutzen- oder Absatzfunktion ein, so wäre ein natürliches Netzeffekt-Monopol gegeben, falls bei exogen vorgegebenen Preisen der Absatz eines einzigen Gutes bzw. einer kompatiblen Produktgruppe höher wäre als die Summe der Absätze inkompatibler Produkte. Alternativ könne ein natürliches Netzeffekt-Monopol unter der Prämisse angenommen werden, dass der Nutzen der Konsumenten als Ganzes von der Existenz nur eines Produktes oder nur einer in sich kompatiblen Produktgruppe auf dem Markt maximiert wird.

Allerdings weist *Wiese* zu Recht darauf hin, dass auch die von ihm vorgeschlagene Definition unvollständig ist. Denn sie bezieht sich allein auf die Nachfrageseite des Marktes. Eine allgemeine Theorie des natürlichen Monopols, die sowohl den angebotsseitigen Zusammenhang zwischen steigenden Skalenerträgen und MOG der Unternehmen sowie den nachfrageseitigen Zusammenhang zwischen Größe und Wert des Netzwerkes vereint, ist noch nicht entwickelt worden[421].

III. Ergebnis

In der wirtschaftswissenschaftlichen Theorie wird unterschieden zwischen natürlichen Monopolen und den von *Wiese* definierten natürlichen Netzeffekt-Monopolen. Erstere haben ihre Ursache in steigenden Skalenerträgen sowie einem bestimmten Verhältnis

---

419 Siehe bereits oben, S.79 f.; ferner auch Wiese, S.94.

420 Wiese, S.94.

421 Wiese, S.94 f.

von MOG und Nachfragevolumen (allgemein Subadditivität der Kostenfunktion). Letztere beruhen auf Netzwerkeffekten. Eine integrierte Theorie des natürlichen Monopols, die beide Ursachen berücksichtigt, ist bisher nicht entwickelt worden. Gleichwohl gehört es zum gesicherten Bestand wirtschaftswissenschaftlicher Erkenntnis, dass sich beide Arten von Monopolen in bezug auf die Marktstruktur nicht unterscheiden. In beiden Fällen kann sich nur ein Unternehmen am Markt behaupten. Aus diesem Grund wird nachfolgend auch für natürliche Netzeffekt-Monopole der allgemein gebräuchliche Begriff des natürlichen Monopols beibehalten.

B. Die Rolle des Kartellrechts auf Netzwerkmärkten

In Praxis[422] und Schrifttum[423] besteht weitestgehend Übereinstimmung darüber, dass die wettbewerbstheoretischen und -politischen Herausforderungen der Netzwerkmärkte der Netzwerkindustrien mit den traditionellen Mitteln des Kartellrechts zu bewältigen sind[424]. Die sporadisch geäußerte Ansicht, in der New Economy sei für die Anwendung des Kartellrechts kein Raum[425] bzw. müsse sich auf extreme Ausnahmesituationen beschränken[426], überzeugt nicht. Weder die für diese Ansicht ins Feld geführte hohe Innovationsrate noch die im Vergleich zur technischen Entwicklung nicht zu leugnende wirkungs- und verfahrensmäßige Schwerfälligkeit kartellbehördlicher Interventionen[427] vermögen eine derart weitgehende Beschränkung der Funktion des Kartellrechts zu rechtfertigen. Die Vertreter einer solchen laissez-faire-Politik unterschätzen die Versuchung, die von der Erlangung einer temporären Monopolstellung ausgeht. Die aus dieser Position heraus zu erzielenden Monopolgewinne[428] bieten einen starken Anreiz, die ursprünglich temporäre Monopolstellung auf wettbewerbswidrige Weise auszubauen und zu verfestigen.

Unabhängig davon, ob es sich bei Netzwerkmärkten um natürliche Monopole oder Oligopole („*winner takes all*"- oder „*winner takes most*"-Szenarios) handelt, in jedem Fall hat das Kartellrecht die überaus wichtige Aufgabe, wirksamen Innovationswettbewerb zu gewährleisten. Sofern dies gelingt, kommt es trotz der auf Netzwerkeffekten beruhenden monopolistischen Ausgangslage nicht zu strukturellem Marktversa-

---

422 Monti, "10th International Conference on Competition" des BKartA am 21.5.2001 in Berlin.

423 Stellvertretend und zusammenfassend insoweit Eisenach, S.viii; Lenard, S.5; Muris, S.82, 89; Fichert, Wirtschaftsdienst 1998, S.343, 346.

424 Zustimmend Lind/Muysert, ECLR 2003, S.87, 88 (The CRA study found no cases where a serious antitrust scholar or practitioner, whether layer or economist, argued for abandoning enforcement of competition law in the new economy.").

425 Barro, Business Week vom 17.8.1998.

426 Priest, AEI Newsletter, 8/1998; Teece/Coleman, The Antitrust Bulletin 43 (1998), S.801, 843, 846; Eisenach, S.viii.

427 Vgl. dazu treffend Posner, The Antitrust Law Journal 68 (2001), S.925, 936 ff. („mismatch between law time and new-economy real time").

428 Vgl. nur Besen/Farrell, Journal of Economic Perspectives 8 (1994), S.117, 119 („A firm that controls the technology that becomes established as a standard can have an extremely profitable market position...") oder Bishop/Walker, S.37 (2.44 – "...win the right to earn monopoly profits thereafter.").

gen[429]. Die Gründe, weshalb die typischen Gefahren monopolistischen Verhaltens selbst dann nicht eintreten, wenn das etablierte Netzwerk über nahezu 100% Marktanteil verfügt, sind bereits im Zusammenhang mit der Erläuterung der Markt- und Wettbewerbsstruktur der Netzwerkindustrie deutlich geworden[430]: Der Wettbewerbsprozess in Gegenwart starker Netzwerkeffekte wird nicht von Preis-, sondern von Innovationswettbewerb in Gang gehalten. Parallel verlaufender Preiswettbewerb auf dem Markt wird ersetzt durch sequentiell verlaufenden *Schumpeter*'schen Innovationswettbewerb um den Markt[431]. Der von diesem Wettbewerb ausgehende Innovationsdruck sorgt dafür, dass sich der Förderer eines Netzwerks, der aufgrund erfolgreicher Innovationen eine temporäre Monopolstellung erlangt hat, nicht wie ein *Cournot*monopolist verhalten kann. Diesen Zusammenhang gilt es, nachfolgend näher zu begründen.

I. Die ökonomischen Gefahren des natürlichen *Cournot*monopols

Als *Cournot*monopol bezeichnet man ein Monopol, das keiner wettbewerblichen Bedrohung ausgesetzt ist (auch Machtmonopol im *Arndt*'schen Sinne)[432]. Ein *Cournot*monopolist verfügt mithin über eine unangreifbare Monopolstellung. Das Standardmodell der *Cournot*preisbildung beschreibt die Marginalbedingungen[433], unter denen der Monopolist seinen Gewinn maximieren kann. Sie stehen in diametralem Gegensatz zu den Bedingungen des Modells vollständiger Konkurrenz. Vom wettbewerbstheoretischen Standpunkt aus birgt das gewinnmaximierende Verhalten des *Cournot*monopolisten im wesentlichen zwei Gefahren: zum einen die Ausbeutung der Nachfrageseite durch überhöhte Preise bzw. schlechte Qualität der Güter (Gefahr statischer Wohlfahrtsverluste) und zum andern die Behinderung des technischen Fortschritts durch den Monopolisten bzw. dessen unzureichende Anpassung an die technologische Entwicklung (Gefahr dynamischer Wohlfahrtsverluste)[434].

Diese Gefahren gelten nicht nur für die „klassischen", auf steigenden Skalenerträgen beruhenden natürlichen Monopole, sondern auch für die natürlichen Monopole auf Netzwerkmärkten. Zwar ist – in Ermangelung einer vollständigen Theorie des natürlichen Monopols[435] – in wirtschaftswissenschaftlicher Hinsicht noch ungeklärt, ob und wenn ja, welchen Einfluss Netzwerkeffekte auf die Preisbildung im natürlichen *Cournot*-Monopol haben. Jedoch kontrolliert auch der Netzwerkmonopolist aufgrund seines proprietären Standards das gesamte verfügbare Angebot, so dass er, unterstellt er handelt in Gewinnmaximierungsabsicht, den *Cournot*preis verlangen wird. Im übrigen sind die im Standardmodell der *Cournot*preisbildung aufgezeigten ökonomischen Gefahren auch deshalb für Netzwerkmonopole von Relevanz, weil die Kostenstruktur

---

429 Firchert, Wirtschaftsdienst 1998, S.343, 347.

430 Siehe oben, S. 66 ff. und 70 ff.

431 Siehe bereits oben, S.70.

432 Fritsch/Wein/Ewers, S.191.

433 Marginalbedingungen sind das Ergebnis analytischer Modelle (im Gegensatz zu diskreten Modellen). Sie sagen nicht direkt aus, wieviel z.B. zur Erreichung des Gewinnmaximums produziert werden muss, sondern nur, dass „solange" zu produzieren ist, „bis" der Grenzerlös gleich den Grenzkosten ist.

434 Fritsch/Wein/Ewers, S.179.

435 Siehe oben, S.84.

der Informationsindustrie (sinkende Durchschnittskosten aufgrund steigender Skalenerträge) jedenfalls auf Angebotsseite mit der traditioneller Industrien übereinstimmt, für die das Standardmodell der *Cournot*preisbildung im natürlichen Monopol ursprünglich entwickelt wurde.

Ein *Cournot*monopolist hat nur deshalb die Möglichkeit, über dem Wettbewerbspreis liegende Preise durchzusetzen, weil er das gesamte Angebot kontrolliert, so dass er in der Lage ist, den Marktpreis durch die angebotene Menge zu steuern, wobei man davon ausgeht, dass er den Verlauf der Nachfragekurve kennt (sog. Preisbildung im Monopol nach *Cournot*[436]). Die *Cournot*preisbildung unterscheidet sich damit in einem wesentlichen Punkt von der Preisbildung unter den Bedingungen des Modells vollständiger Konkurrenz. Dort nämlich ist der Preis ein extern vorgegebenes Datum (im Sinne einer unbeeinflussbaren Größe), auf den die Anbieter als Mengenanpasser reagieren. Sie entscheiden lediglich, welche Menge sie unter Berücksichtigung des exogen vorgegebenen Preises und der ihnen entstehenden Kosten anbieten wollen. Wie sich die Preisbildung im Modell vollständiger Konkurrenz von der *Cournot*preisbildung im natürlichen Monopol unterscheidet, lässt sich am besten anhand der folgenden Abbildung erläutern[437]:

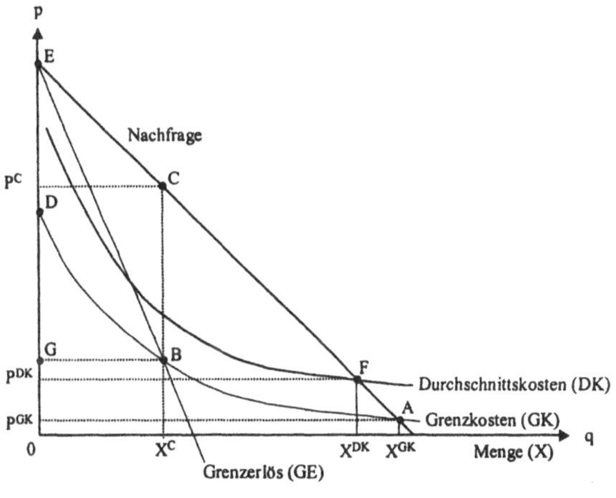

Abbildung 5: *Cournot*-Preisbildung im natürlichen Monopol

Unter den Bedingungen vollständiger Konkurrenz folgt die Bildung des Wettbewerbspreises der Preis = Grenzkosten-Regel. Ein rational handelnder, auf Gewinnmaximierung bedachter Anbieter wird daher gerade die Menge X^{GK} anbieten, bei welcher

[436] Die Theorie über die Preisbildung im Monopol geht zurück auf eine Untersuchung von Antoine Augustin Cournot aus dem Jahr 1838 mit dem Titel „Recherches sur les principes mathématiques de la théorie des richesses" (Untersuchungen über die mathematischen Grundlagen der Theorie des Reichtums).

[437] Fritsch/Wein/Ewers, S.193.

der Preis P^{GK} den Grenzkosten (GK) entspricht (Punkt A in Abb. 5). Dieser Preis ist der im Modell vollständiger Konkurrenz maximal erzielbare Preis. Würde ein Anbieter mehr produzieren, wären die Grenzkosten höher als der maximal erzielbare Preis, so dass Verluste entstünden. Würde er den Output reduzieren, läge sein Preis über dem Wettbewerbspreis, so dass er keine Abnehmer fände. Obwohl also unter den Bedingungen vollständiger Konkurrenz streng genommen keine Gewinne zu erzielen sind, wird der Wettbewerbspreis als Gewinnmaximum bezeichnet.

Das Gewinnmaximum im natürlichen Monopol – insoweit unterscheidet sich das natürliche Monopol nicht von einem Monopol mit steigenden Durchschnittskosten – liegt dort, wo der Grenzerlös (GE) gleich den Grenzkosten ist (Punkt B in Abb.5). Der Verlauf der Grenzerlöskurve gibt an, wie sich der Umsatz im Verhältnis zum Preis verändert, d.h. der Umsatz steigt bei sinkendem Preis, bis bei einem Preis von null das Umsatzmaximum erreicht ist. Um jedoch den Gewinn zu maximieren, wird ein *Cournot*monopolist gerade soviel herstellen (die Menge X^C), dass der Grenzerlös (GE) seinen Grenzkosten entspricht (Punkt B in Abb.5). Dieser Punkt jedoch wird im natürlichen Monopol mit sinkenden Durchschnittskosten wegen der daraus zwingend abzuleitenden abnehmenden Grenzkosten[438] erst spät erreicht, d.h. er liegt im Unterschied zu einem Monopol mit steigenden Durchschnittskosten weiter rechts auf der X-Achse. Der Verkauf jeder zusätzlichen Einheit würde zwar den Umsatz steigern. Allerdings würde der zusätzlich erzielte Umsatz wegen des niedrigeren Preises unter den für die Herstellung einer zusätzlichen Einheit anfallenden Kosten liegen[439]. Damit aber entstünden trotz steigender Umsätze Verluste. Der aus dem Gewinnmaximum des Monopolisten resultierende Preis P^C (*Cournot*-Preis) lässt sich durch Hochloten von Punkt B zur Nachfragekurve ermitteln (Punkt C in Abb.5). Somit ist der *Cournot*-Preis P^C das Ergebnis einer Verringerung der pareto-optimalen Menge X^{GK} zur suboptimalen Menge X^C[440]. Da der *Cournot*preis erheblich über dem Wettbewerbspreis liegt, gelingt es dem Monopolisten, die Marktgegenseite durch eine künstliche Verknappung der angebotenen Menge auszubeuten.

In welchem Ausmaß überhöhte Preise zu Wohlfahrtsverlusten im natürlichen Monopol führen, lässt sich dadurch bestimmen, dass man den sozialen Überschuß[441], der zu Grenzkostenpreisen entsteht, mit dem vergleicht, der bei *Cournot*-Preisen übrig bleibt. Im ersten Fall ergibt sich der soziale Überschuß EAD aus dem Saldo aus positiver Konsumentenrente EAP^{GK} und negativer Produzentenrente in Höhe von DAP^{GK}[442]. Bei *Cournot*preisen dagegen verringert sich die Konsumentenrente einerseits um die Fläche P^CCAP^{GK} auf ECP^C. Andererseits ergibt sich eine positive Produzentenrente in

---

438 Siehe dazu Fritsch/Wein/Ewers, S.190 f.

439 Wie sich aus Abb.5 ergibt, gilt dies selbst bei sinkenden Grenzkosten.

440 Vgl. zum Ganzen Posner, Natural Monopoly, S.4 ff.; Fritsch/Wein/Ewers, S.191 f.

441 Der soziale Überschuss ist die Summe aus Konsumenten- und Produzentenrente. Er dient als Maß für die mit der Bereitstellung eines Gutes bewirkte Wohlfahrtssteigerung der Gesellschaft. Näher zur Bedeutung von Konsumenten- und Produzentenrente Fritsch/Wein/Ewers, S.52 ff.

442 Die Produzentenrente ist die Differenz zwischen den am Markt erzielbaren Erlösen und den entstehenden Kosten. Die Kosten werden durch die Fläche unterhalb der Grenzkostenkurve ($AX^{GK}0D$) angegeben. Bei der in Abb.5 abgebildeten Grenzkostenkurve übersteigen die anfallenden Kosten die erzielbaren Erlöse ($P^{GK}AX^{GK}0$) um die negative Produzentenrente DAP^{GK}.

Höhe von P^CCBD. Addiert man beide Flächen, so besteht der soziale Überschuß nur noch aus der Fläche ECBD. Vergleicht man sodann den sozialen Überschuß bei Grenzkostenpreisen mit dem, der bei *Cournot*-Preisen entsteht, so entspricht der Wohlfahrtsverlust im natürlichen *Cournot*monopol der Fläche CAB („*deadweight loss of monopoly*"), wenn man als Referenzmodell Wettbewerb zu Grenzkostenpreisen unterstellt[443].

Ob sich auch die Gefahren des *Cournot*monopols für den technischen Fortschritt realisieren und es infolgedessen zu dynamischen Wohlfahrtsverlusten kommt, lässt sich unabhängig vom Einzelfall kaum eindeutig beantworten. Trotz der unbestrittenen ökonomischen Bedeutung des technischen Fortschritts[444] gibt es keine gesicherten Erkenntnisse darüber, welche Marktform die besten Voraussetzungen für eine hohe Innovationsrate schafft[445]. Schwierigkeiten bei der Messung technischen Fortschritts und die Vielzahl von Einflüssen auf die Innovationsrate haben eine empirische Klärung der Frage nach den besten Voraussetzungen für Innovationen nicht gerade begünstigt[446]. Theoretisch begründbare ökonomische Argumente lassen sich sowohl für als auch gegen eine Verlangsamung der Innovationsrate im natürlichen *Cournot*monopol finden.

Fehlender Wettbewerbsdruck etwa spricht für eine künstliche Verlangsamung der Innovationsrate, weil der Monopolist ohne Wettbewerbsdruck nicht zu Innovationen gezwungen wird und von sich aus kaum einen Anreiz verspürt, Innovationen vorzunehmen, die andere inspirieren[447] und schließlich die eigene Monopolstellung gefährden könnten. Aus dem gleichen Grund hat der *Cournot*monopolist ein Interesse daran, Innovationen Dritter zu verhindern, die insbesondere auf den Märkten der Netzwerkindustrie dazu führen würden, dass sich die Bedeutung von Größenvorteilen verringert oder technisch überlegene Güter auf den Markt gelangen könnten.

---

443 Siehe dazu Fritsch/Wein/Ewers, S.193 f. sowie Posner, Natural Monopoly, S.6.

444 Vgl. auch den FTC Report on Antitrust in the 21st century, Abschnitt B. Technological Innovation; Dahdouh, Antitrust Law Journal 65 (1996), S.405, 408 ff.; Hatch, S.22 ff. sowie Ingo Schmidt, S.105 („Der technische Fortschritt ist als eine der Hauptkomponenten des wirtschaftlichen Wachstums von entscheidender Bedeutung für die Wohlfahrt einer Gesellschaft") m.w.Nachw.

445 Siehe aber Fisher/Temin, Journal of Political Economy 81 (1973), S.56, 57 ff., die versuchen, Zusammenhänge zwischen Unternehmensgröße und Forschungs- und Entwicklungserfolgen aufzuzeigen.

446 Posner, Natural Monopoly, S.36. In diesem Zusammenhang ist auch auf die Untersuchungen unter dem Stichwort *Neo-Schumpeter-Hypothese II* hinzuweisen. Diese These setzt sich mit der für den technischen Fortschritt günstigsten relativen Unternehmenskonzentration bzw. Marktstruktur auseinander. Sie behauptet, es bestehe ein positiver Zusammenhang zwischen einer konzentrierten Marktstruktur und FuE Aktivitäten der betrachteten Unternehmen, vgl. Ingo Schmidt, S.108 ff.

447 Diesen Gedanken formuliert Schlicht, JITE 147 (1991), S.185 f., indem er darauf hinweist, dass Innovationen letztlich nur deshalb wohlfahrtssteigernd wirken, weil sie nicht vollständig internalisiert werden („Full internalization of the net benefits of innovation may imply *some* kind of optimality, but nobody would gain from that except the innovator himself. In other words, technological competition builds on market imperfections...which renders the innovation useful for society at large").

Andererseits ist technischer Fortschritt mit hohen Kosten und Risiken verbunden. Unter diesen Umständen scheint es naheliegend, dass Unternehmen nur dann in Innovationen investieren, wenn sie entweder durch Wettbewerb dazu gezwungen werden oder die Aussicht auf Gewinn besonders groß oder wahrscheinlich ist. Letzteres gilt typischerweise für die Bedingungen im natürlichen Monopol. So dürfte ein *Cournot*-Monopolist viel eher zur Finanzierung von Forschungs- und Entwicklungsprogrammen in der Lage sein als ein Unternehmen, das zu Wettbewerbspreisen anbieten muss[448]. Außerdem hat es ein Monopolist leichter, die Früchte erfolgreicher Innovationstätigkeit vollständig für sich zu nutzen. Werden etwa infolge technischer Neuerungen die Produktionskosten gesenkt, so kommen die Einsparungen ausschließlich der Gewinnspanne des Monopolisten zugute, ohne dass die Gefahr besteht, den Erfolg der Innovationsleistung nach kurzer Zeit mit den Wettbewerbern teilen zu müssen (wenn nämlich der Kostenvorteil durch entsprechende Anpassungen der Wettbewerber beseitigt worden ist)[449]. Folglich bietet selbst eine vor Wettbewerb geschützte Monopolstellung nicht unerhebliche Anreize zu innovativem Verhalten.

Ausschlaggebend dafür, ob sich ein rational handelnder, auf Gewinnmaximierung bedachter *Cournot*-Monopolist für oder gegen die Vornahme von Innovationen entscheidet, sind letztlich die wirtschaftlichen Umständen des Einzelfalls. Kann der natürliche Monopolist davon ausgehen, dass die zu erwartende Quasirente[450] größer sein wird als die amortisierten Forschungs- und Entwicklungskosten, dann wird er Innovationen vornehmen. Muss er hingegen davon ausgehen, dass den erforderlichen Investitionen kein angemessener Ertrag auf das eingesetzte Kapital („*return on investment*") gegenüber steht, wird er von entsprechenden Vorhaben absehen[451].

---

448 Kann allerdings ein Unternehmen dartun, dass eine beabsichtigte Innovation Erfolg verspricht, dürfte es in der Regel kein Problem sein, die erforderlichen Mittel auf dem Kapitalmarkt zu erhalten.

449 Posner, Natural Monopoly, S.37 ff.; Fritsch/Wein/Ewers, S.198 f.

450 Quasirente ist ein von Marshall geprägter Begriff für die industrielle Produzentenrente, d.h. den Unternehmergewinn, der bei Innovationswettbewerb als Pioniergewinn aufzufassen ist, vgl. Gablers Wirtschafts-Lexikon, Bd.2, Spalten 891 und 1724.

451 Sheremata, The Antitrust Bulletin 42 (1997), S.937, 949.

II. Die Wettbewerbswirkung von Innovationswettbewerb

Die disziplinierende Wirkung von Innovationswettbewerb auf das Verhalten eines Monopolisten auf Netzwerkmärkten steht zunächst in engem Zusammenhang mit der Erkenntnis, dass der Preis als Wettbewerbsparameter auf den hier beschriebenen Netzwerkmärkten – anders als auf traditionellen Märkten – praktisch keine selbständige Bedeutung hat[452]. Grund hierfür ist die bereits mehrfach angesprochene besondere Kostenstruktur von Informationsgütern. Die anfänglich hohen Fixkosten für die Entwicklung und erstmalige Produktion einer Information stellen versunkene (irreversible), d.h. bei Marktaustritt nicht wiederzuerlangende Kosten dar. Da der „*Incumbent*" die mit dem Markteintritt verbundenen irreversiblen Investitionen bereits getätigt hat, sind sie für ihn, im Gegensatz zu potentiellen Wettbewerbern, die diese Investitionen noch nicht getätigt haben, nicht mehr bzw. nicht mehr in vollem Umfang entscheidungserheblich. Sollte ein potentieller Wettbewerber unter diesen Bedingungen den Versuch unternehmen, mit Imitationsprodukten („*me-too products*") auf der Basis von Preiswettbewerb auf den Markt zu drängen, kann ihn der etablierte Marktführer mit Erfolg vom Marktzutritt abschrecken[453], indem er den Preis auf Durchschnitts- und u.U. sogar auf Grenzkostenniveau senkt. Da die Grenzkosten in der Informationsindustrie nahezu null sind, würde eine Absenkung der Preise auf dieses Niveau jegliche Aussichten eines Newcomers, die entstandenen Fixkosten zu verdienen, zunichte machen[454]. Eine Absenkung der Preise auf Durchschnittskostenniveau würde bereits ausreichen, um den potentiellen Wettbewerber und „*me-too*"-Anbieter jeglicher Gewinnperspektiven zu berauben.

Obwohl Grenzkostenpreise auch für das führende Netzwerk[455] Verluste bedeuten und Preise zu Durchschnittskosten keine Gewinnmöglichkeiten bieten, ist eine entsprechende Reaktion des „*Incumbent*" auf den nicht-innovativen Markteintritt eines Wettbewerbers glaubhaft. Haben sich die irreversiblen Investitionen bereits voll oder in Teilen amortisiert, so erscheint es plausibel, die Opportunitätskosten für diesen Teil der Investitionen mit null anzusetzen und nur die reversiblen Kosten in die Preisset-

---

452 Allerdings kann der Preis wichtige Signalwirkung entfalten und in dieser flankierenden Funktion zum wettbewerblichen Erfolg eines Netzwerkes beitragen, siehe oben, S.76.

453 Fichert, Wirtschaftsdienst 1998, S.343, 346 f.; Martenczuk/Thomaschki, RTkom 1999, S.15, 17; Klimisch/Lange, WuW 1998, S.15, 17; Fleischer/Doege, WuW 2000, S.705, 711; Evans/Nichols/Schmalensee, The Antitrust Bulletin 46 (2001), S.163, 196.

454 Dem liegt das Defizitproblem im natürlichen Monopol zugrunde. Sinken die Durchschnittskosten im Bereich der relevanten Nachfrage, liegen die Grenzkosen unterhalb der Durchschnittkosten (=durchschnittlichen variablen Kosten). Dies folgt unmittelbar aus dem sinkenden Verlauf der Durchschnittskostenkurve: Wenn die Durchschnittskosten abnehmen, so muss die Erstellung einer zusätzlichen Einheit des Gutes (Grenzkosten) weniger Aufwand erfordern als für die bereits produzierte Menge pro Stück anfiel. Damit aber liegen die Grenzkosten erst recht unter den gesamten Durchschnittskosten einschließlich der Fixkosten (Stückkosten), so dass bei einem Preis = Grenzkosten ein Defizit entsteht (Fritsch/Wein/Ewers, S.190 f). Näher zur Preisbildung im natürlichen Monopol oben, S.86 ff.

455 Um Missverständnissen vorzubeugen sei klargestellt, dass die im Zusammenhang mit Netzwerken verwendeten Begriffe „dominierend", „etabliert", „führend" etc. nichts mit Marktbeherrschung im Sinne des Kartellrechts zu tun haben.

zung einfließen zu lassen[456]. Im übrigen hängt das Ausmaß der Verluste und damit die Bereitschaft des Anbieters des etablierten Netzwerkes, Preise unterhalb oder in Höhe der Durchschnittskosten zu verlangen, davon ab, welche Menge zu welchem Preis er bisher absetzen konnte.

Demgegenüber geht von Innovationswettbewerb eine effektive Bedrohung der Position des dominierenden Netzwerkes aus[457]. Es ist das bleibende Verdienst *Schumpeters*, die Unerschöpflichkeit menschlichen Erfindungsgeistes mit dem Wettbewerbsprozess in Verbindung gebracht und in der von ihm entwickelten Theorie der Innovation systematisiert zu haben. Die Unberechenbarkeit des von *Schumpeter'*schem Wettbewerbs ausgehenden Innovationsdrucks führt dazu, dass der monopolistische Anbieter ständig damit rechnen muss, diese Position an ein aus Sicht der Konsumenten „besseres" Netzwerk zu verlieren[458]. Welches Netzwerk aus Sicht der Konsumenten das „bessere" Netzwerk ist, hängt zwar auch davon ab, welche Kosten für den Beitritt bzw. den Wechsel zu einem anderen Netzwerk zu veranschlagen sind[459]. Die Relevanz von Switching Costs ändert jedoch nichts an der Angreifbarkeit und damit am temporären Charakter der Monopolstellung des jeweils führenden Netzwerks[460].

Selbst wenn man die von Innovationswettbewerb ausgehende Bedrohung völlig außer acht ließe und einseitig – wie dies Kläger und Gerichte im jüngsten *Microsoft*-Verfahren getan haben – die von starken Netzwerkeffekten ausgehende Polarisierung des Marktes hin zu einem einzigen Netzwerk in den Vordergrund rückte, würde dies die Angreifbarkeit der so entstehenden Monopole nicht in Frage stellen[461]. Denn in demselben Maße, wie Netzwerkeffekte zur Monopolisierung des Marktes beitragen, bringen sie eben jene – angeblich sicheren – Monopolstellungen zugunsten anderer Anbieter wieder zum Einsturz[462]. Der insoweit entscheidende Gesichtspunkt ist, dass sich selbsterfüllende Erwartungen darüber bestimmen, welches Netzwerk zum *de facto-Standard* wird. Eine primär auf Konsumentenerwartungen beruhende Monopolstellung jedoch ist viel zu unsicher, um als unangreifbar gelten zu können:

---

456 Fritsch/Wein/Ewers, S.203.

457 Elzinga/Mills, The Antitrust Bulletin 44 (1999), S.739, 786 („The primary threat to incumbent firms, even segment leaders, in PC software is not competition from price-cutting rivals, but rather competition from technologically innovative rivals."); unter ausdrücklichem Hinweis auf die Unerschöpflichkeit und Unberechenbarkeit menschlichen Erfindungsgeistes Boudreaux/Folsom, The Antitrust Bulletin 44 (1999), S.555, 571 f. („The record of entrepreneurs continually revolutionizing markets is so deep that it doesn't apply to the computer-software industry would be foolish."); (Fichert, Wirtschaftsdienst 1998, S.343, 346 f.; Evans/Nichols/Schmalensee, The Antitrust Bulletin 46 (2001), S.163, 189; Fleischer/Doege, WuW 2000, S.705, 708; Gey, WuW 2001, S.933, 934 f.

458 Dazu kann auf die vorstehenden Ausführungen auf S.71 ff. Bezug genommen werden.

459 Klimisch/Lange, WuW 1998, S.15, 18; Muris, S.83, 88 sowie oben, S. 33 ff.

460 Insoweit wird auf die Diskussion der Pfadabhängigkeiten und dort insbesondere auf die Ansichten *Davids* und *Arthurs* Bezug genommen, dass bei der Etablierung von technischen Standards unüberwindliche Lock-in Situationen entstehen könnten. Diese Ansicht ist jedoch in erster Linie von Liebowitz/Margolis umfassend widerlegt worden.

461 Im kartellrechtlichen Microsoftverfahren ging es allerdings nicht um die Frage der Angreifbarkeit von Monopolen, sondern um Marktbeherrschung.

462 Siehe dazu unten, S.133; Katz/Shapiro, S.29, 34.

„[A] monopoly based on network externalities is much more fragile than one based on scale economies in production or learning economies. Over the last decade software products that had dominated their categories, including WordStar, VisiCalc, and dBase, saw their sales disappear rapidly in the face of innovative competition. *Being popular mainly because you are popular is a precarious business.*“[463]

Auch Switching Costs führen nicht zur Unangreifbarkeit von Monopolen auf Netzwerkmärkten[464]. Insbesondere *Liebowitz/Margolis* haben nachgewiesen, dass es keinen einzigen empirisch beweisbaren Fall gibt, in dem es zu einem ineffizienten Verharren in einem unterlegenen Standard gekommen wäre. Die in diesem Zusammenhang immer wieder genannten Beispiele QWERTY- bzw. VHS-Videorecorder-Standards, in denen auf Pfadabhängigkeiten beruhende Switching Costs zu einer dauerhaften „*Lock-in*“-Situation geführt haben sollen, gehören in das Reich der Fabeln[465]. Die von *Liebowitz/Margolis* auch unter ökonomischen Gesichtspunkten vorgetragenen Bedenken gegen die Schlüssigkeit der These eines auf Switching Costs beruhenden ineffizienten Verharrens fasst *Kolasky* wie folgt zusammen:

„The greater the gap in performance between two standards, the greater the profit opportunities and the more likely that a move to the efficient standard will take place. They [*Liebowitz/Margolis*] conclude, therefore, that observable instances in which a dramatically inferior standard prevails are likely to be short-lived, imposed by authority, or fictional“[466].

Stehen somit Netzwerkeffekte und Switching Costs der Bestreitbarkeit von Netzwerkmärkten unter den Bedingungen *Schumpeter*'schen Innovationswettbewerbs nicht entgegen, so sprechen weitere Gründe für die Angreifbarkeit der auf diesen Märkten bestehenden Monopole und damit auch für die disziplinierende Wirkung von *Schumpeter*'schem Innovationswettbewerb. Auf Märkten mit schnell zunehmendem Marktvolumen, bei denen es sich entweder um noch junge Märkte handelt oder um solche, deren Konsumentengenerationen sich stetig erneuern (z.B. Videospiele für Jugendliche, Betriebssysteme auf Schulcomputern), hat die große Zahl potentiell neuer Konsumenten eine disziplinierende Wirkung auf den „*Incumbent*“[467]. Diese sind nicht nur besonders empfänglich für die technischen Neuerungen konkurrierender Technologien. Sie profitieren außerdem von den bisherigen Erfahrungen früherer Generationen von Adoptoren und sind deshalb über die technischen Eigenschaften und das Verhalten des Förderers des etablierten Netzwerkes informiert.

---

463 Schmalensee, Remarks on Antitrust Issues Related to Networks before the Federal Trade Commission (Dec. 1, 1995), zitiert nach Kolasky, George Mason Law Review 7 (1999), S.577, 593, (Kursivsetzung hinzugefügt); ganz ähnlich Evans/Reddy, S.22 f.

464 A.A. wohl Klimisch/Lange, WuW 1998, S.15, 18.

465 Siehe bereits oben, S.54, insbesondere den Beitrag von Liebowitz/Margolis, „The fable of the keys“; ferner Kolasky, George Mason Law Review 7 (1999), S.577, 591 ff.; Muris, S.83, 88 f. Im VHS Standard Beispiel ist es VHS sogar gelungen, sich als de facto-Standard am Markt zu etablieren, obwohl der Beta Standard den „*first mover advantage*“ auf seiner Seite hatte. Wäre die von *David* und *Arthur* entwickelte Theorie der Pfadabhängigkeiten tatsächlich richtig, hätte sich Beta durchsetzen müssen, vgl. Thum, S.126 ff.

466 Kolsaky, George Mason Law Review 7 (1999), S.577, 593, in Fn.70 mit Verweis auf Liebowitz/Margolis, Journal of Law and Economics 33 (1990), S.1 ff.

467 Muris, S.83, 88.

Weiter sind Netzwerkmonopolisten immer dann besonders verwundbar, wenn es ihnen wegen der Größe ihres installierten Bestandes nicht mehr gelingt, preislich zwischen denjenigen, die sich bereits dem Netzwerk angeschlossen haben, und potentiellen Adoptoren zu differenzieren („*fat cat*"-Effekt). In diesem Fall sind die Preise für den Beitritt zum etablierten Netzwerk zu hoch, so dass es für die „schlankeren", innovativen Wettbewerber leichter ist, die Preise des etablierten Netzwerkes zu unterbieten und dadurch die eigene installierte Basis zu vergrößern[468].

Schließlich können Monopolstellungen auf Netzwerkmärkten – analog zum Einfluss des technischen Fortschritts auf die MOG – auch dadurch obsolet werden, dass infolge technischer Entwicklungen eine noch bessere, d.h. differenziertere Befriedigung der individuellen Bedürfnisse möglich wird und es infolgedessen zu einer Heterogenisierung der Nachfrage kommt, durch die sich die Bedeutung von Netzwerkeffekten ebenfalls reduziert[469].

Im Ergebnis zeigt sich, dass die Position eines Monopolisten auf Netzwerkmärkten durch den von Wettbewerb im *Schumpeter'*schen Sinne ausgehenden Innovationsdruck fortwährend bedroht wird. Dieser von potentiellen Innovationen ausgehende Wettbewerbsdruck ist – ähnlich wie potentieller Wettbewerb in der Theorie der „*contestable markets*"[470] – geeignet, fehlenden Preiswettbewerb auf dem Markt zu ersetzen. Müssen nämlich die Monopolisten stets damit rechnen, von Wettbewerbern aus dieser Position verdrängt zu werden, wird ihr Verhalten effektiv diszipliniert. Folglich handelt es sich bei den auf Netzwerkmärkten entstehenden Monopolen unter den Bedingungen *Schumpeter'*schen Innovationswettbewerbs lediglich um prozessuale Monopole. Prozessuale Monopole aber gestatten es den Monopolisten nicht, die Nachfrager durch *Cournot*preise auszubeuten oder den technischen Fortschritt künstlich zu verlangsamen.

Für die Aufgabe des Kartellrechts auf Netzwerkmärkten folgt daraus, dass der Schutz des Innovationswettbewerbs oberstes Ziel der kartellrechtlichen Missbrauchsaufsicht auf Netzwerkmärkten sein muss. Sofern der monopolistische Förderer eines Netzwerkes über eine marktbeherrschende Stellung verfügt, ist er mit den Mitteln des Kartellrechts daran zu hindern, die Innovationsfähigkeit der Wettbewerber oder den Erfolg ihrer innovativen Vorstöße mit wettbewerbswidrigen Mitteln zu beeinträchtigen.

III. Die Wettbewerbswirkung von Innovationswettbewerb am Beispiel des Marktes für Intel-kompatible Betriebssysteme

Im Anschluss an die wettbewerbstheoretische Begründung der disziplinierenden Wirkung von Innovationswettbewerb ist nunmehr zu fragen, ob sich diese am Beispiel der führenden Stellung *Microsofts* auf dem Markt für Intel-kompatible PC-Betriebssysteme verifizieren lässt. Diese Frage ist streng von der im *Microsoft*-Verfahren gestellten – und bejahten – Frage nach dem Bestehen von Marktmacht zu

---

468 Kolsaky, George Mason Law Review 7 (1999), S.577, 594.

469 Zu den relativierenden Faktoren siehe oben, S.37 ff.

470 Zu dieser von Baumol, Panzar und Willig begründeten Theorie vgl. Ingo Schmidt, S.70 f. m.w.Nachw.; Knieps, S.69.

trennen. Hier geht es lediglich darum, die Angreifbarkeit von Monopolen auf Netzwerkmärkten empirisch zu überprüfen. Angesichts fehlenden Wettbewerbs auf dem Markt ist zu begründen[471], warum die Stellung eines Netzwerkmonopolisten als prozessuales und nicht als *Cournot*monopol anzusehen ist[472].

Nimmt man an, dass mit dem Markt für Intel-kompatible PC-Betriebssysteme der sachlich relevante Markt richtig abgegrenzt worden ist[473], so ist von einem angreifbaren temporären und nicht von einem *Cournot*monopol *Microsofts* auszugehen, wenn sich auf diesem Markt weder *Cournot*preise noch eine künstliche Verlangsamung des technischen Fortschritts nachweisen lassen. Da Preiswettbewerb als selbständiger Wettbewerbsfaktor auf den Märkten der Netzwerkindustrie kaum eine Rolle spielt, ist die fehlende Realisierung der ökonomischen Gefahren des *Cournot*monopols nur mit der von *Schumpeter'*schem Innovationswettbewerb ausgehenden Wettbewerbswirkung zu erklären[474].

Der Markt für Intel-kompatible PC-Betriebssysteme erfüllt die Voraussetzungen für eine Beurteilung der Wettbewerbswirkung von Innovationswettbewerb auf das Verhalten eines Monopolisten auf Netzwerkmärkten. Der Marktanteil *Microsofts* auf dem Markt für Intel-kompatible PC-Betriebssysteme beträgt nach Einschätzung der EU-Kommission ca. 95% (im Mittel aus Stückzahl und Wert), so dass ihre Marktposition der eines Quasi-Monopolisten entspricht. Bei dem Betriebssystem Windows handelt es sich um das Primärprodukt eines Komponentennetzwerkes. Zu den Komponenten dieses Netzwerkes gehören die APIs des Betriebssystems sowie die Windows-kompatible Anwendungssoftware. Überdies sind die Parteien und die mit dem Verfahren befassten Gerichte übereinstimmend von der Existenz indirekter Netzwerkeffekte ausgegangen. Streitig waren insoweit allein die Auswirkungen der Netzwerkeffekte auf den Wettbewerb.

---

471 Insofern weisen Fleischer/Doege, WuW 2000, S.705, 711 zu Recht darauf hin, dass die „Schnellebigkeit" des Marktes für PC-Betriebssysteme und der daraus herrührende Innovationsdruck nicht nur prozessuale Monopole gestatte.

472 Klarstellend sei angemerkt, dass es sich bei den Begriffen des prozessualen und des *Cournot*monopools um wirtschaftswissenschaftliche Begriffe handelt. Das wettbewerbstheoretische Äquivalent sind angreifbare und unangreifbare Monopolstellungen. Bei kartellrechtlicher Beurteilung sind *Cournot*monopolisten *per definitionem* marktbeherrschend, während prozessuale Monopole temporäre Erscheinungen eines funktionierenden dynamisch verlaufenden Wettbewerbsprozesses sind. Beide Fälle lassen sich nur in der Theorie immer eindeutig auseinanderhalten. In der Realität hat der der Abgrenzung von prozessualen und *Cournot*monopolen zugrundegelegte Zeithorizont maßgebliche Bedeutung (vgl. auch Fleischer, S.37). Gelingt es einem Unternehmen beispielsweise, ein prozessuales Monopol über mehrere Innovationszyklen hinweg erfolgreich zu verteidigen, dann können die Grenzen zum (nur in der Theorie zeitlosen) *Cournot*monopol verschwimmen. Unter welchen Umständen von Marktbeherrschung auszugehen ist, ergibt sich aus den jeweils anwendbaren Vorschriften des Kartellrechts.

473 Zur Kritik an dieser Marktabgrenzung siehe unten, S.115 ff.

474 Dieses Ergebnis sagt allerdings nichts darüber aus, ob *Microsoft* auf dem Markt für Intel-kompatible PC-Betriebssysteme über eine marktbeherrschende Stellung verfügt. In vorliegendem Zusammenhang geht es lediglich um tatsächliche Anhaltspunkte für die These, dass unter den Bedingungen *Schumpeter'*schen Innovationswettbewerbs nicht von einem strukturellen Marktversagen auf Netzwerkmärkten auszugehen ist.

1. Die Gefahr der Ausbeutung der Nachfrager durch *Cournot*preise

Die Kläger, das US Department of Justice und die FTC, haben im Verlauf des *Microsoft*verfahrens nicht nachzuweisen vermocht, dass *Microsoft* sein Betriebssystem zu *Cournot*preisen angeboten und verkauft hat[475]. Der *Cournot*preis für Windows beträgt je nach dem in die Berechnung eingesetzten Elastizitätswert und Hardwarepreis zwischen US$ 1.800 und 600[476]. Der Preis, zu dem das Betriebssystem jedoch tatsächlich an die OEMs verkauft wurde, lag im Durchschnitt zwischen US$ 40 bis 60[477]. Selbst bei Zugrundelegung des niedrigsten *Cournot*preises macht der tatsächlich erzielte Preis nur etwa 10% davon aus[478]. Zwar liegt auch dieser Preis[479] – wie vor kurzem durch Zeitungsberichte bestätigt wurde[480] – immer noch erheblich über den Durchschnittskosten für die Herstellung der bisherigen Anzahl von Kopien des Betriebssystems. Allein deshalb aber handelt es sich nicht schon um Preise eines *Cournot*monopolisten. Denn einerseits ist zu berücksichtigen, dass Unternehmen im Alles-oder-Nichts-

---

475 Economides, Working Paper Antitrust, S.16 ff. Mit diesem Beweis wäre man aus Sicht der Kläger auch dem Beweis einer marktbeherrschenden Stellung *Microsofts* ein gutes Stück näher gekommen.

476 Siehe dazu bereits oben, S.73, Fn.379. Mit Einzelheiten zur mathematischen Berechnung des Monopolpreises Economides, Working Paper Antitrust, S.16; Evans/Nichols/Schmalensee, The Antitrust Bulletin 46 (2001), S.163, 203; Reddy/Evans/Nichols, Abschnitt II. C., gelangen bei einem gegebenen Elastizitätswert von 2 sogar zu einem Monopolpreis von US$ 1.950. Diese Abweichung nach oben beruht auf der Annahme eines höheren Hardwarepreises. Im Verfahren vor der EU-Kommission wurde von Microsoft auf die im US-Prozess präsentierten Ergebnisse Bezug genommen (vg. EU-Kommission vom 24.3.2004 COMP/C-3/37.792 Rn.460).

477 Economides, Working Paper Antitrust, S.16; ähnlich Prof. David S. Sibley, „Declaration of David S. Sibley" United States of America v. Microsoft 15 May 1998 (redacted), p.6, zitiert nach Reddy/Evans/Nichols, I. Introduction: „According to Sibley, $65 is the royalty that Microsoft most commonly charges computer manufacturers for copies of Windows 95 installed on new personal computers. This excludes up to about $20 in discounts that computer manufacturers can earn „for meeting all of the conditions specified in Microsoft's Market Development Agreement". Sibley is an economist who was scheduled to testify for the U.S. Department of Justice in this lawsuit. He was withdrawn as a witness before the start of trial. The other economist scheduled to testify at trial on behalf of the Department of Justice, Franklin Fisher, states in his declaration (p. 13) that he reviewed Sibley's declaration and was „in agreement with its contents and quote"."

478 Economides, Working Paper Antitrust, S.16 geht von nur 3% des Monopolpreises aus, Reddy/Evans/Nichols sogar nur von 2,4% (I. Introduction).

479 Reddy/Evans/Nichols (I. Introduction) machen eine weitere interessante Feststellung. Vergleicht man den Preis, der gegenwärtig für Windows zu entrichten ist, mit dem tatsächlichen Wert des Programms, so ergibt sich, dass der Wert viel schneller gestiegen ist als der Preis: „Someone in August, 1989 who already had MS-DOS running on a computer, would have had to spend about $254 dollars on other products to obtain just a portion of the software features that are available in Windows 98. And many features that are standard parts of Windows today simply were not available at any price in 1989"; ebenso Elzinga/Mills, The Antitrust Bulletin 44 (1999), S.739, 782.

480 In einer Pflichtmitteilung an die amerikanische Börsenaufsicht SEC hat *Microsoft* erstmals interne Zahlen mitgeteilt. Berichten zufolge ergibt sich aus diesen Zahlen eine Gewinnmarge für Windows von ca. 85 % (vgl. Financial Times Deutschland vom 18.11.2002, S.4 und vom 28.2.2003, S.4).

Wettbewerb nur deshalb bereit sind, das hohe Risiko eines Scheiterns in Kauf zu nehmen und erhebliche Beträge in Forschung und Entwicklung innovativer Produkte zu investieren, weil die Aussicht besteht, im Erfolgsfall mit hohen, angesichts des ex ante bestehenden Risikos jedoch angemessenen Gewinnmargen belohnt zu werden[481]. Andererseits wäre es in Anbetracht des bei sinkenden Durchschnittskosten bestehenden Defizitproblems unter ökonomischen Gesichtspunkten nicht zu vertreten, wenn sich die Preissetzung für Betriebssystemsoftware ausschließlich an den Grenz- oder Durchschnittskosten zu orientieren hätte[482]. Bei Grenzkostenpreisen hätte *Microsoft* keine Veranlassung, weiter als Anbieter auf dem Markt tätig zu sein. Bei Durchschnittskostenpreisen fehlte zumindest jeder Anreiz, finanzielle Mittel für die weitere Entwicklung bereitzustellen[483].

Was aber folgt aus dem Umstand, dass *Microsoft* als rational und gewinnmaximierend handelndes Unternehmen nicht den *Cournot*preis, sondern nur einen Bruchteil davon für Windows verlangt? Die Antwort darauf kann vernünftigerweise nur lauten, dass *Microsoft* selbst die entscheidende Frage[484], was geschähe, wenn Monopolgewinne gesucht würden, dahingehend beantwortet, dass man in diesem Fall befürchte, seine Position als Marktführer zu verlieren[485].

Als Kontrollüberlegung für die Richtigkeit dieser auch von *Microsoft* vertretenen Auffassung mag folgende Hypothese dienen: Erweitert man die – im Verfahren bis zuletzt streitige – Marktabgrenzung der US-Gerichte und bezieht nicht nur Intel-kompatible PC-Betriebssysteme, sondern auch Betriebssysteme für Mainframes und Minicomputer, für „*handheld*"-Computer[486], Mobiltelefone[487], „Handyhybriden"[488]

---

[481] Bishop/Walker, S.37 (2.44/5 – First, firms spend considerable amounts of money in the research and development stage in order to be the first to innovate and hence win the right to earn monopoly profits thereafter. But firms only invest in research and development because of the expectation of earning profits if such investments are successful in bringing products to market. ... The expected returns to winning must be high enough that even once they are discounted due to the risk of loosing, firms expect *ex ante* to make a positive return. For instance, three firms will only engage in a patent race if the expected returns are three times the R&D costs. – This assumes that each firm believes it has a one third chance of winning the patent race".).

[482] Ebenso Elzinga/Mills, The Antitrust Bulletin 44 (1999), S.739, 779.

[483] Vgl. auch Katz/Shapiro, S.29, 35; weitere Überlegungen zur Plausibilität der Annahme, dass der von Microsoft verlangte Preis nicht das Gewinnmaximum eines Monopolisten ist, finden sich bei Reddy/Evans/Nichols, insbesondere in Abschnitt II. und Economides, Working Paper Antitrust, S.16-19.

[484] Schmidtchen, S.143, 159.

[485] Vgl. z.B. eine Stellungnahme von Bill Gates, Bill Gates Replies: Compete, Don't Delete, Economist, June 13, 1998, S.19 („The potential financial rewards for building the next Windows is so great that there will never be a shortage of new technologies seeking to challenge it. That is one reason we price Windows so low. If we increased the price, failed to innovate, or stopped incorporating the features consumers want, we would rapidly lose market share."). Weitere Hinweise, die diese Auffassung *Microsofts* bestätigen, finden sich bei Economides, Working Paper Antitrust, S.18 f.

[486] Hier ist Microsoft mit Windows CE erst spät in den Markt eingetreten und sieht sich starkem Wettbewerb von Konkurrenten ausgesetzt (z.B. Palm OS), deren Betriebssysteme derzeit auf dem Markt als überlegen gelten, Fortune vom 20.7.1998, S.86 sowie Financial Times Deutschland vom 17.4.2002, S.37.

und vernetzte Mobilcomputer[489] mit ein, so ergibt sich, dass *Microsoft* auf einem so abgegrenzten weiten Markt keineswegs über ein Quasi-Monopol verfügte. Dies gilt um so mehr, wenn man bedenkt, dass jeder Hersteller, der Betriebssysteme für die vorstehend genannten Gerätearten anbietet, technisch ohne weiteres in der Lage wäre, auch Betriebssysteme für Intel-kompatible PCs anzubieten[490].

Obwohl die realen Preise für *Windows* somit keinen Anhaltspunkt für ein *Cournot*-preisverhalten *Microsofts* liefern, gibt es eine Reihe von denkbaren Möglichkeiten, wie sich begründen ließe, warum das Quasi-Monopol *Microsofts* gleichwohl, d.h. unbeschadet der erheblichen Differenz zu dem um ein Vielfaches höheren *Cournot*preis, als ein vor Wettbewerb geschütztes *Cournot*-Monopol anzusehen sein könnte. Allerdings vermag im Ergebnis keine dieser Überlegungen zu überzeugen.

a) Fehlende Orientierung am Preis der Wettbewerber

Für die Charakterisierung der Marktposition *Microsofts* als *Cournot*-Monopol ließe sich zunächst anführen, dass sich *Microsoft* nicht ausreichend an den (niedrigeren) Preisen der Betriebssysteme anderer Hersteller orientiert habe[491]. Eine solche Argumentation verkennt jedoch die Funktionsweise des Wettbewerbs auf Netzwerkmärkten. Zum einen ist der Marktführer in der Lage, überdurchschnittlich hohe Gewinne zu erzielen, weil er den Adoptoren nicht nur das Netzwerk mit den größten Netzwerkeffekten, sondern auch die größte Sicherheit im Hinblick auf die künftige Qualität (*updates*) und Verfügbarkeit des Programms bietet [492]. Zum anderen liegt dem Argument

---

487 Hier steht Microsoft im Standardwettbewerb mit Symbian, deren Betriebssystem im Begriff ist, sich zum neuen Industriestandard zu entwickeln, vgl. Financial Times Deutschland vom 24.4.2002, S.10.

488 Sog. Smartphones (eine Mischung aus Mobiltelefon, Organizer und Laptop). In diesem Gerätesegment sieht sich die Betriebssystem Software von Windows namens Smartphone 2002 der Konkurrenz einer Allianz aus Nokia und anderen großen Handyherstellern ausgesetzt, deren Smartphone mit den Betriebssystemen Epoc und Symbian laufen, vgl. Financial Times Deutschland vom 17.4.2002, S.37 und vom 20.2.2002, S.6.

489 Im Segment der Betriebssysteme für drahtlos vernetzten Mobilcomputer setzt Microsoft als Newcomer auf eine Allianz mit vier japanischen Computerherstellern (u.a. NEC, Matsushita und Fujitsu), auf deren Geräte die Betriebssystemsoftware „Mira“ laufen soll. Hauptkonkurrent auf diesem Markt ist *Sun Microsystems* mit der von ihr geförderten Java Technologie, vgl. Financial Times Deutschland vom 28.3.2002, S.4 sowie vom 19.2.2002, S.4.

490 Kolasky, George Mason Law Review 7 (1999), S.577, 590 f.; Evans/Nichols/Schmalensee, The Antitrust Bulletin 46 (2001), S.163, 188 ff.; Bresnahan, S.155, 166 ff.; Economides, Working Paper Antitrust, S.14, der darauf hinweist, dass es *Microsoft* jedenfalls in der ersten Instanz nicht gelungen ist, seine divergierenden Ansichten zur Marktabgrenzung deutlich und vom Verständnishorizont des zuständigen Richters aus nachvollziehbar zu präsentieren. Auch in der Berufungsinstanz hat es *Microsoft* versäumt, ein vollständiges und kohärentes Konzept einer dynamischen Marktabgrenzung zu entwickeln.

491 In diese Richtung der US District Court in United States v. Microsoft, 65 F. Supp. 2d 1, 52 (D.D.C. 1999), at para. 62 („The company's [Microsoft's] decision not to consider the prices of other vendors' Intel-compatible PC operating systems when setting the price of Windows 98, for example, is probative of monopoly power. One would expect a firm in a competitive market to pay much closer attention to the prices charged by other firms in the market.“).

492 Siehe oben, S.23.

unausgesprochen die irrige Annahme zugrunde, dass der Handlungsspielraum eines (Quasi)-Monopolisten auf Netzwerkmärkten durch *Preiswettbewerb* eingeschränkt wird. In Wirklichkeit aber wird die Stellung des dominierenden Netzwerkes nur durch den von Innovationswettbewerb ausgehenden Wettbewerbsdruck bedroht. Folglich verfügt der Förderer eines etablierten Netzwerkes wie z.B. *Microsoft* von Natur aus über einen vergleichsweise großen Preissetzungsspielraum[493].

b) Das Argument des mangelnden Interesses

Alternativ ließe sich die disziplinierende Wirkung von Innovationswettbewerb auf das Verhalten von *Microsoft* mit der Behauptung in Frage stellen, ein *Cournot*monopolist hätte auf Netzwerkmärkten überhaupt kein Interesse daran, *Cournot*-Preise zu verlangen, obwohl er die Möglichkeit dazu hätte. Diese Hypothese setzt voraus, dass sich Netzwerkmärkte mit starken Netzwerkeffekten durch eine relativ hohe Preiselastizität (>1) auszeichnen[494]. Unter dieser Prämisse würden die infolge einer Preissenkung bewirkten Einnahmeverluste durch die gleichzeitig erzielte Absatzsteigerung mehr als ausgeglichen, so dass für einen gewinnmaximierenden *Cournot*-Monopolist in der Tat kein Anreiz bestünde, *Cournot*preise zu verlangen.

Dem ist jedoch entgegenzuhalten, dass eine Strategie, bei der sich das Preisverhalten eines *Cournot*-Monopolisten nicht von dem eines von wirksamem Wettbewerb disziplinierten prozessualen Monopolisten unterscheidet, nicht ausreicht, um die Wettbewerbswirkung von Innovationswettbewerb zu widerlegen. Selbst wenn man von einem *Cournot*-Monopol auszugehen hätte, würde sich jedenfalls die Hauptgefahr des *Cournot*monopols, die Ausbeutung der Nachfrageseite durch überhöhte Preise, nicht verwirklichen.

c) Das Argument der Preisdifferenzierung

Ein weiteres Argument dafür, dass die erhebliche Differenz zwischen dem Marktpreis und dem *Cournot*preis für *Windows* nichts über die reale Wettbewerbswirkung *Schumpeter*'schen Innovationswettbewerbs aussagt, könnte daraus gewonnen werden, dass der Förderer des führenden Netzwerkes über die Möglichkeit verfügt, nicht nur einen einheitlichen, sondern verschiedene Preise zu verlangen. Dieses Prinzip der Preisdifferenzierung spielt auf den Märkten der Informationsindustrie eine besondere Rolle, weil sich Informationen als Ware besonders gut für Preisdifferenzierungsstrategien eigenen (z.B. durch Personalisierung von Informationen oder das „*Versioning*“[495]).

Preisdifferenzierung liegt vor, wenn ein bestimmtes Gut zu bestimmten Preisen verkauft wird, ohne dass der Preisunterschied entsprechende Kostenunterschiede widerspiegelt. Ziel der Preisdifferenzierung seitens der Anbieter ist es, jeden Nachfrager entsprechend seiner Zahlungsbereitschaft zu belasten und dadurch die Konsumenten-

---

493 Fichert, Wirtschaftsdienst 1998, S.343, 346.

494 Ausführlich zur Preiselastizität von PC-Betriebssystemen Reddy/Evans/Nichols, Abschnitte B. und C.; ferner vgl. Economides, Working Paper Antitrust, S.16, Fn.30.

495 Shapiro/Varian, S.53 f. Sie definieren „*Versioning*“ als „offering your information product in different versions for different market segments“.

rente abzuschöpfen. Voraussetzung ist jedoch, dass sich die Zahlungsbereitschaft mit darstellbarem Aufwand ermitteln lässt und ein Weiterverkauf des betreffenden Gutes zwischen den Nachfragern entweder verhindert werden kann oder schon aus praktischen Gründen (wie z.B. bei Stromlieferungen) ausgeschlossen ist[496]. Andernfalls würden Arbitrage-Geschäfte der Nachfrager untereinander (jemand, der ein bestimmtes Gut zu einem niedrigen Preis erworben hat, könnte es mit Gewinn an einen Dritten, der für den Bezug vom OEM einen noch höheren Preis zu entrichten hätte, weiterveräußern) die Preisdifferenzierungsstrategie des Anbieters durchkreuzen[497].

Drei Arten der Preisdifferenzierung werden unterschieden: die Preisdifferenzierung ersten Grades (oder auch perfekte Preisdifferenzierung) sowie die Preisdifferenzierung zweiten und dritten Grades. Die Preisdifferenzierung ersten Grades bedeutet, dass der Monopolist verschiedene Einheiten des gleichen Gutes zu verschiedenen Preisen verkauft, wobei die Preise von Person zu Person unterschiedlich sind (Kombination von Identität des Nachfragers und Nachfragemenge). Diese Art der Preisdifferenzierung ist ein idealisiertes Konzept, das wegen des außerordentlich hohen Informationsaufwandes (Transaktionskosten), den die Ermittlung des individuellen Reservationspreises erfordert, nur theoretischer Natur ist. In der Variante der Preisdifferenzierung zweiten Grades verkauft der Monopolist verschiedene Einheiten des gleichen Gutes zu verschiedenen Preisen, jedoch haben die Abnehmer identischer Mengen den gleichen Preis zu zahlen. Hier also richtet sich der Preis nach der bezogenen Menge und nicht nach der Identität der Person der Nachfrager (das häufigste Beispiel sind Mengenrabatte). Die Preisdifferenzierung dritten Grades schließlich besagt, dass der Monopolist verschiedene Einheiten des gleichen Gutes zu verschiedenen Preisen verkauft, wobei sich die Preise nicht an der bezogenen Menge, sondern allein an der Identität des Nachfragers orientieren. Dies ist die häufigste Form der Preisdifferenzierung, die z.B. in Form von Ermäßigungen für bestimmte Personengruppen (Schüler, Studenten, Rentner etc.) anzutreffen ist[498].

Ist nun ein *Cournot*-Monopolist zur Preisdifferenzierung zweiten Grades in der Lage, dann maximiert er seinen Gewinn nicht dadurch, dass er *Cournot*preise verlangt. Vielmehr erreicht er dieses Ziel auch bei sinkenden Durchschnittskosten ohne künstliche Verknappung der Angebotsmenge, wenn er die Menge anbietet, bei der die *Grenzkostenkurve* die Nachfragekurve schneidet[499]. In diesem Fall entspricht die vom Mo-

---

496 Im Fall von Microsoft betrifft diese Voraussetzung den Handel mit Betriebssystemen. Die Entstehung eines solchen Marktes wird praktisch dadurch verhindert, dass auf jedem Computer, der an die Endkunden gelangt, ein Betriebssystem (zumeist Windows) vorinstalliert ist. Im übrigen wird der Handel mit Betriebssystemen aus zweiter Hand durch Informationsasymmetrien zwischen Verkäufer und Käufer im Hinblick auf die Funktionsfähigkeit der Software erschwert (vgl. das oben geschilderte „Lemons-Problem“). Die Verbreitung von Raubkopien schafft zusätzliche Unsicherheiten über die Berechtigung des Verkäufers sowie die Authentizität der Software.

497 Fritsch/Wein/Ewers, S.194 ff.

498 Näher zu den drei Arten der Preisdifferenzierung Varian[4], S.411 ff.

499 Punkt *A* in Abb.5 auf S.111. Hat ein Monopolist die Möglichkeit, am Markt unterschiedliche Preise zu verlangen, erhält er von den Nachfragern zwischen Punkt E und F in Abb.5 Preise, die über den Durchschnittskosten liegen. Der natürliche Monopolist kann jedoch seinen Gewinn noch dadurch steigern, dass er den zusätzlichen Nachfragern zwischen Punkt F und A in Abb.5 Preise zwischen P^{DK} und P^{GK} berechnet, vgl. Fritsch/Wein/Ewers, S.196.

nopolisten bereitgestellte Menge derjenigen, die auch unter den Bedingungen vollständiger Konkurrenz am Markt verfügbar wäre. Besteht dagegen lediglich die Möglichkeit zur Preisdiskriminierung dritten Grades, so erzielt der Monopolist sein Gewinnmaximum, wenn er von den verschiedenen Konsumenten jeweils den *Cournot*preis verlangt[500].

Den Feststellungen des US-Bundesbezirksgerichts lässt sich entnehmen, dass die Preispolitik *Microsofts* der Preisdifferenzierung dritten Grades entspricht:

> „...the firm [*Microsoft*] offers different OEMs different prices for Windows, depending *on the degree to which the individual OEMs comply with Microsoft's wishes*. Among the five largest OEMs, Gateway and IBM, which in various ways have resisted Microsoft's efforts to preserve the applications barrier to entry, pay higher prices than Compaq, Dell, and Hewlett-Packard, which have pursued less contentious relationships with Microsoft."[501]

Im Zusammenhang mit der von *Microsoft* praktizierten Preisgestaltung stellt das Gericht maßgeblich auf das individuelle Verhalten der OEMs gegenüber *Microsoft* und damit auf deren Identität ab. Wäre *Microsoft* aber tatsächlich ein *Cournot*monopolist, dann hätte sie unter diesen Umständen, d.h. bei Preisdifferenzierung dritten Grades, von jedem OEM den *Cournot*preis fordern müssen, um ihren Gewinn zu maximieren. Der reale Marktpreis von durchschnittlich US$ 40 bis 60 ist jedoch vom Gewinnmaximum eines *Cournot*-Monopolisten weit entfernt, selbst wenn man das größere Entgegenkommen einiger OEMs (Compaq, Dell und Hewlett-Packard) *Microsoft* gegenüber bei der Preisbildung berücksichtigt. Folglich spricht auch das Argument der Preisdifferenzierung auf Netzwerkmärkten nicht gegen die Angreifbarkeit der Quasimonopolstellung *Microsofts*.

d) Das Argument der Preisbildung im Monopol langlebiger Güter

Schließlich könnte die aus der Differenz von Marktpreis und *Cournot*preis zu ziehende Schlussfolgerung, dass das Quasimonopol *Microsofts* von wirksamem Innovationswettbewerb kontrolliert wird, dem Einwand der *Preisbildung im Monopol langlebiger Güter* ausgesetzt sein. Bei Informationen im allgemeinen und Software im besonderen handelt es sich um Güter von nahezu perfekter Langlebigkeit. Informationsgüter unterliegen im Gegensatz zu langlebigen Produkten der traditionellen Industrien (z.B. Autos, Flugzeugen etc.) keinerlei Verschleißerscheinungen. *R.H. Coase* hat für ein Monopol mit Gütern von perfekter Langlebigkeit (in seinem Modell wählte er Grundstücke) die Hypothese aufgestellt, dass der Monopolpreis unabhängig von der Zahl der Anbieter immer dem Wettbewerbspreis des Modells vollständiger Konkurrenz entspreche („*Coase Conjecture*")[502].

Grundlage der *Coase*'schen Hypothese ist die Überlegung, dass ein monopolistischer Anbieter vollkommen langlebiger Güter zwecks Gewinnmaximierung den Anreiz habe, sämtliche Einheiten zu verkaufen. Um auch an diejenigen zu verkaufen,

---

500 Fritsch/Wein/Ewers, S.195 f.

501 United States v. Microsoft, 65 F. Supp. 2d 1, 53 f. (D.D.C. 1999), at para. 64 (Kursivsetzung hinzugefügt).

502 Coase, The Journal of Law and Economics 15 (1972), S.143, 144.

deren Reservationspreis noch nicht erreicht ist, müsse er die Preise mit jeder verkauften Einheit ein Stück in Richtung Grenzkosten senken, denn diejenigen, die bereits gekauft haben, stünden wegen der perfekten Langlebigkeit der Güter als Käufer nicht mehr zur Verfügung[503]. Trotz kontinuierlich sinkender Preise ist der Monopolist in der Lage, seinen Gewinn zu maximieren, weil die infolge der Preissenkungen entstehenden Wertverluste im Falle einer Weiterveräußerung der zuvor von ihm verkauften Einheiten auf einem vom Monopolisten nicht kontrollierten „Sekundärmarkt" nicht diesen, sondern allein seine Abnehmer und künftigen Veräußerer träfen. Da diese Entwicklung, so *Coase* weiter, von den (uneingeschränkt rationalen) Marktteilnehmern antizipiert werde, seien auch diejenigen, die ursprünglich einen über dem Wettbewerbspreis liegenden Preis gezahlt hätten, dazu nun nicht mehr bereit. Deshalb sei der Monopolist gezwungen, vollkommen langlebige Güter von Anfang an zu Wettbewerbspreisen anzubieten[504]. Wende man diese Hypothese entsprechend auf Netzwerkmärkte an, komme man zu dem Schluss, dass ein Monopolist gezwungen sei, auch Informationsgüter von Anfang an zu Grenzkostenpreisen anzubieten[505].

Die entscheidende Schwäche der *Coase*'schen Hypothese zur Preisbildung im Monopol langlebiger Güter besteht jedoch darin, dass sie von uneingeschränkter Antizipationsfähigkeit der Marktteilnehmer bezüglich des zu erwartenden Grenzkostenpreises ausgeht. Ein Vergleich mit der wirtschaftlichen Realität auf dem Markt für Intel-kompatible PC-Betriebssysteme zeigt zudem, dass *Microsoft* weder bereit noch in der Lage ist, *Windows* zu Durchschnitts- und erst recht nicht zu Grenzkostenpreisen anzubieten. Insoweit hat die *Coase*'sche Hypothese – wie jedes Modell – vor allem theoretischen Erkenntniswert.

Darüber hinaus ist fraglich, ob es sich bei Software und anderen digitalisierten Informationsgütern mit hoher Innovationsrate wirklich um langlebige Güter im *Coase*'schen Sinne handelt. Zwar unterliegen Informationsgüter auch nach Jahren der Benutzung nicht den sonst üblichen Verschleißerscheinungen. In einem dynamischen Umfeld mit hohen Innovationsraten jedoch veralten Software und andere Informationsgüter sehr schnell, was mit erheblichen Wertverlusten verbunden ist. Beim Kauf von Software beispielsweise ist stets zwischen Preis und Aktualität der Ware abzuwägen. Lohnt es sich, den Kauf noch länger hinauszuzögern, um die neueste Version zu einem möglichst niedrigen Preis zu erwerben? Oder ist eher damit zu rechnen, dass die gewünschte Software zum Zeitpunkt des Erwerbs bereits veraltet ist? Geht man indes von der perfekten Langlebigkeit von Software und anderen Informationsgütern aus, dann ist die Abwägungsentscheidung zwischen Preis und Aktualität der Ware jedenfalls das Ergebnis einer Strategie, die darauf abzielt, das von *Coase* beschriebene Problem der Langlebigkeit von Gütern zu lösen:

Hat ein Quasi-Monopolist wie *Microsoft* eine nahezu vollständige Marktdurchdringung erreicht, so dass künftig praktisch keine Steigerung der Nachfrage mehr zu erwarten ist, stellt sich die Frage, wie er angesichts der Langlebigkeit seines Produktes

---

503 Insoweit befindet sich der Monopolist also im Wettbewerb mit sich selbst bzw. seinen eigenen Gütern. Dazu sogleich unten, S.103.

504 Coase, The Journal of Law and Economics 15 (1972), S.143 ff.

505 Katz/Shapiro, S.29, 36; McKenzie/Lee, The Antitrust Bulletin 44 (1999), S.253, 266, Fn.24.

auch in Zukunft noch Umsätze und Gewinne erzielen kann[506]. Da *Windows* auch nach Jahren unverändert einsatzbereit ist, besteht seitens des installierten Bestandes kein natürlicher Austausch- oder Erneuerungsbedarf. Der Monopolist langlebiger Güter – hier möglicherweise *Microsoft* – steht somit im Wettbewerb mit sich selbst bzw. seinen zuvor veräußerten Produkten[507]. Ein Ausweg aus diesem Problem ist – abgesehen von der Überlassung von Software auf Zeit[508] (z.B. zeitlich begrenzte Lizenzierung, Leasing etc.) – die kontinuierliche Verbesserung der Güter[509]. Eine hohe Innovationsfrequenz verAnlasst die Konsumenten, ihre Ausstattung mit Hard- und Software viel häufiger zu erneuern als dies vom „*life cycle*" der betreffenden Güter her erforderlich wäre[510]. Hat demnach ein monopolistischer Anbieter ein Interesse an einer hohen Innovationsrate und haben die Konkurrenten das Ziel, den *de facto-Standard* durch ihr eigenes Netzwerk zu ersetzen, so führt dies einerseits zu einer schnellen Abfolge neuer oder verbesserter Waren, andererseits aber auch dazu, dass neue Produkte schnell veralten und damit an Wert und Preis verlieren[511]. Dieser Prozess beweist, dass ein *Cournot*monopolist – wenn man perfekte Antizipationsfähigkeit der Marktteilnehmer und perfekte Langlebigkeit der Güter unterstellt – zumindest im Wettbewerb mit seinen eigenen Produkten steht und deshalb – *ceteris paribus* – zu Innovationen gezwungen ist. Zwar wäre die *Coase*'sche Hypothese in diesem Fall geeignet, die niedrigen Preise für *Windows* trotz des Bestehens eines *Cournot*-Monopols zu erklären. Allerdings wäre dieses Verhalten des (potentiellen) *Cournot*monopolisten nicht mehr von dem eines von wirksamem Innovationswettbewerb disziplinierten prozessualen Monopolisten zu unterscheiden.

2. Die Gefahr der künstlichen Verlangsamung des technischen Fortschritts

Das Standardmodell des *Cournot*monopols lässt – mit Ausnahme der Behinderung von Innovationen Dritter – keine allgemeine Aussage darüber zu, ob es im Interesse des Monopolisten liegt, den technischen Fortschritt künstlich zu verlangsamen. Je nach

---

506 Economides, Working Paper Antitrust, S.17 formuliert dieses Problem treffend so: „It is true that once Windows runs on an overwhelming market share of PCs, the substitute for a new Windows computer is an old Windows computer."; McKenzie/Lee, The Antitrust Bulletin 44 (1999), S.253, 266 f. („In other words, *Microsoft* is in competition with its previous sales..."); Katz/Shapiro, S.29, 36 („But the demand facing a software publisher at any point in time is influenced by the sales it has made so far.").

507 Bishop/Walker, S.39 (2.27 am Ende).

508 Ein aktuelles Beispiel dafür ist das von *Microsoft* (nunmehr) umgesetzte Lizenzierungssystem gegen Entrichtung einer jährlichen Gebühr, in der dann automatisch die jeweils neueste Version enthalten ist, vgl. Financial Times Deutschland vom 21.10.2002.

509 Katz, S.29, 36; McKenzie/Lee, The Antitrust Bulletin 44 (1999), S.253, 267; ebenso das BKartA für die Märkte für Webdesign-, Bildbearbeitungs- und Vektorgraphik-Software, Entscheidung vom 23.12.2005, B 7 162/05 Adobe Systems/Macromedia Rn.51, 69.

510 Economides, Working Paper Antitrust, S.17 f.; Elzinga/Mills, The Antitrust Bulletin 44 (1999), S.739, 762; McKenzie/Lee, The Antitrust Bulletin 46 (2001), S.253, 267.

511 Der Preisverfall ist dann nicht (nur) das Ergebnis der von Coase behaupteten Gewinnmaximierungsstrategie im Monopol langlebiger Güter, sondern das Ergebnis einer Reaktion auf das Problems der Langlebigkeit durch Erhöhung der Innovationsrate und der dadurch bewirkten Schaffung neuer Kaufanreize.

den Umständen des Einzelfalls kann auch ein *Cournot*monopolist durchaus einen Anreiz haben, seine Gewinne durch fortgesetzte Innovationen zu maximieren. Sofern allerdings ein Monopolist in dieser Weise verfährt, besteht das Problem, dass sich die Existenz einer unangreifbaren Monopolsituation nicht am Kriterium der künstlichen Verlangsamung des technischen Fortschritts und damit nicht anhand der zweiten ökonomischen Gefahr des *Cournot*monopols festmachen lässt.

Von solchen Überlegungen hat sich das Bundesbezirksgericht im jüngsten *Microsoft*verfahren nicht beeindrucken lassen. Da eine künstliche Verlangsamung des technischen Fortschritts nicht nachzuweisen war, sondern im Gegenteil *Windows* erheblich weiterentwickelt wurde, versuchte das Gericht umgekehrt, d.h. von der Innovationsfreudigkeit *Microsofts* her Rückschlüsse auf das Vorliegen einer Monopolstellung zu ziehen. Das Bundesbezirksgericht stellte fest:

„[T]he fact that Microsoft invests heavily in research and development does not evidence a lack of monopoly power. Indeed, Microsoft has incentives to innovate aggressively despite its monopoly power. First, if there are innovations that will make Intel-compatible PC systems attractive to more consumers, and those consumers less sensitive to the price of Windows, the innovations will translate into increased profits for Microsoft. Second, although Microsoft could significantly restrict its investment in innovation and still not face a viable alternative to Windows for several years, it can push the emergence of competition even farther into the future by continuing to innovate aggressively"[512].

Die Argumentation des Gerichts, *Microsoft* habe einen Anreiz, eine aggressive Innovationsstrategie zu verfolgen, spricht im Lichte der vorstehenden Überlegungen[513] sowie unter Berücksichtigung der *Coase*'sche Hypothese in der Tat nicht eindeutig gegen die Existenz eines *Cournot*monopols. Andererseits aber lässt sich mit der Feststellung, *Microsoft* habe sein Betriebssystem beständig verbessert, auch nicht der Nachweis erbringen, *Microsoft* sei ein von Wettbewerb nicht gefährdeter *Cournot*monopolist. Die intensive Weiterentwicklung von *Windows*[514] nämlich kann ebenso als Reaktion eines prozessualen Monopolisten auf den von Innovationswettbewerb ausgehenden Wettbewerbsdruck zu begreifen sein.

Insgesamt lässt sich also im Fall des *Microsoft*verfahrens mangels künstlicher Verlangsamung des technischen Fortschritts nicht verifizieren, ob von *Schumpeter*'schem Innovationswettbewerb eine disziplinierende Wirkung auf das Verhalten *Microsofts* als Quasi-Monopolisten ausgeht.

3. Ergebnis

Im Ergebnis ist festzustellen, dass sich auf dem Markt für Intel-kompatible PC-Betriebssysteme keine der typischen Gefahren des *Cournot*monopols nachweisen lässt. Die von *Microsoft* verlangten Preise für *Windows* betragen – selbst bei vorsichtiger

---

512 US v. Microsoft Corp., 65 F. Supp. 2d 1, 51 (D.D.C. 1999) at para. 61.

513 Zu den Gefahren des *Cournot*monopols im Hinblick auf die Verlangsamung des technischen Fortschritts siehe oben, S.90 f.

514 Zur historischen technischen Entwicklung von Windows 1.0 bis Windows 98 vgl. Reddy/Evans/Nichols, Abschnitt III. F. und G.

Berechnung – nur einen Bruchteil des Gewinnmaximums eines *Cournot*monopolisten. Die erhebliche Differenz zwischen Markt- und *Cournot*preis lässt sich auch nicht durch Besonderheiten von Netzwerkmärkten (das Argument des mangelnden Interesses) oder der Informationsindustrie (die Argumente der Preisdifferenzierung und der Preisbildung im Monopol langlebiger Güter) erklären. Auch sonst gibt es keine Anhaltspunkte dafür, dass *Microsoft* über ein vor Wettbewerb geschütztes *Cournot*-Monopol verfügt (z.B. die mangelnde Orientierung am Preis der Konkurrenten). Dieser Befund spricht insgesamt dafür, dass es sich bei dem Quasi-Monopol *Microsofts* – unbeschadet der Frage der Marktbeherrschung – lediglich um ein prozessuales Monopol handelt. Dies wiederum spricht für die Wettbewerbswirkung *Schumpeter'*schen Innovationswettbewerbs und gegen die Annahme, dass wegen des Fehlens von Preiswettbewerb auf dem Markt von strukturellem Marktversagen auszugehen ist.

IV. Ergebnis

Nachdem deutlich geworden ist, dass trotz starker Netzwerkeffekte und der daraus resultierenden monopolistischen Struktur von Netzwerkmärkten der Informationsindustrie nicht von strukturellem Marktversagen, d.h. vom Vorliegen eines natürlichen Ausnahmebereiches auszugehen ist, liegt die Aufgabe des Kartellrechts auf der Hand: Es geht um den Schutz wirksamen Innovationswettbewerbs vor Beeinträchtigungen marktbeherrschender Förderer von Netzwerken. Sofern von Marktbeherrschung auszugehen ist, obliegt es der kartellrechtlichen Missbrauchsaufsicht, den durch die Präsenz des marktbeherrschenden Netzwerkes bereits geschwächten Innovationswettbewerb vor zusätzlichen Beeinträchtigungen zu schützen. Inwieweit sich diese Aufgabe mit den traditionellen Konzepten des Behinderungsmissbrauchs erfüllen lässt, ist Gegenstand des nun folgenden dritten Teils dieser Arbeit.

3. TEIL: DIE KARTELLRECHTLICHE MISSBRAUCHSAUFSICHT AUF NETZWERKMÄRKTEN

A. Einleitung

Die vorstehenden Überlegungen haben ergeben, dass trotz fehlenden Wettbewerbs auf Netzwerkmärkten nicht von strukturellem Marktversagen auszugehen ist. Vielmehr herrscht unter den Bedingungen *Schumpeter'*schen Innovationswettbewerbs wirksamer Wettbewerb um Netzwerkmärkte. Aufgabe der kartellrechtlichen Missbrauchsaufsicht ist mithin der Schutz wirksamen Innovationswettbewerbs vor unzulässigen Beeinträchtigungen durch den jeweils marktbeherrschenden Förderer eines Netzwerks. Um dieser Aufgabe effektiv und vor allem im richtigen Umfang gerecht zu werden, muss bei den zuständigen Behörden und Gerichten Klarheit über das Konzept des Missbrauchs einer marktbeherrschenden Stellung auf Netzwerkmärkten herrschen. Andernfalls besteht die Gefahr entweder ungerechtfertiger oder unverhältnismäßiger Eingriffe oder einer zu großzügigen laissez-faire-Haltung. Beides kann eine gravierende Verschlechterung der Wettbewerbsverhältnisse zur Folge haben, denn die Wirksamkeit *Schumpeter'*schen Innovationswettbewerbs wird sowohl durch eine übermäßige Betonung der von Netzwerkeffekten ausgehenden Gefahren als auch durch ein übermäßiges Vertrauen auf die Selbstheilungskräfte des Wettbewerbs beschädigt. Im ersten Fall werden erfolgreiche Unternehmen „bestraft", was ebenso zu einer Schwächung des Innovationswettbewerbs führt[515] wie im umgekehrten Fall die „ungestrafte" Behinderung innovativer Wettbewerber[516].

Für den effektiven kartellrechtlichen Schutz *Schumpeter'*schen Innovationswettbewerbs kommt es folglich darauf an, den Verlauf der Grenze zwischen Marktbeherrschung und lediglich temporären Monopolstellungen als „Belohnung" für erfolgreiche Pioniertätigkeit richtig zu bestimmen. Unter dieser Prämisse gilt es nun, die Tauglichkeit der überkommenen Konzepte der deutschen und europäischen Missbrauchsaufsicht zur Bestimmung von Marktmacht und missbräuchlichen Verhaltensweisen auf Netzwerkmärkten zu überprüfen. Im Vordergrund steht dabei die Frage, ob der Tatbestand des BehinderungsMissbrauchs in seiner gegenwärtigen Ausgestaltung geeignet ist, auch unter den besonderen Bedingungen von Innovationswettbewerb auf Märkten mit starken Netzwerkeffekten eine effektive Missbrauchsaufsicht zu gewährleisten.

---

515 Kenneth Arrow beschreibt die Wirkung von kartellrechtlichen Maßnahmen, die sich zu Unrecht gegen innovative Unternehmen richten als „[having] the effect of taxing technological improvements" (Declaration in U.S. v. Microsoft Corporation, Motion to Enter Final Judgment, Civil Action No. 94-1564 (SS), January 17, 1995) und, so fügt Rubinfeld hinzu, „taxing something generally means you get less of it" (vgl. Rubinfeld, The Antitrust Bulletin 1998, S.859, 872).

516 Hatch, S.19, 23 („While it may be likely and even, to a degree, useful, to have a particular firm dominate a particular segment at any point of time, it is dangerous, unhealthy, and harmful to innovation and consumer welfare where that firm can exploit its existing monopoly to prevent new competitors with innovative, paradigm shifting technologies, from ever having a fair shot at winning and becoming the new market leader or de facto-Standard.").

B. Der Tatbestand des Behinderungsmissbrauchs auf Netzwerkmärkten

Zum Nachweis des Missbrauchs einer marktbeherrschenden Stellung wird ein einheitliches wirtschaftliches Geschehen juristisch in drei Schritten analysiert: Im ersten Schritt geht es um die Abgrenzung des jeweils relevanten Marktes, im zweiten Schritt erfolgt die Bestimmung des Grades von Marktmacht. Sofern eine marktbeherrschende Stellung besteht, geht es im dritten Schritt um die Frage, ob das marktbeherrschende Unternehmen seine Marktmacht missbraucht hat. Bei den Begriffen des relevanten Marktes, der marktbeherrschenden Stellung und deren Missbrauch handelt es sich um unbestimmte Rechtsbegriffe[517]. Um diese Begriffe im Einzelfall anwenden zu können, bedarf es ihrer tatbestandlichen Konkretisierung. Zu diesem Zweck existieren im deutschen und europäischen Kartellrecht hergebrachte Konzepte, die teils gesetzlich geregelt, teils das Ergebnis verwaltungsbehördlicher oder gerichtlicher Entscheidungspraxis sind. Diese Konzepte werden im folgenden auf den Prüfstand gestellt. Die zur Beantwortung stehende Rechtsfrage lautet, ob die hergebrachten Konzepte auch unter den besonderen Bedingungen des Wettbewerbs inkompatibler Systeme geeignet sind, sachgerechte, d.h. Sinn und Zweck der kartellrechtlichen Missbrauchsaufsicht entsprechende Ergebnisse zu liefern.

I. Marktabgrenzung

1. Allgemeine Erwägungen zur Marktabgrenzung

Die Abgrenzung des relevanten Marktes ist für den Nachweis des Missbrauchs einer marktbeherrschenden Stellung von ganz entscheidender Bedeutung[518]. Auf sie kann trotz methodischer Bedenken[519] nicht verzichtet werden[520]. Der relevante Markt ist der zentrale Bezugspunkt zur Bestimmung des *„area of effective competition"*[521]. Der *„area of effective competition"* beschreibt den Bereich der Wirtschaft, der Gegenstand eines Missbrauchsverfahrens ist. Seine Bestimmung dient dazu, herauszufinden, ob der Wettbewerbsprozess durch missbräuchliches Verhalten eines marktbeherrschenden Unternehmens beeinträchtigt wird[522].

Ein rein produktbezogenes Vorgehen unter Verzicht auf die Abgrenzung des relevanten Marktes, wie es *Knöpfle* vorgeschlagen hat[523], wäre hingegen im Kontext der

---

517 Mestmäcker, Marktbeherrschende Stellungen, S.2.

518 Von Gamm, Kartellrecht, Einf. A, Rn.32; Bechtold, S.537.

519 Ausführlich Kaufer, insbesondere S.5-28; Ingo Schmidt, S.49 ff.; Herdzina, S.73 ff. im Überblick Maske, S.115 ff.

520 A.A. insbesondere Knöpfle, DB 1990, 1385, 1387 ff.; auch Langen/Bunte-Ruppelt, § 19, Rn.8, obwohl er einräumt, dass sich die Abgrenzung von relevanten Märkten in der Kartellrechtspraxis als „ein zweckmäßiges analytisches Hilfsmittel" erwiesen habe.

521 Immenga/Mestmäcker-Möschel, § 19, Rn.22. Dieser Begriff stammt ursprünglich aus dem Bericht des Attorney General's National Committee to Study the Antitrust Laws, Washington 1955, S.44 und wird von Hoppmann, Die Abgrenzung des relevanten Marktes, S.26 zunächst im fusionskontrollrechtlichen Kontext gebraucht.

522 Hoppmann, Die Abgrenzung des relevanten Marktes, S.26; Kaufer, S.16.

523 Knöpfle, DB 1990, 1385, 1387 („Es ist notwendig, zu sagen, bei welchem Produkt der Verhaltensspielraum besteht, nicht aber, auf welchem Markt er gegeben ist...").

Missbrauchsaufsicht nicht sachgerecht. Zwar sind auch nach dem Konzept *Knöpfles* die Ausweichmöglichkeiten auf andere Güter aus Sicht der „Markt“gegenseite zu bestimmen[524]. Diese Vorgehensweise aber ignoriert schlicht, dass die Zuordnung von Waren und Dienstleistungen zu einem bestimmten Markt sowohl in Art. 82 EG als auch in § 19 GWB vorausgesetzt wird. Art. 82 EG nimmt ausdrücklich auf einen bestimmten Markt Bezug, da es um die „missbräuchliche Ausnutzung einer beherrschenden Stellung auf dem Gemeinsamen Markt oder einem wesentlichen Teil desselben“ geht. Um aber das Objekt der Bezugnahme in Art. 82 EG zu bestimmen, ist die Abgrenzung des relevanten Marktes unumgänglich[525]. Im GWB hängt der Nachweis einer überragenden Marktstellung nach § 19 Abs. 2 Satz 1 Nr. 2 GWB sowie das Eingreifen der Vermutungstatbestände des § 19 Abs. 3 GWB ganz entscheidend von der Höhe der auf die Marktteilnehmer entfallenden Marktanteile und damit ebenfalls von der Abgrenzung des relevanten Marktes ab[526].

Überdies widerspricht der Ansatz *Knöpfles*[527] auch insofern der Konzeption des § 19 GWB und der des Art. 82 EG, als er den Schutzzweck dieser Tatbestände zu Unrecht auf das Verhältnis zwischen Marktbeherrscher und der jeweiligen Marktgegenseite verengt. Beide Vorschriften schützen nicht nur die Marktgegenseite, d.h. den Austauschprozess, sondern auch die Konkurrenten und damit den Parallelprozess vor missbräuchlichem Verhalten des Marktbeherrschers (Behinderungs- und Ausbeutungsmissbrauch)[528]. Abgesehen von den Überlegungen *de lege lata* bietet der Ansatz *Knöpfles* nur einen ersten Anhaltspunkt für die Feststellung von Marktmacht. Differenzierte Aussagen über die Gesamtmarktverhältnisse, d.h. die Summe aller Eigenschaften, die einem bestimmten Markt das Gepräge geben[529], sind mit der von *Knöpfle* vorgeschlagenen, rein produktbezogenen Vorgehensweise überhaupt nicht möglich[530].

Daraus, dass der Nachweis einer marktbeherrschenden Stellung mit der Abgrenzung des jeweils relevanten Marktes als Bezugspunkt für die Beurteilung der Wettbewerbsverhältnisse beginnt, ist nicht abzuleiten, dass die Marktabgrenzung und Feststellung des Grades der Beherrschung im Sinne einer strikten Zweistufigkeit beziehungslos nebeneinander stehen. Wenn die komplexe Frage nach dem Bestehen einer marktbeherrschenden Stellung gedanklich in zwei Schritten erfolgt, so dient diese Vorgehensweise ausschließlich der Vereinfachung und leichteren Nachvollziehbarkeit des Prüfungsvorganges. Ein innerer Zusammenhang zwischen Marktabgrenzung und Markt-

---

524 Knöpfle erläutert am Beispiel einer hochwertigen Sektmarke, die bei einer Preiserhöhung um 5% nur 2% an Absatz verliert, dass die geringe Elastizität der Nachfrage den Schluss auf das Vorliegen einer marktbeherrschenden Stellung rechtfertige, auch wenn nicht weiter geklärt wird, ob es sich um einen Markt für hochwertigen Sekt, für Sekt oder für Wein und Sekt handelt, Knöpfle, DB 1990, 1385, 1388.

525 Langen/Bunte-Dirksen, Art. 82, Rn.17; Grabitz/Hilf-Jung, Art. 82, Rn.26; Maske, S.119 f. m.w.Nachw.

526 So auch Bechtold, S.538.

527 Knöpfle, DB 1990, S.1385, 1389.

528 Immenga/Mestmäcker-Möschel, § 19, Rn.11 und 22 a.E; für Art. 82 EG gilt nichts anderes, da auch er die Wettbewerber des marktbeherrschenden Unternehmens in den Schutzbereich miteinbezieht, Langen/Bunte-Dirksen, Art. 82, Rn.180 ff.

529 BGHZ 36, 105, 110 - Speditionswerbung (Export ohne WBS).

530 BGHZ 67, 104, 115 – Vitamin B 12. So auch von Gamm, S.648.

beherrschung wird dadurch nicht in Abrede gestellt. Vielmehr zeigt die kartellrechtliche Praxis besonders deutlich, dass mit der Marktabgrenzung vorentscheidende Weichen für den Nachweis von Marktmacht gestellt werden[531]: Je enger der relevante Markt abgegrenzt wird, desto leichter fällt der Nachweis von Marktbeherrschung[532]. Genau das ist auch der Grund, warum in Missbrauchs- und Fusionskontrollverfahren die Frage der Marktabgrenzung immer wieder im Mittelpunkt steht.

Beruht die Ermittlung einer marktbeherrschenden Stellung auf einem so verstandenen gedanklichen Doppelschritt, so braucht der alte Streit zwischen dem Konzept der Einstufigkeit[533] und dem der Zweistufigkeit[534] nicht mehr entschieden zu werden. Im Kern bekämpften die Anhänger des Konzepts der Einstufigkeit die Auffassung, dass zwischen der Marktabgrenzung und der materiellen Beurteilung des Wettbewerbs streng zu unterscheiden sei[535]. Soweit ersichtlich wird jedoch eine strikte Zweistufigkeit in diesem Sinne nicht mehr vertreten. Weder wird der in § 19 GWB angelegte normative und sachlogische Zusammenhang zwischen Marktabgrenzung und Marktbeherrschung bestritten[536]. Noch besteht Uneinigkeit darüber, dass Marktabgrenzung und Feststellung der Marktbeherrschung unter Berücksichtigung der jeweils herrschenden Wettbewerbsverhältnisse (also der miteinander im Wettbewerb stehenden Güter[537]) vorzunehmen ist[538]. Die Trennung von Marktabgrenzung und Marktbeherrschung hat somit nur die Funktion eines analytischen Hilfsmittels, welches die wettbewerblichen Zusammenhänge zwischen diesen beiden Schritten vollauf berücksichtigt[539].

---

531 Dies verdeutliche der Hinweis der Kommission, dass die „Abgrenzung des relevanten Marktes...bei der Würdigung eines Wettbewerbsfalls häufig ausschlaggebend" ist, vgl. Bekanntmachung über die Definition des relevanten Marktes, ABl. EG Nr. C 372 v. 9.12.1997, S.5, Tz.4.

532 So bereits früh Mestmäcker, Das marktbeherrschende Unternehmen, S.11; OECD-Bericht, S.34, Tz.79; Hoppmann, Die Abgrenzung des relevanten Marktes, S.28 f. und 41; *ders.*, Marktmacht und Wettbewerb, S.24 f.

533 Vertreter des Konzepts der Einstufigkeit sind insbesondere Mestmäcker, Das marktbeherrschende Unternehmen, S.11; Hoppmann, Die Abgrenzung des relevanten Marktes, S.28 f. und 41; Sandrock, FS Kummer, S.460 ff.; Immenga/Mestmäcker-Möschel, § 19, Rn.20. m.w.Nachw.

534 Nachweise zu den Positionen der Vertretern des Konzepts der Zweistufigkeit finden sich bei Mestmäcker, Das marktbeherrschende Unternehmen, S.11 Fn.4; Hoppmann, Die Abgrenzung des relevanten Marktes, S.27 Fn.8.

535 Bechtold, S.537.

536 Vgl. auch Immenga/Mestmäcker-Möschel, § 19, Rn.18-20; auch Bechtold, S.537, allerdings ohne Nachweise für eine entsprechende Auffassung.

537 WuW/OLG 461, 463 - Reifen.

538 Dies wird auch nicht von *Paschke/Kersten* bestritten. In ihrer Auseinandersetzung mit der Kritik an der zweistufigen Methode argumentieren sie zwar, dass die Austauschbarkeit der Waren nur auf der Sichtweise der Abnehmer beruhe. Sie räumen jedoch ein, dass die Marktabgrenzung nicht ohne Berücksichtigung der Wettbewerbsverhältnisse vorgenommen werden könne, FK-Paschke/Kersten, § 22, Rn.54.

539 Ein ähnliches Vorgehen findet sich schon im OECD-Bericht, S.37, Tz.87 („Wie in Kapitel 2 gezeigt wurde, sind die Abgrenzung des relevanten Marktes und die Feststellung wirtschaftlicher Macht auf dem relevanten Markt (in Form von Marktbeherrschung oder auf sonstige Weise) praktisch einander überschneidende Fragen, die sogar identisch werden können, wenn nämlich

2. Die traditionellen Konzepte der Marktabgrenzung

Die *Abgrenzung des relevanten Marktes* im Rahmen der Missbrauchsaufsicht erfolgt in sachlicher, räumlicher und ggf. zeitlicher Hinsicht[540]. Dem Begriff des relevanten Marktes liegt kein vordefiniertes, allgemein gültiges Konzept zugrunde. Es gibt nicht „den" relevanten Markt als „unabänderlich fixiertes Etwas". Er dient vielmehr als analytisches Instrument, mit dem festgestellt werden soll, ob ein unerwünschtes Ergebnis eintritt[541]. Deshalb erfolgt die Abgrenzung des jeweils relevanten Marktes nach Maßgabe des in Frage stehenden wettbewerblichen Tatbestandes (wofür soll die Marktdefinition relevant sein?[542]), z.B. Kartellverbot, Fusionskontrolle oder Missbrauch einer marktbeherrschenden Stellung[543]. Infolge dieser Tatbestandsbezogenheit der Marktabgrenzung wird allgemein auch von *Relativität der Marktabgrenzung*[544] bzw. – im Hinblick auf den gleichermaßen tatbestandsbezogenen Begriff der Marktbeherrschung – von *Relativität der Marktbeherrschung* gesprochen[545]. Die Relativität von Marktabgrenzung und –beherrschung ist für die Praxis jedoch weitgehend bedeutungslos geblieben.

a) Die Marktabgrenzung im Rahmen der Missbrauchsaufsicht des GWB

Wie die Abgrenzung des sachlich, räumlich und ggf. zeitlich relevanten Marktes zum Zwecke der Missbrauchsaufsicht über marktbeherrschende Unternehmen zu erfolgen hat, ist den §§ 19, 20 GWB unmittelbar nicht zu entnehmen. In ständiger Rechtsprechung und Verwaltungspraxis jedoch hat sich zur Abgrenzung insbesondere[546] des *sachlich relevanten Marktes* das *Bedarfsmarktkonzept*[547] durchgesetzt[548]. Nach dem Bedarfsmarktkonzept steht für die Abgrenzung des sachlich relevanten Marktes die funktionelle Austauschbarkeit aus Sicht der Marktgegenseite im Mittelpunkt. Geläufi-

---

der Markt als „Bereich wirksamen Wettbewerbs" definiert wird. Für den Zweck der vorliegenden Untersuchung werden jedoch beide Fragen getrennt voneinander behandelt.").

540 Allgemeine Meinung, vgl. nur FK-Paschke/Kersten, § 22, Rn.62; von Gamm, Kartellrecht, Einf. A, Rn.33; Bechtold, GWB, § 19, Rn.3; Immenga/Mestmäcker-Möschel, § 19, Rn.23; für das EG Kartellrecht siehe nur Bekanntmachung der Kommission zur Definition des relevanten Marktes im Wettbewerbsrecht, ABl. EG Nr. C 372 v. 9.12.1997, S.5 ff.; ferner Grabitz/Hilf-Jung, Art. 82, Rn.27.

541 Kaufer, S.4 und 15 f.

542 Kaufer, S.15.

543 Von Gamm, S.648.

544 Von Gamm, S.648; ders., Kartellrecht, Einf. A, Rn.30; Immenga/Mestmäcker-Möschel, EG-Wettbewerbsrecht, Art. 86, Rn.41.

545 Vgl. nur Immenga/Mestmäcker-Möschel, § 19, Rn.21; Langen/Bunte-Ruppelt, § 19, Rn.5 ff.

546 Das Tatbestandsmerkmal der Austauschbarkeit aus Sicht der Marktgegenseite gilt auch für die räumliche Dimension des relevanten Marktes, vgl. Bechtold, S.538 und Maske, S.130.

547 Mit der Entwicklung des Bedarfsmarktkonzepts in den 50er und 60er Jahren verbinden sich insbesondere die Namen der Ökonomen Helmut Arndt und Joe S. Bain. Zu anderen ökonomischen Ansätzen der Marktabgrenzung zusammenfassend Ingo Schmidt, S.49 ff. sowie ergänzend Maske, S.130 ff.

548 Ständige Rechtsprechung seit WuW/E OLG 995, 996 – Handpreisauszeichner. Vgl. aus jüngerer Zeit die Entscheidungen des BGH in WuW/E BGH 2771, 2772 - Kaufhof/Saturn und WuW/E BGH 3026, 3028 – Backofenmarkt; Immenga/Mestmäcker-Möschel, § 19, Rn.24 m.w.Nachw.

ge und mit geringen Variationen immer wiederkehrende Formeln dieses Konzepts zur Abgrenzung von Angebotsmärkten lauten in etwa wie folgt: Zum relevanten Markt gehören „sämtliche Erzeugnisse, die sich nach ihren Eigenschaften, ihrem wirtschaftlichen Verwendungszweck und ihrer Preislage so nahe stehen, dass der verständige Verbraucher sie als für die Deckung eines bestimmten Bedarfs geeignet in berechtigter Weise abwägend miteinander vergleicht und als gegeneinander austauschbar ansieht“[549]. Andere Formulierungen sprechen in der Sache übereinstimmend von „kurzfristiger Austauschbarkeit“[550] als Merkmal der auf demselben Absatzmarkt konkurrierenden Produkte oder davon, dass sie von der Marktgegenseite „ohne weiteres“[551] oder „ohne größere Überlegung“[552] als austauschbar angesehen werden.

Zur Feststellung, ob bestimmte Güter aus Sicht der Abnehmer (bei Angebots- oder Absatzmärkten) bzw. der Lieferanten (bei Nachfrage- oder Beschaffungsmärkten) substituierbar sind, dienen z.B.: (i) Befragungen der Abnehmer (wenn es deren Anzahl zulässt), (ii) die Lebenserfahrung der Rechtsanwender, (iii) demoskopische Befragungen durch Marktforschungsinstitute oder (iv) Angaben der beteiligten Unternehmen über tatsächliche[553] (empirisch festgestellte) oder potentielle[554] (bei veränderten Marktbedingungen mögliche) Beschaffungsalternativen. Hilfsweise kann das Konzept der Kreuzpreiselastizität zur Ermittlung der funktionellen Austauschbarkeit herangezogen werden.[555] Danach sind zwei Güter A und B als austauschbar anzusehen, wenn eine geringfügige Preiserhöhung (etwa um 5%[556]) für Produkt A dazu führen würde, dass ein erheblicher Teil der bisherigen Nachfrage nach diesem Produkt innerhalb kurzer Zeit auf Dauer zu Produkt B umgeleitet würde, so dass die Preiserhöhung infolge des gleichzeitig bewirkten Absatzrückgangs nicht mehr einträglich wäre[557].

Trotz des Eindrucks numerischer Exaktheit kann das Konzept der Kreuzpreiselastizität nur indizielle Bedeutung haben. Grund dafür sind die theoretischen und praktischen Schwächen dieses Konzepts. Die entscheidende theoretische Schwäche besteht darin, dass der Preis ein Aktionsparameter der Unternehmen ist und die Höhe der Kreuzpreiselastizität somit Ergebnis unternehmerischer Preisstrategien sein kann. Deshalb setzte die Durchführung einer korrekten Analyse voraus, dass bereits bekannt ist, welche Marktmacht die betreffenden Unternehmen ausüben (um deren Einfluss auf die Preissetzung zu bestimmen). Dazu aber müsste der Rechtsanwender bereits den relevanten Markt kennen, mit anderen Worten bereits über das Wissen verfügen, das er erst mit Hilfe des Kreuzpreiselastizitätstests erlangen will[558]. In praktischer Hinsicht

---

549 WuW/E OLG 995 f. – Handpreisauszeichner.

550 Monopolkommission, 5. Hauptgutachten, S.198, Tz.616.

551 BGHZ 52, 65, 67 = WuW/BGH 1027, 1029 – Sportartikelmesse II.

552 BGHZ 67, 104, 113 f. = WuW/BGH 1435, 1440 – Vitamin B12.

553 Langen/Bunte-Ruppelt, § 19, Rn.11 a.E.

554 Bechtold, S.543.

555 Immenga/Mestmäcker-Möschel, § 19, Rn.33; Langen/Bunte-Ruppelt, § 19, Rn.13.

556 So die Annahme in den US-amerikanischen Horizontal Merger Guidelines 1992 (in der Fassung vom 8. April 1997), para.1.11.

557 Hoppmann, Die Abgrenzung des relevanten Marktes, S.38; Monopolkommission, 5. Hauptgutachten, S.198, Tz.617.

558 Hoppmann, Die Abgrenzung des relevanten Marktes, S.38 f.; Kaufer, S.10; Immenga-Mestmäcker-Möschel, § 19, Rn.33. Wenn z.B. ein Monopolist bereits den *Cournot*-Preis ver-

scheitert die Anwendbarkeit des Konzepts der Kreuzpreiselastizität schlicht daran, dass den Unternehmen die Kreuzpreiselastizitäten selbst unbekannt sind und sie sich auch nicht theoretisch ableiten lassen[559].

Für die Abgrenzung des räumlich relevanten Marktes gelten – *mutatis mutandis* – dieselben Grundsätze wie für die Abgrenzung des sachlich relevanten Marktes. Auch hier ist die funktionelle Austauschbarkeit aus Sicht der Marktgegenseite das ausschlaggebende Kriterium[560], mit dem Unterschied, dass es nicht um die sachliche, sondern um die räumliche Austauschbarkeit der fraglichen Güter geht. Zum räumlich relevanten Markt gehören daher all jene Produkte und Dienstleistungen, die aus Sicht der jeweiligen Nachfrager ohne große Schwierigkeiten zu beziehen sind, bei denen also Entfernungen, sprachliche Hindernisse, Transportprobleme, Bearbeitungszeiten, Lieferzuverlässigkeit und -fristen, Zollschranken, Währungsunterschiede, Verfügbarkeit des Kundendienstes etc. keine Bezugshindernisse darstellen[561].

b) Die Marktabgrenzung im Rahmen der europäischen Missbrauchsaufsicht

Auch im Rahmen der europäischen Missbrauchsaufsicht dient die Abgrenzung des sachlich und räumlich relevanten Marktes als Bezugspunkt für das Bestehen einer marktbeherrschenden Stellung, d.h. der genauen Lokalisierung des Bereiches, in dem kein oder kein wirksamer Wettbewerb zwischen Unternehmen herrscht (*Marktmachtkonzept*)[562]. Diese Sichtweise kommt auch in der Bekanntmachung der EU-Kommission über die Abgrenzung des relevanten Marktes im Wettbewerbsrecht der Gemeinschaft zum Ausdruck:

> „Hauptzweck der Marktdefinition ist die systematische Ermittlung der Wettbewerbskräfte, denen sich die beteiligten Unternehmen zu stellen haben. Mit der Abgrenzung eines Marktes in sowohl seiner sachlichen als auch seiner räumlichen Dimension soll ermittelt werden, welche konkurrierenden Unternehmen tatsächlich in der Lage sind, dem Verhalten der beteiligten Unternehmen Schranken zu setzen und sie daran zu hindern, sich einem wirksamen Wettbewerbsdruck zu entziehen."[563]

---

langt, ohne dass dies den ermittelnden Beamten oder Richtern bekannt ist, so führt eine geringfügige Erhöhung dieses Preises (etwa um 5%) dazu, dass der relevante Markt zu weit abgegrenzt wird. Dann nämlich werden sich auch diejenigen, die bisher bereit waren, sogar den Monopolpreis zu zahlen, Substitutionsgütern zuwenden, so dass zu Unrecht der Eindruck der Austauschbarkeit entsteht. Zur Bestimmung des wahren Substitutionsverhaltens muss zunächst der hypothetische Wettbewerbspreis bestimmt werden (so auch Grabitz/Hilf-Jung, Art. 82, Rn.35).

559 Mestmäcker, Das marktbeherrschende Unternehmen, S.12; Hoppmann, Die Abgrenzung des relevanten Marktes, S.39.

560 Allgemeine Meinung, vgl. nur Immenga/Mestmäcker, § 19, Rn.35; Langen/Bunte-Ruppelt, § 19, Rn.25; FK-Paschke/Kersten, § 22, Rn.75; Bechtold, GWB, § 19, Rn.13; Maske, S.115. Zur Problematik der Beschränkung des räumlich relevanten Marktes auf das Bundesgebiet vgl. WuW/E BGH 3026, 3029 ff. – Backofenmarkt sowie FK-Paschke/Kersten, § 22, Rn.79 f.; Immenga/Mestmäcker-Möschel, § 19, Rn.35 a.E.; im Zusammenhang mit der Fusionskontrolle vgl. Mäger, BB 2001, S.1105 ff.

561 FK-Paschke/Kersten, § 22, Rn.75.

562 Grabitz/Hilf-Jung, Art. 82, Rn.26 f.; auch GTE-Schröter, Art. 86, Rn.103.

563 ABl. EG Nr. C 372 v. 9.12.1997, S.5, Tz.2.

Kommission und Gerichtshof nehmen die Abgrenzung des sachlich und räumlich relevanten Marktes in ständiger Praxis nach dem Prinzip der funktionellen Äquivalenz vor[564]. Den Grundsätzen des Bedarfsmarktkonzepts entsprechend stellt das Prinzip der funktionellen Äquivalenz maßgeblich auf die funktionelle Austauschbarkeit der Güter aus Sicht der Marktgegenseite ab[565]. Danach umfasst der relevante Markt all jene Güter, zwischen denen ein „hinreichender Grad von Austauschbarkeit im Hinblick auf die gleiche Verwendung“[566] besteht. In ihrer vorstehend zitierten Bekanntmachung hat die Kommission diese Grundsätze aufgegriffen und dahingehend zusammengefasst, dass der sachlich relevante Markt „sämtliche Erzeugnisse und/oder Dienstleistungen [erfasst], die von den Verbrauchern hinsichtlich ihrer Eigenschaften, Preise und ihres vorgesehenen Verwendungszwecks als austauschbar oder substituierbar angesehen werden“[567].

Bei der konkreten Ermittlung des „hinreichenden Grades der Austauschbarkeit“ ist die Kreuzpreiselastizität – mehr als für die deutschen Gerichte und das BKartA – für Kommission und Gerichtshof von maßgeblicher Bedeutung[568]. Der EuGH hat in *United Brands* schon früh das Konzept der Kreuzpreiselastizität – neben anderen Faktoren wie den spezifischen Eigenschaften von Bananen – zur Marktabgrenzung herangezogen und damit in der Praxis des EG-Kartellrechts etabliert[569]. Dem folgte das EuG, das sich in der *Hilti*-Entscheidung bei der Marktabgrenzung ebenfalls von fehlender Kreuzpreiselastizität leiten ließ[570]. In der Bekanntmachung über die Abgrenzung des relevanten Marktes stellt schließlich auch die Kommission den Preis in den „Mittelpunkt“, „genauer gesagt die Nachfragesubstitution aufgrund kleiner, dauerhafter Änderungen bei den relativen Preisen“. Hieraus, so die Kommission weiter, ließen sich

564 Immenga/Mestmäcker-Möschel, EG-Wettbewerbsrecht, Art. 86, Rn.43; Langen/Bunte-Dirksen, Art. 86, Rn.20. Schröter, demzufolge die Kommission von einem Prinzip der subjektiven Äquivalenz ausgeht, betont, dass zwischen diesem und dem der funktionellen Äquivalenz nur „Unterschiede in der Betonung“ bestehen. Zu beiden Begriffen Hoppmann, Die Abgrenzung des relevanten Marktes, S.35 ff. Durch die Kombination der Elemente funktionelle Austauschbarkeit und Sicht der Marktgegenseite sind die von Hoppmann aufgezeigten Unterschiede zwischen diesen Begriffen aus heutiger Sicht praktisch bedeutungslos, vgl. auch Langen/Bunte-Dirksen, Art. 82, Rn.21; Grabitz/Hilf-Jung, Art. 82, Rn.30 a.E.

565 Ständige Praxis und allgemeine Meinung, siehe nur Immenga/Mestmäcker-Möschel, Art. 86, Rn.44; GTE-Schröter, Art. 86, Rn.107 Fn.459, 460 m.w.Nachw.; Grabitz/Hilf-Jung, Art. 82, Rn.31, ebenfalls m.w.Nachw. in Fn.160.

566 EuGH Slg. 1973, 215, 248, Rn.32 – Continental Can; EuGH Slg. 1979, 461, 516 f., Rn.28 – Hoffmann-La Roche; EuG Slg. 1991-II, 1439, 1472, Rn.64 – Hilti; EU-Kommission ABl. EG Nr. L 272 v. 4.10.1988, S.27, 33 f. – Tetra Pak I – ständige Rechtsprechung.

567 ABl. EG Nr. C 372 v. 9.12.1997, S.5, Tz.7.

568 So Wettbewerbskommissar Monti in einer Rede in Helsinki am 5.10.2001 zum Thema „Market definition as a cornerstone of EU Competition Policy“ („In order to measure demand substitution, we use the hypothetical monopolist test, better known as SSNIP test... let me clarify that SSNIP stands for 'small but significant non-transitory increase in price'.“); ferner Grabitz/Hilf-Jung, Art. 82, Rn.35; Langen/Bunte-Dirksen, Art. 82, Rn.25.

569 EuGH Slg. 1978, 207, 282, Rn.23/33 – United Brands (Chiquita Bananen).

570 EuG Slg. 1991-II, 1439, 1475, Rn.75 f. – Hilti.

„klare Hinweise" für die Marktabgrenzung gewinnen[571]. In Anbetracht der bereits erwähnten theoretischen und praktischen Schwächen[572] sollte der Kreuzpreiselastizitäts-Test jedoch nur mit der gebotenen Zurückhaltung Anwendung finden[573].

Zu den weiteren Merkmalen, welche die Zugehörigkeit von Gütern zu einem bestimmten sachlich relevanten Markt begründen, gehören neben den Produktmerkmalen die Struktur von Angebot und Nachfrage sowie die Wettbewerbsbedingungen[574]. Zu letzteren gehören beispielsweise Verbrauchergewohnheiten, Systemumstellungskosten, Investitionen zur Schaffung der erforderlichen technischen Voraussetzungen oder Zugangsmöglichkeiten zu benachbarten Märkten[575]. Darüber hinaus können weitere geeignete Faktoren für die Bestimmung des „hinreichenden Grads an Austauschbarkeit" eine Rolle spielen. Hierauf weist die Kommission in ihrer einschlägigen Bekanntmachung ausdrücklich hin[576].

Da auch der *räumlich relevante Markt* nach dem Prinzip der funktionellen Äquivalenz abzugrenzen ist, geht es insoweit ebenfalls um die Ermittlung des „hinreichenden Grades an Austauschbarkeit" aus Sicht der Marktgegenseite, nun allerdings unter räumlichen Gesichtspunkten. Nach der vom EuGH geprägten Formel trifft dies für ein Gebiet zu, in dem „sich die objektiven Wettbewerbsbedingungen bei dem relevanten Erzeugnis für alle Unternehmen gleichen", insbesondere keine „wirtschaftlichen Schranken von Bedeutung zu überwinden" sind[577]. Die Kommission greift diese von der Rechtsprechung herausgearbeiteten Vorgaben auf und definiert den räumlich relevanten Markt – mit der Maßgabe, das den Kunden tatsächlich zur Verfügung stehende Alternativangebot zu bestimmen – als „das Gebiet, in dem die beteiligten Unternehmen die relevanten Produkte oder Dienstleistungen anbieten, in dem die Wettbewerbsbedingungen hinreichend homogen sind und das sich von benachbarten Gebieten durch spürbar unterschiedliche Wettbewerbsbedingungen unterscheidet"[578]. Entscheidend ist danach die Einheitlichkeit der Wettbewerbsbedingungen bezogen auf den Absatz all jener Produkte, die zum sachlich relevanten Markt gehören[579].

Die zur konkreten Abgrenzung des räumlich relevanten Marktes heranzuziehenden Umstände sind vielfältig[580]. Insgesamt gilt auch hier, dass die zuständigen Gemein-

---

571 ABl. EG Nr. C 372 v. 9.12.1997, S.5, Tz.15. Als kleine, bleibende Erhöhung der relativen Preise betrachtet die Kommission eine Anhebung der Preise um 5-10%, a.a.O., Tz.17.

572 Siehe oben, S.111 ff.

573 Ebenso Grabitz/Hilf-Jung, Art. 82, Rn.35; Auf Grundlage der Bekanntmachung über die Marktabgrenzung scheint sich auch die Kommission hierüber im Klaren zu sein, ABl. EG Nr. C 372 v. 9.12.1997, S.5, Tz.19.

574 Grabitz/Hilf-Jung, Art. 82, Rn.31 a.E., 34; Immenga/Mestmäcker-Möschel, Art. 86, Rn.46.

575 EuGH Slg. 1996-I, 5951, 6006, Rn.18 f.

576 ABl. EG Nr. C 372 v. 9.12.1997, S.5, Tz.25 („Die Kommission ist allen Formen des empirischen Nachweises gegenüber offen; sie ist bestrebt, alle verfügbaren Angaben zu nutzen, die im Einzelfall von Bedeutung sein können"), ferner Tz.36-43.

577 EuGH Slg. 1978, 207, 283 f., Rn.44, 36/38 – United Brands (Chiquita Bananen).

578 Bekanntmachung der Kommission über die Definition des relevanten Marktes, ABl. EG Nr. C 372 v. 9.12.1997, S.5, Tz.8 und 13.

579 Grabitz/Hilf-Jung, Art. 82, Rn.42; Langen/Bunte-Dirksen, Art. 82, Rn.31.

580 Vgl. nur die Auflistung möglicher Kriterien bei Langen/Bunte-Dirksen, Art. 82, Rn.33; Grabitz/Hilf-Jung, Art. 82, Rn.43 f.; ausführlich auch Maske, S.145 ff.

schaftsorgane bereit sind, alle geeigneten empirischen Nachweise bei der Marktabgrenzung zu berücksichtigen.

3. Geeignetheit der hergebrachten Kriterien der Marktabgrenzung im Netzwerkkontext?

Die vorstehenden Ausführungen zeigen, dass die Marktabgrenzung sowohl nach §§ 19, 20 GWB als auch nach Art. 82 EG nach Maßgabe des Kriteriums der funktionellen Austauschbarkeit sowie – im Gemeinschaftskartellrecht allerdings stärker als im deutschen Kartellrecht – mit Hilfe des Kreuzpreiselastizitätstests vorgenommen wird. Fraglich ist, ob diese beiden Kriterien auch zur Abgrenzung von Märkten mit starken Netzwerkeffekten und inkompatiblen Systemen geeignet sind. Das wäre der Fall, wenn die Abgrenzung von Netzwerkmärkten mit Hilfe der vorstehend genannten Kriterien im Ergebnis dazu führt, dass der *„area of effective competition“* in möglichst hohem Maße mit den realen Wettbewerbsverhältnissen übereinstimmt.

a) Geeignetheit des Kriteriums der funktionellen Austauschbarkeit

Während das Kriterium der funktionellen Austauschbarkeit auf traditionellen Märkten bei aller Kritik[581] im Großen und Ganzen zu sachgerechten Ergebnissen führt, ist auf Netzwerkmärkten das Gegenteil der Fall. Werden Netzwerkmärkte mit Hilfe dieses Kriteriums abgegrenzt, so hat das Ergebnis mit der wettbewerblichen Wirklichkeit wenig zu tun[582]. Grund hierfür ist die dem Kriterium der funktionellen Austauschbarkeit immanente statische Betrachtungsweise, die nicht einmal ansatzweise geeignet ist, die unberechenbare Dynamik *Schumpeter'*schen Innovationswettbewerbs bei der Marktabgrenzung zu berücksichtigen.

Ob aus Sicht der Marktgegenseite (kurzfristig) Alternativen zum Produkt des marktbeherrschungsverdächtigen Unternehmens zur Verfügung stehen, ist nach Maßgabe des Kriteriums der funktionellen Austauschbarkeit (erst recht im Rahmen der Missbrauchsaufsicht) stets und allein aufgrund der augenblicklichen Anbietersituation auf dem Markt zu beurteilen. Dabei wird die eigentlich entscheidende Frage nach möglichen Alternativen im Wettbewerb um den Markt, die zwar im Zeitpunkt der Marktabgrenzung (noch) nicht die Marktreife erlangt haben, gleichwohl jedoch im

---

581 Vgl. Hoppmann, Die Abgrenzung des relevanten Marktes, S.39 f.; Kaufer, S.18. Betrachtet man die Wirklichkeitsferne ökonomischer Modelle einschließlich der Begrenztheit juristischen Erkenntnismöglichkeiten bezüglich wirtschaftlicher Zusammenhänge, unter denen die Marktabgrenzung zu leiden hat und die sie letztlich zu einem Wertungsvorgang (und nicht zum Resultat eines exakten erfahrungswissenschaftlichen Erkenntnisprozesses) werden lässt, so erhellt der Hinweis *Mestmäckers* auf die resignierende Feststellung eines amerikanischen Kommentators, wonach man nur hoffen könne, dass das Urteil des Juristen über die Abgrenzung des relevanten Marktes im Einzelfall Anzeichen von Rationalität aufweise, Mestmäcker, Das marktbeherrschende Unternehmen, S.13, unter Hinweis auf Hale & Hale, Market Power: Size and Shape under the Sherman Act, 1958, S.112.

582 So bereits früh Jorde/Teece, JITE 147 (1991), S.118, 123 f.; ebenso Clapes, International Antitrust Law & Policy, 1997, S.601, 603 („artificial narrow markets“); Ahlborn/Evans/Padilla, ECLR 2001, S.156, 162 („excessively narrow markets“); Veljanovski, ECLR 2001, S.115, 118; kritisch auch Katz/Shapiro, S.29, 38 ff.

Wettbewerb um die nächste erfolgreiche Innovation bereits eine Rolle spielen, überhaupt nicht gestellt. Die statt dessen in den Blick genommenen aktuell oder kurzfristig verfügbaren Alternativen auf dem Markt werden jedoch angesichts der monopolistischen Struktur der hier beschriebenen Märkte regelmäßig nicht zur Verfügung stehen, was wiederum zu dem – irrigen – Schluss verleitet, dass jedes *de facto-Standard*netzwerk als selbständiger Markt anzusehen ist. Prüft man aber umgekehrt, ob der erfolgreiche Förderer eines Netzwerkes trotz hoher Innovationsraten tatsächlich ohne Wettbewerber ist, zeigt sich, dass der mit Hilfe des Kriteriums der funktionellen Austauschbarkeit abgegrenzte Markt den tatsächlichen Wettbewerbsverhältnissen nicht entspricht.

Diese These lässt sich anhand der Abgrenzung des Marktes für Intel-kompatible PC-Betriebssysteme durch die mit dem *Microsoft*verfahren befassten Gerichte und die insoweit zustimmende Anmerkung von *Fleischer/Körber*[583] belegen. Auf der einen Seite war der von *„middleware“*[584] (insbesondere *Suns* „Java“ und *Netscapes* „Navigator“) ausgehende Wettbewerbsdruck in beiden Instanzen des *Microsoft*verfahrens unbestritten[585]. Auf der anderen Seite aber urteilten die Gerichte, dass *„middleware“* nicht zu den aktuell oder kurzfristig verfügbaren Alternativen zu *Windows* gehöre, so dass diese Art von Betriebssystemsoftware bei der Abgrenzung des sachlich relevanten Marktes unberücksichtigt blieb. *Fleischer/Körber* schließen sich dieser Auffassung ausdrücklich mit dem Hinweis an, dass *„middleware“* noch nicht in den Betriebssystem-Markt einzubeziehen sei, weil es im Zeitpunkt der Entscheidung an einer funktionellen Austauschbarkeit mit *Windows* gefehlt habe. Daraus, so *Fleischer/Körber* wei-

583 U.S. v. Microsoft Corp., 253 F.3d 34 (D.C. Cir. 2001); Fleischer/Körber, K&R 2001, S.623 ff; ungeachtet der im Verlauf des US Verfahrens diskutierten Fragen der Marktabgrenzung, bedient sich auch die EU-Kommission unkritisch der hergebrachten Kriterien der Austauschbarkeit aus Sicht der Marktgegenseite und der Angebotsumstellungsflexibilität, vgl. EU-Kommission vom 24.3.2004 COMP/C-3/37.792 Rn.324 ff.

584 Bei „Middleware“ handelt es sich um Programme, die weder Betriebssystem noch Anwendungssoftware sind. Vielmehr ist „Middleware“ – daher der Name – eine zwischen Betriebssystem und Anwendungsprogrammen liegende „Programmschicht“, deren APIs (Anwendungsprogrammschnittstellen) eine Adapterfunktion haben. Die APIs von „Middleware“ sorgen für die Interoperabilität der APIs von an sich inkompatibler Betriebs- und Anwendungssoftware. Sobald „Middleware“ über alle APIs verfügt, um beliebige Anwendungssoftware mit beliebigen Betriebssystemen kombinieren zu können, verlöre Windows seinen proprietären Charakter und damit seine gewinnträchtige Plattformfunktion, vgl. auch U.S. v. Microsoft Corp. 253 F.3d 34, 53 (D.C. Cir. 2001).

585 In der ersten Instanz vgl. U.S. v. Microsoft Corp., 84 F. Supp. 2d, 56 ff. (D.D.C. 1999), U.S. v. Microsoft Corp., 87 F. Supp. 2d, 30, 39. In der Berufungsinstanz vgl. U.S. v. Microsoft Corp., 253 F.3d 34, 74 ff., 79 (D.C. Cir. 2001); deutlich auch Flamm, S.284 („Certainly *Microsoft's challengers* – Sun and Java , in particular – have portrayed Java as the operating system of the future, the *universal* interface for running server-based applications in network computer world. Java is a threat to the future of Microsoft's Windows profits if the network computer vision happens, and Microsoft's willingness to fight with no holds barred is understandable.“ (Kursivsetzung hinzugefügt); ebenso Fisher, American Economic Review (Papers & Proceedings) 90 (2000), S.180, 182; Shelanski/Sidak unter Berufung auf William Baxter, University of Chicago Law Review 68 (2001), S.1, 14 f.

ter, folge, dass es sich bei „*middleware*" „lediglich um potentielle Substitutionsprodukte, genauer: um Substitutionsprodukte „im Werden"" handele[586].

Schon auf den ersten Blick fällt auf, dass weder die *Microsoft*-Gerichte noch *Fleischer/Körber* umhin können, einen neuen Begriff zur Einordnung von „*middleware*" einzuführen. In der Entscheidung des Berufungsgerichts ist dies der Begriff des „*nascent competitor*". Bei *Fleischer/Körber* sind es die „Substitutionsprodukte im Werden". Beide Begriffe sind sprachliche Kunstgriffe, die dazu dienen sollen, einerseits die von „*middleware*" ausgehende wettbewerbliche Bedrohung zur Kenntnis zu nehmen, andererseits jedoch zu begründen, weshalb „*middleware*" gleichwohl nicht als aktueller oder potentieller Wettbewerber in den sachlich relevanten Markt für Intel-kompatible PC-Betriebssysteme einzubeziehen ist. Dementsprechend kommt das in beiden Begriffen angelegte Spannungsverhältnis zwischen Wettbewerbswirkung auf der einen und fehlender kurzfristiger Austauschbarkeit auf der anderen Seite deutlich zum Ausdruck. Das Bundesberufungsgericht und ihm folgend *Fleischer/Körber* lösen dieses Spannungsverhältnis einseitig zu Lasten der Wettbewerbswirkung von „*middleware*", indem sie strikt am Kriterium der funktionellen Austauschbarkeit festhalten[587]. Statt jedoch auf der Anwendung dieses neoklassisch geprägten Kriteriums um den Preis eines greifbaren[588] Auseinanderfallens von Anspruch und Wirklichkeit der Marktabgrenzung zu beharren, hätte das Berufungsgericht die Gelegenheit nutzen sollen, um einen ganz neuen Ansatz zur Abgrenzung von Märkten mit starken Netzwerkeffekten zu entwerfen.

Zentraler Ausgangspunkt für die juristische Erfassung eines wirtschaftlichen Sachverhaltes ist der relevante Markt als rechtlicher Bezugspunkt zur Bestimmung des „*area of effective competition"*. Dies gilt unverändert auch für die Abgrenzung von Netzwerkmärkten. Die im *Microsoft*verfahren vorgenommene Abgrenzung des Marktes für Intel-kompatible PC-Betriebssysteme stimmt allerdings nicht mit dieser Prämisse überein. Vielmehr lässt die Beschränkung des sachlich relevanten Marktes auf Intel-kompatible PC-Betriebssysteme zumindest die von „*middleware*" – aber wohl auch von sonstigen innovativen Softwareprodukten – ausgehende Wettbewerbsdrohung unberücksichtigt. Ursache dafür ist die einseitige Ausrichtung des Kriteriums der funktionellen Austauschbarkeit auf die Wettbewerbssituation auf dem Markt, die sich nur aus der statischen Vorstellungswelt der neoklassischen Theorie heraus erklären lässt[589]. Die „kurzfristige" Verfügbarkeit von Alternativen, die dem Produkt des

---

586 Fleischer/Körber, K&R 2001, S.623, 626 (Hervorhebung im Original).

587 Den gleichen Fehler begeht die EU-Kommission, indem sie zur Begründung der Marktbeherrschung entscheidend auf das Fehlen der kurzfristigen Austauschbarkeit von PCs und nicht-PCs abstellt („That non-PC client devices *do not currently* constitute substitutes for client PCs has already been establihed.... This is th edetermining factor in any analysis of market definition and dominance in this context.").

588 Auf diesen Widerspruch hat *Microsoft* bereits während des Verfahrens aufmerksam gemacht, allerdings ohne Erfolg: „According to Microsoft it is „contradictory"...to define the relevant market to exclude the „very competitive threats that gave rise" to the action", United Sates v. Microsoft Corp., 253 F.3d 34, 54 (D.C. Cir. 2001).

589 Zur neoklassischen Theorie vollständiger Konkurrenz siehe oben, S.47 ff.; ebenso Kaufer, S.19; Schmidtchen, S.159.

marktbeherrschungsverdächtigen Unternehmens nach Preis, Eigenschaften und Verwendungszweck so nahe stehen, dass sie aus Sicht der Marktgegenseite „ohne weiteres“ oder „ohne großes Nachdenken“ als austauschbar anzusehen sind, steht in engem Zusammenhang mit den Prinzipien der vollständigen Unterschiedslosigkeit und Markttransparenz. Die daraus resultierende einseitige Ausrichtung auf gegenwärtige vorhandene Produkte, (kurzfristig) verfügbare Austauschmöglichkeiten und parallelen Wettbewerb zu Grenzkostenpreisen unterstreicht den statischen Charakter dieser Betrachtungsweise, die auch insoweit, d.h. in ihrer Beschränkung auf eine „Momentaufnahme“ des gegenwärtigen Zustandes des Marktes mit dem neoklassischen Modell übereinstimmt.

Die Anwendung des Kriteriums der funktionellen Austauschbarkeit führt somit zu einer Fokussierung auf die Wettbewerbsverhältnisse auf dem Markt, die zugleich eine Ausblendung des Wettbewerbs um den Markt bedeutet. Folglich können die mit Hilfe dieses Kriteriums abgegrenzten Netzwerkmärkte die tatsächlich vorhandenen Wettbewerbskräfte nicht zutreffend erfassen. Dies wiederum verleitet – wie im *Microsoft*verfahren – vorschnell zu der Annahme, dass der erfolgreiche Förderer eines Netzwerkes wegen seiner faktischen Alleinstellung auf dem sachlich relevanten Markt praktisch ohne Wettbewerb ist. In Wirklichkeit aber ist schon die dieser Annahme zugrundeliegende Marktabgrenzung unzutreffend. Mithin ist das Kriterium der funktionellen Austauschbarkeit nicht geeignet, Märkte mit starken Netzwerkeffekten bei gegebenem Systemwettbewerb unter den Bedingungen *Schumpeter'*schen Innovationswettbewerbs so abzugrenzen, dass das Ergebnis dieser juristischen Übung den tatsächlichen Wettbewerbsverhältnissen auch nur annähernd gerecht wird.

b) Geeignetheit des Kriteriums der Kreuzpreiselastizität

Das Kriterium der Kreuzpreiselastizität ist ebenfalls nicht geeignet, Märkte mit starken Netzwerkeffekten richtig, d.h. im Sinne einer möglichst weitgehenden Übereinstimmung mit den realen Wettbewerbsverhältnissen abzugrenzen[590]. Der Kreuzpreiselastizitätstest hat dieselben neoklassischen Wurzeln wie das Kriterium der funktionellen Austauschbarkeit. Insofern begegnet auch das Konzept der Kreuzpreiselastizität dem Einwand der statischen Betrachtungsweise, die einseitig auf die Situation auf dem Markt gerichtet ist, während die Dynamik des technischen Wandels als Hauptantriebskraft des Wettbewerbs unberücksichtigt bleibt.

Darüber hinaus gibt es weitere Gesichtspunkte, welche gegen die Geeignetheit des Kriteriums der Kreuzpreiselastizität sprechen. Schon bei der Abgrenzung von Märkten mit parallelem Preiswettbewerb ist der Kreuzpreiselastizitätstests mit theoretischen wie praktischen Schwächen behaftet[591]. Auf Netzwerkmärkten jedoch ist die Anwendung dieses Tests erst recht ungeeignet, weil der Preis als Wettbewerbsparameter nur eingeschränkte Bedeutung hat und deshalb nicht als maßgebliches Kriterium für die Marktabgrenzung in Betracht kommt. Ausgangspunkt für die Ermittlung der Kreuz-

---

590 Ebenso Lind/Muysert, ECLR 2003, S.87, 88.

591 Siehe bereits oben, S.112 f. Allgemein auch Grabitz/Hilf-Jung, Art. 82, Rn.35 a.E. („Untauglich ist der Kreuzpreiselastizitäts-Test..., wenn der Preis ... nur ein im Verhältnis zu anderen Gesichtspunkten ... unbedeutendes Kriterium für die Entscheidung des Abnehmers darstellt.“).

preiselastizität zwischen zwei Gütern A und B ist die Kenntnis des Wettbewerbspreises. Da die exakte Ermittlung des Wettbewerbspreises außerhalb des neoklassischen Modells praktisch kaum möglich ist, behelfen sich die Kartellbehörden (insbesondere EU-Kommission und FTC) mit dem „geltenden Marktpreis“[592] bzw. dem *„prevailing market price“*[593]. Auf Netzwerkmärkten ist jedoch schon die Orientierung am Wettbewerbspreis zu Grenzkosten unzutreffend[594]. Angesichts der Kostenstruktur von Informationsgütern (hohe Fixkosten und praktisch zu vernachlässigende Grenzkosten) müssen die Preise mindestens den Durchschnittskosten entsprechen, wenn nicht die wirtschaftliche Tätigkeit der Unternehmen auf Dauer ein Verlustgeschäft sein soll[595].

Die Ermittlung von Kreuzpreiselastizitäten auf Basis der Durchschnittskosten aber wäre mit noch größeren Unsicherheiten behaftet als die Durchführung des Kreuzpreiselastizitätstests gemäß der Preis = Grenzkosten-Regel. Der auf Durchschnittskosten beruhende Wettbewerbspreis wäre auf den Märkten der New Economy kaum je zuverlässig zu ermitteln. Zum einen gibt es wegen der Möglichkeit zur Preisdifferenzierung typischerweise nicht nur einen einzigen, sondern unterschiedliche Preise, in denen sich die Zahlungsbereitschaft der Kunden wiederspiegelt[596]. Zum anderen wird die Ermittlung des Wettbewerbspreises durch die Existenz von Switching Costs erschwert. Sie können das Ergebnis der im Rahmen des Kreuzpreiselastizitätstests durchzuführenden hypothetischen Preiserhöhung um 5-10%[597] unter Umständen erheblich verfälschen. Gerade wenn besonders enge standardspezifische Bindungen der Adoptoren an ein Netzwerk (*„Lock in“*) bestehen, müsste die Preiserhöhung seitens des Förderers des betreffenden Netzwerks viel höher ausfallen, um die Adoptoren zu einem Wechsel zu veranlassen.

c) Fazit

Die hergebrachten Kriterien der funktionellen Austauschbarkeit und Kreuzpreiselastizität sind wegen ihrer engen Verbindung mit den wettbewerbstheoretischen Vorstellungen der neoklassischen Theorie nicht zur Abgrenzung von Netzwerkmärkten geeignet. Da beide Kriterien auf parallelen Preiswettbewerb zugeschnitten sind, können sie unter den Bedingungen parallel verlaufenden Innovationswettbewerbs nicht zu sachgerechten Ergebnissen führen. Die mit Hilfe dieser Kriterien abgegrenzten Märkte

---

592 Bekanntmachung der Kommission über die Definition des relevanten Marktes, ABl. EG Nr. C 372 v. 9.12.1997, S.5, Tz.19.

593 Horizontal Merger Guidelines 1992 (in der Fassung vom 8. April 1997), para. 1.11. Dort findet sich auch der ausdrückliche Hinweis darauf, dass man davon ausgehe, dass dieser Preis dem Wettbewerbspreis am ehesten entspreche, es sei denn es finden sich Hinweise darauf, dass der Marktpreis bereits durch missbräuchliche Verhaltensweisen verfälscht sei.

594 Ebenso Bishop/Walker, S.37 (2.45 – "Any benchmark for effective competition based on marginal cost pricing is not appropriate for markets of this type.").

595 Zum Defizitproblem im natürlichen Monopol siehe oben, S.122 und S.103 ff. passim.

596 Shapiro/Varian, S.38 ff.; Evans, S.21, 26. Zu den Möglichkeit der Preisdifferenzierung siehe oben, S.100 ff.

597 Vgl. die Horizontal Merger Guidelines 1992 (in der Fassung vom 8. April 1997), para. 1.11 sowie die Bekanntmachung der Kommission über die Definition des relevanten Marktes, ABl. EG Nr. C 372 v. 9.12.1997, S.5, Tz.17.

stimmen mit den tatsächlich vorhandenen Wettbewerbskräften nicht überein. Diese Erkenntnis wirft die Frage auf, ob statt der traditionellen Kriterien der funktionellen Austauschbarkeit und der Kreuzpreiselastizität andere Möglichkeiten bestehen, um bei der Abgrenzung von Netzwerkmärkten zu sachgerechten Ergebnissen zu gelangen.

4. Alternative Überlegungen zur Marktabgrenzung

Die Ursache des Auseinanderfallens von juristischer Marktabgrenzung und tatsächlichen Wettbewerbsverhältnissen ist das Fehlen eines geeigneten Abgrenzungsinstrumentariums bei sequentiell verlaufendem Innovationswettbewerb um den Markt. Ziel denkbarer Modifikationen muss es daher sein, den relevanten Markt so zu bestimmen, dass sämtliche Waren und Dienstleistungen Berücksichtigung finden, von denen Wettbewerbsdruck auf das Produkt des marktbeherrschungsverdächtigen Unternehmens ausgeht. Folglich muss die Lösung des Problems bei der Entwicklung eines geeigneten Kriteriums zur Abgrenzung von Netzwerkmärkten ansetzen[598].

Aus den vorstehenden Überlegungen ergibt sich, dass es zur sachgerechten Abgrenzung von Netzwerkmärkten erforderlich ist, diejenigen Güter in den sachlich relevanten Markt miteinzubeziehen, von denen im Zeitpunkt der Entscheidung (der Wettbewerbsbehörden oder Gerichte) eine wettbewerbliche Bedrohung für die Produkte des marktbeherrschungsverdächtigen Unternehmens ausgeht. Das Entwicklungsstadium der betreffenden Produkte, d.h. die Frage, ob sie die Marktreife bereits erlangt haben oder (möglicherweise) erst noch erlangen werden, spielt insoweit keine Rolle. Entscheidend ist allein die von den jeweiligen Produkten ausgehende Wettbewerbswirkung. Im Netzwerkkontext muss dieses Kriterium an die Stelle der hergebrachten Kriterien der funktionellen Austauschbarkeit und der Kreuzpreiselastizität treten, an denen im *Microsoft*verfahren – wie gezeigt – zu Unrecht festgehalten wurde. Erst wenn man sich von der überkommenen statischen Betrachtungsweise (und der damit verbundenen Dichotomie zwischen aktuellem und potentiellem Wettbewerb) löst und allein auf das Kriterium der Wettbewerbswirkung abstellt, gewinnt man die Flexibilität, die notwendig ist, um der Dynamik *Schumpeter'*schen Innovationswettbewerbs bei der Marktabgrenzung gerecht zu werden.

---

598 Lind/*Muysert* scheinen dagegen den Missbrauch einer marktbeherrschenden Stellung auf Netzwerkmärkten nachweisen zu wollen, ohne zuvor den relevanten Markt abzugrenzen. Der angebliche Vorzug des von Ihnen in einer Studie für das britische OFT entwickelten "first principles approach" besteht darin, dass die Prüfung direkt mit dem (möglicherweise) missbräuchlichen Verhalten beginnt („...the „first principles approach" ... focuses the analysis of anticompetitive conduct directly upon the alleged conduct itself..."). In Bezug auf die bisherige Praxis der Missbrauchsaufsicht im UK und in der EU kritisieren sie, dass „...a structure of analysis has evolved that begins with market definition and proceeds to the determination of market power or dominance, and only then focuses upon the anticompetitive abuse and its consequences. This structural procedure can lead to errors in any case, but is particularly prone to producing errors in dynamically competitive markets.", vgl. *dies.*, ECLR 2003, S.87, 88. Der Nachweis eines missbräuchlichen Verhaltens unter Verzicht auf die Abgrenzung des relevanten Marktes jedoch ist, trotz der unbestrittenen (theoretischen und praktischen) Unzulänglichkeiten dieses Vorgangs, *de lege lata* abzulehnen (vgl. oben, S.110 ff.).

Für die Abgrenzung von Netzwerkmärkten mit Hilfe des flexibleren Kriteriums der Wettbewerbswirkung spricht insbesondere die Unberechenbarkeit des Verlaufs *Schumpeter'*schen Innovationswettbewerbs. Die Unberechenbarkeit von Innovationen[599] und damit des Prozesses der „schöpferischen Zerstörung" ist mit der Planbarkeit des Wettbewerbs neoklassischer Prägung nicht zu vergleichen. Im Gegensatz zu Preiswettbewerb, bei dem es um die Einsparung von Kosten und Verbesserung der Qualität auf der Grundlage bis ins Kleinste festgelegter Produktionsabläufe geht, zeichnet sich das Wesen *Schumpeter'*schen Innovationswettbewerbs durch Unsicherheiten, Unplanbarkeit und Überraschungen aus. Die Unterschiede zwischen beiden Arten von Wettbewerb hat *Arthur* prägnant folgendermaßen beschreiben:

> „Let us look at the two different cultures of competition. In bulk processing, a set of standard prices typically emerges. Production tends to be repetitive – much the same from day to day or even from year to year. Competing therefore means keeping product flowing, trying to improve quality, getting costs down. There is an art to this sort of management, one widely discussed in the literature. It favors an environment free of surprises or glitches – an environment characterized by control and planning. ... Competition is different in knowledge-based industries because the economics are different ... then managing becomes redefined as a series of quests for the next technological winner – the next cash cow. The goal becomes the search for the Next Big Thing."[600]

Als Kontrollüberlegung für die Richtigkeit der hier vorgeschlagenen Ersetzung des traditionellen Instrumentariums der Marktabgrenzung im Netzwerkkontext mag wiederum das *Microsoft*verfahren dienen. Wird der sachlich relevante Markt nicht nach Maßgabe des hergebrachten Kriteriums der funktionellen Austauschbarkeit, sondern anhand der von anderen Produkten ausgehenden Wettbewerbswirkung abgegrenzt, sind neben *„middleware"* auch sämtliche nicht Intel-kompatiblen PC-Betriebssysteme und Betriebssysteme für sonstige Hardware (außer PCs)[601] in den Markt miteinzubeziehen, sofern sie das Kriterium der Wettbewerbswirkung – unabhängig vom Grad der Marktreife[602] – erfüllen. Da *Microsoft* in Anbetracht der Unberechenbarkeit *Schumpeter'*schen Innovationswettbewerbs nicht das ruhige Leben eines marktbeherrschenden Monopolisten führen kann, sondern stets mit innovativen Vorstößen der Wettbewerber rechnen muss, ist die Einbeziehung der Produkte in den relevanten Markt nicht nur gerechtfertigt, sondern sogar zwingend geboten. Nur so kann es gelingen, den sachlich relevanten Markt als Bezugspunkt des *„area of effective competition"* in größtmögliche Übereinstimmung mit den realen Wettbewerbsverhältnissen zu bringen.

Weiter hat die hier vorgeschlagene Vorgehensweise den Vorzug, dass sich die Frage, welche Produkte im Zeitpunkt der Entscheidung als wettbewerbliche Bedrohung

---

599 Illustrativ dazu ein Ausschnitt aus der Industriegeschichte mit einem Überblick über den Ursprung verschiedener bahnbrechender Erfindungen, die ursprünglich ganz anderen Zwecken dienen sollten, Financial Times Deutschland vom 29.6.2001, Beilage Weekend, S. 1.

600 Arthur, Harvard Business Review 7/8 1996, S.100, 104.

601 Vgl. auch U.S. vs. Microsoft Corp., 253 F. 3d 34,52 (D.C. Cir. 2001)

602 Bei realistischer Betrachtung ist allerdings davon auszugehen, dass Produkte, die noch ganz am Anfang ihrer Entwicklung stehen, in aller Regel kaum als Wettbewerbsfaktor wahrgenommen werden.

anzusehen sind, ohne weiteres anhand der bekannten und bewährten, vorstehend bereits genannten Ermittlungsmethoden (z.B. Befragung der Wettbewerber etc.)[603] beantworten lässt. Damit bedarf es im Rahmen der Missbrauchsaufsicht keiner u.U. weit in die Zukunft gerichteten Prognoseentscheidung. Insofern ist auch *Montis* grundsätzliche Skepsis gegenüber einer dynamischeren Handhabung der hergebrachten Regeln des Kartellrechts im Bereich der New Economy nicht gerechtfertigt[604].

Zusammenfassend erweist sich die Abgrenzung von Netzwerkmärkten allein danach, welche Produkte im Zeitpunkt der Entscheidung aus Sicht der Marktgegenseite die Position des marktbeherrschungsverdächtigen Unternehmens im Wettbewerb um den Markt bedrohen, d.h. das Potential besitzen, selbst zum *de facto-Standard* am Markt zu werden, als adäquates Mittel, um den relevanten Markt so weit wie möglich mit den tatsächlichen Wettbewerbsverhältnissen in Übereinstimmung zu bringen. Nur unter dieser Prämisse ist auch davon auszugehen, dass die Ergebnisse der Missbrauchsaufsicht den besonderen Bedingungen der hochdynamischen und zugleich hochkonzentrierten Märkte der Netzwerkindustrie gerecht werden.

II. Marktbeherrschung

1. Allgemeine Überlegungen zur Marktbeherrschung

Der – gedanklich – zweite Schritt der Prüfung einer marktbeherrschenden Stellung ist die Feststellung des Beherrschungsgrades auf dem zuvor abgegrenzten Markt. Die eingangs erwähnte Frage, ob die Besonderheiten sequentiellen Innovationswettbewerbs um Netzwerkmärkte Modifikationen am überkommenen Konzept der Marktbeherrschung erfordern, stellt sich hier in besonderer Schärfe. Die Klärungsbedürftigkeit dieser Frage erhellt, wenn man bedenkt, dass im deutschen Kartellrecht die gesetzliche Vermutung besteht, dass es sich bei einem „*winner takes all*"- oder „*winner takes most*"-Szenario stets um ein marktbeherrschendes Voll- oder Quasimonopol handelt (§ 19 Abs. 2 Satz 1 Nr. 1 1. und 2. Alt. i.V. mit Abs. 3 Satz 1 GWB). Ähnlich verbinden auch Kartellbehörden und Gerichte die Existenz von zum Teil sehr hohen Marktanteilen häufig und fast schon automatisch mit der Annahme von Marktbeherrschung[605].

603 Siehe oben, S. 111, 115.

604 Monti, Rede anlässlich der 10th International Conference on Competition des Bundeskartellamtes am 21.5.2001 in Berlin: „[W]e do not have the luxury of being able to see how the market develops in the future. We have to take a view on the basis of what we know today."

605 EuGH Slg.1979, 461, 521, Rn.41 – Hoffmann-La Roche/Vitamine („Wenn die Bedeutung der Marktanteile von einem Markt zum anderen unterschiedlich sein kann, so kann man zu Recht annehmen, dass besonders hohe Anteile – von außergewöhnlichen Umständen abgesehen – ohne weiteres den Beweis für das Vorliegen einer beherrschenden Stellung liefern."); zur Entscheidungspraxis der Kommission Langen/Bunte-Dirksen, Art. 82, Rn.38; zum GWB vgl BKartA, Das Untersagungskriterium in der Fusionskontrolle, S.3; Immenga/Mestmäcker-Möschel, § 19, Rn.50; anders jedoch zu Recht das BKartA in der Entscheidung vom 23.12.2005 B 7 162/05 – Adobe Systems/Macromedia Rn.42, 50, 63, 69, wo das Bundeskartellamt ganz zu Recht auf die generell eingeschränkte Aussagekraft des Marktanteils auf den betroffenen Softwaremärkten hinweist und beispielsweise feststellt, dass trotz eines gemeinsamen Marktanteils von deutlich über 66% aus marktstrukturellen Gründen nicht von Einzel- oder oligopolistischer Marktbeherrschung auszugehen ist.

Damit besteht sowohl nach deutschem wie nach europäischem Kartellrecht die Gefahr, dass das Bestehen einer marktbeherrschenden Stellung auf Netzwerkmärkten vorschnell und zu Unrecht bejaht wird[606].

Grund für die reflexartige Annahme von Marktbeherrschung bei hohen Marktanteilen ist die neoklassisch geprägte Vorstellung, dass die Höhe der Marktanteile Rückschlüsse auf die Wettbewerbsposition eines Unternehmens zulässt. Vom Leitbild polypolistischen Wettbewerbs aus betrachtet ist diese Verknüpfung durchaus plausibel. Danach ist das Bestehen von Marktmacht um so wahrscheinliche, je höher der Anteil des marktbeherrschungsverdächtigen Unternehmens zu veranschlagen ist[607]. Diese Sichtweise widerspricht jedoch den auf Netzwerkmärkten herrschenden Wettbewerbsverhältnissen. Zwar kann auch der Förderer eines Netzwerks selbstverständlich über eine marktbeherrschende Stellung verfügen. Bei der Beurteilung dieser Frage ist jedoch stets zu berücksichtigen, dass die monopolistische Struktur von Netzwerkmärkten Ausfluss des natürlichen Gleichgewichts dieser Märkte ist, so dass der Wettbewerb nicht auf dem Markt, sondern sequentiell, d.h. in einer Abfolge temporärer (Quasi)-Monopole um den Markt stattfindet.

Teilweise jedoch hat sich bereits die Erkenntnis durchgesetzt, dass Marktanteile insbesondere unter den Bedingungen von Innovationswettbewerb nicht die Aussagekraft besitzen, die ihnen aus Sicht der in neoklassischen Denkmustern verhafteten Praxis üblicherweise zugeschrieben wird. In der EU-Kommissionspraxis hat sich diese Einsicht bisher in einigen Fusionskontrollentscheidungen aus den Bereichen Pharmazie, Biotechnologie und Life Science niedergeschlagen. Bei diesen Märkten handelt es sich zwar nicht um Netzwerkmärkte. Gleichwohl sind sie von Innovationswettbewerb und damit von zahlreichen, schnell aufeinanderfolgenden technischen Entwicklungen gekennzeichnet. In der Fusionskontrollentscheidung *American Cyanamid/Shell* beispielsweise führte die Kommission aus

> „that an analysis focusing on market shares alone is not particularly probative in a dynamic and R&D-intensive industry such as this, where market shares may be volatile because new products and, indeed, new technologies are being introduced by the large number of international competitors“[608].

Weitere Hinweise auf eine dynamische, d.h. rasche Veränderungen berücksichtigende Beurteilung von Marktanteilen finden sich auch in Sachen *Ciba-Geigy/Sandoz*, aus deren Fusion *Novartis* hervorgegangen ist. Dort verneinte die Kommission trotz sehr hoher Marktanteile das Bestehen einer marktbeherrschenden Stellung u.a. wegen Zahl und Stärke von Wettbewerbern mit erheblichem Forschungs- und Entwicklungspotential sowie wegen der schnellen Abfolge, mit der neue Produkte die bisherigen ablösten[609].

---

606 Ebenso Ahlborn/Evans/Padilla, ECLR 2001, S.156, 162.

607 Kritisch dazu Schmidtchen, S.158 f.; ähnlich FK-Paschke/Kersten, § 22, Rn.155, unter ökonomischen Gesichtspunkten auch Grabitz/Hilf-Jung, Art. 82, Rn.79 a.E.; Harbord/von Graevenitz, ECLR 2000, S.151, 152 ff.

608 EU-Kommission IV/M.354 vom 1.10.1993 - American Cyanamid/Shell, Rn.33.

609 EU-Kommission IV/M.737 vom 17.7.1996 – Ciba-Geigy/Sandoz, Rn.170, 176. Zustimmend über den Bereich der bisherigen Kommissionsentscheidungen hinaus Cook/Kerse, S.154 („This approach is particularly necessary in the pharmaceutical area but is by no means unique to it“).

Auf diesem Hintergrund deutet sich bereits an, dass das Bestehen einer marktbeherrschenden Stellung auf zugleich hochkonzentrierten und hochdynamischen Netzwerkmärkten nicht primär eine Frage von Marktanteilen ist. Vielmehr bedarf es zur Ermittlung von Bestehen und Intensität einer marktbeherrschenden Stellung einer Rückbesinnung auf die in diesem Zusammenhang von *Mestmäcker* formulierte Rechtsfrage, „ob und inwieweit der Wettbewerb in so hohem Maße funktionsunfähig ist, dass die Neutralisierung wirtschaftlicher Macht nicht mehr dem Markt überlassen werden kann, sondern zur Aufgabe des Rechts wird“[610].

Da der Wettbewerbsprozess in Gegenwart starker Netzwerkeffekte nicht vom Kampf um niedrigere Preise, sondern vom Ringen um „*The Next Big Thing*“ in Gang gehalten wird, hat sich die Ermittlung von Marktbeherrschung von der Frage leiten zu lassen, was passieren würde, wenn das führende Unternehmen seine Innovationstätigkeit nicht nur vorübergehend einstellte[611]. Würde der Förderer des führenden Netzwerkes nicht in kurzer Zeit aus seiner (Quasi-)Monopolstellung verdrängt, so spräche dies für eine nicht ausreichende Funktionsfähigkeit *Schumpeter'*schen Innovationswettbewerbs. Andernfalls wäre die Monopolstellung ausschließlich temporärer Natur und Marktbeherrschung zu verneinen[612].

2. Die Feststellung von Marktbeherrschung auf Netzwerkmärkten

a) Der Begriff der Marktbeherrschung im Kontext der deutschen und europäischen Missbrauchsaufsicht

Die Auslegung des Begriffs der Marktbeherrschung stimmt im deutschen und europäischen Recht der Missbrauchsaufsicht weitestgehend überein. Im deutschen Kartellrecht ist das Vorliegen von Marktbeherrschung in § 19 Abs. 2 Satz 1 Nr. 1 und 2 i.V. mit Abs. 3 GWB gesetzlich geregelt. Danach ist ein Unternehmen – unbeschadet der Vermutungsregeln des § 19 Abs. 3 GWB – marktbeherrschend, wenn es entweder

---

Weitere Nachweise zu ähnlichen Kommissionsentscheidungen aus den Bereichen Pharmazie, Biotechnologie, Chemie bei Temple Lang, International Antitrust Law & Policy 1997, S.519, 543 ff.

610 Mestmäcker, Das marktbeherrschende Unternehmen, S.8; *ders.*, Marktbeherrschende Stellungen, S.6.

611 Ähnlich Evans/Schmalensee, Antitrust 1996, S.36, 38; so nunmehr auch das Bundeskartellamt in der Entscheidung vom 23.12.2005, B 7 162/05 Adobe Systems/Macromedia Rn.46 („Die hohe Entwicklungsdynamik im Bereich der Web-Techniken begründet einen erheblichen Innovationsdruck und damit einen entsprechenden Wettbewerbsdruck für die (etablierten) Anbieter von Webdesign-Software. ... Für einen Anbieter von Webdesign-Software bedeutet dies die Notwendigkeit, angesichts der hohen Entwicklungsdynamik sein Produkt stetig fortzuentwickeln, um nicht in die Gefahr zu geraten, wegen der Nicht-Unterstützung einer Technik einen Kundenverlust hinnehmen zu müssen.“).

612 Ähnlich der Ansatz zur Beurteilung temporärer Monopole im Entwurf der 2. GWB Novelle, BT Drs. VI/2520 v. 18.8.1971, S.22; erneut und im Wortlaut gleich die Unterrichtung des Wirtschaftsausschusses zum Entwurf der 2. GWB Novelle, BT Drs. 7/765 v. 13.6.1973, S.6; ferner Immenga/Mestmäcker-Möschel, § 19, Rn.57, 61; FK-Paschke/Kersten, § 22, Rn.155; ähnlich auch die EU-Kommission in IV/M.469 vom 9.11.1994 – MSG/Media Services, Rn.55 („...the assumption that no market dominance exists presupposes...that the monopoly is...only temporary.“).

ohne Wettbewerber ist (Vollmonopol), keinem wesentlichen Wettbewerb ausgesetzt ist (Teil- oder Quasimonopol) oder über eine im Verhältnis zu seinen Wettbewerbern überragende Marktstellung verfügt, deren Vorliegen anhand der in § 19 Abs. 2 Satz 1 Nr. 2 GWB genannten Kriterien im Rahmen einer wertenden Gesamtbetrachtung zu ermitteln ist[613].

Demgegenüber ist der Begriff der Marktbeherrschung – vorbehaltlich jüngerer sektorspezifischer Regelungen[614] – nicht Gegenstand einer vergleichbaren gemeinschaftsrechtlichen Legaldefinition. Anhaltspunkte für die Auslegung des Begriffs der Marktbeherrschung ergeben sich im primären Gemeinschaftsrecht lediglich aus Art.81 Abs. 3 lit. b) EG sowie Art. 66 § 7 Satz 1 und Art. 66 § 2 Abs. 1 erster und zweiter Spiegelstrich EGKS. Auf dieser Grundlage hat sich in ständiger Praxis von EuGH[615] und Kommission[616] die Definition von Marktbeherrschung herausgebildet, die schließlich Eingang in die Bekanntmachung über die Definition des relevanten Marktes gefunden hat[617]. Danach ist von Marktbeherrschung auszugehen, wenn ein einzelnes Unternehmen oder eine Gruppe von Unternehmen in der Lage ist, in erheblichem Maße unabhängig von anderen Marktteilnehmern (Wettbewerbern, Lieferanten und Kunden) zu agieren[618].

Gemeinsames Merkmal des Begriffs der Marktbeherrschung ist somit im deutschen wie im europäischen Kartellrecht die Fähigkeit eines oder mehrerer Unternehmen zu unabhängigem, von Wettbewerb nicht hinreichend kontrolliertem Verhalten.

b) Kriterien zum Nachweis von Marktbeherrschung

Welche Kriterien zum Nachweis von Marktbeherrschung geeignet sind, steht in untrennbarem Zusammenhang mit der Abgrenzung des relevanten Marktes. Deshalb sind die beiden wichtigsten der üblicherweise zum Nachweis von Marktbeherrschung verwendeten Kriterien im Lichte der vorstehend erörterten alternativen Überlegungen zur

---

613 Langen/Bunte-Ruppelt, § 19, Rn.50; Immenga/Mestmäcker, § 19, Rn.77; FK-Paschke/Kersten, § 22, Rn.253.

614 Hier ist etwa an Art. 13 des Vorschlags für eine Richtlinie des Europäischen Parlaments und des Rates über einen gemeinsamen Rechtsrahmen für elektronische Kommunikationsnetze und -dienste (KOM (2000) 347 endg., Nachweis in Amtsblatt EG Nr. C 365 E vom 19.12.2000, S.50 (Info Nr. 2000/C 365 E/14), zu denken, der in Abs. 2 den Begriff der beträchtlichen Marktmacht einführt. Gemäß Art. 14 des Richtlinienvorschlags soll die Kommission Leitlinien zur Marktanalyse und zur Ermittlung beträchtlicher Marktmacht i.S. des Art. 13 des Richtlinienvorschlags veröffentlichen. Der Entwurf dieser Leitlinien findet sich unter KOM (2001) 175 endg. z.B. unter www.europa.eu.int/eur-lex.

615 Die exakte Formel des EuGH lautet: „Marktbeherrschung ist die wirtschaftliche Machtstellung eines Unternehmens ..., die dieses in die Lage versetzt, die Aufrechterhaltung eines wirksamen Wettbewerbs auf dem relevanten Markt zu verhindern, indem sie ihm die Möglichkeit verschafft, sich seinen Wettbewerbern, seinen Abnehmern und letztlich den Verbrauchern gegenüber in einem nennenswerten Umfang unabhängig zu verhalten." Vgl. EuGH Slg. 1978, 207, 286, Rn.63/66 - United Brands; EuGH Slg. 1979, 461, 520, Rn.38 – Hoffmann-La Roche, seitdem ständige Rechtsprechung.

616 Langen/Bunte-Dirksen, Art. 82, Rn.11 m.w.Nachw.

617 Immenga/Mestmäcker-Möschel, Art. 86, Rn.64.

618 ABl. EG Nr. C 372 vom 9. Dezebmer 1997, S.6, Tz.10.

Abgrenzung von Netzwerkmärkten zu überprüfen. Dabei sind die Besonderheiten der auf Netzwerkmärkten gehandelten Waren und Dienstleistungen sowie netzwerkspezifische Faktoren, namentlich Netzwerkeffekte und Switching Costs, entsprechend zu berücksichtigen.

Das wichtigste Merkmal für den Nachweis einer marktbeherrschenden Stellung ist im deutschen[619] wie im europäischen Kartellrecht[620] der Marktanteil des marktbeherrschungsverdächtigen Unternehmens. Daneben verdienen in der Regel auch Marktzutrittsschranken wegen ihres engen Zusammenhangs mit potentiellem Wettbewerb besondere Erwähnung[621], selbst wenn ihre praktische Bedeutung – gemessen an der von Marktanteilen – im Rahmen der Missbrauchsaufsicht bisher eher gering war[622]. Neben diesen beiden zentralen marktstrukturbezogenen Gesichtspunkten können bei der Feststellung von Marktmacht auch eine Reihe weiterer markt- und unternehmensstrukturbezogener Faktoren eine Rolle spielen. Zu diesen gehören beispielsweise der Zugang zu vor- und nachgelagerten Märkten, die Reaktionsfähigkeit der Kunden, Finanzkraft, Verflechtungen mit anderen Unternehmen etc.

aa) Die Bedeutung von Marktanteilen für den Nachweis von Marktbeherrschung auf Netzwerkmärkten

Marktanteile sind auf Netzwerkmärkten nur bedingt geeignet, das Bestehen einer marktbeherrschenden Stellung nachzuweisen. Sie besitzen aus verschiedenen Gründen nicht die Indizwirkung, die ihnen in Missbrauchsverfahren auf traditionellen Märkten – trotz der gebotenen Gesamtabwägung mit anderen Kriterien – faktisch zukommt: Der erfolgreiche Förderer eines Netzwerks verfügt wegen der monopolistischen Struktur dieser Märkte von vornherein über extrem hohe Marktanteile, so dass hohe Marktanteile *per se* nichts über den Zustand des Wettbewerbs aussagen. Daneben ist zu berücksichtigen, dass nicht mit allen Produkten, die bereits Wettbewerbsdruck auf den

---

619 Für die deutsche Kartellrechtspraxis trotz Beseitigung der verbalen Hervorhebung des Marktanteils in § 22 Abs. 2 Nr. 2 GWB a.F. und Einführung des § 19 Abs. 2 S.1 Nr. 2 GWB Immenga/Mestmäcker-Möschel, § 19, Rn.50 mit Nachweisen zur Praxis des BKartA; Checkliste des BKartA, S.6.; BKartA, Auslegungsgrundsätze Marktbeherrschung, S.11 ff.; WuW/BGH 1749, 1755 – Klöckner-Becorit; WuW/BGH 2575, 2580 – Kampffmeyer-Plange; sowie Langen/Bunte-Ruppelt, § 19, Rn.50; Bechtold, GWB, § 19, Rn.28; FK-Paschke/Kersten, § 22, Rn.176.

620 Für die europäische Kartellrechtspraxis vgl. Bekanntmachung der Kommission zur Definition des relevanten Marktes im Wettbewerbsrecht, ABl. EG Nr. C 372 v. 9.12.1997, S.6, Rn.10 und S.12, Rn.55; EuGH Slg. 1978, 207, 290, Rn.107 – United Brands; EuGH Slg. 1979, 461, 521, Rn.41 – Hoffmann-La Roche (seitdem stdg. Rechtsprechung); EuG Slg. 1991-II, 1439, 1480, Rn.90, 1481, Rn.92; Langen/Bunte-Dirksen, Art. 82, Rn.38; Grabitz/Hilf-Jung, Art. 82, Rn.79; GTE-Schröter, Art. 82, Rn.75.

621 FK-Paschke/Kersten, § 22, Rn.216.

622 Immenga/Mestmäcker-Möschel, § 19, Rn.70; Grabitz/Hilf-Jung, Art. 82, Rn.82-86; zusammenfassend Jickeli, S.270. Nach der Microsoft-Entscheidung der EU-Kommission könnte insoweit jedoch eine andere Beurteilung gerechtfertigt sein, da der Existenz von Marktzutrittsschranken (der application barrier to entry) dort hohe Bedeutung für die Frage der Marktbeherrschung zukommt (Entscheidung vom 24.3.2004 COMP/C-3/37.792 Rn.448 ff. und 515 ff.. Nach der hier vertretenen Auffassung handelt es sich bei Netzwerkeffekten jedoch nicht um strukturelle Marktzutrittsschranken (dazu sogleich unten, S.129 ff., 133).

Marktführer erzeugen und damit zum relevanten Markt gehören, schon Umsätze erzielt werden (dies gilt regelmäßig für solche Produkte, die die Marktreife noch nicht erlangt haben). Da aber Marktanteile auf Basis des wert- oder ggf. auch mengenmäßigen[623] Marktvolumens ermittelt werden[624], können folglich nur diejenigen Güter in die Marktanteilsermittlung einfließen, mit denen gegenwärtig bereits Umsätze erzielt werden. Dies sind der Natur von Netzwerkmärkten entsprechend in erster Linie die Produkte des Marktführers (neben denen etwa vorhandener Nischenanbieter). Daher bleibt das ganze u.U. weite Spektrum an Produktalternativen, die zwar im Zeitpunkt der Entscheidung noch nicht am Markt erhältlich sind, gleichwohl aber den Verhaltensspielraum des Marktführers effektiv beschränken, zwangsläufig unberücksichtigt[625]. Somit erscheint es nicht gerechtfertigt, hohe Marktanteile ohne weiteres als ein Indiz für Marktbeherrschung anzusehen[626].

Soweit Marktanteile – zu Recht – mit dem *gleichen* Stellenwert wie die anderen Faktoren in eine Gesamtbetrachtung aller maßgeblichen Umstände einfließen, ist zu berücksichtigen, dass bei der Ermittlung der Marktanteile nicht allein auf umsatzgenerierende Beschaffungsvorgänge abzustellen ist. Vielfach werden gerade auf Netzwerkmärkten der Informationsindustrie Netzwerkkomponenten einfach verschenkt (z.B. als kostenlose Downloads aus dem Internet oder Open Source Software[627]). Die dem zugrundliegende wirtschaftliche ratio besteht offensichtlich darin, möglichst schnell und vor allem zuerst die kritische Masse zu erreichen. Unter diesen Umständen wäre es falsch, Marktanteile ausschließlich anhand von umsatzgenerierenden Transaktionen bestimmen zu wollen. Um zu aussagekräftigen Ergebnissen zu gelangen, ist vielmehr maßgeblich auf den tatsächlichen Gebrauch, d.h. auf die Zahl derjenigen abzustellen, die das betreffende Produkt auch aktiv nutzen.

Der Befund, dass Marktanteile die wahre Position des Förderers eines Netzwerks nur unzureichend wiedergeben, wird weiter durch folgende Überlegung bestätigt: In

---

623 Die Entscheidungspraxis versteht den Marktanteil in erster Linie als den im Umsatz zum Ausdruck kommenden Wertanteil eines Produktes am relevanten Markt und erst nachrangig als Mengenanteil, vgl. nur Immenga/Mestmäcker-Möschel, § 19, Rn.59 m.w.Nachw. in Fn.461.

624 Die maßgebliche Formel lautet: Inländische Produktion (abzüglich Eigenfertigung bzw. Eigenverbrauch) minus Ausfuhren plus Einfuhren, vgl. Bechtold, GWB, § 19, Rn.20.

625 Kritisch zur Bedeutung von Marktanteilen auf Netzwerkmärkten auch Katz/Shapiro, S.28, 43 („What really matters in assessing competition in dynamic markets are the assets that various firms bring to future competition, and market shares „matter" only to the extent that they reflect control over such assets.").

626 Für PC Softwaremärkte ebenso Elzinga/Mills, The Antitrust Bulletin 44 (1999), S.739, 785. Eine vom Ansatz her ähnliche Überlegung wird bei der Bewertung von Marktanteilen im Lichte der Entwicklungsstufe eines Marktes (Marktphase) vorgenommen. Handelt es sich um einen jungen Markt mit großem Wachstumspotential und rascher technologischer Entwicklung, so ist nicht davon auszugehen, dass hohe Marktanteile einen unkontrollierten Verhaltensspielraum eröffnen. Ihre Bedeutung relativiert sich in Anbetracht der Marktphase, vgl. Langen/Bunte-Ruppelt, § 19, Rn.56 m.w.Nachw. Mit ähnlicher Begründung nunmehr auch das Bundeskartellamt in der Entscheidung vom 23.12.2005, B 7 162/05 – Adobe Systems/Macromedia Rn.42, 50, 55, 63, 69.

627 So z.B. die bis vor kurzem kostenlos zur Verfügung stehende Bürosoftware „Staroffice" von Sun, vgl. Financial Times Deutschland vom 29. Mai 2002, S.36 oder JavaScript, HTML oder CSS im Bereich der Webdesign-Software bzw. GIMP im Bereich der Bidbearbeitungssoftware (vgl. BKartA vom 23. Dezember 2005, B 7 162/05 – Adobe Systems/Macromedia Rn.43 und 52.

einem „*winner takes all*“-Szenario, in dem ein Unternehmen zwar nicht der einzige, gleichwohl aber der mit Abstand größte Anbieter ist, beruht der wettbewerbliche Vorsprung in traditionellen Industrien auch auf dem Umstand, dass sich die Mitbewerber an einer signifikanten Steigerung ihres Outputs durch steigende Grenzkosten gehindert sehen. Wenn nun die Wettbewerber versuchen, eine künstliche Verknappung der Produktion des Marktführers durch Ausweitung der eigenen Produktion zu unterlaufen, dann ist davon auszugehen, dass dieser Versuch – in Abhängigkeit von Lage und Verlauf der individuellen Grenzkostenkurve – steigenden Grenzkosten zum Opfer fällt, noch bevor der durch die Drosselung der Produktion herbeigeführte Angebotsrückgang ausgeglichen werden kann. Die Folge davon ist, dass Wettbewerber mit geringen Marktanteilen kurzfristig nicht in der Lage sind, die Nachfrage zu befriedigen, die sich vom eingesessenen Anbieter abwenden will[628].

Die Situation auf Netzwerkmärkten der Informationsindustrie ist hingegen eine völlig andere. Die typische Kostenstruktur der „Old Economy“ ist mit der der New Economy nicht zu vergleichen. Im Falle eines asymmetrischen Oligopols oder (Quasi)-Monopols könnte eine entsprechende Verknappung des Outputs von allen im Markt verbliebenen Nischenwettbewerbern sofort ausgeglichen werden. Die Grenzkosten einer Vergrößerung des Outputs würden – wenn überhaupt – nur langsam steigen. Die Grenzkosten der Produktion digitaler Güter sind praktisch gleich null und bleiben nahezu konstant. Außerdem sind die Kosten des Markteintritts für sämtliche Wettbewerber bereits „versunken“. Würde demnach *Microsoft* den Output von Windows soweit reduzieren, bis der *Cournot*-Preis erreicht wäre, dann wären *IBM*, *Apple* und andere Hersteller von Betriebssystemsoftware sofort in der Lage, die Nachfrage derer, die nicht bereit sind, den Monopolpreis zu zahlen, durch eine kurzfristige Erhöhung der Stückzahlen der eigenen Software (OS/2, Mac OS, Linux etc.) auf sich zu lenken. Folglich indiziert ein hoher Marktanteil auf Märkten mit digitalen Gütern auch wegen der zu vernachlässigenden Grenzkosten nicht das Bestehen von Marktmacht[629].

Abschließend ist anzumerken, dass Marktanteile auch deshalb keine zuverlässigen Indikatoren für das Bestehen von Marktmacht sind, weil es sich bei Informationsgütern normalerweise um äußerst langlebige Produkte handelt. Da Marktanteile auf der Basis der aktuellen Umsätze der Marktteilnehmer ermittelt werden, bleiben in der Vergangenheit liegende Verkäufe von Informationsprodukten bei der Ermittlung des Marktvolumens unberücksichtigt. Um jedoch Auskunft über die wahre Stellung des Marktführers auf Netzwerkmärkten geben zu können, müssten neben den im laufenden oder vergangenen Geschäftsjahr erzielten Umsätzen auch solche Umsätze in die Marktanteilsberechnung einfließen, die von dem marktbeherrschungsverdächtigen Unternehmen in den Jahren zuvor erwirtschaftet worden sind. Denn unter der Prämisse nahezu perfekter Langlebigkeit stehen neue oder verbesserte Produkte des Marktfüh-

---

628 So im Prinzip schon früh EuGH Slg. 1979, 461, 521, Rn.41 – Hoffmann-La Roche: „Es bedarf vielmehr langfristig wirkender Verbesserungen beim Absatz, bei der Herstellung etc. sowie erheblicher Investitionen zum Aufbau von Produktionskapazität, um Marktanteile zu erobern.“

629 McKenzie/Lee, The Antitrust Bulletin 46 (2001), S.253, 261; mit einem ähnlichen Argument die Kommission in EU-Kommission IV/M.737 vom 17.7.1996 - Ciba-Geigy/Sandoz, Rn.69 3. Spiegelstrich.

rers stets im Wettbewerb mit vorangegangenen Produktversionen, die vom installierten Bestand noch immer genutzt werden (können)[630].

Folgendes Beispiel soll diese Problematik verdeutlichen: Wenn die installierte Basis, d.h. die bisherigen Nutzer von *Windows* entscheiden, ihre im Gebrauch befindliche Version dieses Betriebssystems nicht durch eine neue zu ersetzen, dann bedeutet diese Entscheidung nichts anderes, als dass die bisherigen Nutzer von *Windows* ihre bereits vorhandene, ältere Version sich selbst zu einem sehr attraktiven Preis – nämlich null – „abkaufen". Die Vorteile der neuen Version reichen in diesem Fall nicht aus, um den installierten Bestand zu einem Übergang zur Nachfolgeversion zu veranlassen. Daraus folgt, dass *Microsoft* mit seiner eigenen bereits veräußerten, aber immer noch vorhandenen Software im Wettbewerb steht. Dieser vom installierten Bestand ausgehende Wettbewerb verengt zusätzlich den *Microsoft* zur Verfügung stehenden Verhaltens- und Preissetzungsspielraum. Da sich jedoch die – unter Umständen weit – zurückliegenden Umsätze des marktbeherrschungsverdächtigen Unternehmens mit eigenen Produkten rein praktisch kaum bei der Berechnung der Marktanteile berücksichtigen lassen, besteht die nicht unerhebliche Gefahr, dass die nur auf der Basis der aktuellen Umsätze errechneten Marktanteile nicht die tatsächliche Wettbewerbsstellung des Marktführers zum Ausdruck bringen[631].

bb) Die Bedeutung von Marktzutrittsschranken für den Nachweis von Marktbeherrschung auf Netzwerkmärkten

Die hier vorgeschlagene Abkehr vom Kriterium der funktionellen Austauschbarkeit bei der Abgrenzung von Netzwerkmärkten[632] wirkt sich auch auf die Bedeutung von Marktzutrittsschranken für den Nachweis des Bestehens einer marktbeherrschenden Stellung aus. Die Einbeziehung sämtlicher Produkte in den relevanten Markt, von denen im Zeitpunkt der Entscheidung aus Sicht der Marktgegenseite Wettbewerbsdruck auf die Produkte des marktbeherrschungsverdächtigen Unternehmens ausgeht, macht die letztlich willkürliche Unterscheidung zwischen aktuellem und potentiellem Wettbewerb (und ggf. langfristiger Substitutionskonkurrenz) obsolet. Dementsprechend verringert sich die wettbewerbliche Bedeutung von Marktzutrittsschranken, weil ein Markteintritt nunmehr auch ohne marktreifes Produkt möglich ist.

Anders jedoch liegt es mit den ebenfalls als Marktzutrittsschranken anzusehenden *Marktschranken*[633]. Sie erschweren es den bereits auf einem Markt tätigen Anbietern, ihre Position auszubauen und selbst den *de facto-Standard* am Markt zu setzen. Als Marktschranken in einem so verstandenen Sinne kommen auf Netzwerkmärkten in rechtlicher Hinsicht insbesondere Schlüsselpatente und in tatsächlicher Hinsicht Netzwerkeffekte in Betracht.

Patente spielen in der Informationsindustrie eine besondere Rolle. Erfolge in diesem Bereich beruhen nicht auf möglichst effizienten Produktionsmethoden, sondern auf

---

630 Vgl. zum Problem des Wettbewerbs des Monopolisten mit sich selbst im Monopol langlebiger Güter oben, S.102 ff.

631 McKenzie/Lee, The Antitrust Bulletin 46 (2001), S.253, 265 f.

632 Siehe oben, S. 122 ff.

633 Vgl. Langen/Bunte-Ruppelt, § 19, Rn.54.

menschlichem Erfindungsgeist (Kreativität) und umfänglichem technischen Wissen[634]. Sofern es gelingt, technisches Wissen patentieren zu lassen, wird das daraus resultierende innovative Produkt für eine bestimmte Zeit vor Imitationen geschützt und damit quasi monopolisiert[635]. Werden Erfindungen darüber hinaus durch eine Reihe von Patenten so abgesichert, dass konkurrierenden Unternehmen der Weg zu vergleichbaren Produkten versperrt oder erheblich erschwert wird, haben solche Schlüsselpatente den Effekt einer Marktschranke[636]. Auf diese Problematik ist hier jedoch nicht näher einzugehen. Von Interesse für die Zwecke dieser Arbeit ist vielmehr, ob es sich bei Netzwerkeffekten um eine besondere Marktschranke tatsächlicher Art (strukturelle Marktschranke) handelt.

Diese Frage ist insbesondere von den Gerichten im *Microsoft*verfahren[637], aber auch von der Kommission[638] und einzelnen Stimmen in der Literatur[639] bejaht worden. Das Bundesbezirksgericht stellte in erster Instanz fest:

> „Microsoft's dominant market share is protected by the same barrier[640] that helps define the market for Intel-compatible PC operating systems. As explained above, the applications barrier would prevent an aspiring entrant into the relevant market

---

634 Das ist auch der Grund, warum die Netzwerkindustrien teilweise auch als Wissensindustrie bezeichnet werden.

635 Ähnlich Jickeli, S.160; speziell zu IT Märkten auch Note, Harvard Law Review 114 (2001), S.1623, 1635.

636 EU-Kommission IV/M.737 vom 17.7.1996 - Ciba-Geigy/Sandoz, Rn.99. Dahdouh, Antitrust Law Journal 64 (1996), S.405, 435 formuliert diesen Gedanken sehr anschaulich wie folgt: „Patents may tie up knowledge that is vital to research and development and those patents may be difficult to design around. Indeed, in some cases, a „minefield" of patents may effectively block researchers from starting up". Näher zur Bedeutung von geistigen Eigentumsrechten auf Netzwerkmärkten Wagner, Hastings Law Journal 2000, S.1073 ff.; Elzinga/Mills, The Antitrust Bulletin 44 (1999), S.739, 763 ff. Zu Recht auch der Hinweis bei Fleischer/Doege, WuW 2000, S.705, 711 auf die Bedeutung dieser Rechte im *Microsoft*verfahren m.w.Nachw.

637 US v. Microsoft Corp., 84 F.Supp.2d 9, 24 f., 28 f. (D.D.C. 1999) at para.30, 36; US v. Microsoft Corp., 87 F.Supp.2d 30, 36 f. (D.D.C. 2000) at para.36; US v. Microsoft Corp., 253 F.3d 34, 54 f. (D.C. Cir. 2001). Im *Microsoft*verfahren war bereits der Begriff der Marktzutrittsschranke umstritten. Zur Kontroverse zwischen den Definitionen von Bain und Stigler vgl. Werden, Antitrust Law Journal 69 (2001), S.87, 100 ff.

638 Entscheidung der EU-Kommission vom 24.3.2004, COMP/C-3/C37.792 – Microsoft, Rn.448 passim („These barriers to entry derive from network effects in the market.") sowie im Fusionskontrollkontext COMP/M.1741 vom 28.6.200 - MCI/WorldCom Sprint, Rn.166 f., 173; im Ansatz auch in COMP/M.1795 vom 12.4.2000 - VodafoneAirtouch/Mannesmann, Rn.45.

639 Note, Harvard Law Review 114 (2001), S.1623, 1635; Sheremata, The Antitrust Bulletin 42 (1997), S.937, 963.

640 Dieser Hinweis bezieht sich auf die vorangegangene Erläuterung der *„Applications barrier to entry"* als *„chicken-and-egg"* Problem. Dazu stellt das Bundesbezirksgericht fest, „that the demand for a new Intel-compatible PC operating system would be severely constrained by an intractable „chicken-and-egg" problem...", US v. Microsoft Corp., 84 F.Supp.2d 9, 18 (D.D.C. 1999) at para.30. Das Bundesberufungsgericht fasst die „chicken-and-egg" Situation so zusammen: „(1) most consumers prefer operating systems for which a large number of applications have already been written; and (2) most developers prefer to write for operating systems that already have a substantial consumer base.", US v. Microsoft Corp., 253 F.3d 34, 55 (D.C. Cir. 2001). Zu diesem Zusammenhang siehe auch oben, S.26 f.

from drawing a significant number of customers away from a dominant incumbent even if the incumbent priced its products substantially above competitve levels for a significant period of time."

Das Bundesberufungsgericht bestätigte diese erstinstanzliche Feststellung ohne Einschränkung. Auch nach Ansicht des Berufungsgerichts handelt es sich bei der *„applications barrier to entry"* um eine strukturelle Marktzutrittsschranke. Es begründet die marktschließende Wirkung der *„applications barrier to entry"* unter Bezugnahme auf das *„chicken-and-egg"*-Problem mit der Interdependenz der Marktdurchdringung von *Windows* (dem für die Größe des Netzwerks maßgeblichen Primärprodukt) und der damit einhergehenden Attraktivität für Konsumenten und unabhängige Softwareentwickler.

„This „chicken-and-egg" situation ensures that applications will continue to be written for the already dominant Windows, which in turn ensures that consumers will continue to prefer it over other operating systems"[641].

Überdies, so wird argumentiert, würden Markteintritte durch die Kostenstruktur der Informationsindustrie (hohe Fixkosten, praktisch keine Grenzkosten)[642] sowie dadurch erschwert, dass das führende Netzwerk auf proprietären Schnittstellen basiere (wie z.B. der Quellcode bei *Windows*). Der aus der besonderen Kostenstruktur resultierende Preissetzungsvorteil könne vom Marktführer genutzt werden, um potentielle Wettbewerber vom Eintritt bzw. Ausbau ihrer Position auf dem Markt abzuschrecken[643]. Die Existenz starker Netzwerkeffekte hingegen erschwere es, den *„Incumbent"* selbst mit überlegener Technologie aus dieser Position zu verdrängen. Der kollektive Wechsel einer größeren Anzahl von Adoptoren, der erforderlich wäre, um einem konkurrierenden Netzwerk die kritische Masse zu verschaffen, werde nicht nur durch die *„chicken and egg"* Problematik, sondern auch durch die bei einem Wechsel entstehenden Switching Costs erschwert[644].

Diese Argumente können im Ergebnis nicht überzeugen. Soweit sich die Begründung, weshalb es sich bei Netzwerkeffekten um Marktzutrittsschranken handeln soll, auf die besondere Kostenstruktur dieser Märkte und den daraus resultierenden Abschreckungseffekt stützt, ist erneut darauf hinzuweisen, dass der Preis als wettbewerblicher Aktionsparameter auf Netzwerkmärkten kaum eigenständige Bedeutung hat[645]. Dem von Netzwerkeffekten angeblich ausgehenden Entmutigungseffekt mit Blick auf die Innovationsbereitschaft der Wettbewerber ist entgegenzuhalten, dass der

---

641 US v. Microsoft Corp., 253 F.3d 34, 55 (D.C. Cir. 2001). Diese Begründung aber beschreibt nichts anderes als den Entstehungszusammenhang von indirekten Netzwerkeffekten in Gegenwart von Komponentennetzwerken. Dazu ausführlich oben, S.24 ff. Ferner Note, Harvard Law Review 114 (2001), S.1623, 1635.

642 Fleischer/Doege, WuW 2000, 705, 711. Allerdings greift dieses Argument nur, wenn es um Markteintritte von Imitationsprodukten auf der Basis von Preiswettbewerb geht.

643 Mittel der Abschreckung ist in diesen Fällen die Drohung, den Preis auf Grenz- oder Durchschnittskostenniveau abzusenken. Vgl. dazu oben, S.91 f.

644 Note, Harvard Law Review 114 (2001), S.1623, 1635; Sheremata, The Antitrust Bulletin 42 (1997), S.937, 972; im Ergebnis ebenso Melamed, Harvard Journal of Law and Public Policy 23 (1999), S.147, 150 f.; Posner, Antitrust Law Journal 68 (2001), S.935, 930 ff.

645 Siehe oben, S.91 ff.

Anreiz, mit innovativen Produkten den nächsten *de facto-Standard* zu setzen, angesichts der damit verbundenen überdurchschnittlichen Gewinne so groß ist, dass fortwährende Innovationsbemühungen der Wettbewerber gar nicht zu verhindern sind[646]. Dafür spricht zum einen, dass keine Anhaltspunkte dafür ersichtlich sind, dass sich die Wettbewerber tatsächlich entmutigen ließen. Wäre die Entmutigungsthese in Bezug auf das Verhalten der Wettbewerber richtig, ließe sich die unstreitig vorhandene und nach wie vor hohe Innovationsrate[647] im Bereich der Netzwerkindustrien schwerlich erklären. Zum anderen ist zu bedenken, dass der Zugang zu den Ressourcen, von denen erfolgreiche Innovationen abhängen (menschlicher Erfindungsgeist, Arbeitskraft und Kapital) ebenso wenig kontrollierbar sind[648] wie die Erwartungsbildung der Konsumenten, die letztlich darüber entscheidet, welches Netzwerk von der in Gegenwart starker Netzwerkeffekte zu erwartenden Polarisierung des Marktes profitiert[649].

Vor allem aber ist es der ambivalente Charakter von Netzwerkeffekten, der Zweifel an der Auffassung weckt[650], bei diesen handele es sich um eine strukturelle Markt(zutritts)schranke. Falls Netzwerkeffekte überhaupt die Zahl der Markteintritte verringern oder eine Verbesserung der Position der Wettbewerber erschweren sollten – was noch keineswegs erwiesen ist[651] –, darf ein Hinweis auf die stets auch vorhandene Chance, das „Rennen" um den Markt schell für sich zu entscheiden *(„tipping")*, nicht fehlen[652]. Jedenfalls deshalb ist die Auffassung des Bundesberufungsgerichts in Bezug

646 Elzinga/Mills, The Antitrust Bulletin 44 (1999), S.739, 758; etwas abgeschwächt Economides, Working Paper Antitrust, S.9 f. („...the costs of entry may be higher but the rewards of success may also be higher compared to non-network industries. Thus, it is unclear if there is going to be less entry in network industries compared to traditional industries...However, in the last two decades we have observed very intense competition in innovative activities in network industries financed by capital markets.").

647 Dass die Innovationsrate in der Netzwerkindustrie nach wie vor hoch ist belegt eine im Mai 2002 veröffentlichte Studie, die im Auftrag des britischen OFT durchgeführte wurde (vgl. Lind/Myusert/Walker, S.1 ff.; zusammenfassend Lind/Muysert, ECLR 2003, S.87 ff.).

648 Economides, Antitrust Working Paper, S.10 („However, in the last two decades we have observed very intense competition in innovative activities in network industries financed by capital markets."); Reddy/Evans/Nichols, III. Conclusions; Elzinga/Mills, The Antitrust Bulletin 44 (1999), S.739, 772.

649 Zur Rolle der sich selbsterfüllenden Erwartungen vgl. oben S.86 f. sowie Evans/Reddy, S.22 f. („Defections to the better technology erode its [a network's] main asset – its customer base. When its network begins to shrink, the firm does not keep any enduring source of competitive advantage, like efficient production capacity. Being popular mainly because you are popular can be a very unstable situation").

650 Ebenso McKenzie/Lee, The Antitrust Bulletin 46 (2001), S.253, 288, die überdies in tatsächlicher Hinsicht das Ausmaß der „applications barrier to entry" bezweifeln, vgl. Fn.47; Elzinga/Mills, The Antitrust Bulletin 44 (1999), S.739, 770; Evans/Nichols/Schmalensee, The Antitrust Bulletin 46 (2001), S.163, 189, 195 ff.; Kolasky, George Mason Law Review 7 (1999), S.577, 593.

651 Vgl. z.B. die Untersuchung von Economides/Flyer, oben, S.69 f.

652 Ebenso Elzinga/Mills, The Antitrust Bulletin 44 (1999), S.739, 770 („On the one hand, increasing returns raise a barrier to entry in the sense that it is difficult to displace an incumbent who is under girded by strong positive feedback. On the other hand, positive feedback reduces the problem of entry because network effects pave the way for entrants with superior products to overtake the incumbent. Network effects, in other words, cut both ways.").

auf die Einordnung von Netzwerkeffekten als zu einseitig abzulehnen. Bemerkenswert ist, dass das Gericht selbst noch zu Beginn der Entscheidungsgründe völlig zu Recht auf die Ambivalenz von Netzwerkeffekten aufmerksam macht. Im weiteren Verlauf jedoch meint es zu Unrecht, der von *Shelanski/Sidak* vorgezeichneten (vermeintlichen) Alternativität[653] folgen und zwischen Chance oder Risiko von Netzwerkeffekten entscheiden zu müssen[654]. Die Entscheidung des Gerichts, Netzwerkeffekte im Grundsatz als Risiko für den Wettbewerb zu betrachten, ist dann wohl auch die Grundlage für deren einseitige – und abzulehnende – Einordnung als Marktzutrittsschranke.

Ihre eigentliche Bedeutung erlangen Netzwerkeffekte erst im Zusammenhang mit Verhaltensweisen oder Geschäftspraktiken des Marktführers, insbesondere wenn dieser versucht, Netzwerkeffekte als *strategische Marktschranke* zur Festigung seiner Position und damit zum Nachteil seiner Wettbewerber einzusetzen[655]. Strategische Marktschranken werden zwar ebenfalls unter dem Stichwort der Marktzutrittsschranken behandelt. Ihr Anknüpfungspunkt ist jedoch der Vorwurf eines missbräuchlichen *Verhaltens*[656]. Folglich spielen Netzwerkeffekte nicht schon bei der Frage der Marktbeherrschung, sondern erst beim Tatbestandmerkmal des missbräuchlichen Ausnutzens von Marktmacht eine Rolle.

Insgesamt bleibt mit Blick auf die Bedeutung von Markt(zutritts)schranken festzuhalten, dass angesichts der erweiterten Abgrenzung von Netzwerkmärkten Marktschranken größere Relevanz besitzen als Marktzutrittsschranken. Allerdings unterscheiden sich jene in ihrer Bedeutung nicht von Marktzutrittsschranken auf traditionellen Märkten ohne Netzwerkeffekte[657]. Insbesondere gibt es keine netzwerktypischen Aspekte, die den Zugang zu Netzwerkmärkten im Vergleich zu traditionellen Märkten erschweren würden[658]. Mithin ist davon auszugehen, dass Netzwerkeffekte weder den Marktzutritt noch, was wichtiger ist, die Verbesserung der Wettbewerbsposition eines Konkurrenten unmöglich machen oder unzumutbar erschweren. Zu den sonstigen

---

653 Shelanski/Sidak, University of Chicago Law Review 68 (2001), S.1, 6 schreiben:"...two different ways of understanding market structure and performance have emerged in the Microsoft case, as well as in numerous other antitrust and regulatory contexts in recent years: network competition and innovation-based, or „Schumpeterian", competition. The adoption of one *or* the other of those frameworks can be of great practical consequence." (Hervorhebung durch Verfasser).

654 US v. Microsoft Corp., 253 F.3d 34, 50, 55 (D.C. Cir. 2001).

655 Posner, Antitrust Law Journal 68 (2001), S.925, 931 f. („The focus of concern with the application of antitrust law to the new economy is on the methods by which a firm that has a monopoly share ...might seek to ward off new entrants."); in diese Richtung auch Fleischer/Doege WuW 2000, S.705, 713.

656 Jickeli, S.64; Immenga/Mestmäcker-Möschel, § 19, Rn.70; Fleischer/Doege WuW 2000, S.705, 713 sowie Checkliste des BKartA, S.15.

657 Ebenso Katz/Shapiro, S., 29, 44; Note, Harvard Law Review 114 (2001), S.1623, 1637; Evans/Reddy, S.22. Im Einzelfall kann die Höhe der erforderlichen FuE Investitionen eine besondere Bedeutung erlangen, vgl. Temple Lang, International Antitrust Law & Policy 1997, S.519, 556. Selbst dann jedoch ist dies kein besonderes Merkmal der Informationsindustrie. Elzinga/Mills, The Antitrust Bulletin 44 (1999), S.739, 769, Fn.52 setzen den für einen Marktzutritt im Softwarebereich erforderlichen Finanzbedarf im Minimum mit 5000-7000 US$ an.

658 Katz//Shaprio, S.29, 44 („[T]hese entry barriers are non-trivial, and worthy of evaluation just as are barriers into other differentiated-product markets, from breakfast cereals to consumer electronics to medical equipment.").

typischerweise auch auf Netzwerkmärkten anzutreffenden Marktzutrittsschranken gehören beispielsweise die Stärke von Marken, der Zugang zu Vertriebswegen, technischer Vorsprung etc., nicht dagegen ein hoher Marktanteil als solcher[659].

cc) Ergebnis

Die vorstehenden Ausführungen haben gezeigt, dass die wichtigsten strukturellen Kriterien des traditionellen Konzepts der Marktmacht, Marktanteil und Marktzutrittsschranken, beim Nachweis einer marktbeherrschenden Stellung auf Netzwerkmärkten zwar auch von Bedeutung sind. Allerdings unterscheiden sie sich mit Blick auf ihre Gewichtung im Rahmen der vorzunehmenden Gesamtbetrachtung nicht von anderen markt- und unternehmensstrukturbezogenen Merkmalen. Weder Marktanteile noch Netzwerkeffekte spielen insoweit eine besondere Rolle.

Der Marktanteil hat auf Netzwerkmärkten nicht die herausragende Indizwirkung wie auf traditionellen Märkten. Dafür gibt es verschiedene Gründe. Der wichtigste ist, dass hohe Marktanteile das Resultat von Natur aus hochkonzentrierter Netzwerkmärkte sind. Hohe Marktanteile können deshalb von vornherein kein Indiz für fehlenden Wettbewerb sein. Weiter ist die Aussagekraft von Marktanteilen auch deshalb eingeschränkt, weil Marktanteile zumeist anhand der aktuellen Umsätze im Verhältnis zum Gesamtmarktvolumen errechnet werden. Bei der hier zugrunde gelegten (weiten) Marktabgrenzung führt dies zu einem verzerrten Abbild der tatsächlichen Stärke eines marktbeherrschungsverdächtigen Unternehmens. Denn erstens bleiben Produkte unberücksichtigt, mit denen mangels Marktreife noch gar keine Umsätze erzielt werden können. Zweitens spiegeln Marktanteile nicht die Nutzung solcher Gegenstände wieder, die im Rahmen von Transaktionen erworben wurden, bei denen keine Umsätze entstanden sind (z.B. im Fall der kostenlosen Abgabe). Drittens schließlich werden solche Produkte nicht erfasst, die bereits in der Vergangenheit Gegenstand von Transaktionen waren und für den installierten Bestand noch immer eine brauchbare Alternative darstellen. Zusätzliche, im Marktanteil nicht reflektierte Beschränkungen des Verhaltensspielraums des Marktführers ergeben sich aus der besondern Kostenstruktur der Informationsindustrie, die es Nischenwettbewerbern erlaubt, im Falle einer künstlichen Verknappung des Angebots seitens des Marktführers in kurzer Zeit erhebliche Marktanteilsgewinne zu erzielen.

Ähnliches gilt für Marktzutrittsschranken. Angesichts der hier vorgeschlagenen weitergehenden Marktabgrenzung ohne das Kriterium der funktionellen Austauschbarkeit ist ihre Bedeutung sehr begrenzt. Für die bei dieser Marktabgrenzung wichtigeren Marktschranken gilt, dass sie im Rahmen der Gesamtbetrachtung zwar zu berücksichtigen sind. Jedoch spielen sie im Vergleich zu den anderen in § 19 Abs. 2 Nr. 2 GWB genannten bzw. von Kommission und Gerichtshof zum Nachweis von Marktmacht herangezogenen Kriterien keine besondere Rolle.

---

659 Dazu FK-Paschke/Kersten, § 22, Rn.218.

3. Fazit

Insgesamt wird deutlich, dass sich der Nachweis des Bestehens einer marktbeherrschenden Stellung auf Märkten mit starken Netzwerkeffekten nicht in erster Linie am Marktanteil des etablierten Netzwerks festmachen lässt. In Anbetracht der monopolistischen Marktstruktur der hier beschriebenen Netzwerkmärkte besagen Marktanteile allein nicht mehr, als dass ein bestimmtes Netzwerk über eine temporäre Monopolstellung verfügt. Über die Angreifbarkeit dieser Monopolstellung ist der Höhe der Marktanteile hingegen nichts zu entnehmen. Die Indizwirkung hoher Marktanteile wird weiter dadurch in Frage gestellt, dass es sich bei den auf Netzwerkmärkten gehandelten Informationsgütern um Produkte von nahezu perfekter Langlebigkeit handelt, deren Kostenstruktur es Wettbewerbern erlaubt, in kurzer Zeit hohe Marktanteilsgewinne zu erzielen. Deshalb dürfen Marktanteile im Rahmen der zur Feststellung von Marktmacht erforderlichen wertenden Gesamtbetrachtung nicht die herausragende Rolle spielen, die ihnen in der Praxis auf traditionellen Märkten regelmäßig zukommt.

Für die in § 19 Abs. 3 GWB enthaltenen Vermutungsregeln bedeuten diese Überlegungen, dass sie im Fall von Märkten mit starken Netzwerkeffekten und damit auf besonders konzentrierten Märkten keine Anwendung finden dürfen[660]. Andernfalls ließe es sich kaum verhindern, dass der Förderer eines Netzwerkes, das sich als *de facto-Standard* am Markt etabliert hat, stets als marktbeherrschendes Unternehmen anzusehen ist, obwohl sein Verhaltensspielraum von wirksamem Innovationswettbewerb hinreichend kontrolliert wird. Fälle kollektiver Marktbeherrschung, die ebenfalls Gegenstand der in § 19 Abs. 3 GWB enthaltenen Vermutungsregel sind, sind auf Märkten mit starken Netzwerkeffekten von vornherein ausgeschlossen.

III. Der Missbrauch einer marktbeherrschenden Stellung

Sofern man nach den vorangegangenen Überlegungen davon auszugehen hat, dass der Förderer eines Netzwerks nicht nur über eine temporäre Monopolstellung, sondern über eine marktbeherrschende Stellung verfügt, die es ihm ermöglicht, sich unabhängig von „drohenden" Innovationen der Wettbewerber zu verhalten, dann stellt sich des weiteren die Frage, welche Verhaltensweisen in Gegenwart von starken Netzwerkeffekten als missbräuchlich anzusehen sind. Ein denkbares Beispiel dafür ist die opportunistische Erhöhung von Switching Costs. Eine solche Maßnahme auf Märkten mit starken Netzwerkeffekten bietet Raum für missbräuchliches Verhalten sowohl unter dem Aspekt des Behinderungs- als auch unter dem des Ausbeutungsmissbrauchs. Eine Erhöhung der Switching Costs vergrößert nicht nur die Bindung der installierten Basis an das Netzwerk („*Lock in*"), sondern erschwert es zugleich den Wettbewerbern, ihre Marktposition zu verbessern (Einsatz von Netzwerkeffekten als strategische Marktschranke[661]). Beide Formen des Missbrauchs schließen sich nicht gegenseitig aus, so

---

660 Im Ergebnis ebenso das Bundeskartellamt in der Entscheidung vom 23.12.2005, B 7 162/05 Adobe Systems/Macromedia, Rn.42 passim.

661 Ein Beispiel dafür sind die von Vodafone beabsichtigten Gebühren in Höhe von € 30, falls die Kunden bei einem Wechsel zu einem anderen Mobilfunkanbieter ihre Rufnummer mitnehmen wollen, vgl. Financial Times Deutschland vom 23. September 2002, S.38 und vom 28. Oktober 2002, S.6.

dass Ausbeutungs- und Behinderungspraktiken auch auf Netzwerkmärkten nicht strikt voneinander zu trennen sind.

Aus der Vielzahl der denkbaren Konstellationen des Ausbeutungs- und Behinderungsmissbrauchs sind es der Grundkonzeption dieser Arbeit folgend letztere, die im Mittelpunkt stehen. Hier geht es um die wettbewerbliche Auseinandersetzung zwischen inkompatiblen Netzwerken auf Märkten mit starken Netzwerkeffekten. Insoweit erfordert die Beantwortung der Frage, welche Verhaltensweisen auf Märkten dieser Art als missbräuchlich anzusehen sind, eine primär horizontale Betrachtung. Maßgeblich ist der Einsatz von Marktmacht gegenüber anderen Unternehmen, bei denen es sich insbesondere um Wettbewerber und Drittmarktunternehmen handeln kann[662]. Zwar hat die darin liegende Beschränkung des Prüfungsprogramms auf die Fälle des Behinderungsmissbrauchs zur Folge, dass ausbeuterische Praktiken außer Betracht bleiben. Derartige Praktiken jedoch dürften unter den gegebenen Umständen ohnehin keine allzu große Rolle spielen.

Im Rahmen einer primär horizontal geführten Auseinandersetzung mit Wettbewerbern oder Drittmarktunternehmen ist es unwahrscheinlich, dass der Förderer eines marktbeherrschenden Netzwerks seine Position zugleich dazu einsetzt, ausbeuterische Ziele gegenüber der Marktgegenseite und insbesondere gegenüber Konsumenten zu verfolgen. Denn die Effektivität horizontaler Behinderungsstrategien hängt in erheblichem Maße davon ab, dass die installierte Basis erhalten bleibt oder sogar größer wird. Folglich wird es ein marktbeherrschendes Unternehmen in dieser Situation kaum riskieren, die Erwartungen der installierten Basis und potentieller weiterer Adoptoren durch ausbeuterische Praktiken negativ zu beeinflussen und so die eigene Position zu destabilisieren.

Geeignete Anknüpfungspunkte zur Erfassung von Behinderungspraktiken gegenüber anderen Unternehmen sind im Gemeinschaftsrecht Art. 82 Satz 1 und 2 EG sowie § 19 Abs. 4 Nr. 1 und Nr. 4 i.V. mit Abs. 1, § 20 Abs. 1 GWB. Der tatbestandlichen Struktur des Art. 82 Satz 2 lit. a) – d) EG und § 19 Abs. 4 Nr. 1 und 4 GWB folgend, lassen sich – auch unter Berücksichtigung des jüngsten *Microsoft*verfahrens – einige der wichtigsten Wettbewerbsparameter für den Einsatz auf Netzwerkmärkten zu drei Themenkomplexen zusammenfassen: preisbezogene Entscheidungen, technologie- und innovationsbezogene Entscheidungen sowie vertriebs- und absatzbezogene Entscheidungen des Marktbeherrschers.

Wegen der unterschiedlichen Voraussetzungen der Missbrauchsaufsicht nach § 19 Abs. 4 Nr. 1 und 4 GWB und der gemeinschaftsrechtlichen Verhaltenskontrolle gemäß Art. 82 S.1 und 2 EG ist die Prüfung des Einsatzes der in den jeweiligen Themenkomplexen zusammengefassten Wettbewerbsparameter unter Behinderungsaspekten für beide Ebenen getrennt vorzunehmen. Da das Verbot des § 20 Abs. 1 GWB mit den in § 19 Abs. 4 Nr. 1 und 4 GWB normierten Tatbeständen des Behinderungsmiss-

---

662 FK-Baur/Weyer, § 22, Rn.540; Langen/Bunte-Schultz, § 19, Rn.133 f. Letzterer mit dem Hinweis, dass der Schutz von Lieferanten und Abnehmern des marktbeherrschenden Unternehmens vor Ausbeutung nicht Gegenstand des § 19 Abs. 4 Nr. 1 GWB ist. Eine Behinderung dieser Unternehmen kommt z.B. unter dem Gesichtspunkt der Geschäftsverweigerung in Betracht.

brauchs weitestgehend übereinstimmt[663], bedarf das Verbot des § 20 Abs. 1 GWB nachfolgend keiner besonderen Erwähnung.

1. Der Behinderungsmissbrauch gemäß § 19 GWB

Die Generalklausel des § 19 Abs. 1 GWB verbietet jede Form des Missbrauchs einer marktbeherrschenden Stellung. Das Verbot des Einsatzes von Marktmacht zur Behinderung anderer Unternehmen wird in § 19 Abs. 4 Nr. 1 und 4 GWB konkretisiert. Während § 19 Abs. 4 Nr. 1 GWB seinerseits eine Art „kleine Generalklausel des Behinderungsmissbrauchs" enthält, erfasst die mit der 6. GWB-Novelle 1998 eingeführte Nr. 4 den Spezialfall des Missbrauchs durch Zugangsverweigerung. Zwar ist dem Wortlaut des § 19 Abs. 4 GWB („insbesondere") zu entnehmen, dass die Nr. 1 und 4 die Fälle des Behinderungsmissbrauchs nicht abschließend regeln. Allerdings dürfte es in der Praxis kaum vorkommen, dass ein Behinderungsmissbrauch weder von § 19 Abs. 4 Nr. 4 GWB noch von der „kleinen Generalklausel" der Nr. 1 erfasst wird. Deshalb ist trotz der wiederholten Hinweise auf den nicht erschöpfenden Charakter der Aufzählung in § 19 Abs. 4 GWB jedenfalls für den Bereich des Behinderungsmissbrauchs davon auszugehen, dass § 19 Abs. 1 GWB praktisch keine Rolle spielt[664].

a) Die kleine Generalklausel des § 19 Abs. 4 Nr. 1 GWB

Die „kleine Generalklausel" in § 19 Abs. 4 Nr. 1 GWB normiert drei Voraussetzungen, die vorliegen müssen, damit das Verhalten eines marktbeherrschenden Unternehmens den Tatbestand des Behinderungsmissbrauchs erfüllt: erstens eine Beeinträchtigung der Wettbewerbsmöglichkeiten anderer Unternehmen in – zweitens – einer für den Wettbewerb auf dem Markt erheblichen Weise und – drittens – ohne sachlich gerechtfertigten Grund, wobei sich das fragliche Verhalten als ein Ausnutzen von Marktmacht darstellen muss[665].

Die erste Voraussetzung der „kleinen Generalklausel" erschließt sich wegen ihrer tatbestandlichen Weite am besten durch den Ausschluss derjenigen Sachverhalte, die nicht als Beeinträchtigung der Wettbewerbsmöglichkeiten anderer Unternehmen anzusehen sind. Danach reicht für das Vorliegen einer solchen Beeinträchtigung nicht schon jede für ein anderes Unternehmen wettbewerblich nachteilige Maßnahme aus[666]. Denn es entspricht gerade dem Wesen wirksamen Wettbewerbs, dass es einem Unternehmen gelingt, durch den Einsatz marktkonformer Mittel sich einen Vorteil gegenüber seinen Mitbewerbern zu verschaffen. Selbst einem marktbeherrschenden Unternehmen bleibt es unbenommen, die eigene Wettbewerbsposition mit marktkonformen Mitteln zu verbessern. Die Missbrauchskontrolle nach § 19 Abs. 4 Nr. 1 i.V. mit Abs. 1 GWB richtet sich nämlich nicht gegen die Existenz marktbeherrschender Stellungen

---

[663] Immenga/Mestmäcker-Markert, § 20, Rn.239; FK-Baur/Weyer, § 22, Rn.705, 695.

[664] Dies dürfte selbst dann gelten, wenn man berücksichtigt, dass § 19 Abs. 4 Nr. 1 und 4 GWB wegen des Tatbestandsmerkmals der „anderen Unternehmen" nicht unmittelbar zum Schutz der Konsumenten herangezogen werden kann.

[665] FK-Baur/Weyer, § 22, Rn.535.

[666] Grundlegend Mestmäcker, Das marktbeherrschende Unternehmen, S.17; von Gamm, Kartellrecht, § 22, Rn.36; Bechtold, GWB, § 19, Rn.62.

oder deren Erlangung oder Verstärkung[667]. Ziel der Missbrauchsaufsicht ist es lediglich, zu verhindern, dass ein Unternehmen seine marktbeherrschende Stellung zum Schaden des Wettbewerbs als Institution sowie einzelner Marktteilnehmer missbraucht[668].

Daraus folgt für die Auslegung der ersten Voraussetzung der „kleinen Generalklausel", dass nur solche Verhaltensweisen des Marktbeherrschers als Beeinträchtigung der Wettbewerbsmöglichkeiten anzusehen sind, die es den anderen Unternehmen zusätzlich erschweren, sich erfolgreich auf dem beherrschten oder einem anderen Markt zu behaupten. Zusätzliche Erschwernisse dieser Art sind – ohne an dieser Stelle bereits eine Wertung vorzunehmen[669] – alle Beschränkungen des Handlungsspielraums anderer Unternehmen, die nicht untrennbar mit der Existenz des marktbeherrschenden Unternehmens und den tatsächlichen Voraussetzungen seines Auftretens am Markt verbunden sind[670]. So wäre etwa eine starke Position des marktbeherrschenden Unternehmens auf dem Absatzmarkt *per se* nicht zu beanstanden. Wird diese Position jedoch durch die Vereinbarung von Ausschließlichkeitsbindungen verstärkt, dann liegt darin eine Beeinträchtigung der Wettbewerbsmöglichkeiten, weil die Handlungsfreiheit der anderen Unternehmen zusätzlich verringert wird.

Der zweiten Voraussetzung der „kleinen Generalklausel" ist zu entnehmen, dass eine an die Beschränkung der Handlungsfreiheit von Unternehmen anknüpfende Beeinträchtigung der Wettbewerbsmöglichkeiten nur dann beachtlich ist, wenn gleichzeitig eine Verschlechterung der Wettbewerbsverhältnisse auf dem Markt zu erwarten ist[671]. Darin kommt neben dem – nunmehr wohl außer Streit stehenden Individualschutz[672] – auch der institutionelle Schutz wirksamen Wettbewerbs zum Ausdruck[673]. Damit zielt der Tatbestand des Behinderungswettbewerbs durch den Individualschutz auch auf einen Marktschutz ab[674].

Erst aus der dritten Voraussetzung des § 19 Abs. 4 Nr. 1 GWB, dem Fehlen eines sachlich gerechtfertigten Grundes, ergibt sich der missbräuchliche Charakter des Verhaltens des Marktbeherrschers. Da jedes Verhalten eines markbeherrschenden Unternehmens, welches den Spielraum seiner Wettbewerber zusätzlich verengt und die Marktverhältnisse insgesamt zu verschlechtern droht, unter die ersten beiden Voraussetzungen der „kleinen Generalklausel" fällt, hat das Erfordernis der fehlenden sachlichen Rechtfertigung auch eine wichtige tatbestandsbegrenzende Funktion. Um festzustellen, ob das behindernde Verhalten eines Marktbeherrschers sachlich nicht gerechtfertigt und deshalb zu missbilligen ist, sind in Anlehnung an § 20 Abs. 1 GWB die Interessen des marktbeherrschenden Unternehmens mit denen der beeinträchtigten

---

667 FK-Baur/Weyer, § 22, Rn.503 Langen/Bunte-Schultz, § 19, Rn.130.

668 Mestmäcker, Das marktbeherrschende Unternehmen, S.17; Immenga/Mestmäcker-Möschel, § 19, Rn.11; FK-Baur/Weyer, § 22, Rn.507.

669 Dies geschieht erst auf der Stufe sachlichen Rechtfertigung.

670 Langen/Bunte-Schultz, § 19, Rn.130.

671 FK-Baur/Weyer, § 22, Rn.546; Bechtold, GWB, § 19, Rn.64.

672 Immenga/Mestmäcker-Möschel, § 19, Rn.249 m.w.Nachw.

673 WuW/E KG 3124, 3129 - Milchaustauschfuttermittel; FK-Baur/Weyer, § 22, Rn.546 f.; von Gamm, § 22, Rn.40.

674 FK-Baur/Weyer, § 22, Rn.546; Immenga/Mestmäcker-Möschel, § 19, Rn.113.

Unternehmen unter vorrangiger Berücksichtigung der auf die Freiheit des Wettbewerbs gerichteten Zielsetzung des GWB abzuwägen[675]. Die Interessenabwägung hat nach dem Grundsatz der Verhältnismäßigkeit zu erfolgen, wobei die Anforderungen an die sachliche Rechtfertigung für das fragliche Verhalten um so höher sind, je gefestigter die Marktmacht des Marktbeherrschers ist und je intensiver die von der beanstandeten Maßnahme ausgehenden Wettbewerbsbeschränkungen sind[676].

Aus alledem folgt, dass ein Eingreifen der „kleinen Generalklausel" entscheidend von der Abwägung der Interessen der Beteiligten abhängt. Nur wenn das Interesse des marktbeherrschenden Unternehmens am Einsatz bestimmter Aktionsparameter die dadurch bewirkten Nachteile für andere Unternehmen und die Wettbewerbsverhältnissen auf dem Markt nicht überwiegt, ist der Einsatz von Marktmacht zur Durchsetzung bestimmter Ergebnisse zu missbilligen.

aa) Preisbezogenes Verhalten des Marktbeherrschers

Unter Behinderungsgesichtspunkten ist preisbezogenes Verhalten eines Marktbeherrschers auf Netzwerkmärkten in zweierlei Hinsicht denkbar. Zum einen durch das Setzen zu niedriger Preise (Kampfpreise), zum andern durch missbräuchlich überhöhte Preise. Fraglich ist, welche Erwägungen bei der Entscheidung darüber, ob die Preissetzungspolitik des Förderers eines marktbeherrschenden Netzwerks i.S. des § 19 Abs. 4 Nr. 1 GWB missbräuchlich ist, maßgeblich sein sollten.

(1) Kampfpreise

Eine anerkannte Fallgruppe des Behinderungsmissbrauchs gemäß § 19 Abs. 4 Nr. 1 GWB ist die gezielte Kampfpreisunterbietung[677]. Gezielte Kampfpreise sind nach Abwägung der Interessen des marktbeherrschenden sowie der beeinträchtigten Unternehmen unter vorrangiger Berücksichtigung der auf die Freiheit des Wettbewerbs gerichteten Ziele des GWB zu missbilligen, weil in diesen Fällen die Finanzkraft des Marktbeherrschers unter Missachtung kaufmännischer Grundsätze instrumentalisiert wird, um ein oder mehrere andere Unternehmen massiv und systematisch zu verdrängen[678]. Unter welchen Bedingungen von einer Missachtung kaufmännischer Grundsätze auszugehen ist, ist zunächst anhand der lauterkeitsrechtlichen Gesichtspunkte des § 1 UWG zu ermitteln[679]. Die Anknüpfung an § 1 UWG löst allerdings nicht das Prob-

---

675 Immenga/Mestmäcker-Möschel, § 19, Rn.115 i.V. mit 16 und 107 („Theorie der beweglichen Schranken"); FK-Baur/Weyer, § 22, Rn.561; Langen/Bunte-Schultz, § 19, Rn.138; Bechtold, GWB, § 19, Rn.65. Im Ansatz ähnlich Beschlussempfehlung und Bericht des Wirtschaftsausschusses, BT Drs. 8/3690 vom 21.2.1980, S.25; WuW/E KG 3124, 3130 – Milchaustauschfuttermittel.

676 Immenga/Mestmäcker-Möschel, § 19, Rn.118; FK-Baur/Weyer, § 22, Rn.568.

677 Immenga/Mestmäcker-Möschel, § 19, Rn.122; Langen/Bunte-Schultz, § 19, Rn.147, jeweils m.w.Nachw.

678 WuW/E BGH 2762, 2767 – Amtsanzeiger; WuW/E BGH 2195, 2199 – Abwehrblatt II m.w.Nachw.; FK-Carlhoff, § 26, Rn.324, 323; Langen/Bunte-Schultz, § 19, Rn.147.

679 WuW/E BGH 2762, 2767 – Amtsanzeiger; WuW/E BGH 2195, 2199 – Abwehrblatt II; WuW/E OLG 5395, 5398 – Badische Anzeigenzeitung; aber auch WuW/E BGH 2977, 2980 – Hitlisten-Platten; Immenga/Mestmäcker-Möschel, § 19, Rn.124; FK-Carlhoff, § 26, Rn.323.

lem, wann sich das Verhalten des marktbeherrschenden Unternehmens weit genug von den – lauterkeitsrechtlich geprägten – Maßstäben kaufmännischer Grundsätze entfernt hat, um vom kartellrechtlichen Verbot des Behinderungsmissbrauchs erfasst zu werden[680].

Die Grenzziehung zwischen Kampfpreisen und wettbewerbskonformem Preisverhalten lässt sich nicht anhand genereller Bewertungsmaßstäbe, sondern nur nach Durchführung einer Interessenabwägung im Einzelfall beantworten. Unter Berücksichtigung des in § 1 UWG enthaltenen Wertungsmaßstabes können zunächst zusammen mit anderen auch subjektive Kriterien oder Motive des Marktbeherrschers wie Verdrängungs- oder Vernichtungsabsicht eine Rolle spielen[681]. Neben den Motiven des Marktbeherrschers sind in Rechtsprechung und Verwaltungspraxis des BKartA auch objektive Kriterien zur Beurteilung der Niedrigpreispolitik eines marktbeherrschenden Unternehmens herangezogen worden. Zu diesen Kriterien gehören beispielsweise der Grundsatz der Kostendeckung[682], die Mischkalkulation (Quersubventionierung) bei Unterschreitung der Selbstkosten[683], mittelfristige Kostendeckung im Zusammenhang mit der Marktphase sowie die Belastung eines verbundenen Unternehmens lediglich mit einem Deckungsbeitrag zu den gesamten fixen und variablen Kosten[684]. Keines dieser oder weiterer Kriterien (z.B. kurzfristige Grenzkosten, Marktpreis als Vergleichsgröße, Stückkosten etc.[685]) kommt jedoch als Basis einer allgemeinen Regel zur näheren Bestimmung einer nach kaufmännischen Grundsätzen vertretbaren Kalkulation in Betracht.

Dem stehen schon auf Märkten, auf denen Preiswettbewerb von zentraler Bedeutung ist, wettbewerbstheoretische und praktische Bedenken entgegen. Wettbewerbstheoretische Bedenken gegen die Festlegung einer allgemeinen Preisuntergrenze ergeben sich daraus, dass eine solche Untergrenze den Vorstellungen des neoklassischen Modells vollständiger Konkurrenz entspringt. Die darin zum Ausdruck kommende statische Sichtweise wird nicht einmal der wettbewerblichen Dynamik des Preiswettbewerbs vollauf gerecht. Denn auch das stabile Gleichgewicht dieses Modells ist das Ergebnis der wettbewerblichen Dynamik von Vorstoß und Verfolgung und damit ein *Zustand*, der nichts über die „im Innern“ wirkenden Wettbewerbskräfte aussagt, die den Gleichgewichtszustand herbeiführen oder verändern[686]. Es kann mit anderen Worten nicht vom Ergebnis her argumentiert und der Grenzkostenpreis als fixe Untergrenze wettbewerbskonformen Preissetzungsverhaltens angesehen werden. Gleiches gilt für Vorschläge, die statt der Grenzkosten aus praktischen Gründen näherungsweise auf

---

680 WuW/E BGH 2195, 2199 – Abwehrblatt II („...„ob die Behinderung der Kl. über das hinausgeht, was sich aus dem Wesen des Leistungswettbewerbs und aus dem Einsatz wettbewerbskonformer Mittel ergibt...“); Langen/Bunte-Schultz, § 19, Rn.143.

681 WuW/E BGH 2195, 2199 f. – Abwehrblatt II; WuW/E BGH 2977, 2981 – Hitlisten-Platten; Immenga/Mestmäcker-Möschel, § 19, Rn.122.

682 WuW/E OLG 2642 ff.; WuW/E BGH 2762, 2767 – Amtsanzeiger.

683 BKartA, Tätigkeitsbericht 1975, BT Drs.7/5390, S.76 f. – TUI.

684 WuW/E BGH 2195, 2200 – Abwehrblatt II; WuW/E OLG 4401, 4403 – Abwehrblatt II; WuW/E OLG 5395, 5398 f.

685 Möschel, ORDO 30 (1979), S.295, 303 ff.; Hahn, WuW 1984, S.285, 286 ff.

686 Möschel, ORDO 30 (1979), S.295, 305 m.w.Nachw. in Fn.58.

die durchschnittlichen variablen Stückkosten[687] oder auf die historischen Durchschnittskosten (*average balance-sheet costs*) abstellen wollen[688].

Ferner spricht gegen die Ableitung einer Preisuntergrenze aus der Preis = Grenzkostenregel des neoklassischen Modells, dass der nach diesem Konzept ermittelte Wettbewerbspreis nur ein für Mengenanpasser unbeeinflussbares Datum ist. Ein marktbeherrschendes Unternehmen ist hingegen durchaus in der Lage, die Preisbildung durch sein Verhalten am Markt zu beeinflussen. Zudem lässt diese Regel auch die häufig günstigeren Produktions- und Absatzmöglichkeiten marktbeherrschender Unternehmen im Vergleich zur Situation von Unternehmen auf polypolistischen Märkten einschließlich der daraus resultierenden Auswirkungen auf die Kostenstruktur unberücksichtigt[689].

Auch in praktischer Hinsicht bestehen Bedenken gegen die Festlegung einer bestimmten Preisuntergrenze, die nicht unterschritten werden darf, ohne sich dem Verdikt der Verletzung kaufmännisch vertretbarer Kalkulationsgrundsätze auszusetzen. Eine solche Vorgehensweise würde den vorstehend beschriebenen Facettenreichtum der relevanten ökonomischen Faktoren ausblenden. Abgesehen von den unterschiedlichen Ansätzen zur Bestimmung der Kostengrenze (Grenzkosten, durchschnittliche variable Kosten oder Stückkosten?) ließe eine generell festzulegende Preisuntergrenze auch keinen Raum für die Einbeziehung sonstiger betriebswirtschaftlicher Gesichtspunkte (z.B. Liquidität, Rentabilität des Gesamtunternehmens etc.) und weiterer Wettbewerbsparameter (neben dem Preis z.B. Service, Qualität usw.)[690]. Überdies fehlt es an der praktischen Bestimmbarkeit der insgesamt anfallenden Produktions- und Vertriebskosten, weil die Höhe der Stückkosten im Zeitpunkt der Preisfestsetzung meist noch gar nicht genau feststeht. Die aus fixen und variablen Kosten bestehenden Stückkosten lassen sich erst dann genau berechnen, wenn das gesamte Verkaufsvolumen bekannt ist. Dies aber wird vor Ablauf der maßgeblichen Rechnungsperiode selten der Fall sein. Deshalb sind die Stückkosten regelmäßig im Wege einer überschlägigen Prognose des Absatzvolumens zu schätzen. Eine Übereinstimmung von antizipierten und tatsächlichen Kosten wäre bei dieser Vorgehensweise jedoch reiner Zufall[691].

Im Lichte der vorstehend beschriebenen praktischen und wettbewerbstheoretischen Schwierigkeiten bei der Bestimmung einheitlicher Regeln zur Konkretisierung des Topos' der kaufmännisch vertretbaren Preisgestaltung hat die Rechtsprechung zu Recht große Zurückhaltung darin geübt, die Preisgestaltung eines marktbeherrschen-

---

687 So Hahn, WuW 1984, S.285, 296 f.; ebenso Areeda/Turner, §§ 711 ff., zusammenfassend § 711d (1) (D) und (2).

688 Posner, Antitrust Law, S.188 ff., 190 („By „average balance-sheet costs" I mean the company's total costs as stated on its books divided by the number of units of output produced...Average balance-sheet cost is backward looking; it is based on the historical cost experience...reflected on the company's books.").

689 Immenga/Mestmäcker-Möschel, § 19, Rn.123; *ders.*, ORDO 30 (1979), S.295, 305 f. Schon im Modell vollständiger Konkurrenz entsteht die Produzentenrente dadurch, dass bestimmte Unternehmen in der Lage sind, kostensparender als andere zu produzieren.

690 Immenga/Mestmäcker-Möschel, § 19, Rn.123; *ders.*, ORDO 30 (1979), S.295, 305 f.

691 Hahn, WuW 1984, S.285, 288 f. m.w.Nachw.; ferner Posner, Antitrust Law, S.188 ff.

den Unternehmens als gezielte Kampfpreisunterbietung und somit als eine Form des Behinderungsmissbrauchs zu qualifizieren[692].

Noch größere Zurückhaltung ist bei der Anwendung dieser Fallgruppe auf die Preispolitik eines marktbeherrschenden Unternehmens auf Netzwerkmärkten geboten. Obwohl Netzwerkmärkte der Informationsindustrie von *Schumpeter'*schem Innovationswettbewerb geprägt sind, kann auch das Preissetzungsverhalten als flankierende Maßnahme im Wettbewerb inkompatibler Netzwerke eine Rolle spielen. Vor allem die von der Preissetzung ausgehende Signalwirkung für die Erwartungen der Konsumenten gibt den Ausschlag, welche Technologie sich in Gegenwart von Netzwerkeffekten als künftiger Standard am Markt durchsetzt[693].

Immer wenn es um die wettbewerbliche Entscheidung um den Markt und um die erfolgreiche Etablierung eines *de facto-Standards* geht, ist die Identifizierung des gezielten Einsatzes von Kampfpreisen besonders schwierig[694]. Zwar sind niedrige Preise gepaart mit innovativen Vorstößen unter Wohlfahrtsgesichtspunkten nicht zu beanstanden. Entscheidend für die Anwendung des § 19 Abs. 4 Nr. 1 GWB ist allerdings, ob sich sogar Preise unterhalb der kurzfristigen Grenzkosten (einschließlich der kostenlosen Abgabe von Produkten) unter kaufmännischen Gesichtspunkten rechtfertigen lassen. Damit verbunden ist die Schwierigkeit, zwischen missbräuchlichen Kampfpreisen (*predatory pricing*) auf der einen und kartellrechtlich nicht zu beanstandenden[695] Niedrigpreisen zwecks Erreichens der kritischen Masse (*penetration pricing*) zu unterscheiden[696].

Nach Erreichen der kritischen Masse wird diese Schwierigkeit jedoch dadurch entschärft, dass ein marktbeherrschendes Unternehmen regelmäßig keinen Grund hat, seine Produkte unterhalb der kurzfristigen Grenzkosten zu veräußern[697]. Zum einen hat

---

692 Langen/Bunte-Schultz, § 19, Rn.147; Wiedemann/Wiedemann, § 23, Rn.42; Immenga/Mestmäcker, § 19, Rn.124; wohl auch FK-Carlhoff, § 26, Rn.322 f.

693 Jüngstes Beispiel ist die bevorstehende neue Runde in der Auseinandersetzung um den Markt für Videospielkonsolen. Nach einem Bericht der Financial Times Deutschland vom 10.2.2002 senkt der derzeitige Marktführer *Sony* die Preise für seine etablierte Playstation 2, während *Microsoft* plant, die technisch überlegene X-Box in Europa zu hohen Preisen zu veräußern. Diese Politik gilt jedenfalls bis zum Erscheinen der neuen Spielegeneration des dritten Rivalen, *Nintendo*, im Mai des Jahres. Da ungewiß ist, welche Technologie sich durchsetzt, spielt der Preis eine wichtige Rolle (neben der – insgesamt noch geringen – Zahl der verfügbaren Software). Aus diesem Grund dürfte jetzt auch *Microsoft* den Einführungspreis für die X-Box von € 499,- auf € 399,- gesenkt haben. Sony wiederum regierte seinerseits mit einer Preissenkung für die Playstation 2 auf nunmehr € 299,-. Allgemein zur Signalwirkung der Preissetzung siehe oben, S.76 f.

694 Ebenso Rubinfeld, The Antitrust Bulletin 43 (1998), S.859, 866; Katz/Shapiro, S.29, 78; OXERA, Competition and Network Externalities, S.3.

695 Ebenso Möschel, Wettbewerbssicherung versus Vermachtung, S.116.

696 Zum „*penetration pricing*" bereits oben, S.76.

697 Teilweise wird jedoch auch darauf verwiesen, dass für den Förderer eines marktbeherrschenden Netzwerkes sogar ein größerer Anreiz besteht, sehr niedrige, d.h. unter den Grenz- oder Stückkosten liegende Preise für den Beitritt zu verlangen als dies im Wettbewerb um den Markt vor Erreichen der kritischen Masse der Fall ist. Zur Begründung heißt es, dass der Förderer eines markbeherrschenden Netzwerkes in der Lage sei, den durch die Vergrößerung des Netzwerks eintretenden Wertzuwachs zu internalisieren, ohne mit den Wettbewerbern teilen zu müssen. Sollte dies tatsächlich der Fall sein, bliebe es für die Wettbewerbsbehörden auch bei Bestehen

es die kritische Masse längst erreicht, die es ihm erlaubt, höhere Preise für den Beitritt zum Netzwerk durchzusetzen. Zum andern wird für den Marktbeherrscher unter kaufmännischen Gesichtspunkten auch ein Anreiz bestehen, die mit der Größe seines Netzwerks steigende Zahlungsbereitschaft der Konsumenten abzuschöpfen, nicht zuletzt um – erstens – möglicherweise entstandene Anfangsverluste auszugleichen und – zweitens – um einen unter Berücksichtigung von Höhe und Risiko angemessenen Ertrag auf das eingesetzte Kapital zu erlangen. Verlangt der Marktbeherrscher unter diesen Umständen gleichwohl unterhalb der Grenzkosten liegende Preise für den Beitritt zum Netzwerk, spricht zunächst einmal viel dafür, dass es sich um behinderungsmissbräuchliche Kampfpreise handelt. Etwas anderes gilt nur dann, wenn es sich um völlig neue Produkte oder um innovative Nachfolgeversionen des aktuellen Standardproduktes handelt. In beiden Fällen handelt es sich um eine neue „Runde" im Wettbewerb um den Markt, so dass auch ein Unternehmen, welches gegenwärtig den Markt beherrscht, ein legitimes Interesse daran hat, bis zum Erreichen der kritischen Masse das Instrument des „*penetration pricing*" einzusetzen.

(2) Missbräuchlich überhöhte Preise

Im deutschen Kartellrecht ist die Preisüberhöhungskontrolle eine im Grundsatz anerkannte Möglichkeit der Missbrauchsaufsicht[698]. Ihre Stoßrichtung zielt allerdings primär auf die Ausbeutung der Marktgegenseite[699], so dass sie als Variante des Behinderungsmissbrauchs eher eine Randerscheinung ist[700]. Die Variante der missbräuchlich überhöhten Preise, die sich gegen andere Unternehmen richtet, wird im allgemeinen als Missbrauchs*transfer* bezeichnet.

Der Missbrauchstransfer ist dadurch gekennzeichnet, dass ein marktbeherrschendes Unternehmen missbräuchlich überhöhte Gewinne aus einem bestimmten Markt auf anderen Märkten in der Weise einsetzt, dass dort die Wettbewerbslage z.B. dadurch „spürbar beeinflusst" wird[701], dass Drittmarktunternehmen vom Wettbewerb ausgeschlossen werden oder ihre Teilnahme nicht unwesentlich erschwert wird. Im Kern geht es in diesen Fällen also darum, dass die auf dem beherrschten Markt erzielten missbräuchlich überhöhten Gewinne zur Subvention des Absatzes auf Drittmärkten[702] eingesetzt und dadurch die Wettbewerbsmöglichkeiten anderer Unternehmen spürbar beeinträchtigt werden. Eine Verdrängungsabsicht in bezug auf den Drittmarkt ist dabei nicht erforderlich[703]. Anders als in den Fällen des „*Leveraging*" (Hebelwirkung), d.h. der missbräuchlichen Ausdehnung der Marktmacht auf andere Märkte durch Koppe-

---

einer marktbeherrschenden Stellung extrem schwierig, Kampfpreise von kaufmännisch vernünftigem Preisverhalten zu unterscheiden (vgl. OXERA, Competition and Network Externalities, S.3).

698 Möschel, ORDO 30 (1979), S.295, 307.

699 Immenga/Mestmäcker-Möschel, § 19, Rn.126 („primär eine Frage des § 19 Abs. 4 Nr. 2").

700 Möschel, Pressekonzentration, S.106.

701 So Möschel, Pressekonzentration, S.106; *ders.*, ORDO 30 (1979), S.295, 307, jeweils unter Bezugnahme auf die Entscheidung WuW/E OLG 995, 999 – Handpreisauszeichner.

702 Zu ihnen gehören auch nachgelagerte Märkte.

703 Möschel, Pressekonzentration, S.107.

lungspraktiken[704], liegt der rechtliche Anknüpfungspunkt für das zu missbilligende Verhalten beim Missbrauchstransfer in der missbräuchlich überhöhten Preisgestaltung auf dem beherrschten Markt[705]. Damit geht es letztlich um die Verhinderung von Behinderungspraktiken mittels einer Preiskontrolle über marktbeherrschende Unternehmen.

Ohne auf die Einzelheiten des zur Erfassung von Preisüberhöhungsmissbräuchen entwickelten Vergleichsmarktkonzepts eingehen zu müssen[706], liegt die zentrale Schwierigkeit bei der Anwendung dieses Konzepts in der Ermittlung vergleichbarer Märkte[707]. Dies wird schon an den diversen „Korrekturzuschlägen" deutlich, mit denen Unterschiede in der Marktstruktur der zum Vergleich stehenden Märkte behoben werden sollen (z.B. Sicherheitszuschlag und Missbrauchszuschlag[708]). Abgesehen von den Schwierigkeiten des Messverfahrens ist von Preiskontrollen auch aus wettbewerbstheoretischen Gründen nicht viel zu erwarten. In einem System freien Wettbewerbs, das nicht auf die Erzielung bestimmter Ergebnisse, sondern auf den Schutz des Wettbewerbsprozesses gerichtet ist, sind Preiskontrollen notwendigerweise ein Fremdkörper[709]. Hinzu kommen Schwierigkeiten bei der Abfassung eines vollstreckungsfähigen Entscheidungstenors (sollen überhaupt bestimmte Höchstpreise festgelegt werden und wenn ja, in welcher Höhe und für welchen Zeitraum?). Aus dieser Erkenntnis heraus hat *Möschel* den zutreffenden Schluss gezogen, dass Preiskontrollen nur ein „wettbewerblicher Notbehelf" seien[710].

Bei Anwendung des Instruments der Preiskontrolle auf die weit dynamischeren Märkte der Netzwerkindustrie vergrößern sich vor allem die angedeuteten Unzulänglichkeiten des Messverfahrens. Legt man der Ermittlung der Angemessenheit des Preises das Vergleichsmarktkonzept zugrunde, so wäre es verfehlt, zum Vergleich auf traditionelle Märkte ohne Netzwerkeffekte abzustellen. Vielmehr ist unter Marktstrukturgesichtspunkten sicherzustellen, dass der zum Vergleich herangezogene Markt ebenfalls von (starken) Netzwerkeffekten und *Schumpeter'*schem Innovationswettbewerb und damit letztlich von sequentiellem Alles-oder-Nichts-Wettbewerb gekennzeichnet ist. In der Praxis ist jedoch schon die Feststellung, ob überhaupt und wenn ja, in welcher Stärke Netzwerkeffekte vorhanden sind, mit nicht unerheblichen Schwierigkeiten verbunden.

Eine weitere Schwierigkeit bei der Anwendung des Vergleichsmarktkonzepts besteht hinsichtlich der strukturellen Vergleichbarkeit der Nachfrage auf New Economy-Märkten. Die Struktur der Nachfrage auf diesen Märkten hat maßgeblichen Einfluss

---

704 Vgl. nur Immenga/Mestmäcker-Möschel, § 19, Rn.134 und Immenga/Mestmäcker-Markert, § 20, Rn.201.

705 Immenga/Mestmäcker-Möschel, § 19, Rn.126; *ders.*, Pressekonzentration, S.107.

706 Vgl. dazu jüngst Bettina Bergmann, WuW 2001, S.234 ff.; außerdem Langen/Bunte-Schultz, § 19, Rn.96 ff.; Immenga/Mestmäcker-Möschel, § 19, Rn.153 ff.

707 Statt aller Immenga/Mestmäcker-Möschel, § 19, Rn.163; Langen/Bunte-Schultz, § 19, Rn.96.

708 Andere, in der Entscheidung WuW/E BGH 1445, 1450 – Valium I genannte Zuschläge sind z.B. Selbstkosten-, Forschungskosten- und allgemeine Nebenleistungszuschläge. Aus jüngerer Zeit ferner WuW/E DE-R 375, 379 – Flugpreisspaltung.

709 Möschel, Pressekonzentration, S.107, 92.

710 Möschel, Oligopolmissbrauch, S.160 (Als-ob-Konzeptionen als „Notbehelf, wenn sonst nichts mehr weiterhilft"); *ders.*, Pressekonzentration, S.92 m.w.Nachw. in Fn.76.

auf die (durch Preisdifferenzierung) erzielbare Höhe der Preise, weil sie die Zahlungsbereitschaft der verschiedenen Kundengruppen bestimmt. Selbst wenn man daher annimmt, dass die zu vergleichenden Märkte bezüglich der Stärke von Netzwerkeffekten übereinstimmen, so bleiben erhebliche Zweifel, ob darüber hinaus auch von einer vergleichbaren Abnehmerstruktur auszugehen ist. Im übrigen resultiert aus dem in der Informationsindustrie verbreiteten Streben nach Personalisierung von Preisen und Produkten[711] eine Vielfalt an Möglichkeiten der Preisgestaltung und Produktpräsentation, die in vergleichbarer Form auf anderen Märkten kaum zu finden sein wird[712].

Im Ergebnis ist daher davon auszugehen, dass die Fallgruppe der missbräuchlich überhöhten Preise mit Blick auf die hochdynamischen Netzwerkmärkte der Informationsindustrie praktisch unanwendbar ist. Die Bestimmung des hypothetischen Wettbewerbspreises wird insbesondere durch die Möglichkeit zur Preisdifferenzierung zusammen mit der daraus resultierenden Existenz mehrerer verschiedener Marktpreise nahezu unmöglich gemacht.

bb) Absatzbezogenes Verhalten des Marktbeherrschers

Zu den absatzbezogenen Verhaltensweisen des Marktbeherrschers, die sich mittelbar gegen Wettbewerber und Drittmarktunternehmen richten, gehören insbesondere Koppelungs- und Ausschließlichkeitsbindungen sowie das Phänomen der missbräuchlichen Produktvorankündigungen.

(1) Koppelungsbindungen

Koppelungsbindungen bezeichnen die vertragliche oder wirtschaftliche Bindung des Bezugs einer Ware oder Dienstleistung (die zur Koppelung verwendete Ware oder Leistung) an den Bezug einer anderen Ware oder Dienstleistung (die gekoppelte Ware oder Leistung)[713]. Mit Blick auf das zur Koppelung verwendete Mittel ist die vertragliche oder wirtschaftliche Bindung des gekoppelten Gutes an das zur Koppelung verwendete Gut keineswegs abschließend. Tatsächlich sind weitere Arten der Verbindung an sich getrennter Güter denkbar. Neben vertraglichen und wirtschaftlichen Mitteln gehört dazu jedenfalls auch die Koppelung zweier an sich selbständiger Güter mit technologischen Mitteln, die sich durch eine entsprechend einheitliche Produktgestaltung erreichen lässt („*technological tie-ins*")[714].

Neben der wirtschaftlichen Handlungsfreiheit der Marktgegenseite beschränkt die Koppelungsbindung auch die Freiheit der Wettbewerber auf dem Markt für das gekoppelte Produkt, indem die marktbeherrschende Stellung auf dem Markt für die zur Koppelung verwendete Ware oder Dienstleistung als „Hebel" eingesetzt wird, um sie zum Nachteil der anderen Anbieter in den Markt für die gekoppelten Waren oder Dienstleistungen hinein auszudehnen (z.B. die Koppelung des Internet-Explorers an

---

711 Shapiro/Varian, S.32 ff.

712 Eindrucksvoll zu den in der Praxis anzutreffenden Gestaltungsmöglichkeiten bei Software Elzinga/Mills, The Antitrust Bulletin 44 (1999), S.739, 778 f.

713 Immenga/Mestmäcker-Markert, § 20, Rn.200; FK-Carlhoff, § 26, Rn.337.

714 Monopolkommission, 9. Hauptgutachten, Rn.1241 ff.; Burkert, S.52 ff.; näher dazu sogleich unten, S.146 ff.

Windows zum Nachteil von *Netscape*). Der Einsatz von Koppelungsbindungen als „Hebel" ist ohne starke Stellung des koppelnden Unternehmens auf dem Markt der zur Koppelung verwendeten Güter praktisch ausgeschlossen[715].

Ob die durch den Einsatz von Marktmacht bewirkte „Hebelwirkung" („*leverage effect*") als Behinderungsmissbrauch i.S. des § 19 Abs. 4 Nr. 1 GWB zu missbilligen ist, hängt erstens davon ab, dass überhaupt von einer Koppelung zweier getrennter Waren oder Dienstleistungen auszugehen ist, und zweitens – für den Fall, dass eine Koppelung zu bejahen ist – die Abwägung der widerstreitenden Interessen unter Berücksichtigung des mit der Koppelung verfolgten Zwecks auf der einen und der Intensität der Koppelungswirkung auf der anderen Seite ergibt, dass das Interesse des marktbeherrschenden Unternehmens an der Koppelung nicht die dadurch bewirkten Nachteile der als behindert anzusehenden Unternehmen überwiegt[716].

(a) Vorliegen eines Koppelungstatbestandes

Das Vorliegen eines Koppelungstatbestandes kann sich auf den hoch-technologisierten Märkten der Netzwerkindustrie neben vertraglichen und wirtschaftlichen Bindungen insbesondere aus der Art und Weise der technologischen Verbindung zweier selbständiger Güter ergeben. Ob es sich bei der technologischen Verbindung der fraglichen Gütern um eine Koppelungsbindung handelt, hängt entscheidend davon ab, ob zwei selbständige Güter – statt durch vertragliche oder wirtschaftliche Mittel – nunmehr mit Hilfe technologischer Mittel aneinander gebunden werden, oder ob zuvor selbständige Produkte im Wege technischer Integration zu einem neuen Produkt verbunden werden.

Die Frage der Abgrenzung von Koppelungsbindungen und technischer Integration stellte sich in voller Schärfe erstmals in dem zuletzt vom Bundesberufungsgericht entschiedenen US-*Microsoft*-Verfahren[717]. Anlass zur Prüfung gab die von *Microsoft* vorgenommene Verbindung ihres Web-Browsers Internet Explorer (IE) mit dem Betriebssystem *Windows* zu einem einheitlichen Gesamtprodukt. Demgegenüber bestand die typische Konstellation der zuvor in den USA[718] – und soweit ersichtlich, auch in Deutschland und nach europäischem Gemeinschaftsrecht[719] – entschiedenen Koppelungsfälle in der vertraglichen oder wirtschaftlichen Verbindung selbständiger Waren oder Dienstleistungen. Das Neue an der Konstellation, wie sie im *Microsoft*-Verfahren

---

715 Immenga/Mestmäcker-Markert, § 20, Rn.200; Langen/Bunte-Schultz, § 19, Rn.145.

716 Immenga/Mestmäcker-Markert, § 20, Rn.201; Immenga/Mestmäcker-Möschel, § 19, Rn.133 i.V. mit 132.

717 Bereits im Microsoftverfahren 1998 hatte der D.C. Court of Appeals im Rahmen eines Streits über die Auslegung des consent decrees zwischen *Microsoft* und der US Regierung zu prüfen, ob die Integration des Internet Explorers in *Windows 95* als kartellrechtswidrige Koppelung oder eine nicht zu beanstandende technologische Entscheidung der Produktgestaltung anzusehen war, vgl. U.S. v. Microsoft Corp., 147 F.3d 935 (D.C Cir. 1998).

718 U.S. v. Microsoft Corp., 253 F.3d 34, 79 (D.C. Cir. 2001).

719 Zum GWB vgl. Immenga/Mestmäcker-Möschel, § 19, Rn.101, 133; Immenga/Mestmäcker-Markert, § 20, Rn.200 ff.; Monopolkommission, 9. Hauptgutachten, Rn.1408 ff. Zur Fallpraxis des Gemeinschaftsrechts vgl. Langen/Bunte-Dirksen, Art. 82, Rn.159 ff.; Monopolkommission, 9. Hauptgutachten, Rn.1421 ff.; am ehesten vergleichbar der Sachverhalt im Fall IBM, 14. Wettbewerbsbericht 1984, Rn.94 bzgl. der Koppelung von Speicherkapazität und CPU. Vgl. insoweit zur Microsoft-Entscheidung der EU-Kommission unten, S.176 mit Fn. 841.

zur Beurteilung stand, ist also, dass das gekoppelte Produkt (IE) physisch und technologisch in das zur Koppelung verwendeten Produkt (*Windows*) integriert wurde.

Für die kartellrechtliche Beurteilung, ob es sich in Fällen technischer Integration zweier vormals selbständiger Produkte zu einem einheitlichen Gesamtprodukt um eine Koppelungsbindung handelt, ist entscheidend, ob trotz der Verbindung zu einem einheitlichen Gesamtprodukt in Wirklichkeit weiterhin von zwei getrennten Produkten auszugehen ist. Da die „Zwei-Güter-Frage" als tatbestandliche Voraussetzung einer Koppelungsbindung im deutschen Kartellrecht bisher keine Rolle gespielt hat[720], lassen sich insoweit aus Rechtsprechung und Verwaltungspraxis des BKartA kaum brauchbare Prüfungsmaßstäbe gewinnen. Auch die *Monopolkommission*, die sich ansonsten eingehend mit Koppelungspraktiken auseinandergesetzt hat, beschäftigt sich nur am Rande mit der hier interessierenden Abgrenzung von Koppelungsbindung und innovativer Produktgestaltung[721].

Allerdings hat die *Monopolkommission* einige denkbare Ansätze zur Lösung der „Zwei-Güter"-Problematik aufgezeigt. Obwohl diese Lösungsansätze nicht in erster Linie auf die Problematik der hier interessierenden Konstellation zugeschnitten sind, spricht aus Sicht der *Monopolkommission* doch „manches dafür", bei der Abgrenzung von Koppelung und Produktintegration „nach den gleichen Grundätzen" zu verfahren wie sonst[722]. Danach kommen zur Abgrenzung, ob im konkreten Fall ein einheitliches Produkt oder zwei getrennte Produkte vorliegen, die lediglich vertraglich, wirtschaftlich oder in sonstiger Weise (z.B. technologisch) aneinander gekoppelt werden, folgende Maßstäbe in Betracht: ein angebotsorientierter, ein produktorientierter, ein nachfrageorientierter und ein Maßstab, demzufolge es nur darauf ankommt, dass die Komponenten eines Angebots geeignet sind, auf dem relevanten Markt gehandelt zu werden (Kriterium der separaten Handelbarkeit)[723].

Da sich die von der *Monopolkommission* und *Burkert* diskutierten Lösungsansätze nicht näher mit der Abgrenzung technologischer Koppelungsbindungen von Fällen innovativer Produktgestaltung befassen, dürfte es kaum überraschen, dass insbesondere das letztlich von der *Monopolkommission* favorisierte Kriterium der „separaten Handelbarkeit" nicht überzeugen kann. Der Koppelungstatbestand setzt nämlich sachlogisch zwingend voraus, dass Gegenstand der Koppelung zwei sachlich getrennte Güter sind. Erst wenn der Koppelungstatbestand hinreichend geklärt ist, soll sich der Marktbeherrscher im Rahmen der Missbrauchskontrolle für den Einsatz von Koppelungsbindungen rechtfertigen müssen und seine Interessen mit denen der benachteiligten Unternehmen zur Abwägung stellen.

720 Monopolkommission, 9. Hauptgutachten, Rn.1234.
721 Monopolkommission, 9. Hauptgutachten, Rn.1241 ff. sowie Burkert, S.52 ff.
722 Monopolkommission, 9. Hauptgutachten, Rn.1242.
723 Monopolkommission, 9. Hauptgutachten, Rn.1225-1231 und 1237-1240.

α) Der angebotsorientierte Maßstab

Zunächst allerdings verwirft die *Monopolkommission*[724] zu Recht mit knappen Worten die Möglichkeit eines angebotsorientierten Maßstabes. Es wäre in der Tat widersinnig, wenn die Beurteilung, ob ein wesentliches Tatbestandsmerkmal des Behinderungsmissbrauchs durch Koppelungspraktiken vorliegt, von der Sichtweise derjenigen abhinge, gegen die sich das Missbrauchsverfahren richtet[725].

β) Der nachfrageorientierte Maßstab

Auch der nachfrageorientierte Maßstab wird im Ergebnis zu Recht verworfen. Allerdings ist die Begründung zumindest im vorliegenden Zusammenhang ergänzungsbedürftig. Während die *Monopolkommission* die Hauptgefahr bei der Anwendung des nachfrageorientierten Maßstabs darin sieht, dass die Beantwortung der „Zwei-Güter"-Frage als Tatsachenfrage mit Hilfe des außerrechtlichen Referenzsystems der Verkehrsauffassung anfällig für sachfremde Wertungen sei, ist die eigentlich entscheidende Schwäche des nachfrageorientierten Maßstabes dessen statische und rückwärtsgewandte Betrachtungsweise. Die Beantwortung der „Zwei-Güter"-Frage aus Nachfragesicht läuft darauf hinaus, zu prüfen, ob für beide Produkte eine getrennte Nachfrage besteht. Diese Betrachtungsweise ist allerdings nicht geeignet, um zu beurteilen, ob aus der technischen Integration zweier bis dahin selbständiger Produkte ein neues, innovatives Gesamtprodukt hervorgegangen ist[726]. Bereits im Zusammenhang mit der Marktabgrenzung ist deutlich geworden, dass eine statische, an parallelem Preiswettbewerb ausgerichtete Sichtweise nicht geeignet ist, die Dynamik *Schumpeter'*schen

---

724 Bis auf weiteres schließt die Erwähnung der Monopolkommission die von Burkert vertretene Ansicht mit ein, da er maßgeblich am Gutachten der Monopolkommission über Koppelungspraktiken mitgewirkt hat.

725 Monopolkommission, 9. Hauptgutachten, Rn.1225.

726 Nur bedingt kann sich die nachfolgende Argumentation auf die Ausführungen des Bundesberufungsgerichts im *Microsoft*verfahren stützen. Zwar hat das Gericht in exemplarischer Klarheit den *„separate demand test"* mit dem Argument verworfen, dieser Test sei rückwärtsgewandt und deshalb systematisch ungeeignet, Effizienzvorteile aus innovativer Produktgestaltung richtig zu erfassen. Gleichwohl lässt sich diese Sichtweise nicht uneingeschränkt für die hier vertretene Ansicht anführen. Denn die Frage, ob es sich in Koppelungsfällen durch technische Integration um ein einheitliches oder zwei getrennte Produkte handelt, wurde im *Microsoft*verfahren allein unter Effizienzgesichtspunkten beantwortet. Wenn es sich um zwei getrennte Produkte handelt, dann bedeutet dies nach US amerikanischem Verständnis, dass aus Sicht der Verbraucher die Vorteile der Freiheit, die Produktkombination selbst zu wählen, größer sind als die aus der Koppelung durch den Anbieter resultierenden Vorteile. Dies rechtfertigt es, Koppelungspraktiken trotz *„separate demand"* einem per se Verbot zu unterwerfen (U.S v. Microsoft Corp., 253 F.3d 34, 87 f. (D.C. Cir. 2001). Genau diese ratio des *„separate demand test"* allerdings erwies sich im *Microsoft* Verfahren als zu ungenau zur Erfassung und Abwägung von Effizienzvorteilen durch die technische Integration des IE in Windows (insbesondere deshalb, weil Microsoft schlüssig darlegen konnte, dass Konsumenten *und* Softwareproduzenten von der Verbindung des IE mit Windows profitierten). Die Vorschriften des GWB dagegen sind nicht allein nach Effizienzgesichtspunkten auszulegen. Der Schutz der Wettbewerbsfreiheit als individuelle Handlungsfreiheit ist als mindestens gleichberechtigtes Anliegen des Gesetzgebers bei der Auslegung zu berücksichtigen (vgl. nur Ingo Schmidt, S.162 f.).

Innovationswettbewerbs adäquat zu erfassen[727]. Diese Problematik schlägt in ähnlicher Weise auch auf die Abgrenzung von Koppelungsbindungen und innovativer Produktgestaltung durch. Der nachfrageorientierte Maßstab ist zur Abgrenzung ungeeignet, weil er neue Entwicklungen unberücksichtigt lässt. Es fehlt das in einem dynamischen Umfeld erforderliche Element der Zukunftsgerichtetheit.

Zur Verdeutlichung mag folgendes Beispiel dienen: Im ersten Fall werden die Quellcodes von zwei bisher selbständigen Softwareprogrammen lediglich auf einem gemeinsamen Datenträger oder in einer gemeinsamen Datei zusammengefasst und verkauft. Im zweiten Fall dagegen werden die beiden Quellcodes zu einem neuen Programm integriert, das im Vergleich zu vorher nur die Hälfte des Speicherplatzes benötigt und über neue, schnellere oder sonstwie verbesserte Funktionen verfügt, die der Anwender nicht dadurch erreichen kann, dass er die getrennten Programme selbst kombiniert. Stellt man nun die Frage, ob die technisch gekoppelten bzw. integrierten Programme aus Sicht der Konsumenten getrennte Produktmärkte darstellen, dann wird dies in beiden Fällen mit an Sicherheit grenzender Wahrscheinlichkeit zu bejahen sein. Denn im Zeitpunkt der erstmaligen Verbindung der bisher selbständigen Produkte besteht noch eine erhebliche (oder nahezu ausschließliche) Nachfrage nach getrennten Produkten. Folglich lässt sich eine angemessene sachliche Differenzierung zwischen beiden Fällen anhand des nachfrageorientierten Maßstabes nicht vornehmen.

γ) Der Maßstab der separaten Handelbarkeit

Schließlich vermag auch die von der *Monopolkommission* gewählte Sichtweise der Eignung zur separaten Handelbarkeit nicht zu überzeugen. Zwar verweist sie zu Recht darauf, dass dieses Kriterium insbesondere der durch Innovationen ausgelösten wettbewerblichen Dynamik Rechnung trägt[728] (und damit dem Vorwurf der mangelnden Zukunftgerichtetheit entgeht). Dieses Kriterium hat allerdings den Nachteil, dass, wie die *Monopolkommission* selbst einräumt, praktisch immer von getrennten Produkten auszugehen ist[729]. Damit aber verliert der Tatbestand der Koppelungsbindung einen wichtigen Teil der ihm zugedachten Tiefenschärfe bei der Prüfung, ob es sich bei einem Verhalten um eine kartellrechtlich zu beanstandende Verbindung selbständiger Güter oder um ein wettbewerbskonformes (und vielleicht sogar wettbewerbsförderndes) innovatives Verhalten handelt. Das Kriterium der separaten Handelbarkeit senkt die Anforderungen an die Annahme getrennter Güter so weit ab, dass der an sich zweistufige Tatbestand der missbräuchlichen Koppelungsbindung faktisch auf eine reine Billigkeitsentscheidung reduziert wird, die allein auf einer Abwägung der widerstreitenden Interessen beruht.

Gerade auf den Märkten der Netzwerkindustrie ist jedoch eine genaue Prüfung der „Zwei Güter"-Frage von Bedeutung. Denn hier sind innovative Produktgestaltungen darauf gerichtet, neue Märkte zu schaffen bzw. bestehende Märkte durch technische Neuerungen zu „revolutionieren". Wenn nun die Anwendung des Maßstabs der separaten Handelbarkeit dazu führt, dass die technische Integration zweier zuvor selbstän-

---

727 Siehe oben, S.115 ff.

728 Monopolkommission, 9. Hauptgutachten, Rn.1238.

729 Monopolkommission, 9. Hauptgutachten, Rn.1239.

diger Güter regelmäßig als Koppelung anzusehen ist, dann geht es nur noch darum, das Interesse des Marktbeherrschers mit den durch die „Hebelwirkung" eintretenden Nachteilen für andere Unternehmen abzuwägen. Sofern die polarisierende Wirkung starker Netzwerkeffekte („*tipping*") (erneut) zugunsten des bereits marktbeherrschenden Unternehmens wirkt, muss sich der davon begünstigte Marktbeherrscher angesichts der gravierenden Nachteile, die eine Polarisierung des Marktes für die Wettbewerber mit sich bringt, einiges einfallen lassen, um zu vermeiden, dass innovative Produktgestaltung als behinderungsmissbräuchliche Koppelungsbindung angesehen wird.

δ) Der produktorientierte Maßstab

Letztlich ist ein produktorientierter Maßstab am besten zur Abgrenzung von Koppelungsbindung und innovativer Produktintegration geeignet. Dieser Ansatz hat – worauf die *Monopolkommission* wiederum zu Recht hinweist – gegenüber nachfrage- oder angebotsorientierten Maßstäben den Vorzug, dass nicht auf die Sichtweise einer der beteiligten Seiten abzustellen ist, sondern das „Wesen" der angebotenen Ware oder Dienstleistung im Vordergrund steht[730]. Das von der *Monopolkommission* identifizierte Problem, dass hinter der Entscheidung stehende Wertungsfragen durch Bezugnahme auf bestimmte Referenzsysteme nicht offen gelegt werden, fällt demgegenüber nicht ins Gewicht. Außerdem ermöglicht der produktorientierte Maßstab eine differenzierte Lösung der „Zwei Güter"-Frage. Auch die vorstehend geschilderten Beispielsfälle des gekoppelten und integrierten Vertriebs von Softwareprogrammen lassen sich mit Hilfe des produktorientierten Maßstabes einer objektiven, an funktionellen Kriterien ausgerichteten Lösung der „Zwei Güter"-Frage zuführen[731].

Zur Abgrenzung von technisch bedingten Koppelungsbindungen und innovativer Produktintegration kommt es mithin entscheidend darauf an, ob die technische Verbindung zweier Produkte in erster Linie das Ergebnis absatzpolitischer Erwägungen ist oder ob es sich um ein neues Produkt handelt. Im ersten Fall werden zwei oder mehr selbständige Produkte statt vertraglich oder wirtschaftlich nunmehr mit technischen Mitteln aneinandergekoppelt, ohne dass die Funktionsmerkmale oder die Funktionsweise der Produkte infolge ihrer Verbindung zu einem einheitlichen Gesamtprodukt verändert werden. Im letzteren Fall dagegen bringt die physisch-technische Integration der bisher selbständigen Produkte ein neues Produkt hervor, das sich durch eine objektiv erhöhte Funktionalität gegenüber den Möglichkeiten der vormals getrennten Produkte auszeichnet[732]. Einen ähnlichen Standard hat das Bundesberufungsgericht für

---

730 Monopolkommission, 9. Hauptgutachten, Rn.1226.

731 Teilweise kann es nützlich sein, auch die technische Entwicklungsgeschichte bei der Beantwortung der „Zwei Güter" Frage zu berücksichtigen. Dies hätte sich beispielsweise im europäischen IBM Fall bezahlt gemacht (14. Wettbewerbsbericht, Rn.94 f.). Jedenfalls im Hinblick auf den Vorwurf der Speicherbündelung hätte ein Blick auf die technische Entwicklungsgeschichte und frühere US amerikanische Entscheidungen klar machen müssen, dass insoweit *keine* unzulässige Koppelungsbindung vorgelegen hat, vgl. Fisher, American Economic Review (Papers & Proceedings) 90 (2000), S.180 f.; Fleischer, S.22 m.w.Nachw.

732 In diese Richtung ebenfalls Evans/Nichols/Schmalensee, The Antitrust Bulletin 46 (2001), S.163, 232 ff. und Kolasky, George Mason Law Review 7(1999), S.577, 608 f.

den D.C. Circuit im 1998er *Microsoft*-Verfahren angewendet. Das Gericht entschied, dass zwei zuvor getrennte Produkte als integriertes Gesamtprodukt anzusehen seien – und damit kartellrechtlich nicht als gekoppeltes Produkt –, wenn das neue Produkt über folgende Eigenschaften verfüge: „[it] combines functionalities...in a way that offers advantages unavailable if the functionalities are bought separately and combined by the purchaser."[733]

Die Überprüfung eines so verstandenen produktorientierten Kriteriums führt bei Anwendung auf die vorstehend gebildeten Beispielsfälle zu dem Ergebnis, dass es sich nur im zweiten Fall – im Beispiel der Verschmelzung der Quellcodes – um ein neues Produkt und damit um eine integrierte Produktgestaltung handelt. Es wird Speicherplatz eingespart und mit dem Aufruf eines Programms der nahtlose Zugriff auf alle Funktionen eröffnet, die vorher nicht zur Verfügung standen. Im ersten Beispiel dagegen bleiben die Funktionen unverändert. Technische Verbesserungen treten nicht ein. Der Vertrieb über die Zusammenfassung in einer gemeinsamen Datei oder auf einem gemeinsamen Datenträger ist lediglich ein technisches Mittel, um die funktionell selbständigen Programme beim Absatz aneinanderzukoppeln. Entsprechend wäre auch die Verbindung von IE und *Windows* – entgegen der Ansicht des Bundesbezirksgerichts[734] – nicht als technische Koppelungsbindung anzusehen, soweit sie es den Anwendern von *Windows* nunmehr erstmals ermöglicht, innerhalb derselben Benutzeroberfläche nahtlos von Festplattenfunktionen zu webgestützten Anwendungen zu wechseln („move seamlessly from local storage devices to the Web *in the same browsing window"*[735]).

ε) Ergebnis

Im Ergebnis lässt sich die Problematik der Abgrenzung von Koppelungsbindungen und innovativer Produktgestaltung am besten durch Anwendung eines produktorientierten Maßstabes lösen. Dabei kommt es entscheidend darauf an, ob durch die technische Integration ein innovatives Gesamtprodukt geschaffen wird, welches sich durch eine objektiv verbesserte Funktionalität von den bisher selbständigen Produkten unterscheidet. Wenn dagegen die technische Verbindung zu einem einheitlichen Gesamtprodukt die bisherigen Eigenschaften der Produkte – allein oder in ihrer gemeinsamen Verwendung durch die Konsumenten – unverändert lässt, so dass sich aus der Verbindung keine objektive Verbesserung der Funktionalität ergibt, handelt es sich um eine Koppelung getrennter Produkte mit technischen Mitteln.

(b) Interessenabwägung

Hat man davon auszugehen, dass es sich bei dem zur Koppelung verwendeten und dem gekoppelten Gut um zwei getrennte Güter handelt, so kommt es im nächsten Schritt darauf an, ob die vertraglich, wirtschaftlich oder technisch bewirkte Koppelungsbindung kartellrechtlich zu missbilligen ist. Dazu ist eine Abwägung der Interes-

---

733 U.S. v. Microsoft Corp., 147 F. 3d 935, 948 f. (D.C. Cir. 1998).

734 U.S. v. Microsoft Corp., 87 F. Supp. 2d 30, 47 ff. (D.D.C. 2000).

735 So denn auch zu Recht das Bundesberufungsgericht in U.S. v. Microsoft Corp., 253 F.3d 34, 67 (D.C. Cir. 2001).

sen des Marktbeherrschers mit den Interessen derer vorzunehmen, die zum Kreis der benachteiligten Unternehmen gehören. Bei der Abwägung sind vor allem der mit der Koppelung verfolgte Zweck sowie die Intensität der dadurch bewirkten „Hebelwirkung" zu berücksichtigen[736]. Überwiegt das Interesse des marktbeherrschenden Unternehmens an der Koppelung nicht die dadurch bewirkten Nachteile zu Lasten der anderen Unternehmen, dann handelt es sich um einen Behinderungsmissbrauch gemäß § 19 Abs. 4 Nr. 1 GWB.

Vom Zweck der Koppelungsbindung her betrachtet gibt es im Bereich der Informationsindustrie in erster Linie drei Gründe, die es aus Sicht eines gewinnmaximierenden Marktbeherrschers wirtschaftlich vernünftig erscheinen lassen, zwei oder mehrere Produkte beim Vertrieb aneinanderzukoppeln. Erstens die Einsparung von Transaktionskosten, zweitens Aspekte der Qualitätskontrolle und -sicherung und drittens die Zählfunktion zur Ermittlung der Nutzungsintensität des Primärguts[737]. Sofern sich ein marktbeherrschendes Unternehmen aus diesen Gründen für die Anwendung von Koppelungspraktiken entscheidet, ist dies eine legitime Zielsetzung, die kartellrechtlich nicht zu beanstanden ist. Auch ein marktbeherrschendes Unternehmen hat die Freiheit, seine Wettbewerbsposition mit marktkonformen Mitteln zu gestalten und zu verbessern, ohne zu einer die restlichen Wettbewerber schonenden Vorgehensweise verpflichtet zu sein[738]. Kann ein marktbeherrschendes Unternehmen glaubhaft und schlüssig darlegen, dass die Koppelung an sich selbständiger Güter aus einem oder mehreren der vorstehend genannten wirtschaftlichen Gründe vorgenommen wird, kommt es im Rahmen der Abwägung entscheidend darauf an, dass die durch die Koppelung bewirkten Nachteile für andere Unternehmen nicht außer Verhältnis zur wirtschaftlichen *ratio* der Koppelungsbindung stehen.

α) Transaktionskostenersparnisse

Transaktionskostenersparnisse lassen sich infolge des Einsatzes von Koppelungsbindungen sowohl auf Seiten des Anbieters als auch auf Seiten der Nachfrager erzielen. Koppelungsgeschäfte können beim Anbieter zu Kostenvorteilen führen, wenn es ihm auf diese Weise gelingt, bei Produktion, Vertrieb, Marketing oder Lizenzierung Größen- und/oder Verbundvorteile zu erzielen. In ähnlicher Weise kann der gekoppelte Absatz zu Transaktionskostenersparnissen der Nachfrager führen. Dies ist beispielsweise der Fall, wenn es sich um homogene Massenware handelt, bei der es praktisch keine Qualitätsunterschiede gibt und deren Preis so gering ist, dass die Kosten, die zur Information über die und die Beschaffung der einzelnen Produkte aufzuwenden sind, deutlich höher liegen als die Kosten für die Ware selbst.

Gleiches gilt, wenn – wie bei Kommunikations- oder Komponentennetzwerken – das System als Ganzes im Vordergrund steht und auf dem relevanten primären oder sekundären Produktmarkt unterschiedliche Hersteller – wenn auch auf der Basis des *de*

---

736 Immenga/Mestmäcker-Markert, § 20, Rn.201; ferner bereits oben, S. 145.

737 Katz/Shapiro, S.66 ff.; für den Bereich der traditionellen Märkte ebenso Monopolkommission, Rn.1259 ff., 12666 f.; 1274 f., 1276 ff.; Burkert, S.68 ff., 75 ff., 88 ff., 92 ff.;

738 WuW/E BGH 2195, 2201 – Abwehrblatt II; zur wettbewerblichen Betätigungsfreiheit des Marktbeherrschers bereits oben, S.141.

facto-Standards des marktbeherrschenden Netzwerks – tätig sind. Da der Nutzen eines Netzwerks mit der Interoperabilität der verwendeten Primär- und Sekundärprodukte steht und fällt, kann die individuelle Auswahl von Primärprodukten oder Komponenten (z.B. zwischen Originalfabrikaten und in Lizenz hergestellten Komponenten) wesentlich höhere Kosten für Information, Prüfung, Verhandlung, Service und Installation verursachen, als dies im Falle einer Koppelung von Primär- und Sekundärprodukt durch den Originalhersteller und Förderer des marktbeherrschenden Netzwerks der Fall wäre.

Allerdings darf die Intensität der Koppelungsbindung nicht über das hinausgehen, was zur Erreichung der Einsparung von Transaktionskosten erforderlich ist. Deshalb kommt es entscheidend darauf an, dass die Konsumenten *nicht* auf vertraglichem, wirtschaftlichem oder technischem Wege *gezwungen* werden, die gekoppelten Produkte nur gemeinsam abzunehmen[739]. Vielmehr muss ihnen die Möglichkeit eingeräumt werden, die Produkte auch einzeln zu erwerben. Das *Angebot* beider Güter zu einem niedrigeren Preis reicht völlig aus, um das anbieterseitige Interesse, Kostenersparnisse zu Wettbewerbszwecken einzusetzen, zur Geltung zu bringen[740]. Sollten sich infolge der Koppelung zusätzliche Kostenersparnisse auf Seiten der Konsumenten ergeben, ist der Anreiz, vom Angebot aneinandergekoppelter Güter Gebrauch zu machen, um so größer. Jede Art von Zwang, die darüber hinaus geht, ist als unverhältnismäßige Beeinträchtigung der Wettbewerbsfreiheit der Konkurrenten und damit als Behinderungsmissbrauch anzusehen[741].

β) Qualitätskontrolle

Auch Qualitätskontrolle und -sicherung sind legitime Zwecke für die Anwendung von Koppelungspraktiken[742]. Die Kontrolle und Sicherstellung bestimmter Qualitätsstandards durch Koppelung ist bei Komponentennetzwerken von zentraler Bedeutung. Da der volle Produktwert eines Produktsystems erst durch das störungsfreie Zusammenwirken aller Komponenten erzeugt wird, kommt es darauf an, dass jede Komponente bestimmten Qualitätsanforderungen genügt. Zur Einhaltung und Sicherung dieser Qualitätsanforderungen kann es gerechtfertigt sein, dass Primär- und Sekundärprodukte gemeinsam aus der Hand des Förderers des marktbeherrschenden Netzwerks angeboten werden[743].

Sonst besteht die Gefahr, dass Funktions- oder Qualitätsmängel, auch wenn sie nicht in den Verantwortungsbereich des Marktbeherrschers fallen, dem Ruf und dem Ansehen des von ihm geförderten Standards schaden. Werden – was häufig der Fall ist – die zu einem Netzwerk gehörenden Sekundärprodukte von unterschiedlichen Herstellern produziert und beeinträchtigen die Einsparungen eines Herstellers an der Qua-

---

739 Katz/Shapiro, S.68, 71 („...no need to coerce the buyer.").

740 Immenga/Mestmäcker-Markert, § 20, Rn.202; für den Pressesektor auch Möschel, Pressekonzentration, S.116; *ders.* in Immenga/Mestmäcker, § 19, Rn.133.

741 Weitergehend Möschel, Pressekonzentration, S.115.

742 Immenga/Mestmäcker-Markert, § 20, Rn.201.

743 Ebenso für Komplementärgüter allgemein Monopolkommission, 9. Hauptgutachten, Rn.1261; Burkert, S.68; zustimmend auch Immenga/Mestmäcker-Markert, § 20, Rn.201.

lität eines Bauteils die Funktionsfähigkeit des gesamten Systems, so stellt der Konsument zunächst einmal fest, dass das System als solches nicht störungsfrei funktioniert. Er weiß allerdings nicht, worauf die Funktionsstörung im einzelnen zurückzuführen ist. Allein dieser Befund schadet bereits dem Ansehen des Standards. Scheitern darüber hinaus die Versuche, den Fehler mit vertretbarem Aufwand selbst oder mit Unterstützung des Fachhandels oder des Herstellers (Fehlerhandbuch, Telefonhotline etc.) zu beheben, dann intensiviert sich der bereits eingetretene Ansehensverlust, ohne dass derjenige, der den Fehler verursacht hat, die vollen Kosten seiner Handlung zu tragen hat (Problem des negativen externen Effekts)[744].

In einem Umfeld, in dem der Erfolg am Markt maßgeblich von den Erwartungen der Konsumenten und Adoptoren abhängt, ist ein entsprechender Ansehensverlust besonders schädlich, so dass auch der marktbeherrschende Förderer eines Netzwerks ein gewichtiges Interesse an Koppelungsbindungen zur Qualitätssicherung und -erhaltung haben kann. Beim Einsatz von Koppelungsbindungen muss allerdings sichergestellt sein, dass die damit verbundene „Hebelwirkung" nicht außer Verhältnis zum Koppelungszweck steht. Insoweit ist es beispielsweise unzulässig, andere als die zur Qualitätssicherung erforderlichen Produkte in die Koppelungsbindung miteinzubeziehen. Ebenso wäre es im Hinblick auf die Wettbewerbssituation anderer Anbieter meist zu weitgehend, die Konsumenten zu zwingen, entweder das aus Primär- und Sekundärprodukt bestehende Produktbündel oder gar nichts zu beziehen. Dies gilt jedenfalls dann, wenn die Ziele der Qualitätskontrolle und -sicherung in gleicher Weise z.B. durch Warnhinweise oder den Verlust von Garantieansprüchen erreicht werden können[745] (etwa weil dann das wirtschaftliche Risiko einer Funktionsstörung durch die Verwendung minderwertiger Komponenten auf den Konsumenten verlagert und so ein Anreiz geschaffen wird, Primär- *und* Sekundärprodukt aus der Hand des Originalherstellers und Förderers des Netzwerks zu beziehen)[746].

γ) Die Zählfunktion zur Ermittlung der Nutzungsintensität („*metering*")

Die Zählfunktion zur Ermittlung der Nutzungsintensität des Primärguts eines Netzwerks ist als *ratio* für den Einsatz von Koppelungsbindungen schließlich deshalb nicht zu beanstanden, weil sie am Maßstab der Gewinnmaximierung orientierten Unternehmen zur Gewinnung der Informationen dient[747], die sie zur erfolgreichen Preisdifferenzierung zwischen verschiedenen Gruppen von Kunden benötigen. Der Einsatz von Koppelungsbindungen zur Ermittlung der Nutzungsintensität ist insbesondere im Bereich der unkörperlichen Informationsindustrie von Relevanz, da sich der Grad der

---

744 Katz/Shapiro, S.68; Immenga/Mestmäcker-Markert, § 20, Rn.201; Monopolkommission, 9. Hauptgutachten, Rn.1260.

745 Immenga/Mestmäcker-Markert, § 20, Rn.201.

746 Allgemein Katz/Shapiro, S.29, 71 f. („If quality assurance is the rationale, then the contract should state actions that will be taken in the event of noncompliance which are consistent with the harm done by substandard components (e.g. void the warranty).").

747 Zu Voraussetzungen und Vorgehensweise bei der Informationsgewinnung durch Koppelung vgl. Monopolkommission, 9. Hauptgutachten, Rn.1281 ff.; Burkert, S.95 ff.

Nutzung auf andere Art und Weise (z.B. durch den Einsatz mechanischer Zähler) regelmäßig nicht ermitteln lässt[748].

Diese *ratio* der Koppelungsbindung greift jedoch nur dann, wenn Primär- und Sekundärprodukt nicht von vornherein ausschließlich in festen Proportionen bezogen werden können. Dann nämlich ist die Koppelung des Sekundärproduktes zur Ermittlung der Nutzungsintensität der Primärproduktes nicht erforderlich[749]. Zu den Fällen, in denen Koppelungsbindungen erforderlich sein können, gehören beispielsweise Softwarelizenzen. Um die Häufigkeit des Einsatzes der lizenzierten Software A (Primärprodukt) zu ermitteln, kann es gerechtfertigt sein, den Gebrauch dieser Software an die Nutzung der ebenfalls vom Lizenzgeber bereitgestellten Informationen oder Dienste B (Sekundärprodukte) zu koppeln. In diesem Fall nämlich sagt der Erwerb der Lizenz für Software A allein typischerweise nichts über den Umfang der künftigen Nutzung von A aus.

δ) Ergebnis

Liegen einer Koppelungsbindung keine nachvollziehbaren wirtschaftlichen Erwägungen zugrunde (insbesondere Einsparung von Transaktionskosten, Qualitätskontrolle und -sicherung sowie Ermittlung der Nutzungsintensität zwecks gewinnmaximierender Preisdifferenzierung), so dass ihr Einsatz nicht als marktkonformes Mittel zur Verbesserung der eigenen Wettbewerbsposition erscheint, bestehen erhebliche Zweifel an der kartellrechtlichen Zulässigkeit einer solchen Koppelungsbindung.

Dient die Koppelungsbindung ersichtlich nur dazu, andere Unternehmen zu benachteiligen, etwa dadurch, dass mit ihrer Hilfe die Markt(zutritts)schranken erhöht werden, um es (potentiellen) Wettbewerbern zu erschweren, die Position des Marktbeherrschers zu gefährden („*two-level entry*“)[750], oder um die Konsumenten zu zwingen, qualitativ unterlegene Sekundärprodukte des Marktbeherrschers zu beziehen[751], so ist bereits der konkrete Zweck der Koppelung zu missbilligen, ohne dass es einer Abwägung mit der Intensität der koppelungsbedingten „Hebelwirkung“ bedarf.

(2) Ausschließlichkeitsbindungen

Auch durch Ausschließlichkeitsbindungen können Wettbewerber i.S. des § 19 Abs. 4 Nr. 1 GWB behindert werden. Die insoweit relevante horizontale Behinderungsrichtung liegt darin, dass Wettbewerber des bindenden Unternehmens durch die Vereinba-

---

[748] Katz, S.29, 69; Burkert, S.88 f.

[749] Monopolkommission, 9. Hauptgutachten, Rn.1275; Katz/Shapiro, S.69, 75.

[750] Siehe dazu Katz/Shapiro, S.70 f. („The idea behind this motivation is that in the presence of a tie, a new firm cannot enter in the production of just one product; it is forced by tying to either produce both components or neither.“).

[751] Es ist allerdings zweifelhaft, welchen Anreiz ein marktbeherrschendes Unternehmen auf dem primären Produktmarkt A hätte, seine qualitativ unterlegenen Sekundärprodukte an Produkt A zu koppeln. Effektiver wäre es, den Konsumenten die Wahl des Sekundärprodukts zu überlassen und lediglich den Preis für Produkt A soweit anzuheben, bis das Gewinnmaximum durch Abschöpfen der Konsumentenrente erreicht ist, (Katz/Shapiro, S.71). Zu sonstigen wirtschaftlichen Zielsetzungen von Koppelungsbindungen siehe Burkert, S.57 ff. sowie Monopolkommission, 9. Hauptgutachten, Rn.1248 ff.

rung ausschließlicher Belieferungs- oder Bezugsverpflichtungen mit Unternehmen der vor- oder nachgelagerten Wirtschaftsstufe am Bezug oder der Lieferung gleichartiger Waren oder Dienstleistungen von den gebundenen Lieferanten bzw. an die gebundenen Abnehmer ausgeschlossen sind[752]. Diese von Ausschließlichkeitsvereinbarungen hervorgerufene Sperrwirkung kann nicht nur durch vertragliche Vereinbarungen, sondern auch durch den Einsatz wirtschaftlicher, insbesondere finanzieller Anreize erzeugt werden[753].

Dass Ausschließlichkeitsbindungen selbst dann nicht *per se* unzulässig sind, wenn sie von marktbeherrschenden Unternehmen praktiziert werden, darf heute wohl als unstreitig gelten[754]. Vielmehr folgt die Ermittlung der kartellrechtlichen Zulässigkeit von Ausschließlichkeitsbindungen den allgemeinen Grundsätzen. Danach ist die Frage, ob Exklusivvereinbarungen des Marktbeherrschers mit Angehörigen der vor- und nachgelagerten Wirtschaftsstufen als behinderungsmissbräuchlich zu beanstanden sind, nach Abwägung des Interesses des markbeherrschenden Unternehmens an der Bindung mit der dadurch bewirkten Beeinträchtigung der wettbewerblichen Handlungsfreiheit seiner Wettbewerber zu entscheiden[755]. Diese Entscheidung wird einerseits vom Grad der Unerlässlichkeit der Bindung im Hinblick auf das zugrundeliegende Unternehmensinteresse, andererseits vom Ausmaß des durch die Ausschließlichkeitsbindung hervorgerufenen Marktschließungseffekts bestimmt. Kriterien zur Beurteilung des Marktschließungseffekts sind u.a. der konkrete Marktanteil des Marktbeherrschers, die Existenz von Parallelpraktiken (Bündeltheorie) sowie die Dauer der Bindung[756].

Anhand dieser Maßstäbe lässt sich auch die kartellrechtliche Zulässigkeit von Ausschließlichkeitsbindungen auf Netzwerkmärkten beurteilen. Wie nicht zuletzt die beiden Entscheidung des Bundesberufungsgerichts in Sachen *Microsoft* aus den Jahren 1998 und 2001[757] zeigen, gehören Ausschließlichkeitsbindungen auch auf Märkten mit starken Netzwerkeffekten zum Standardrepertoire eines marktbeherrschenden Unternehmens. Vorbehaltlich der gebotenen einzelfallbezogenen Interessenabwägung wird man im Allgemeinen davon auszugehen haben, dass der Einsatz von Ausschließlichkeitsvereinbarungen auf Netzwerkmärkten eine größere Gefahr für den Wettbewerb darstellt als dies auf traditionellen Märkten der Fall ist[758]. Bindet der marktbeherrschende Förderer eines Netzwerks Lieferanten und Abnehmer ausschließlich an sich, so verringern sich die Chancen der Wettbewerber, die Position des Marktführers erfolgreich anzugreifen, wegen der dadurch bewirkten Markschließungseffekte erheb-

---

752 Vgl. nur Immenga/Mestmäcker-Markert, § 20, Rn.196.

753 Langen/Bunte-Schultz, § 19, Rn.144; Immenga/Mestmäcker-Markert, § 20, Rn.196.

754 Vgl. insoweit FK-Carlhoff, § 26, Rn.334; Immenga/Mestmäcker-Markert, § 20, Rn.198; Immenga/Mestmäcker-Möschel, § 19, Rn.132; Langen/Bunte-Schultz, § 19, Rn.144 m.w.Nachw. zu früheren Ansichten.

755 FK-Carlhoff, § 26, Rn.334; Immenga/Mestmäcker-Markert, § 20, Rn.198 f.; Langen/Bunte-Schultz, § 19, Rn.144.

756 Immenga/Mestmäcker-Möschel, § 19, Rn.132; Immenga/Mestmäcker-Markert, § 20, Rn.198.

757 U.S. v. Microsoft Corp., 147 F.3d 935 (D.C. Cir. 1998) und 253 F.3d 34 (D.C. Cir. 2001).

758 Balto, George Mason Law Review 7 (1999), S.523, 528 („In a network setting there are several factors that complicate the analysis and make the potential consequence of exclusivity arrangements potentially more pernicious.").

lich. Im Rahmen der Interessenabwägung muss der Sponsor eines marktbeherrschenden Netzwerks daher ein besonders unabweisbares Interesse an der ausschließlichen Bindung seiner Vertragspartner geltend machen. Der Nachweis eines solchen unabweisbaren Interesses an der Bindung dürfte jedoch schwer und daher nur selten zu führen sein.

(a) Auswirkungen der ausschließlichen Bindung von Abnehmern

Werden ausschließliche Bezugsverpflichtungen mit den Abnehmern eines marktbeherrschenden Netzwerks vereinbart, so liegt deren besondere Gefahr für den Wettbewerb in dem für Netzwerkmärkte charakteristischen Zusammenhang zwischen der Größe des Netzwerkes des Marktbeherrschers auf der einen und dem Erreichen der kritischen Masse als *conditio sine qua non* für den Erfolg eines konkurrierenden Netzwerks auf der anderen Seite. Bindet der Förderer eines marktbeherrschenden Netzwerks seinen installierten Bestand durch Ausschließlichkeitsvereinbarungen an sich, sind die Adoptoren für gewisse Zeit an einem Wechsel gehindert. Sofern der relevante Markt nicht durch das Hinzutreten immer neuer Konsumentengenerationen gekennzeichnet ist, wird die Angreifbarkeit der Monopolstellung des Marktbeherrschers für die Dauer der Ausschließlichkeitsbindung praktisch ausgeschlossen.

In dem 1998 abgeschlossenen *Microsoft*verfahren wird das antagonistische Zusammenspiel von Marktschließungseffekten als Folge der monopolistischen Marktstruktur von Märkten mit starken Netzwerkeffekten und den Aussichten der Wettbewerber, die kritische Masse zu erreichen, am besten anhand der zwischen *Microsoft* und den OEMs geschlossenen Mindestbezugsvereinbarungen deutlich. Mindestbezugsverpflichtungen können insbesondere dann den gleichen Effekt wie Ausschließlichkeitsbindungen haben, wenn der Abnehmer verpflichtet ist, den größten Teil seines Bedarfs bei einem bestimmten Lieferanten zu beziehen[759].

In dem früheren Verfahren war *Microsoft* nur dann zur Erteilung von Lizenzen für *Windows* an die OEMs bereit, wenn diese sich verpflichteten, für einen Zeitraum von drei oder fünf Jahren mindestens 50% ihres Bedarfs an Betriebssystemen bei *Microsoft* zu decken. Durch die Kombination der Mindestbezugspflicht mit erheblichen finanziellen Anreizen lag die Menge der tatsächlich von *Microsoft* bezogenen Betriebssystemen durch die OEMs noch viel höher[760]. Dadurch verringerte sich die Zahl der nicht an *Microsoft* gebundenen OEMs und damit zugleich die Zahl derer, die konkurrierende Betriebssysteme abnehmen konnten, so sehr, dass ein zweites Betriebssystem als Primärprodukt eines Komponentennetzwerks nicht die zum Erreichen der Profitabilitätsgrenze erforderliche kritische Masse auf sich vereinen konnte[761].

Obwohl die – jedenfalls für die Verhältnisse der Softwareindustrie – langfristigen Mindestbezugsverpflichtungen von drei bis fünf Jahren mit wirtschaftlichen Vorteilen für *Microsoft*, die OEMs und die unabhängigen Hersteller von Anwendungssoftware verbunden waren (z.B. Planungssicherheit bei der Erreichung von Umatz- und Absatz-

759 Vgl. nur Bechtold, GWB, § 16, Rn.8; Langen/Bunte-Klosterfelde/Metzlaff, § 16, Rn.59 f.

760 Zu den Einzelheiten, warum die OEMs zum Abschluss derartiger Verträge bereit waren und zur „per-processor" Problematik siehe auch Gilbert, S.414 ff.

761 Gilbert, S.415.

zielen für *Microsoft*, Anreize für unabhängige Softwarefirmen, in neue Programme (Komponenten) für *Windows* zu investieren, sowie gesicherte Belieferung und Schutz vor Preiserhöhungen für die OEMs[762]), sind diese Vorteile im Rahmen der Abwägung wohl zu Recht nicht für gewichtig genug befunden worden, um die wettbewerbsbeschränkenden Wirkungen des damit einhergehenden Marktschließungseffekts aufzuwiegen.

Zusammenfassend lässt sich festhalten, dass die von der ausschließlichen Bindung des installierten Bestandes ausgehenden Marktschließungseffekte auf Märkten mit starken Netzwerkeffekten wesentlich gravierender sind als auf traditionellen Märkten. Auf Netzwerkmärkten sind die von Ausschließlichkeitsbindungen ausgelösten Behinderungswirkungen besonders einschneidend, weil ein Wechsel der Adoptoren des marktbeherrschenden Netzwerks zu konkurrierenden Netzwerken – unabhängig von auf Switching Costs beruhenden „*Lock in*"-Effekten – für die Dauer der Vereinbarung ausgeschlossen ist. Dadurch wird es den Wettbewerbern des Marktbeherrschers nicht nur erschwert, sondern faktisch unmöglich gemacht, ihn aus seiner führenden Stellung zu verdrängen. Insoweit wirken Ausschließlichkeitsbindungen als strategische Markt(zutritts)schranken[763], die den Förderer des marktbeherrschenden Netzwerks für bestimmte Zeit nahezu unangreifbar machen.

(b) Auswirkungen der ausschließlichen Bindung von Lieferanten

Die Vereinbarung ausschließlicher Belieferungspflichten mit Lieferanten des marktbeherrschenden Netzwerks birgt ebenfalls besondere Gefahren für den Wettbewerb zwischen konkurrierenden Systemen, weil sie die Erwartungen des installierten Bestandes und potentieller Adoptoren in erheblichem Maße zu Lasten der Wettbewerber beeinflussen. *Shapiro* demonstriert diesen Zusammenhang an folgendem Beispiel aus dem Videospielsektor[764]: *Nintendo*, ein bekannter Hersteller von Videospielkonsolen, vereinbart mit unabhängigen Programmierern von Videospielen, dass ihre Spiele von *Nintendo* nur bezogen werden, wenn sie einwilligen, diese für einen Zeitraum von zwei Jahren ausschließlich *Nintendo* zur Verfügung zu stellen. Diese ausschließliche Bindung der unabhängigen Lieferanten von Videospielen hatte nicht nur den Effekt, anderen Herstellern von Videospielkonsolen den Zugang zum vorgelagerten Markt für Videospiele zu erschweren. Weitaus gravierender ist der Einfluss dieser Ausschließ-

---

762 Zu Vorteilen von Exklusivvereinbarungen im Netzwerkkontext auch Balto, George Mason Law Review 7 (1999), S.523, 531 ff.

763 Nach Ansicht des BKartA umfasst der Begriff der strategischen Marktzutrittsschranke jedes Verhalten eines etablierten Unternehmens, welches den Markteintritt erschwert. Zu diesem Verhalten zählen alle Geschäftspraktiken, mit denen natürliche Marktzutrittsschranken gezielt erhöht oder neue Barrieren errichtet werden, um den Eintritt in den Markt für potentielle bzw. die Verbesserung der Wettbewerbsposition für aktuelle Wettbewerber unmöglich oder unattraktiv, d.h. unrentabel zu machen, vgl. Checkliste des BKartA, S.15; Untersagung des BKartA betreffend Sanacorp/ANZAG (B 3 – 59/01) vom 18.9.2001 (www.bundeskartellamt.de/wDeutsch/ download/pdf/Fusion/Fusion01/B3_59_01.pdf), Rn.106 ff.; Jickeli, S.64; Immenga/Mestmäcker-Möschel, § 19, Rn.70; Fleischer/Doege, WuW 2000, S.705, 713.

764 Shapiro, Antitrust in Network Industries, S.14.

lichkeitsbindungen auf die Erwartungen der installierten Basis sowie neu hinzutretender Konsumentengenerationen.

Da man davon auszugehen hat, dass *Nintendo* als marktbeherrschendes Unternehmen über einen großen installierten Bestand verfügt, antizipieren rational handelnde Konsumenten, dass für die an *Nintendo* gebundenen Lieferanten von Videospielen kein Anlass besteht, ihre Spiele auch den Konkurrenten von *Nintendo* anzubieten. In rechtlicher Hinsicht riskieren die Lieferanten, *Nintendo* bzw. die an *Nintendo* gebundenen Adoptoren als Abnehmer zu verlieren. Wirtschaftlich gesehen hätten sie bei gegebener Inkompatibilität die doppelten Entwicklungskosten zur Herstellung der Spiele zu tragen (für *Nintendo* einerseits und einen konkurrierenden Anbieter andererseits).

Beide Nachteile wiegen um so schwerer, da im Zeitpunkt der Entscheidung, von *Nintendo* zu einem anderen Abnehmer und Wettbewerber (z.B. *Atari*, *Sony* oder *Microsoft*) zu wechseln, noch ungewiß ist, ob dessen (aus Videospielkonsole und dazugehörigen Spielen bestehendes) Netzwerk *Nintendo* vom Markt zu verdrängen vermag[765]. Demzufolge gehen die Konsumenten davon aus, dass die derzeit für die Videospielkonsole von *Nintendo* zur Verfügung stehenden Spiele bei anderen Anbietern frühestens in zwei Jahren erhältlich sind, was wiederum die Attraktivität von Nintendo erhöht und die der Wettbewerber verringert. Die Erwartungen erfüllen sich selbst und stabilisieren im Ergebnis das Netzwerk des Marktbeherrschers[766]. Eine weitere Folge der so beeinflussten Erwartungsbildung zugunsten des Marktbeherrschers (im Beispiel *Nintendo*) ist, dass sich neben einer zunehmenden Zahl an Konsumenten auch immer mehr unabhängige Hersteller von Videospielen entschließen, nur noch für *Nintendo* Spiele zu entwickeln, weil auch sie davon ausgehen, dass *Nintendo* den größten Erfolg haben wird.

(c) Ergebnis

Erst durch die ausschließliche Bindung der Konsumenten und/oder Lieferanten an das Netzwerk des Marktbeherrschers kann es zu der bereits erwähnten *„applications barrier to entry"* bzw. *„chicken-and-egg"*-Problematik kommen[767]. Den Konkurrenten des marktbeherrschenden Netzwerks fehlt einerseits die erforderliche kritische Masse, weil ihnen Videospiele, d.h. Sekundärprodukte nicht in hinreichender Vielfalt und Qualität zu entsprechend niedrigen Preisen zur Verfügung stehen. Ohne kritische Masse aber ist es andererseits praktisch ausgeschlossen, die freien Hersteller davon zu überzeugen, Videospiele zuerst für das eigene Netzwerk und nicht zugleich für *Nintendo* oder andere Wettbewerber zu entwickeln. Auf diese Weise wird der durch die Anwesenheit des marktbeherrschenden Netzwerks ohnehin bereits geschwächte *Schumpeter'*sche

---

765 Dies gilt insbesondere dann, wenn der einzelne Spielelieferant glaubt, dass er allein zu klein sei, um mit seiner Entscheidung die Nachfrage nach einem neuen Netzwerk zu beeinflussen. Dann ist es wirtschaftlich vernünftig, trotz der Ausschließlichkeitsbindung und trotz der Erkenntnis, dass man einen Beitrag zu Festigung der Position des Marktbeherrschers leistet, bei *Nintendo* zu bleiben.

766 Shapiro, Antitrust in Network Industries, S.14; zu sich selbsterfüllenden Erwartungen siehe oben, S.69 f.

767 Siehe oben, S.131.

(Rest)Innovationswettbewerb durch strategische Markt(zutritts)-schranken in Form von Ausschließlichkeitsbindungen zusätzlich beeinträchtigt. Mithin ist die Vereinbarung von Ausschließlichkeitsbindungen auf Netzwerkmärkten durch den marktbeherrschenden Förderer eines Netzwerks in aller Regel behinderungsmissbräuchlich.

(3) Missbräuchliche Produktankündigungen

Bei missbräuchlichen Produktankündigungen handelt es sich um eine besondere Art des BehinderungsMissbrauchs, die in Rechtsprechung und Verwaltungspraxis bisher nicht als eigenständige Fallgruppe des § 19 Abs. 4 Nr. 1 GWB anerkannt ist. Soweit ersichtlich ist diese Art des Behinderungsmissbrauchs in Deutschland noch nicht Gegenstand eines kartellrechtlichen Missbrauchsverfahrens gewesen. Auch das Schrifttum zum GWB hat sich dieser Thematik nur sehr vereinzelt angenommen[768]. Gleichwohl wäre es voreilig, aus diesem Befund abzuleiten, missbräuchlich verfrühte Produktankündigungen seien lediglich eine bedeutungslose Randerscheinung, die keiner näheren Betrachtung bedürfe. Erstens beweist ein Blick auf die Kartellrechtspraxis der USA das Gegenteil. Dort waren missbräuchlich verfrühte Produktankündigungen unter dem Stichwort *„vaporware"* oder *„predatory product preannouncements"* wiederholt Gegenstand wichtiger Kartellverfahren[769]. Zweitens könnten sich missbräuchlich verfrühte Produktankündigungen gerade im Netzwerkkontext als effektives Mittel zur Beeinflussung der Konsumentenerwartungen zugunsten des Förderers eines marktbeherrschenden Netzwerks erweisen[770].

„*Vaporware*" wird im allgemeinen mit Computersoftware in Verbindung gebracht, weil sie dort, wiederum in einem gegen *Microsoft* geführten Verfahren[771], den größten Bekanntheitsgrad erlangt hat[772]. In diesem Verfahren ging es u.a. um den Vorwurf, *Microsoft* habe seinem Mitbewerber *Digital Research* dadurch geschadet, dass sie, kurz nachdem *Digital Research* eine neue Version des Betriebssystems DR-DOS auf den Markt gebracht hatte, ankündigte, in Kürze ebenfalls ein Update von MS-DOS anbieten zu wollen, das unter anderem über sämtliche Vorteile von DR-DOS verfüge. Während im Anschluss an diese Ankündigung die Verkaufszahlen von DR-DOS einbrachen, verging seit der Ankündigung *Microsofts* noch etwa ein Jahr, bis das „versprochene" Update von MS-DOS auf den Markt gelangte[773]. Dieses Beispiel wirft mit Blick auf die kartellrechtliche Beurteilung verfrühter Produktankündigungen zwei Fragen auf: Erstens, besteht überhaupt ein wettbewerbserheblicher Zusammenhang zwischen verfrühten Produktankündigungen und Beeinträchtigungen der Wettbewerber, und zweitens, unter welchen Voraussetzungen sind verfrühte Produktankündigungen als missbräuchlich anzusehen.

---

768 Z.B. Fleischer, S.91 ff.
769 Siehe die Nachweise bei Fleischer, S.92 ff.
770 Shapiro, Antitrust in Network Industries, S.11.
771 U.S. v. Microsoft Corp., 159 F.R.D. 318 (D.D.C. 1995).
772 Levy, The Antitrust Bulletin 42 (1997), S.33.
773 Zusammenfassend Fleischer, S.93 f.; ferner Shapiro/Varian, S.275; Levy, The Antitrust Bulletin 42 (1997), S.33, 35 m.w.Nachw.

(a) Wettbewerbliche Erheblichkeit verfrühter Produktankündigungen

Die Antwort auf die erste Frage ergibt sich aus der bereits mehrfach hervorgehoben zentralen Bedeutung der Konsumentenerwartungen für den Erfolg eines Netzwerks. Die Konsumenten versuchen zu antizipieren, welches Netzwerk sich im Wettbewerb als einheitlicher Standard am Markt etablieren wird, weil sie nur in diesem Fall ungeschmälert an den Vorteilen eines großen Netzwerks (Netzwerkeffekten) partizipieren, ohne die mit einer „Fehlentscheidung" verbundenen Kosten (Switching Costs) eines späteren Netzwerkwechsels aufwenden zu müssen. Um den Prozess der Erwartungsbildung und damit den eigenen Erfolg positiv zu beeinflussen, muss dem Förderer eines Netzwerks daran gelegen sein, möglichst frühzeitig und überzeugend zu signalisieren, dass die Erfolgsaussichten des eigenen Netzwerks größer sind als die der Wettbewerber[774]. Deshalb können verfrühte Produktankündigungen der im *Microsoft/Digital Research*-Beispiel beschriebenen Art Teil einer auf die Beeinflussung der Konsumentenerwartungen abzielenden „Marketingkampagne" sein. Vor allem ihr Einsatz durch den marktbeherrschenden Förderer eines Netzwerkes hat in aller Regel den Effekt, dass potentielle Adoptoren, die entschlossen waren, einem konkurrierenden Netzwerk beizutreten, diese Entscheidung hinausschieben, um das Angebot des Marktführers abzuwarten[775].

Dieser Effekt beruht darauf, dass die Ankündigung eines erfolgversprechenden Produktes den späteren Erfolg teilweise vorwegnimmt, so dass ein vom Marktführer angekündigtes Produkt aus Sicht der Konsumenten gute Chancen hat, erneut zum Standard am Markt zu werden. Dies erscheint aus mehreren Gründen plausibel: Zunächst besitzt das verbesserte/neue Produkt des Marktbeherrschers schon wegen dessen Marktstellung, d.h. aufgrund seiner Erfolge in der Vergangenheit erhöhte Überzeugungskraft. Weitere Umstände (wie z.B. die Stärke der Marke, Effizienz der Absatzwege, Verfügbarkeit von Ressourcen etc.) treten möglicherweise hinzu. Sie rühren ebenfalls aus den positiven Erfahrungen der Konsumenten mit Produkten des Marktbeherrschers in der Vergangenheit her[776]. Darüber hinaus verliert der Herausforderer – auch darüber sind sich rational handelnde Konsumenten im Klaren – infolge der Ankündigung etwaige „*first mover*"-Vorteile, die es ihm erleichtern würden, die erforderliche kritische Masse schneller als die anderen zu erreichen. Schließlich erhöht sich infolge des schleppenden Absatzes der Finanzierungsbedarf, der, wenn er denn gedeckt werden kann, nicht unerhebliche Mehrkosten verursacht. Diese Auswirkungen können die Wettbewerbsposition der Mitbewerber empfindlich beeinträchtigen und sie – im Extremfall – zur Aufgabe zwingen. Mithin ist verfrühten Produktankündigungen eine wettbewerbliche Erheblichkeit auf Netzwerkmärkten nicht abzusprechen.

---

774 Zu Strategien zur Beeinflussung der Konsumentenerwartungen vgl. oben, S.96 ff; ebenso Shapiro/Varian, S.275; Fleischer, S.95.

775 Ebenso Fleischer, S.95.

776 Bei Informationsgütern handelt es sich bekanntlich um Erfahrungsgüter, vgl. nur Shapiro/Varian, S.5 f.

(b) Missbräuchlichkeit verfrühter Produktankündigungen

Besitzen aber verfrühte Produktankündigungen wettbewerbsrechtliche Relevanz auf Netzwerkmärkten, stellt sich die Frage, unter welchen Umständen derartige Ankündigungen den Tatbestand des Behinderungsmissbrauchs erfüllen. Das entscheidende Merkmal des § 19 Abs. 4 Nr. 1 GWB ist das Fehlen eines sachlich gerechtfertigen Grundes[777]. Ob eine verfrühte Produktankündigung sachlich gerechtfertig ist, ist durch Abwägung des Interesses des Marktbeherrschers an verfrühten Produktankündigungen mit den Interessen der beeinträchtigen Unternehmen unter vorrangiger Berücksichtigung der Wettbewerbsfreiheit vorzunehmen. Nur wenn das Interesse des marktbeherrschenden Unternehmens nicht die mit der Produktvorankündigung bewirkten Nachteile der Wettbewerber überwiegt, ist letztere missbräuchlich i.S. des § 19 Abs. 4 Nr. 1 GWB.

Theoretisch lassen sich zwei eindeutige Konstellationen unterscheiden: Fälle, in denen die Ankündigung (z.B. die Vermarktung eines Produktes X mit der neuen Eigenschaft Y in einem Jahr) zutrifft, erfüllen nicht den Tatbestand des Behinderungsmissbrauchs, selbst wenn es sich bei dem ankündigenden Unternehmen um ein marktbeherrschendes Unternehmen handelt. Schützenswerte Interessen der Wettbewerber werden nicht beeinträchtigt. Sie erhalten vielmehr zutreffende Informationen über den nächsten Schritt des Marktbeherrschers, die sie ihrer eigenen wettbewerblichen Reaktion zugrunde legen können. Weiter hat auch das ankündigende Unternehmen ein legitimes Interesse an der Vorabinformation, damit sich gegenwärtige und neue Kunden bei ihrer Investitionsplanung rechtzeitig auf die neuen Produkte einstellen können. Gerade die Anschaffung komplexer Systeme benötigt eine nicht unerhebliche Vorlaufzeit, um finanzielle Entscheidungen herbeizuführen, die Umstellung der Organisation zu planen, technische Vorbereitungen zu treffen usw.[778]

Unter gesamtgesellschaftlichen Wohlfahrtsgesichtspunkten kommt hinzu, dass die frühzeitige Ankündigung eines neuen Produkts dazu beiträgt, den Übergang zu einer neuen Technologie zu erleichtern. Da Entscheidungsprozesse auf Netzwerkmärkten wegen der Abhängigkeit der individuellen Entscheidung von den Entscheidungen anderer Konsumenten von einer gewissen Schwerfälligkeit geprägt sind („*excess inertia*"), bewirkt die Ankündigung, dass potentielle Adoptoren, die sich einen größeren Nutzen von der neuen Technologie versprechen, ihre Investitionsentscheidung solange hinausschieben, bis die neue Technologie erhältlich ist[779].

Ebenso eindeutig handelt es sich um Fälle des Behinderungsmissbrauchs, wenn die verfrühte Produktankündigung nur dazu benutzt wird, um zu Lasten der Wettbewerber vorsätzlich falsche Angaben zum Zeitpunkt der Vermarktung oder zu den Eigenschaften des neuen Standards zu verbreiten[780]. In diesen Fällen fehlt dem Handeln des Marktbeherrschers jegliche anerkennenswerte Motivation. In der Praxis jedoch werden derart eindeutige Fälle fast nie vorkommen. Grund hierfür ist die Unerlässlichkeit der Glaubhaftigkeit einer verfrühten Produktankündigung. Soll sie ihr Ziel, die Stärkung

777 Siehe oben, S.138 f.

778 Fleischer, S.98; Shapiro, Antitrust in Network Industries, S.11.

779 Fleischer, S.99; Shapiro, Antitrust in Networks Industries, S.11.

780 Ähnlich Shapiro, Antitrust in Network Industries, S.11.

der eigenen Stellung bei gleichzeitiger Schwächung der Position der Wettbewerber, erreichen, kommt es entscheidend darauf an, dass die Ankündigung aus Sicht der potentiellen Adoptoren glaubhaft ist[781]. Gerade dadurch aber werden der Verbreitung vorsätzlich falscher Informationen enge Grenzen gesetzt.

Um glaubhaft zu sein, müssen die in der Produktvorankündigung enthaltenen Informationen zum einen mit den Erwartungen der Mehrheit der potentiellen Adoptoren in etwa übereinstimmen, wobei Unsicherheiten mangels vollständiger Information auf beiden Seiten (d.h. bei Anbietern und Nachfragern) zu berücksichtigen sind[782]. Enthält eine Ankündigung aus Sicht der Konsumenten völlig unplausible oder widersprüchliche Aussagen, so haben sie nicht den gewünschten Effekt. Vielmehr ist mit Irritationen auf Seiten der Nachfrager zu rechnen, die bestenfalls dazu führen, dass sich die Erwartungsbildung verzögert. Ferner, so hat *Levy* im einzelnen nachgewiesen, hängt die Glaubhaftigkeit eng mit der Reputation des ankündigenden Unternehmens zusammen. Danach werden die Erwartungen der Konsumenten nur dann positiv beeinflusst, wenn die Ankündigung von einem Unternehmen stammt, das in dem Ruf steht, nur wahrheitsgemäße und realistische Aussagen zu machen[783]. Enthalten Produktvorankündigungen wiederholt falsche Angaben, so werden sie in Zukunft einfach ignoriert[784]. Das betreffende Unternehmen verliert dann die Möglichkeit, auf diesem Wege die Erwartungsbildung zu beeinflussen. Letzteres gilt im übrigen auch für gutgläubig falsche Informationen. Da für die Konsumenten regelmäßig nicht überprüfbar ist, ob es sich um vorsätzlich oder gutgläubig falsche Angaben handelt, können sie nicht entsprechend differenzieren[785].

Aus diesem Befund ist als Antwort auf die zweite Frage abzuleiten, dass ein Behinderungsmissbrauch immer dann vorliegt, wenn die verfrühte Produktankündigung vorsätzlich falsche Angaben zum Zeitpunkt der Vermarktung oder zu den Eigenschaften des neuen Netzwerks enthält. Allerdings dürfen die von solchen Ankündigungen ausgehenden Gefahren für die Wettbewerbsfreiheit auch nicht überschätzt werden. Marktbeherrschende Unternehmen werden, wenn überhaupt, nur äußerst selten von missbräuchlich verfrühten Produktankündigungen Gebrauch machen[786]. Gleichwohl kann jeder Einzelfall die Position der Wettbewerber empfindlich schwächen. Weichen die vorsätzlich falschen Informationen jedoch zu sehr von dem ab, was die potentiellen Adoptoren realistischerweise erwarten, verfehlen sie ihr Ziel. Wird das Mittel der verfrühten Produktankündigung zu oft eingesetzt, verliert es ebenfalls schnell seine Wirkung. Denn sobald der „gute Ruf" des Marktbeherrschers infolge wiederholt unzutreffender Produktvorankündigungen aufgezehrt ist, wird ihnen seitens der Konsumenten keine Beachtung mehr geschenkt. Da es insoweit nicht einmal darauf ankommt, ob die falsche Information vorsätzlich oder in gutem Glauben verbreitet wurde, wird dies

781 Levy, The Antitrust Bulletin 42 (1997), S.33, 34, 36.
782 Levy, The Antitrust Bulletin 42 (1997), S.33, 38 f.
783 Levy, The Antitrust Bulletin 42 (1997), S.33, 39 ff.
784 Evans/Reddy, S.21.
785 Levy, The Antitrust Bulletin 42 (1997), S.33, 43.
786 Levy, The Antitrust Bulletin 42 (1997), S.33, 43; Lemley/McGowan, California Law Review 86 (1998), S.479, 504 f.

zu noch größerer Zurückhaltung im Umgang mit verfrühten Produktankündigungen führen.

cc) Technologiebezogene Entscheidungen des Marktbeherrschers

Dieser Themenkomplex umfasst über den im Zusammenhang mit Koppelungsbindungen erörterten Fall der innovativen Produktintegration hinaus zwei weitere Fälle technologiebezogener Entscheidungen des Marktbeherrschers: zum einen technische Veränderungen ohne ersichtliche Rechtfertigung und zum andern solche, die aus ästhetischen, betriebswirtschaftlichen oder sonstigen Gründen erfolgen. In beiden Fällen ist im Rahmen der Interessenabwägung des § 19 Abs. 4 Nr. 1 GWB zu ermitteln, ob die technologiebezogenen Entscheidungen des Marktbeherrschers im Verhältnis zu den dadurch bewirkten Nachteilen der Wettbewerber sachlich gerechtfertigt sind.

(1) Fälle technischer Veränderungen ohne ersichtliche Rechtfertigung

Nimmt der Sponsor eines marktbeherrschenden Netzwerks technische Veränderungen vor, die weder durch eine objektiv verbesserte Funktionalität noch unter betriebswirtschaftlichen, ästhetischen oder sonstigen Gesichtspunkten gerechtfertigt sind, ist der Tatbestand des Behinderungsmissbrauchs gemäß § 19 Abs. 4 Nr. 1 GWB in aller Regel erfüllt[787]. In derartigen Fällen ist ein anerkennenswertes nachvollziehbares Interesse des Marktbeherrschers an der technischen Veränderung nicht ersichtlich.

Zur Illustration derartiger Fälle hat *Fleischer* auf den von der Kommission entschiedenen *Decca Navigator System*-Fall[788] aufmerksam gemacht[789]. In diesem Fall veränderte *Racal Decca*, ein marktbeherrschender Anbieter nautischer Navigationssysteme (kurz DNS), als Reaktion auf den Markteintritt eines konkurrierenden DNS-kompatiblen Kontaktempfängers des dänischen Wettbewerbers *AP Radiotelefon* die bisherige Technik der Signalübertragung. Obwohl *Racal Decca* diese Veränderungen als Verbesserungen hinstellte, dienten sie in Wirklichkeit dazu, den Signalempfang mit den preisgünstigeren AP-Geräten zu behindern. Im übrigen jedoch ließen sie die Funktionalität der eigenen Empfangsgeräte unverändert.

Die Kommission entschied zu Recht, dass die von *Racal Decca* vorgenommene Signaländerung als Behinderungsmissbrauch gemäß Art. 82 EG anzusehen sei[790]. Ähnliche Fälle sind auch unter § 19 Abs. 4 Nr. 1 GWB vorstellbar[791], obwohl vergleichbare Sachverhalte in Deutschland – soweit ersichtlich – noch nicht zur Entscheidung standen.

---

787 Fleischer bezeichnet diese Konstellation als „Modellsachverhalt des Behinderungsmissbrauchs durch Produktinnovation". Obwohl in der Sache zutreffend, ist die sprachliche Bezeichnung jedoch nicht ganz glücklich, weil ja die fragliche technische Veränderung gerade keine Innovation darstellt.

788 EU-Kommission, ABl. EG Nr. L 43 vom 15.2.1989, S.27 ff.

789 Fleischer, S.117 f.; ebenso Grabitz/Hilf-Jung, Art. 82, Rn.189.

790 EU-Kommission, ABl. EG Nr. L 43 vom 15.2.1989, S.27, 42, Rn.97 f.

791 Vgl. Möschel, Wettbewerbssicherung versus Vermachtung, S.116 ("Strategisches Verhalten läßt sich in technischen Entwicklungen verstecken, die auf Unterdrückung von Kompatibilität mit anderen Systemen zielen.").

(2) Fälle technischer Veränderungen aus sonstigen Gründen

In allen übrigen Fällen technischer Veränderungen aus betriebswirtschaftlichen, ästhetischen oder sonstigen Gründen ist zu prüfen, ob das Interesse des marktbeherrschenden Netzwerkanbieters ausreicht, um die mit der technischen Veränderung möglicherweise bewirkten Nachteile der Wettbewerber zu rechtfertigen. Für die gemäß § 19 Abs. 4 Nr. 1 GWB vorzunehmende wertende Gesamtbetrachtung gelten die eingangs dargelegten Grundsätze. Indizien für das Vorliegen einer Missbrauchsabsicht können sich aus Frequenz (in welchen Abständen werden technische Veränderungen vorgenommen) und Zeitpunkt (z.B. als Reaktion auf bestimmte Maßnahmen der Konkurrenten) der jeweiligen Veränderung ergeben[792].

b) Die Zugangsverweigerung gemäß § 19 Abs. 4 Nr. 4 GWB

Das Regelbeispiel der Zugangsverweigerung zu wesentlichen Einrichtungen ist unter den Bedingungen *Schumpeter'*schen Innovationswettbewerbs vor allem aus tatbestandlichen, aber auch aus ordnungspolitischen Gründen nicht auf Netzwerke und die ihnen zugrunde liegenden technischen Standards anzuwenden.

aa) Nichtanwendbarkeit aus tatbestandlichen Gründen

Auf der Tatbestandsebene fehlt es meist nicht nur an der gemäß § 19 Abs. 4 Nr. 4 GWB erforderlichen Marktbeherrschung auf dem der wesentlichen Einrichtung vor- oder nachgelagerten Markt, sondern auch am Merkmal der wesentlichen Einrichtung selbst, unabhängig davon, ob Netzwerke unter den Begriff der „Netze“ oder „Infrastruktureinrichtungen“ zu subsumieren sind.

(1) Wesentliche Einrichtungen im Sinne des § 19 Abs.4 Nr. 4 GWB

Der Begriff der „wesentlichen Einrichtung“ wird zwar dem Wortlaut nach nicht in § 19 Abs. 4 Nr. 4 GWB verwendet. Dort ist nur von „Netzen“ und „anderen Infrastruktureinrichtungen“ die Rede. Dennoch stand der Begriff der „wesentlichen Einrichtung“ Pate für die beiden nunmehr Gesetz gewordenen Tatbestandsmerkmale. Zum einen ist der Begriff der „wesentlichen Einrichtung“ ursprünglich im Gesetzgebungsverfahren selbst verwendet worden[793]. Zum andern ist die Verwandtschaft des § 19 Abs. 4 Nr. 4 GWB mit der zuerst im US-amerikanischen Kartellrecht entwickelten *„essential facilities doctrine“*[794] sowie dem daraus hervorgegangenen Anspruch auf Zugang zu wesentlichen Einrichtungen gemäß Art. 82 EG[795] nicht zu übersehen[796]. Der Entschluss

---

792 Vgl. auch Fleischer, S.120.

793 So von Wallenberg, K&R 1999, S.152, 154.

794 Zur Entwicklung im US amerikanischen Kartellrecht ausführlich Immenga/Mestmäcker-Möschel, § 19, Rn.178 ff.

795 Dazu sogleich unten, S.185 ff.

796 Immenga/Mestmäcker-Möschel, § 19, Rn.182 ff.; Langen/Bunte-Schultz, § 19, Rn.151. Eines der grundlegenden Ziele der 6. GWB Novelle war ja ausdrücklich die Harmonisierung des nationalen und europäischen Kartellrechts, vgl. Begründung der Bundesregierung zur 6. GWB Novelle, Anlage 1 zu BT Drs. 13/9720 vom 29.1.1998, S.36 f.

des deutschen Gesetzgebers, den Begriff der „wesentlichen Einrichtung" dennoch nicht in die Gesetzesfassung aufzunehmen, hängt wohl vor allem damit zusammen, dass dieser Begriff bereits durch die Entscheidungspraxis der Gemeinschaftsorgane belegt war und die Begriffe der „Netze" und „Infrastruktureinrichtungen" aus Sicht des Gesetzgebers besser geeignet waren, eine ausufernde Anwendung des neuen Netzzugangstatbestandes zu verhindern[797].

Bei Netzwerken handelt es sich von vornherein nicht um wesentliche Einrichtungen i.S. von § 19 Abs. 4 Nr. 4 GWB, sofern der einem Netzwerk zugrunde liegende technische Standard oder eine Schnittstelle Gegenstand gewerblicher Schutzrechte (z.B. Urheber- oder Patentrechte) ist (beides dürfte bei proprietären Standards häufig der Fall sein). Diese Auslegung des „formellen Oberbegriffs"[798] der „Infrastruktureinrichtungen" lässt sich zwar nicht unmittelbar dem Wortlaut entnehmen. Gleichwohl hat der Gesetzgeber unmissverständlich zum Ausdruck gebracht, dass § 19 Abs. 4 Nr. 4 GWB keine Anwendung auf gewerbliche Schutzrechte finden soll[799].

Davon abgesehen ergibt auch eine teleologische Auslegung der Tatbestandsmerkmale „Infrastruktureinrichtung" und „Netze", dass Netzwerke jedenfalls dann nicht die an wesentliche Einrichtungen zu stellenden hohen Anforderungen erfüllen, solange wirksamer Innovationswettbewerb zwischen inkompatiblen Systemen um den jeweils relevanten Markt herrscht. Knüpft man an den von Bundesregierung und Bundesrat übereinstimmend bekundeten Willen an, dass mit der Schaffung des § 19 Abs. 4 Nr. 4 GWB der wettbewerbspolitische Grundsatz, Pioniergewinne als Innovationsanreiz zu akzeptieren, nicht in Frage gestellt werden sollte[800], dann spricht dies dafür, dass es sich bei den mit Netzen und Infrastruktureinrichtungen umschriebenen wesentlichen Einrichtungen – trotz aller verbleibenden Unsicherheit bei der Auslegung dieser Begriffe[801] – um *unangreifbare* (und nicht nur temporäre) natürliche Monopole handeln muss[802].

---

797 Stellungnahme des Bundesrates, Anlage 2 zu BT Drs. 13/9720, S.73 i.V. mit der Gegenäußerung der Bundesregierung, Anlage 3 zu BT Drs. 13/9720, S.79; von Wallenberg, K&R 1999, S.152, 154. Möschel ist der Ansicht, dass eine positive Begründung für die Einführung des neuen Begriffs der Infrastruktureinrichtung fehlt, Immenga/Mestmäcker-Möschel, § 19, Rn.195.

798 Immenga/Mestmäcker-Möschel, § 19, Rn.194.

799 Gegenäußerung der Bundesregierung zur Stellungnahme des Bundesrates, Anlage 3 zu BT Drs. 13/9720, S.79 f.; allgemeine Ansicht im Schrifttum, vgl. nur Immenga/Mestmäcker-Möschel, § 19, Rn.194 m.w.Nachw.

800 Begründung der Bundesregierung zur 6. GWB Novelle, Anlage 1 zu BT Drs. 13/9720 vom 29.1.1998, S.37; eindeutig auch die Stellungnahme des Bundesrates, Anlage 2 zu BT Drs. 13/9720, S.73 f.

801 Vgl. nur Hohmann, S.215; Martenczuk/Thomaschki, RTkom 1999, S.15, 23.

802 Denn temporäre Monopolstellungen sind gerade Inbegriff funktionierenden Innovationswettbewerbs. Ebenso Klimisch/Lange, WuW 1998, S.15, 22, die zu Recht darauf hinweisen, dass die Angreifbarkeit letztlich von dem zugrundezulegenden Zeithorizont abhängt. Ferner Martenczuk/Thomaschki, RTkom 1999, S.15, 23; von Wallenberg, K&R 1999, S.152, 155. A.A. Hohmann, S.196 ff.; Immenga/Mestmäcker-Möschel, § 19, Rn.194, der an anderer Stelle jedoch unter ordnungspolitischen Aspekten zu Recht eine „gewisse Nachhaltigkeit der verfestigten Monopolstellung" verlangt (Rn.185 a.E.). Sofern *Möschels* Ablehnung darauf beruht, dass die von ihm so genannten „virtuellen Netze" nicht als natürliche Monopole zu begreifen sind (Rn.183), überzeugt dieser Einwand gerade wegen der mit ihnen einhergehenden Netzwerkeffekte nicht.

Dieses Verständnis lässt sich insbesondere auf die detaillierte Begründung des Bundesrates stützen. Dort heißt es, dass sich das Regelbeispiel darauf beschränken solle, den Zugang zu Einrichtungen zu ermöglichen, die den Charakter eines natürlichen Monopols besäßen, womit vor allem – aber nicht nur[803] – physische Netze erfasst seien (also insbesondere die in der Regierungsbegründung und der Stellungnahme des Bundesrates wiederholt genannten traditionellen Netze wie Strom, Gas, Wasser, Abwasser, Fernwärme etc.). Dass es sich bei wesentlichen Einrichtungen um unangreifbare natürliche Monopole handeln muss, spiegelt sich überdies in den weiteren Erwägungen des Bundesrates wider:

Zum einen in dem Hinweis auf die in § 19 Abs. 4 Nr. 4 GWB enthaltene Beweislastregel zulasten des Inhabers der wesentlichen Einrichtung, die nur deshalb gerechtfertigt sei, weil das Vorliegen einer solchen Einrichtung einen besonders hohen Grad von wettbewerblich nicht kontrollierter Marktmacht verlange (z.B. infolge fehlender Duplizierbarkeit der Einrichtung[804]). Zum anderen in der aufschlussreichen Bemerkung, dass von fehlender Duplizierbarkeit insbesondere bei natürlichen Monopolen in Verbindung mit öffentlich-rechtlichen Zugangsbeschränkungen auszugehen sei. Beide Erwägungen beschreiben in der Sache nichts anderes als den Tatbestand eines unangreifbaren natürlichen Monopols: Subadditivität und Irreversibilität der Kosten verbunden mit unüberwindbaren (gesetzlichen) Marktzutrittsschranken[805].

Sind aber wesentliche Einrichtungen i.S. von § 19 Abs. 4 Nr. 4 GWB als unangreifbare natürliche Monopole aufzufassen, kann es sich bei Kommunikations- und Komponentennetzwerken nicht um wesentliche Einrichtungen handeln. Zwar können Netzwerke aufgrund der polarisierenden Wirkung starker Netzwerkeffekte zusammen mit steigenden Skalenerträgen – im Extremfall – durchaus den Charakter natürlicher Monopole haben. Entscheidend ist jedoch, dass es bei funktionierendem *Schumpeter'*schem Innovationswettbewerb regelmäßig an der Unangreifbarkeit solcher Monopolstellungen fehlt. Erst wenn der Innovationswettbewerb zum Erliegen kommt oder erheblich beeinträchtigt wird, besteht die Gefahr, dass sich die Monopolstellung eines Netzwerks verfestigt und unangreifbar wird.

(2) Marktbeherrschung auf dem der wesentlichen Einrichtung vor- oder nachgelagerten Markt

Auf der Tatbestandsebene scheitert die Anwendung von § 19 Abs. 4 Nr. 4 GWB auf Netzwerke ferner daran, dass der Förderer eines Netzwerks typischerweise nur auf Netzwerkebene, d.h. auf dem primären Produktmarkt (Systemebene) über Marktmacht verfügt. Adressat der Netzzugangsregelung hingegen ist nur der Betreiber einer we-

---

803 Der Gesetzgeber hat klargestellt, dass es sich bei § 19 Abs. 4 Nr. 4 GWB um eine „zukunftsgerichtete" Norm handelt, die auch wesentliche Einrichtungen der „globalen Informationsgesellschaft" umfasst, vgl. Stellungnahme des Bundesrates, Anlage 2, BT Drs. 13/9720, S.73 und Begründung zum Entwurf der 6. GWB Novelle, Anlage 1 zu BT Drs. 13/9720, S.36.

804 Zustimmend Posner, Antitrust Law Journal 68 (2001), S.925, 930 („Traditional networks, such as telephone systems and railroads, required enormous capital investments and were therefore difficult to duplicate."); Klimisch/Lange, WuW 1998, S.15, 22; Martenczuk/Thomaschki, RTkom 1999, S.15, 23; von Wallenberg, K&R 1999, S.152, 155.

805 Zusammenfassend Fritsch/Wein/Ewers, S.210.

sentlichen Einrichtung, der zumindest auch auf dem der wesentlichen Einrichtung vor- oder nachgelagerten, d.h. auf dem abgeleiteten Markt[806] marktbeherrschend ist[807].

Im Falle von Kommunikationsnetzwerken betrifft die marktbeherrschende Stellung des Förderers in erster Linie die proprietäre Infrastruktur des Netzes (z.B. die Sende- und Empfangsstationen, Trennungs- und Verbindungsstellen einschließlich der maßgeblichen technischen Standards) und damit den primären Produktmarkt. Innerhalb eines Netzwerks dagegen können Dienstleistungen und Zubehör von einer Vielzahl verschiedener Unternehmen geliefert werden, die – wegen der auf einheitlichen Standards innerhalb des Netzwerks beruhenden Kompatibilität – in erster Linie über den Preis miteinander konkurrieren (Intra-Systemwettbewerb im Gegensatz zu Inter-Systemwettbewerb[808]). Gleiches gilt für die Situation in Komponentennetzwerken. Auch hier führt der Wettbewerb auf Systemebene in der Regel nur dazu, dass das im Wettbewerb um den künftigen *de facto-Standard* erfolgreiche Unternehmen eine marktbeherrschende Stellung auf dem primären Produktmarkt erlangt. Die zum Netzwerk gehörenden Sekundärprodukte werden zwar möglicherweise auch vom Anbieter des Primärproduktes hergestellt. Dennoch sprechen auch hier gute Gründe dafür, dass Sekundärprodukte auf der Basis des proprietären Standards des Primärprodukts von zahlreichen anderen Unternehmen hergestellt und angeboten werden.

Dieser Befund wird durch einige netzwerkökonomische Überlegungen untermauert. Ein Argument dafür, dass sich die Marktmacht des Förderers eines Netzwerks regelmäßig auf den primären Produktmarkt beschränkt, ist der Umstand, dass die für den Erfolg eines Netzwerks kaum zu überschätzenden Konsumentenerwartungen durch Wettbewerb innerhalb des Netzwerks, d.h. auf der Ebene der Sekundärmärkte positiv beeinflusst werden (z.B. durch sinkende Preise und zunehmende Produktvielfalt[809]). Daneben wird den Konsumenten durch Wettbewerb auf diesen Märkten signalisiert, dass Ausweichmöglichkeiten zur Verfügung stehen, die eine Ausnutzung der standardspezifischen Bindung („*Lock in*“) nach dem Beitritt zum Netzwerk durch opportunistische Preiserhöhungen („*hold up*“) für Sekundärgüter unwahrscheinlich machen.

Auch unter dem Aspekt der Gewinnmaximierung spricht nichts für das Bestehen von Marktmacht auf dem abgeleiteten, d.h. sekundären Produktmarkt. Vielmehr muss dem Förderer eines Netzwerks, der über Marktmacht auf Systemebene verfügt, sogar an Wettbewerb auf dem abgeleiteten Markt gelegen sein. Grund hierfür ist, dass der Förderer eines Netzwerks als Anbieter von Produktsystemen die Konsumentenrente nur einmal abschöpfen kann, ganz gleich aus wie vielen Komponenten das System besteht. Daraus ergibt sich einerseits, dass sich der Gewinn nicht vergrößert, wenn der Förderer eines Netzwerkes seine marktbeherrschende Stellung vom Primärmarkt in

806 Zum Begriff Immenga/Mestmäcker-Möschel, § 19, Rn.178.

807 Immenga/Mestmäcker-Möschel, § 19, Rn.192; Emmerich, S.204; von Wallenberg, K&R 1999, S.152, 155; Klimisch/Lange, WuW 1998, S.15, 23; a.A. Schwintowski, WuW 1999, S.842, 850 f.; Weyer, AG 1999, S.257, 261; WuW/E DE-R LG Dortmund 565, 567 – Ruhrgas; für Marktbeherrschung auf dem abgeleiteten Markt oder auf dem Markt der wesentlichen Einrichtung Bechtold, GWB, § 19, Rn.81; Langen/Bunte-Schultz, § 19, Rn.152.

808 Siehe auch Hohmann, S.119.

809 Siehe oben, S.23 f.

den abgeleiteten Markt der Netzwerkkomponenten hinein ausdehnt[810]. Andererseits aber – und das ist im vorliegenden Zusammenhang vielleicht noch wichtiger – hat er umgekehrt ein Interesse daran, zu verhindern, dass ein anderes Unternehmen auf dem sekundären Produktmarkt eine marktbeherrschende Stellung erlangt. Dann nämlich besteht die Gefahr, dass ein marktbeherrschendes Unternehmen auf dem abgeleiteten Markt suprakompetitive Preise durchsetzt und auf diese Weise den Gewinn auf Kosten des Systemanbieters maximiert[811].

Wenn nun typischerweise davon auszugehen ist, dass sich die marktbeherrschende Stellung des Förderers eines Netzwerkes nur auf die Systemebene bezieht, so fehlt es an der gemäß § 19 Abs. 4 Nr. 4 GWB erforderlichen Marktbeherrschung auf dem abgeleiteten Markt. Die entgegengesetzte Auffassung, die davon ausgeht, dass der beherrschte Markt mit dem Markt der wesentlichen Einrichtung identisch sein muss, ist abzulehnen. Der Verweis auf das Grundkonzept der Missbrauchskontrolle, wonach es zu verhindern gelte, dass der Wettbewerb auf dem abgeleiteten Markt durch das den Markt der wesentlichen Einrichtung beherrschende Unternehmen beeinträchtigt wird, indem es Wettbewerbern den Zugang zur wesentlichen Einrichtung verweigert[812], verfängt nicht. Richtig daran ist lediglich, dass die Zugangsverweigerung des marktbeherrschenden Unternehmens den Wettbewerb auf dem abgeleiteten Markt beeinträchtigen muss. Unzutreffend hingegen ist die aus dem „*leverage*"-Gedanken abgelei-

---

810 Economides, Working Paper Antitrust, S.22 f. („...keep in mind that value can be extracted only *once* from the chain of components. If a firm can monopolize one component, and all other complementary component markets are perfectly competitive, the firm gains nothing by attempting to monopolize the complementary component markets.") (Kursivsetzung im Original); im Ansatz ebenso Posner, Antitrust Law, S.173; Bork, S.229. Die Relevanz dieses Arguments im Zusammenhang mit der essential facilities doctrine bestreitet Schwintowski, WuW 1999, S.842, 848 f. Anzumerken ist, dass die Richtigkeit dieses ökonomischen Arguments streng von den daraus abgeleiteten Schlussfolgerungen der von der *Chicago School* (*Aaron Director*, *Robert H. Bork*, *Richard A. Posner* u.a.) entwickelten „*single monopoly profit theory*" zu trennen ist. Die „*single monopoly profit theory*" beruht auf dem – zutreffenden – ökonomischen Befund, dass ein „rechtmäßiger" („*legitimate*") Monopolist keinen Anreiz hat, diese Monopolstellung in einen angrenzenden Komplementärmarkt hinein auszudehnen, denn er kann die gesamte Monopolrente bereits auf dem beherrschten Primärmarkt abschöpfen. Aus diesem zutreffenden Befund zieht die *Chicago School* die von der *Post-Chicago* Lehre bestrittene Schlussfolgerung, dass die vertikale Integration eines Marktbeherrschers in angrenzende Komplementärmärkte niemals mit wettbewerbswidrigen Motiven verbunden sei. Vielmehr müsse eine entsprechende Entscheidung des Monopolisten gerade umgekehrt immer von wettbewerbsfördernden Effizienzüberlegungen geleitet sein. Mithin, so das Fazit der *Chicago* School, sollte die vertikale Integration eines Monopolisten in angrenzende Komplementärmärkte *per se* erlaubt sein. Dazu sowie zu den Einwänden gegen die „*single monopoly profit theory*" mit Bezug zum *Microsoft* Verfahren vgl. Salop, S.93 ff.

811 Economides, Working Paper Antitrust, S.23 („But, a firm that monopolizes a component has an incentive to enter and compete hard in a market for a complementary component if the complementary component market is not perfectly competitive, because by entering such a market, the firm can capture rents that it was losing from its original market.").

812 Schwintowski, WuW 1999, 842, 850, der deutlich an den „*Leverage*"-Gedanken anknüpft. Wohl auch Weyer, AG 1999, 257, 261, der sich auf die Bekämpfung von Wettbewerbsbehinderungen auf vor- und nachgelagerten Märkten bezieht, die ihre Ursache in der marktbeherrschenden Stellung des Inhabers der wesentlichen Einrichtung haben (dort Fn.53).

tete Annahme, die marktbeherrschende Stellung müsse auf dem Markt der wesentlichen Einrichtung bestehen.

Die Interpretation des § 19 Abs. 4 Nr. 4 GWB vom Standpunkt des *„leverage"*-Gedankens aus führt zu Missverständnissen. Ziel dieser Vorschrift ist nicht die Verhinderung eines Marktmachttransfers vom Markt der wesentlichen Einrichtung auf den abgeleiteten Markt. Vielmehr ging es dem Gesetzgeber darum, mit § 19 Abs. 4 Nr. 4 GWB eine Zugangsregelung zu schaffen, um Wettbewerb auf den abgeleiteten Märkten zu gewährleisten[813]. Der entscheidende Unterschied zwischen der Auslegung des § 19 Abs. 4 Nr. 4 GWB als Zugangsregel und einer Auslegung im Lichte des *„leverage"*-Gedankens besteht darin, dass die Auslegung der Vorschrift als Zugangsregelung neben dem Bestehen einer wesentlichen Einrichtung auf dem Primärmarkt zwingend auch eine marktbeherrschende Stellung auf dem abgeleiteten Markt voraussetzt, um die Adressatenstellung des Betreibers der wesentlichen Einrichtung nach § 19 Abs. 4 Nr. 4 GWB zu begründen. Im Gegensatz dazu geht es bei Anwendung des „leverage"-Gedankens um die Ausdehnung einer marktbeherrschenden Stellung vom vorgelagerten Markt (dem Markt der wesentlichen Einrichtung) in den nachgelagerten Markt (den abgeleiteten Markt), so dass Marktbeherrschung nur auf dem vorgelagerten Markt erforderlich ist.

Selbst wenn der Wortlaut des § 19 Abs. 4 Nr. 4 GWB nicht eindeutig sein mag[814], lässt sich doch die Formulierung, „auf dem vor- oder nachgelagerten Markt als Wettbewerber des marktbeherrschenden Unternehmens tätig zu werden", zwanglos mit der hier vertretenen Auslegung in Einklang zu bringen. Ein anderes Ergebnis wäre auch in systematischer Hinsicht bedenklich. Ergäbe sich die Marktbeherrschung immer schon aus der Inhaberschaft einer wesentlichen Einrichtung, dann wäre das Tatbestandsmerkmal der marktbeherrschenden Stellung überflüssig[815]. Dem Gesetzgeber kann jedoch nicht unterstellt werden, eine redundante Regelung schaffen zu wollen, solange sinnvolle andere Auslegungsvarianten in Betracht kommen.

(3) Ergebnis

Insgesamt ist davon auszugehen, dass Komponenten- und Kommunikationsnetzwerke unter den Bedingungen *Schumpeter*'schen Innovationswettbewerbs mangels Unangreifbarkeit der auf Netzwerkmärkten bestehenden Monopolstellungen keine wesentlichen Einrichtungen i.S. des § 19 Abs. 4 Nr. 4 GWB sind. Selbst wenn es sich bei Netzwerken ausnahmsweise um unangreifbare Monopole handeln sollte, fehlt es typischerweise am Vorliegen einer marktbeherrschenden Stellung auf dem der Systemebene nachgelagerten Markt für Sekundärprodukte.

---

813 Begründung der Bundesregierung zur 6. GWB Novelle, Anlage 1 zu BT Drs. 13/9720 vom 29.1.1998, S.36 („für die Aufnahme des Wettbewerbs wesentlicher Einrichtungen"); eindeutig insbesondere die Stellungnahme des Bundesrats, Anlage 2 zu BT Drs. 13/9720, S.73. Ebenso Immenga/Mestmäcker-Möschel, § 19, Rn.186; Klimisch/Lange, WuW 1998, S.15, 20 f.; von Wallenberg, K&R 1999, S.152, 155.

814 Immenga/Mestmäcker, § 19, Rn.192; Hohmann, S.174. Emmerich, S.204 meint, der Wortlaut spreche dafür, dass es sich bei einem beherrschten Markt um einen abgeleiteten Markt handeln müsse.

815 Immenga/Mestmäcker, Möschel, § 19, Rn.192; Hohmann, S.177.

bb) Nichtanwendbarkeit aus ordnungspolitischen Gründen

Die Richtigkeit des Ergebnisses wird durch ordnungspolitische Überlegungen bestätigt. Insbesondere die Auslegung des Begriffs der wesentlichen Einrichtung als unangreifbares natürliches Monopol ist unter ordnungspolitischen Gesichtspunkten gerechtfertigt. Denn ein Eingriff in die Marktstruktur aufgrund der Netzzugangsregelung ist nur erforderlich, wenn sich die Monopolstellung eines Anbieters auf dem Markt der wesentlichen Einrichtung so verfestigt hat, dass sie eine „gewisse Nachhaltigkeit" aufweist[816].

Genau das aber ist solange nicht der Fall, wie Monopolstellungen auf Netzwerkmärkten im Verlauf der „schöpferischen Zerstörung" infolge technischer Entwicklungen, Veränderungen im Nachfrageverhalten, Vergrößerung der Absatzmärkte etc. „entstehen und vergehen"[817]. Diese wettbewerbliche Dynamik muss auch bei der Auslegung des § 19 Abs. 4 Nr. 4 GWB berücksichtigt werden. Andernfalls, d.h. bei statischer Betrachtung auf der Basis neoklassischer Vorstellungen besteht die Gefahr, dass temporäre Vorsprünge – nicht zuletzt wegen der damit verbundenen hohen Marktanteile – vorschnell als nicht duplizierbare wesentliche Einrichtungen angesehen werden[818]. Ein Beispiel aus der Kommissionspraxis, das diese Problematik verdeutlicht, ist die Entscheidung *Vodafone Airtouch*/Mannesmann[819]. Weil die Kommission – wie sich herausstellte zu Unrecht[820] – davon ausgegangen ist, dass das durch den Zusammenschluss entstehende europaweite Mobilfunknetz eine nicht duplizierbare wesentliche Einrichtung sei, wurde der Zusammenschluss nur unter der Bedingung freigegeben, dass *Vodafone* seinen Wettbewerbern Zugang gewährte, damit diese ihren Kunden ebenfalls europaweit qualifizierte Mobilfunkdienstleistungen anbieten können („...*undertakings aiming at enabling third party non-discriminatory access to the merged entity's integrated network so as to provide advanced mobile services to their customers*")[821].

Werden – wie in diesem Beispiel – die tatbestandlichen Voraussetzungen für die Annahme einer wesentlichen Einrichtung zu niedrig angesetzt, so verringert sich der Anreiz für die Unternehmen, Kosten und Risiken des Alles-oder-Nichts-Wettbewerbs um den Markt auf sich zu nehmen. Wenn das erfolgreiche Unternehmen durch § 19 Abs. 4 Nr. 4 GWB gezwungen werden kann, sein Netzwerk für Wettbewerber zu öffnen, dann hat dies einen „*chilling effect*", der in seiner Wirkung der „Besteuerung" erfolgreicher Innovationen gleichsteht[822]. Die daraus resultierende Verringerung der

---

816 Immenga/Mestmäcker-Möschel, § 19, Rn.185; Hohmann, S.115 und 107 m.w.Nachw.

817 Siehe bereits oben, S. 70 ff.; ferner Hohmann, S.115.

818 Ahlborn/Evans/Padilla, ECLR 2001, S.156, 164; Klimisch/Lange, WuW 1998, S.15, 17; Immenga/Mestmäcker-Möschel, § 19, Rn.185.

819 Entscheidung der EU-Kommission COMP/M.1795 vom 12.4.2000.

820 Vgl. Veljanovski, ECLR 2001, S.115, 119.

821 Entscheidung der EU-Kommission IV/M.1795 vom 12.4.2000, Rn.58 f. Hinzuzufügen ist allerdings, dass auf dem Mobilfunkmarkt trotz bestehender Netzwerkeffekte keine Polarisierung („*tipping*") eintritt, weil die konkurrierenden Mobilfunknetze aufgrund einheitlicher Standards kompatibel sind.

822 Siehe oben, S.106; ferner Veljanovski, ECLR 2001, S.115, 119.

Intensität *Schumpeter*'schen Innovationswettbewerbs wiederum hat negative Auswirkungen auf den technischen Fortschritt zum Schaden der allgemeinen Wohlfahrt[823].

Im Ergebnis lassen sich die ordnungspolitischen Bedenken gegen eine Anwendung des § 19 Abs. 4 Nr. 4 GWB bei wirksamem Innovationswettbewerb zwischen inkompatiblen Netzwerken dahingehend zusammenfassen, dass die *„essential facilities doctrine"* Intra-Systemwettbewerb zu Lasten von Inter-Systemwettbewerb bevorzugt, da Intra-Systemwettbewerb nur noch auf der Basis eines vorgegebenen Standards stattfindet[824]. Bei diesem Wettbewerb handelt es sich zwar um parallelen Preiswettbewerb auf dem Markt. Innovationswettbewerb dagegen findet nicht mehr oder nur noch in viel eingeschränkterem Maße statt.

Wenn aber Intra-Systemwettbewerb nur auf Kosten von Inter-Systemwettbewerb möglich ist, kann – um zum Ausgangspunkt zurückzukehren – ein Eingriff in die Wettbewerbsverhältnisse durch Anwendung des Netzzugangsanspruchs nur gerechtfertigt sein, wenn die Wettbewerbsstruktur auf der Systemebene, d.h. auf dem Markt der wesentlichen Einrichtung derart vermachtet ist, dass im Falle eines solchen Eingriffs vernünftigerweise nicht mit signifikanten Effizienzverlusten zu rechnen ist[825]. Nur unter dieser Prämisse führt eine erzwungene Netzöffnung zu Effizienzgewinnen, weil ein „Mehr" an (Preis)Wettbewerb auf dem abgeleiteten Markt nicht durch ein „Weniger" an Innovationswettbewerb auf dem Systemmarkt nivelliert wird. Dazu aber dürfte allein das Bestehen einer marktbeherrschenden Stellung auf dem Systemmarkt nicht ausreichen. Erforderlich wäre vielmehr, dass es praktisch unmöglich erscheint, den Marktbeherrscher auf dem Systemmarkt aus dieser Position zu verdrängen. Davon ist jedoch ist unter den Bedingungen *Schumpeter*'schen Innovationswettbewerbs gerade nicht auszugehen.

2. Der Behinderungsmissbrauch gemäß Art. 82 EG

Über die Systematisierung des in Art. 82 EG normierten Missbrauchsverbots besteht nach wie vor Uneinigkeit[826]. Im Ausgangspunkt unstreitig ist jedoch, dass die in Art. 82 Satz 2 EG aufgezählten Regelbeispiele nicht erschöpfend sind („insbesondere") und sich Kommission und EuGH angesichts der Vielgestaltigkeit der in der Praxis vorkommenden Missbrauchsfälle schon früh von den darin enthaltenen Fallgruppen gelöst haben[827]. Die Unvollständigkeit von Art. 82 Satz 2 EG betrifft in erster Linie

---

823 Vgl. Ahlborn/Padilla/Evans, ECLR 2001, S.156, 164 („...in a market economy the reward for delivering innovative products is the prospect of future profits. These profits must be sufficiently high to reward the typically large sunk costs associated with investments in research and development."); Bundesregierung und Bundesrat in BT Drs. 13/9720, S.37 und 63 f.; Hohmann, S.117 ff.; Immenga/Mestmäcker-Möschel, § 19, Rn.185.

824 von Wallenberg, K&R 1999, S.152, 155; Immenga/Mestmäcker-Möschel, § 19, Rn.185.

825 Immenga/Mestmäcker-Möschel, § 19, Rn.185 a.E.; Hohmann, S.119 f.

826 Vgl. nur GTE-Schröter, Art. 86, Rn.139 ff.; Immenga/Mestmäcker-Möschel, Art. 86, Rn.129 f.; Grabitz/Hilf-Jung, Art. 82, Rn.137.

827 Der EuGH in ständiger Rechtsprechung seit Continental Can, Slg. 1973, 215, 246, Rn.26. Immenga/Mestmäcker-Möschel, Art. 86, Rn.129; GTE-Schröter, Art. 86, Rn.141 ff.; Lange/Bunte-Dirksen, Art. 82, Rn.74 ff.; Grabitz/Hilf-Jung, Art. 82, Rn.137; Dauses-Emmerich, H. I § 1, Rn.351.

Fälle des Behinderungsmissbrauchs. Sämtliche der in Art. 82 Satz 2 lit. a) bis d) EG erwähnten Regelbeispiele betreffen den Machtmissbrauch in vertikaler Hinsicht, d.h. zwischen dem Marktbeherrscher und seinen Abnehmern oder Lieferanten[828]. Direkte Behinderungen von Wettbewerbern dagegen sind überhaupt nicht Gegenstand der Regelbeispiele und mittelbare Behinderungen nur insoweit, wie sie eine Folge der darin umschriebenen Behinderungen im Vertikalverhältnis sind[829].

Um deshalb sämtliche Konstellationen missbräuchlichen Verhaltens systematisch zu erfassen, bietet es sich an, mit dem ganz überwiegenden Teil des deutschen Schrifttums in Anlehnung an § 19 Abs. 4 GWB zwischen den Fallgruppen des Ausbeutungs- und Behinderungsmissbrauchs zu unterscheiden[830]. In den hier allein interessierenden Fällen des Behinderungsmissbrauchs sind die Regelbeispiele des Art. 82 Satz 2 EG einschlägig, soweit sie mittelbare Behinderungen von Wettbewerbern mitumfassen. Die verbleibenden Fälle behinderungsmissbräuchlichen Verhaltens sind im übrigen unmittelbar unter die Generalklausel des Art. 82 Satz 1 EG zu subsumieren[831].

a) Von den Regelbeispielen des Art. 82 Satz 2 EG erfasste Behinderungspraktiken

Der missbräuchliche Einsatz von Wettbewerbsparametern durch ein marktbeherrschendes Unternehmen in vertikaler Richtung beschränkt sich zumeist nicht auf die Benachteiligung der Vertragspartner auf der Marktgegenseite, sondern führt darüber hinaus auch zu einer Behinderung der Wettbewerber[832]. Im Hinblick auf den Behinderungsmissbrauch im Netzwerkkontext sind die in den Regelbeispielen des Art. 82 Satz 2 lit. b) und d) EG enthaltenen Ausschließlichkeits- und Koppelungsbindungen[833] von besonderer Relevanz.

aa) Ausschließlichkeitsbindungen gemäß Art. 82 Satz 2 lit. b) EG

Ausschließlichkeitsbindungen fallen regelmäßig unter Art. 82 Satz 2 lit. b) EG[834]. Danach ist es einem marktbeherrschenden Unternehmen untersagt, die Erzeugung, den Absatz oder die technische Entwicklung zum Schaden der Verbraucher einzuschränken. Ausschließlichkeitsbindungen fallen unter das Tatbestandsmerkmal der Absatzbeschränkung, weil sie in erster Linie den fremden Absatz, d.h. den Absatz derjenigen

---

828 GTE-Schröter, Art. 86, Rn.143; Immenga/Mestmäcker-Möschel, Art. 86, Rn.129.

829 GTE-Schröter, Art. 86, Rn.143; Immenga/Mestmäcker-Möschel, Art. 86, Rn.130.

830 Immenga/Mestmäcker-Möschel, Art. 86, Rn.131 ff., 160 ff.; Langen/Bunte-Dirksen, Art. 82, Rn.76 ff.; Grabitz/Hilf-Jung, Art. 82, Rn.137; Dauses-Emmerich, H. I § 1, Rn.351. Die ebenfalls abgegrenzte Fallgruppe des Marktstrukturmissbrauchs spielt für die Zwecke dieser Arbeit keine Rolle.

831 Immenga/Mestmäcker-Möschel, Art. 86, Rn.129 f.; GTE-Schröter, Art. 86, Rn.142 f., der jedoch der analytischen Trennung zwischen Ausbeutungs- und Behinderungsmissbrauch keine große Bedeutung beimisst.

832 Grabitz/Hilf-Jung, Art. 82, Rn.158; Langen/Bunte-Dirksen, Art. 82, Rn.78; Immega/ Mestmäcker-Möschel, Art. 86, Rn.160.

833 Grabitz/Hilf-Jung, Art. 82, Rn.172 ff., 168 ff.; Dauses-Emmerich, H. I § 1, Rn.371 ff., 386 ff.; Immenga/Mestmäcker-Möschel, Art. 86, Rn.173 ff., 198 ff.

834 Vgl. nur Immenga/Mestmäcker-Möschel, Art. 86, Rn.174.

Unternehmen, die nicht Partei der Vereinbarung sind, beschränken. Die Vereinbarung ausschließlicher Abnahmeverpflichtungen durch den Marktbeherrscher erschwert den Zugang zu nachgelagerten Märkten ebenso wie die Vereinbarung von Alleinbelieferungsverträgen den Zugang zu vorgelagerten Märkten erschwert oder ausschließt. Mit derartigen Verpflichtungen werden die Zugangsmöglichkeiten der Wettbewerber zu vor- oder nachgelagerten Märkten beschnitten, so dass neben dem unmittelbaren Eingriff in die Handlungsfreiheit des Vertragspartners auch mittelbar der Wettbewerb auf dem beherrschten Markt beschränkt wird. Damit weitet der EuGH den Tatbestand der Ausschließlichkeitsbindung über die vertikale Beziehung zwischen Marktbeherrscher und Abnehmer oder Lieferanten hinaus in horizontaler Richtung aus, so dass auch die Wettbewerber des marktbeherrschenden Unternehmens in den Schutzbereich des Regelbeispiels einbezogen sind[835].

Unabhängig von der konkreten Ausgestaltung der Ausschließlichkeitsbindung durch rechtliche (vertragliche) oder faktische (wirtschaftliche Anreize) Bindungen, Wettbewerbsverbote, Mindestabnahmepflichten etc. und der Art und Weise ihres Zustandekommens (freiwillig oder erzwungen)[836] verstoßen Ausschließlichkeitsbindungen nach gefestigter Praxis der Kommission und der europäischen Gerichte praktisch ausnahmslos gegen das Missbrauchsverbot des Art. 82 EG[837]. Die Einordnung von Ausschließlichkeitsbindungen als *per se*-Verstoß beruht darauf, dass sie die Stellung des marktbeherrschenden Unternehmens festigen, indem sie Absatzwege verstopfen und Marktzutritte erschweren, wobei diese Wirkung nicht auf wirtschaftlicher Leistung, sondern allein auf dem Einsatz von Marktmacht beruht[838].

Die Bewertung von Ausschließlichkeitsbindungen als *per se*-Verstoß gegen Art. 82 EG ist erst recht im Hinblick auf die wettbewerblichen Besonderheiten von Netzwerkmärkten gerechtfertigt. Ausschlaggebend dafür sind die bereits zu § 19 Abs. 4 Nr. 1 GWB angestellten Erwägungen, auf die hier Bezug genommen wird. Im Hinblick auf die ausschließliche Bindung von Abnehmern an den Förderer eines marktbeherrschenden Netzwerks ergibt sich die besonders einschneidende wettbewerbsbeschränkende Wirkung aus dem für Netzwerkmärkte typischen Zusammenspiel zwischen der Größe des installierten Bestandes einerseits und der entscheidenden Bedeutung der kritischen Masse für den Erfolg konkurrierender Netzwerke andererseits. Gerade das Erreichen der kritischen Masse jedoch wird durch die ausschließliche Bindung von Abnehmern an das marktbeherrschende Netzwerk zusätzlich erschwert.

---

835 EuGH Slg. 1975, 1663, 2020 f., Rn.518, 526/527 – Suiker Unie; Immenga/Mestmäcker-Möschel, Art. 86, Rn.174; GTE-Schröter, Art. 86, Rn.171; Langen/Bunte-Dirksen, Art. 82, Rn.129 vorletzter Spiegelstrich; Grabitz/Hilf-Jung, Art. 82, Rn.174; Dauses-Emmerich, H. I § 1, Rn.372.

836 Zu den unterschiedlichsten Ausgestaltungen der Praxis vgl. nur Grabitz/Hilf-Jung, Art. 82, Rn.175 ff.; Immenga/Mestmäcker-Möschel, Art. 86, Rn.177 f.

837 Ständige Rechtsprechung seit EuGH Slg. 1979, 461, 539 f., Rn.89 f.; 28. Wettbewerbsbericht der EU-Kommission 1998, Rn.74; Grabitz/Hilf-Jung, Art. 82, Rn.174; Immenga/Mestmäcker-Möschel, Art. 86, Rn.175 f.; GTE-Schröter, Art. 86, Rn.171; Dauses-Emmerich, H. I § 1, Rn.371.

838 Immenga/Mestmäcker-Möschel, Art. 86, Rn.175; GTE-Schröter, Art. 86, Rn.171; Grabitz/Hilf-Jung, Art. 82, Rn.174.

Im Hinblick auf die ausschließliche Bindung von Lieferanten resultiert die marktschließende Wirkung aus der wechselseitigen Beeinflussung der Erwartungen von Komponentenherstellern und Konsumenten. Die Entscheidungen der Hersteller von Komponentennetzwerken haben positive Auswirkungen auf die Konsumentenerwartungen und umgekehrt. Zusammen stabilisieren sie das marktbeherrschende Netzwerk. Zugleich hat die ausschließliche Bindung der Hersteller – ebenso wie die der Konsumenten – den Effekt einer strategischen Markt(zutritts)schranke, die es den Wettbewerbern erschwert, den marktbeherrschenden Förderer eines Netzwerks aus seiner Position zu verdrängen.

bb) Koppelungsbindungen gemäß Art. 82 Satz 2 lit. d) EG

Koppelungsbindungen sind der zweite Missbrauchstatbestand, bei dem ein bestimmtes Verhalten des Marktbeherrschers gegenüber den Angehörigen der Marktgegenseite, d.h. im Vertikalverhältnis einen horizontalen Marktschließungseffekt zu Lasten der Wettbewerber auf dem Markt für das gekoppelte Gut hervorruft.

Grund für die kartellrechtliche Missbilligung des Einsatzes von Koppelungsbindungen ist gemäß Art. 82 Satz 2 lit. d) EG der auf die Abnehmer ausgeübte Zwang, zusätzliche Leistungen annehmen zu müssen, „die weder sachlich noch nach Handelsbrauch in Beziehung zum Vertragsgegenstand stehen." Auf diese Weise wird die Nachfrage nach dem gekoppelten Gut zu Lasten der Wettbewerber künstlich verkleinert. Außerdem werden die Verbraucher geschädigt, weil sie in ihrer Wahlfreiheit bezüglich des „ob" und „wie" des Erwerbs des gekoppelten Guts beschränkt werden. Insbesondere der wettbewerbsfeindliche Entzug von Konsumenten auf dem Markt für das gekoppelte Gut begründet die Gefahr, dass die marktbeherrschende Stellung auf dem Markt für das zur Koppelung verwendete Gut in den Markt für das gekoppelte Gut hinein ausgedehnt wird[839]. Überdies können Koppelungsbindungen bei miteinander verbundenen Primär- und Sekundärmärkten die Stellung des Marktbeherrschers auf dem Markt für das zur Koppelung verwendete Gut festigen, wenn Newcomer infolge der Koppelung zu einem gleichzeitigen Eintritt auf beiden Märkten gezwungen sind, so dass sich die Marktzutrittsschranken insgesamt erhöhen[840].

(1) Vorliegen eines Koppelungssachverhaltes

Voraussetzung für die Annahme einer missbräuchlichen Koppelungsbindung ist gemäß Art. 82 Satz 2 lit. d) EG ebenso wie im deutschen Kartellrecht das Vorliegen eines Koppelungssachverhalts. Das ist der Fall, wenn zwei voneinander abgrenzbare Waren oder Dienstleistungen vertraglich, wirtschaftlich oder in sonstiger Weise miteinander verbunden sind und diese Bindung weder durch Sachzusammenhang noch

---

839 Langen/Bunte-Dirksen, Art. 82, Rn.154; Grabitz/Hilf-Jung, Art. 82, Rn.168; Immenga/Mestmäcker-Möschel, Art. 86, Rn.198; GTE-Schröter, Art. 82, Rn.192; Dauses-Emmerich, H. I § 1, Rn.386.

840 Z.B. Entscheidung der EU-Kommission, ABl. EG Nr. L 65 vom 11.3.1988, S.19, 31, 35 f., Rn.74 f. – Hilti; Entscheidung der EU-Kommission, ABl. EG Nr. L 72 vom 18.3.1992, S.1, 24 ff. – Tetra Pak II; Entscheidung der EU-Kommission, ABl. EG Nr. L 43 vom 15.2.1989, S.39 ff. – Decca Navigator.

durch Handelsbrauch oder aus sonstigen Gründen gerechtfertigt ist[841]. Mit Blick auf die Maßstäbe, anhand derer die „Zwei Güter"-Frage auf den hoch-technologisierten und von rasanten Innovationen geprägten Netzwerkmärkten zu beurteilen ist, kann im wesentlichen auf die Ausführungen zur „Zwei-Güter"-Problematik" und die Interessenabwägung im Rahmen des § 19 Abs. 4 Nr. 1 GWB Bezug genommen werden[842].

Ob es sich in Fällen der technischen Integration zweier zuvor selbständiger Produkte zu einem Gesamtprodukt nur um die Verbindung mehrerer hinreichend voneinander abgrenzbarer Waren oder Dienstleistungen und damit um eine technische Koppelungsbindung handelt, oder ob im Gegensatz dazu von innovativer Produktgestaltung auszugehen ist, lässt sich auch unter Art. 82 Satz 2 lit. d) EG am besten anhand des produktbezogenen Kriteriums der objektiv verbesserten Funktionalität beurteilen. Danach ist von einem einheitlichen Produkt auszugehen, wenn sich das neu geschaffene Produkt von den zuvor selbständigen Komponenten dadurch unterscheidet, dass es über neue oder verbesserte Eigenschaften verfügt.

Demgegenüber ist der von den Gemeinschaftsorganen und Teilen des Schrifttums vertretene nachfrageorientierte Standpunkt abzulehnen. Nach dieser Ansicht soll die Lösung der „Zwei-Güter"-Problematik davon abhängen, ob für die vertraglich, technisch, wirtschaftlich oder sonstwie verbundenen Güter verschiedene Märkte existieren. Können sie unterschiedlichen Märkten zugeordnet werden, soll es sich um hinreichend abgrenzbare Produkte handeln[843]. Sofern *Möschels* Ansicht, dass von getrennten Gütern auszugehen, „wenn jeweils ein getrennter Markt aktuell *oder potentiell* existiert"[844], als leichte Nuancierung zu verstehen ist, rückt seine Ansicht durch den Hinweis auf potentiell existierende Märkte sogar in die Nähe des von der Monopolkommission bevorzugten Kriteriums der „separaten Handelbarkeit"[845].

Gegen diese Auffassung spricht vor allem, dass sie statisch und rückwärtsgewandt ist und die Dynamik der technischen Entwicklung auf Netzwerkmärkten nicht ausreichend berücksichtigt. Der nachfrageorientierte, auf bereits bestehende Produktmärkte fokussierte Maßstab ist ungeeignet, um innovative Produktgestaltungen von techni-

---

841 Immenga/Mestmäcker-Möschel, Art. 86, Rn.201; GTE-Schröter, Art. 86, Rn.195; Grabitz/Hilf-Jung, Art. 82, Rn.170 f.; Lange/Bunte-Dirksen, Art. 82, Rn.157 f.; ausführlich die EU-Kommission in der Entscheidung vom 24.3.2004 COMP/C-3/37.792 – Microsoft, Rn.794 ff. Das in der *Microsoft*-Entscheidung zusätzlich geforderte Element des „competition foreclosure" ist Ausdruck des von der EU-Kommission seit längerem verfolgten „more economic apprach" und findet sich so auch im Diskussionspapier zum Entwurf von Leitlinien zur Anwendung von Art. 82 vom 24.6.2005 in Rn.186 ff. wieder.

842 Dazu siehe oben, S.146 ff. und 151 ff.

843 EuGH Slg. 1994-I, 667, 700 ff. – Hilti; EuG Slg. 1991-II, 1439, 1473, Rn.66-68. – Hilti; Entscheidung der EU-Kommission, ABl. EG Nr. L 65 vom 11.3.1988, S.19, 31, 35 f., Rn.74 f. – Hilti; EuGH Slg. 1996-I, 5951, 6010, Rn.34 ff. – Tetra Pak II; Entscheidung der EU-Kommission, ABl. EG Nr. L 72 vom 18.3.1992, S.1, 24 ff. – Tetra Pak II; Entscheidung der EU-Kommission, ABl. EG Nr. L 43 vom 15.2.1989, S.39 ff. – Decca Navigator; nunmehr auch die Entscheidung der EU-Kommission vom 24.3.2004 COMP/C-3/37.792 – Microsoft, Rn.803 f.; Grabitz/Hilf-Jung, Art. 82, Rn.170; Dauses-Emmerich, H. I. § 1, Rn.387; Immenga/Mestmäcker-Möschel, Art. 86, Rn.203; GTE-Schröter, Art. 86, Rn.195.

844 Immenga/Mestmäcker-Möschel, Art. 86, Rn.203 (Hervorhebung durch Verfasser).

845 Siehe oben, 149 f.

schen Koppelungsbindungen abzugrenzen, weil nach Einführung eines innovativen Produktes naturgemäß noch für eine unterschiedlich lange Übergangszeit eine starke Nachfrage nach den bisher selbständigen Komponenten zu verzeichnen ist. Zwar trägt die Einbeziehung „potentiell existierender Märkte" – ähnlich wie das Kriterium der separaten Handelbarkeit – der wettbewerblichen Dynamik auf Märkten mit hoher Innovationsfrequenz in stärkerem Maße Rechnung. Allerdings sind diese Kriterien so unscharf, dass sie ihrer eigentlichen Funktion, Koppelungspraktiken von kartellrechtlich nicht zu beanstandenden Verhaltensweisen abzugrenzen, auf der Tatbestandsebene kaum gerecht werden können.

Die ebenfalls vertretene Ansicht, wonach die Selbständigkeit der Güter bereits dann zu verneinen ist, wenn zwischen den verbundenen Produkten wenigstens Teilidentität besteht, leidet daran, dass sie die Abgrenzbarkeit von Waren oder Dienstleistungen bei solchen Gütern, die als zusammengehörig angesehen werden (Warengesamtheiten, Sortimente, komplexe technische Anlagen), vorschnell verneint[846]. Dabei wird nicht hinreichend zwischen der Selbständigkeit der Güter als Tatsachenfrage und der rechtlichen Bewertung der Koppelung differenziert. Angesichts dieser „Gemengelage" aus tatsächlichen und rechtlichen Aspekten besteht die Gefahr, dass außerrechtliche Referenzsysteme bereits die Frage nach der Selbständigkeit der Güter beeinflussen, ohne dass sie wirklich als solche identifiziert werden können[847]. Außerdem wird die erst auf der zweiten Prüfungsstufe zu beurteilende Wertungsfrage durch eine diffuse „Einheitsbegründung" verdeckt[848].

(2) Rechtfertigungsgründe

Hat man davon auszugehen, dass die „Zwei-Güter"-Frage zu bejahen ist und eine Koppelungsbindung vorliegt, so kann sie kraft Sachzusammenhang, Handelsbrauch oder durch sonstige Gründe gerechtfertigt sein. Als Rechtfertigungsgrund für eine Koppelungsbindung kommt insbesondere der Sachzusammenhang in Betracht. Demgegenüber spielen Handelsbräuche und sonstige Rechtfertigungsgründe in der Praxis kaum eine Rolle, da für beide nur ein eingeschränkter Anwendungsbereich verbleibt. Handelsbräuche können Koppelungsbindungen nur insoweit rechtfertigen, wie sie nicht allein vom marktbeherrschenden Unternehmen begründet wurden und nicht im Widerspruch zu europäischem oder nationalem Recht stehen[849]. Die Anerkennung sonstiger Rechtfertigungsgründe wird von den Gemeinschaftsorganen restriktiv gehandhabt, um zu verhindern, dass sie zur „Tarnung" von Behinderungspraktiken Missbraucht werden.

Zu den bisher anerkannten Rechtfertigungsgründen zählen Verbraucherschutz, Produktsicherheit, Gesundheitsschutz und Anwendungssicherheit[850]. Sie können im netz

---

846 Langen/Bunte-Dirksen, Art. 82, Rn.157; im Ansatz auch GTE-Schröter, Art. 86, Rn.195.

847 Zu dieser Gefahr bereits Monopolkommission, 9. Hauptgutachten, Rn.1223 ff.

848 Immenga/Mestmäcker-Möschel, Art. 86, Rn.203; Grabitz/Hilf-Jung, Art. 82, Rn.170.

849 GTE-Schröter, Art. 86, Rn.195; Immenga/Mestmäcker-Möschel, Art. 86, Rn.206; Grabitz/Hilf-Jung, Art. 82, Rn.171.

850 Immenga/Mestmäcker-Möschel, Art. 86, Rn.207; ein Beispiel aus der Rechtsprechung des EuG, in dem allerdings nicht klar zwischen den Prüfungspunkten Selbständigkeit der gekoppelten Güter und Rechtfertigung der Koppelung durch Sachzusammenhang unterschieden wird ist die Ent-

werkspezifischen Kontext vor allem unter dem Gesichtspunkt der Vermeidung von Produkthaftung Bedeutung erlangen, sofern der Aspekt der Qualitätssicherung[851] allein nicht ausreichen sollte, um die technische Koppelung zweier Güter nach Abwägung mit den dadurch bewirkten Nachteilen zu rechtfertigen.

Welche Anforderungen an den Sachzusammenhang zu stellen sind, damit eine Koppelungsbindung objektiv gerechtfertigt ist, ist in der Literatur umstritten und von den europäischen Gerichten wohl noch nicht abschließend entschieden[852]. In der Entscheidung des EuG in Sachen *Tetra Pak*, in der sich das Gericht auch mit der kartellrechtlichen Zulässigkeit von Koppelungsbindungen zu beschäftigen hatte, wird ausgeführt, dass die insoweit relevanten Vertragsklauseln durch „keinen vernünftigen Grund zu rechtfertigen seien"[853]. Diese Formulierung spricht dafür, dass das Gericht einen rechtfertigenden Sachzusammenhang bereits dann annimmt, wenn „vernünftige Gründe" für die Koppelung der betreffenden Güter sprechen[854]. Mit dieser Auslegung befindet sich das EuG in Übereinstimmung mit der im Schrifttum vorherrschenden Ansicht, dass eine Koppelung selbständiger Güter aus „vernünftigen" oder „überzeugenden" Gründen gerechtfertigt sei[855].

Jung allerdings vertritt die Auffassung, dass Gericht habe in Sachen *Tetra Pak* zur Rechtfertigung einer Koppelungsbindung einen „untrennbaren Sachzusammenhang" verlangt und damit eine sehr enge Auslegung gewählt[856]. Mit dieser engen Auslegung des Begriffs des „Sachzusammenhangs" befände sich das EuG auf der Linie der von *Schröter* vertretenen Ansicht, der eine Koppelungsbindung nur dann zulassen will, wenn sie aus „zwingenden technischen oder wirtschaftlichen Gründen" geboten sei[857].

Wie auch immer man die Entscheidung in Sachen *Tetra Pak* auszulegen hat, richtig ist, einen rechtfertigenden Sachzusammenhang bereits dann anzunehmen, wenn wirtschaftlich oder technisch vernünftige Gründe für eine Koppelung der selbständigen Waren oder Dienstleistungen vorliegen, die die mit der Koppeluung bewirkten

---

scheidung in Sachen Tetra Pak II (EuGH Slg. 1994-II, 755, 822, Rn.138 i.V. mit Rn.83 f. („Rechtfertigung" einerseits und das Verpackungssystem als ein in „wirtschaftlicher Hinsicht untrennbares Ganzes").

851 Siehe oben, S.153 f.

852 Grabitz/Hilf-Jung, Art. 82, Rn.171.

853 EuGH Slg. 1994-II, 755, 823, Rn.140 – Tetra Pak II.

854 So die EU-Kommission in der Entscheidung vom 24.3.2004, COMP C-3/37.792 – Microsoft, Rn.955 ff., 970.

855 Dauses-Emmerich, H. I § 1, Rn.389; im übrigen werden „überzeugende" Gründe verlangt: Immenga/Mestmäcker-Möschel, Art. 86, Rn.205; Langen/Bunte-Dirksen, Art. 82, Rn.158. Dabei wird unterstellt, dass zwischen „vernünftigen" und „überzeugenden" Gründen in der Sache kein Unterschied besteht.

856 Grabitz/Hilf-Jung, Art. 82, Rn.171. In der Tat bezieht sich das Gericht im Rahmen der Prüfung einer möglichen Rechtfertigung der Koppelungsbindung auch auf die von *Jung* herangezogene Passage in Rn.83 des Urteils, in der von einem „untrennbaren, integrierten System" die Rede ist. Ob damit jedoch die Anforderungen an den rechtfertigenden Zusammenhang bestimmt werden sollten, ist m.E. zweifelhaft. Die Uneinigkeit darüber, welche Anforderungen das Gericht an den Sachzusammenhang gestellt hat, dürften letztlich aus der nicht hinreichenden Differenzierung zwischen der „Zwei-Güter" Frage einerseits und der Rechtfertigungsebene andererseits resultieren.

857 GTE-Schröter, Art. 86, Rn.195.

Nachteile überwiegen. Gegen die von *Schröter* und – jedenfalls nach Auffassung von *Jung* – auch vom EuG in Sachen *Tetra Pak* vertretene strengere Ansicht spricht, dass „zwingende Gründe"[858] oder eine „untrennbare Verbindung"[859] so hohe Anforderungen an den Sachzusammenhang stellen, dass die Grenzen zu integrierten Produkteinheiten verwischt werden. Sofern man die „Zwei-Güter"-Frage und den Sachzusammenhang als systematisch voneinander zu trennende Prüfungspunkte begreift, kann man nach Bejahung der „Zwei-Güter"-Frage nicht mehr eine „untrennbare Verbindung" als rechtfertigenden Zusammenhang verlangen. Denn realistisch betrachtet dürfte es schwierig sein, einen untrennbaren Zusammenhang zwischen zwei selbständigen Gütern festzustellen. Dieser strenge Maßstab ist vielmehr bereits bei der Prüfung der „Zwei-Güter"-Frage anzulegen. Dann fallen all jene Verbindungen, die aus technischen oder wirtschaftlichen Gründen zwingend notwendig sind, von vornherein nicht in den Anwendungsbereich des Koppelungsverbots, weil die „Zwei-Güter"-Frage zu verneinen ist. Soweit jedoch die „Zwei-Güter"-Frage zu bejahen und damit von zwei selbständigen Produkten auszugehen ist, reichen auf der Rechtfertigungsebene vernünftige wirtschaftliche, technische oder sonstige Gründe aus, um eine unzulässige Koppelungsbindung zu verneinen. Andernfalls, d.h. bei großzügiger Auslegung der „Zwei-Güter"-Frage und sehr strengen Anforderungen auf der Rechtfertigungsebene besteht die Gefahr, dass das Koppelungsverbot zu weit ausgedehnt wird.

Dieser Standard ist auch im Hinblick auf die Beurteilung von Koppelungsbindungen auf Netzwerkmärkten angemessen. Hier gilt – wie bereits bei § 19 Abs. 4 Nr. 1 GWB erläutert –, dass es aus Sicht eines rational handelnden Förderers eines marktbeherrschenden Netzwerks vor allem drei Gründe gibt, die eine Koppelung von Komponenten an das zur Koppelung verwendete Primärgut gerechtfertigt erscheinen lassen: erstens die Senkung von Transaktionskosten, zweitens die Kontrolle und Sicherung der Qualität und drittens die Ermittlung der Nutzungsintensität des Primärgutes[860].

Wenn eine Koppelungsbindung verschiedener Netzwerkgüter aus einem dieser Gründe gerechtfertigt ist, kommt es auch unter Art. 82 Satz 2 lit. d) EG weiter darauf an, dass die mit der Koppelung bewirkten Nachteile der Wettbewerber nicht außer Verhältnis stehen zum Interesse des Marktbeherrschers an den mit der Koppelung verfolgten Zielen[861]. Bezüglich der Frage, in welchem Umfang der Förderer eines marktbeherrschenden Netzwerks auf Koppelungspraktiken zwecks Einsparung von Transaktionskosten, Qualitätskontrolle und -sicherung oder Ermittlung der Nutzungsintensität des Primärgutes zurückgreifen darf, wird auf die Ausführungen zu § 19 Abs. 4 Nr. 1 GWB Bezug genommen[862].

---

858 GTE-Schröter, Art. 86, Rn.195.

859 Grabitz/Hilf-Jung, Art. 82, Rn.171.

860 Monopolkommission, 9. Hauptgutachten, Rn.1259 ff., 12666 f.; 1274 f., 1276 ff.; Burkert, S.68 ff., 75 ff., 88 ff., 92 ff.; Katz/Shapiro, S.66 ff.

861 Zur Abwägung der Interessen nach dem Grundsatz der Verhältnismäßigkeit Immenga/Mestmäcker-Möschel, Art. 86, Rn.201, 205 a.E.

862 Siehe oben, S.151 ff.

b) Behinderungspraktiken i.S. der Generalklausel des Art. 82 Satz 1 EG

Obgleich die typischen Fälle des unmittelbaren Behinderungsmissbrauchs nicht ausdrücklich genannt sind, steht außer Streit, dass sie im Interesse eines umfassenden, an Art. 3 Abs. 1 lit. g) EG orientierten Wettbewerbsschutzes vom Verbot des Art. 82 EG erfasst sind[863]. Gerade weil sich die Regelbeispiele des Art. 82 Satz 2 EG ihrem Wortlaut nach nur mit dem Missbrauch von Marktmacht in Vertikalverhältnissen befassen, sind unmittelbare Behinderungen von Wettbewerbern der primäre Anwendungsbereich der Generalklausel. Aus der vom EuGH entwickelten Missbrauchsdefinition, die darauf abzielt, den Restwettbewerb vor Beeinträchtigungen durch den Einsatz leistungsfremder Mittel zu schützen[864], lässt sich ableiten, dass von der Kategorie des Behinderungsmissbrauchs i.S. der Generalklausel sämtliche Maßnahmen marktbeherrschender Unternehmen erfasst sein sollen, die außerhalb des Leistungswettbewerbs liegen, sich unmittelbar gegen aktuelle oder potentielle Wettbewerber richten und diese in ihren Handlungsmöglichkeiten auf dem beherrschten Markt oder Drittmärkten (d.h. auf vor- und nachgelagerten sowie benachbarten Märkte) beschränken[865].

Im Einzelfall kann auch der Einsatz von Aktionsparametern in die Kategorie des Behinderungsmissbrauchs fallen, die an sich lauter und demzufolge jedem Wettbewerber erlaubt sind, jedoch im Falle eines marktbeherrschenden Unternehmens außerhalb des kartellrechtlich zulässigen Leistungswettbewerbs liegen können[866]. Ähnlich wie bei § 19 Abs. 4 Nr. 1 GWB sind in diesen Fällen die Interessen des marktbeherrschenden Unternehmens mit denen der möglicherweise behinderten Unternehmen unter Berücksichtigung der Ziele des Art. 3 Abs. 1 lit. g) EG abzuwägen[867]. Der EuGH formuliert die Prämisse, unter der die Interessenabwägung vorzunehmen ist, wie folgt: Der Einsatz wettbewerbskonformer Aktionsparameter des marktbeherrschenden Unternehmens zur Erhaltung oder Verbesserung seiner Wettbewerbsposition muss in angemessenem Verhältnis zu den Interessen der Wettbewerber stehen, um nicht gegen Art. 82 Satz 1 EG zu verstoßen[868].

---

863 Grabitz/Hilf-Jung, Art. 82, Rn.105, 186; Langen/Bunte-Dirksen, Art. 82, Rn.72 ff.; Immenga/Mestmäcker-Möschel, Art. 86, Rn.130; GTE-Schröter, Art. 86, Rn.141.

864 Ständige Rechtsprechung des EuGH seit Hoffmann-La Roche, Slg. 1979, 461, 541, Rn.91; vgl. auch Langen/Bunte-Dirksen, Art. 82, Rn.75 m.w.Nachw.

865 Grabitz/Hilf-Jung, Art. 82, Rn.186; Langen/Bunte-Dirksen, Art. 82, Rn.167.

866 Immenga/Mestmäcker-Möschel, Art. 86, Rn.120; Grabitz/Hilf-Jung, Art. 82, Rn.101; Dauses-Emmerich, H. I § 1, Rn.352, 355. Der EuGH gebraucht für diese Erwägung den Topos der „besonderen Verantwortung für wirksamen und unverfälschten Wettbewerb auf dem Markt", EuGH Slg. 1983, 3461, 3511, Rn.57 – Michelin, seitdem ständige Rechtsprechung, der leicht zu Missverständnissen führen kann, vgl. Möschel, ORDO 30 (1979), S.295, 308 ff. Dieser Begriff statuiert auch im Gemeinschaftsrecht keine Pflicht zur aktiven Förderung von Wettbewerbern oder Wettbewerbsstrukturen (vgl. GTE-Schröter, Art. 86, Rn.212).

867 Immenga/Mestmäcker-Möschel, Art. 86, Rn.120.

868 Ständige Rechtsprechung des EuGH seit United Brands, EuGH Slg. 1978, 207, 298, Rn.184/194; ähnlich die Kommission, 24. Wettbewerbsbericht 1994, Rn.207; Immenga/Mestmäcker-Möschel, Art. 86, Rn.120 a.E.; Grabitz/Hilf-Jung, Art. 82, Rn.101 f.; Langen/Bunte-Dirksen, Art. 82, Rn.167.

Auf den im Diskussionspapier der EU-Kommission formulierten Entwurf von Leitlinien zur Anwendung von Art. 82 EG auf Fälle des Behinderungsmißbrauchs[869] wird hier nicht näher eingegangen. Aufgrund der bisherigen öffentlichen Diskussion ist nicht absehbar, ob und in welcher Form die im Diskussionspapier vorgestellten Leitlinien in Kraft treten werden. Soweit es um die Fallgruppe der mißbräuchlichen Belieferungsverweigerung geht (*„refusal to supply“*) – und dort insbesondere um die Weigerung, geistige Eigentumsrechte zu lizenzieren[870] – spricht vieles dafür, dass der Ausgang des *Microsoft*-Verfahrens vor dem Gericht erster Instanz auch daüber entscheidet, ob die insoweit im Diskussionspapier niedergelegten Vorstellungen der EU-Kommission in dieser Form Eingang in die endgültige Fassung der Leitlinien finden werden. In Bezug auf den für die Beurteilung von Aussschließlichkeitsbindungen, Koppelungspraktiken, Rabatten und Kampfpreisen vorgeschlagenen Paradigmenwechsel hin zu einem stärker *„effects based approach“* besteht noch erheblicher Diskussionsbedarf[871]. Dies gilt insbesondere für Fragen der praktischen Handhabbarkeit (z.B. bezüglich der komplexen Berechnungsmethoden im Zusammenhang mit Gesamtumsatzrabatten[872]) und nicht zuletzt der Vereinbarkeit mit der bisherigen Rechtsprechung der europäischen Gerichte (z.B. die Anwendung einer im wesentlichen Art. 81 Abs. 3 EG entpsrechenden *„efficiency defence*[873]*“* zur Rechtfertigung von Ausschließlichkeitsbindungen durch ein marktbeherrschendes Unternehmen)[874].

aa) Gezielte Kampfpreisunterbietung

Eine der „klassischen“ Behinderungspraktiken ist auch im Gemeinschaftskartellrecht die gezielte Kampfpreisunterbietung zur Verdrängung von Wettbewerbern auf dem beherrschten Markt oder auf dritten Märkten[875]. Gemeint sind Fälle, in denen ein marktbeherrschendes Unternehmen für bestimmte Zeit die Preise seiner Wettbewerber in der Absicht unterbietet, diese zum Ausscheiden aus dem Markt zu zwingen bzw.

---

869 Discussion Paper for the formulation of Guidelines on the application of Artible 82 of the Treaty vom 24.6.2005 (nachfolgend Discussion Paper, im Internet abrufbar unter http://ec.europa.eu/comm/competition/antitrust/others/discpaper2005.pdf).

870 Vgl. Discussion Paper vom 24.6.2005, Rn.228 ff.; aber auch in den vorangehenden Randnummern dieses Abschnitts finden sich verschiedene implizite Bezugnahmen auf das *Microsoft*-Verfahren der EU-Kommission (z.B. in den Rn.211 und 216).

871 Vgl. die auf der Website der EU-Kommission veröffentlichen Stellungnahmen zum Diskussionpapier unter http://ec.europa.eu/comm/competition/antitrust/others/article_82_contributions.html.

872 Discussion Paper vom 24.6.2005, Rn.149 ff.

873 Discussion Paper vom 24.6.2005, Rn.169 ff. und 81 ff.

874 Dem mit der Einführung eines „effects based approach“ sich abzeichnenden Paradigmenwechsels bei der Anwendung von Art. 82 EG, bei dem es maßgeblich auf den vom Einsatz eines bestimmten Wettbewerbsparameters ausgehenden „market foreclosure effect“ ankommt, scheint der EuGH nicht grundsätzlich ablehnend gegenüberzustehen. Die Schlussanträge der GA'in Juliane Kokott vom 23. Februar 2006, Rs. C-95/04 P – British Airways, noch nicht in der amtlichen Sammlung veröffentlicht, enthalten an verschiedenen Stellen Formulierungen, die inhaltlich dem Ansatz der EU-Kommission im Discussion Paper entsprechen: z.B. Rn. 52 („Ungleich effiziente Wettbewerber“); Rn. 59 („durch Effizienzvorteile ausgeglichen“); Rn. 73 (nicht nur „abstrakte“, sondern auch „konkrete“ Eignung der Maßnahmen des Marktbeherrschers, Wettbewerber und Kunden zu behindern“).

875 Grabitz/Hilf-Jung, Art. 82, Rn.190; Langen/Bunte-Dirksen, Art. 82, Rn.181.

potentielle Wettbewerber vom Markteintritt abzuschrecken, um anschließend die Preise über Wettbewerbsniveau anzuheben[876]. Die Schwierigkeit bei der Feststellung gezielter Kampfpreise besteht jedoch darin, die Grenze zwischen an sich unbedenklichem, auch marktbeherrschenden Unternehmen gestattetem Preiswettbewerb und den Fällen zu ziehen, in denen die Preise so unangemessen niedrig sind, dass sie nicht mehr als Parameter eines kaufmännisch vernünftigen Preiswettbewerbs zu erklären sind[877].

Die Leitentscheidung des EuGH zur Fallgruppe der gezielten Kampfpreisunterbietung („*predatory pricing*") ist die *AKZO*-Entscheidung[878]. In *AKZO* entschied der EuGH, dass für die Abgrenzung zwischen leistungsgerechtem Preiswettbewerb und behinderungsmissbräuchlichen Verdrängungspreisen das Verhältnis zwischen den Preisen und den Kosten sowie die Strategie des Marktbeherrschers ausschlaggebend sei: Preise unterhalb der durchschnittlichen variablen Kosten seien *per se* missbräuchlich[879]. Bei Preisen unterhalb der durchschnittlichen variablen Kosten vermag der EuGH kein anderes wirtschaftliches Ziel als die Ausschaltung von Wettbewerbern zu erkennen. Jede verkaufte Einheit bringe Verluste mit sich[880], so dass ein Handeln in Verdrängungsabsicht – unwiderleglich[881] – zu vermuten sei[882]. Preise unterhalb der Durchschnittskosten, aber oberhalb der durchschnittlichen variablen Kosten könnten ebenfalls missbräuchlich sein, wenn sich anhand der verfolgten Gesamtstrategie die Absicht nachweisen lässt, Wettbewerber vom Markt verdrängen zu wollen[883]. Indizien für das Vorliegen von Verdrängungsabsicht können Drohungen, der Umfang und die Dauer von Preissenkungen sowie die selektive Anwendung von Niedrigpreisen sein[884].

Die Anwendung des Preis-Kosten-Kriteriums als Grundlage einer ggf. durch weitere Beweise zu erhärtenden Verdrängungsabsicht ist zur Abgrenzung gezielter Kampfpreise von nicht zu beanstandenden Marktdurchdringungs- oder Einführungspreisen auf Netzwerkmärkten der New Economy im Grundsatz denkbar ungeeignet[885]. Schon auf traditionellen Märkten mit Preiswettbewerb begegnet die generalisierende Ermittlung einer kostenbezogenen Preisuntergrenze erheblichen praktischen und wettbe-

---

876 Immenga/Mestmäcker-Möschel, Art. 86, Rn.165; Grabitz/Hilf-Jung, Art. 82, Rn.190.

877 Langen/Bunte-Dirksen, Art. 82, Rn.181; Immenga/Mestmäcker-Möschel, Art. 86, Rn.165; Dauses-Emmerich, H. I § 1, Rn.393.

878 EuGH Slg. 1991-I, 3359, 3439 ff. – AKZO.

879 EuGH Slg. 1991-I, 3359, 3455, Rn.71 – AKZO.

880 EuGH Slg. 1996-I, 5951, 6012, Rn.41 – Tetra Pak II.

881 Insoweit eindeutig die vom EuGH in Sachen AKZO vorgenommene Differenzierung zwischen den beiden Fallgruppen, EuGH Slg. 1991-I, 3359, 3455, Rn.71 f. Besonders deutlich wird dies in der englischen Fassung des Urteils („...must always be considererd abusive"). Ebenso Bellamy/Child, Rn.9-077 a.E. Wohl auch Langen/Bunte-Dirksen, Art. 82, Rn.181 f.; Dauses-Emmerich, H. I § 1, Rn.393. Nicht ganz eindeutig, vermutlich aber a.A. Immenga/Mestmäcker-Möschel, Art. 86, Rn.170.

882 Immenga/Mestmäcker-Möschel, Art. 86, Rn.170.

883 EuGH Slg. 1991-I, 3359, 3455 f., Rn.72 – AKZO; EuGH Slg. 1996-I, 5951, 6012, Rn.41 – Tetra Pak II.

884 EuGH-Slg. 1991-I, 3359, 3463, Rn.102, 3465, Rn.108, 3471 f., Rn.140, 142; GTE-Schröter, Art. 86, Rn.219; Immenga/Mestmäcker-Möschel, Art. 86, Rn.167.

885 Ebenso Veljanovski, ECLR 2001, S.115, 119; Ahlborn/Evans/Padilla, ECLR 2001, S.156, 162 f.

werbstheoretischen Bedenken[886]. Besonders problematisch aber ist der im *AKZO*-Urteil hergestellte Zusammenhang zwischen Preissetzung und Verdrängungsabsicht. Obwohl der EuGH – im Gegensatz zur Kommission[887] – bei der Beurteilung des Preisverhaltens immerhin nicht unmittelbar auf subjektive Kriterien abstellt, schließt er aus einer bestimmten Preis-Kosten-Relation auf das Vorliegen von Verdrängungsabsicht, so dass die Annahme von missbräuchlichen Kampfpreisen letztlich doch auf Verdrängungsabsicht beruht[888].

Verdrängungsabsicht als Anknüpfungspunkt für die Annahme von Kampfpreisen ist jedoch kein geeignetes Mittel, um nicht zu beanstandendes *„penetration pricing"* von missbräuchlichem *„predatory pricing"* zu unterscheiden. Verdrängungsabsicht ist bei sequentiell verlaufendem Alles-oder-Nichts-Wettbewerb unabdingbare Voraussetzung für den wettbewerblichen Erfolg. Jeder Förderer eines Netzwerks, der im Wettbewerb um den Markt erfolgreich sein will, muss mit dem Vorsatz antreten, selbst das „Rennen" machen zu wollen. Dieses Bestreben ist untrennbar mit dem Wissen und Wollen verbunden, andere Konkurrenten vom Markt zu verdrängen, selbst wenn es einem Wettbewerber nicht in erster Linie darauf ankommt[889].

Zwar wird die Abgrenzung von *„predatory pricing"* und *„penetration pricing"* im Rahmen der Missbrauchsaufsicht dadurch entschärft, dass der marktbeherrschende Förderer eines Netzwerks in der Regel keinen Anlass hat, die Preise für den Beitritt, d.h. den Erwerb seiner Primärprodukte auf das Niveau der durchschnittlichen variablen Kosten oder Durchschnittskosten abzusenken. Dies gilt jedoch nur für das bereits etablierte Produkt des Marktbeherrschers. In Bezug auf nachfolgende Innovationszyklen, in denen der Marktbeherrscher durch innovative Vorstöße der Wettbewerber herausgefordert wird, bietet es sich an, die Preise des Marktbeherrschers im Einzelfall am Maßstab einer kaufmännisch vernünftigen Kalkulation zu messen, statt auf der Basis einer allgemeinen Preisuntergrenze pauschal und unwiderleglich auf das Bestehen von Verdrängungsabsicht zu schließen[890].

bb) Missbräuchlich verfrühte Produktankündigungen

Missbräuchlich verfrühte Produktankündigungen haben – soweit ersichtlich – auch in der Entscheidungspraxis der Gemeinschaftsorgane bisher keine Rolle gespielt. Da sie jedoch in horizontaler Richtung wirken und sich zur Behinderung von Wettbewerbern auf Netzwerkmärkten eignen, fallen sie unter die Generalklausel des Art. 82 Satz 1 EG. Gewisse Einschränkungen im Hinblick auf ihre wettbewerbliche Relevanz ergeben sich daraus, dass es entscheidend auf die Glaubwürdigkeit der Ankündigung aus

---

886 Siehe bereits oben, S.177 ff.; ferner Immenga/Mestmäcker-Möschel, Art. 86, Rn.168 a.E.; Dauses-Emmerich, H. I § 1, Rn.394.

887 EU-Kommission, ABl. EG Nr. L 374 vom 14.12.1985 - AKZO, S.1, 20 f., insbesondere Rn.79 f.

888 Ähnlich Fleischer, S.137.

889 Ebenso Ahlborn/Evans/Padilla, ECLR 2001, S.156, 163 („Clearly, in such a race, a firm that intends to survive must intend for the other firm to fail.").

890 Kritisch dazu auch Posner, Antitrust Law, S.188 („A firm may be offering goods at a price below costs – perhaps even at a zero price – as a method of sales promotion. In such a case the real price can be calculated only by including any future revenues generated by the sale...".); Bellamy/Child, Rn.9-077.

Sicht der Konsumenten ankommt. Dies führt dazu, dass der Einsatz unzutreffender Produktvorankündigungen – jedenfalls in kurzen Abständen – kaum wiederholbar ist. Gleichwohl ist das Missbrauchspotential verfrühter Produktankündigungen nicht zu unterschätzen, weil sie im Einzelfall gravierende Nachteile für die betroffenen Wettbewerber zur Folge haben können[891].

Der Zusammenhang zwischen Produktvorankündigungen und Behinderungen der Wettbewerber besteht darin, dass erstere geeignet sind, die Erwartungsbildung der Konsumenten zulasten der Wettbewerber zu beeinflussen. Sobald der Förderer eines marktbeherrschenden Unternehmens verlautbaren lässt, dass er in absehbarer Zeit beabsichtigt, eine verbesserte Version seines Netzwerks oder einen völlig neuen Standard anzubieten, vertagen diejenigen, die bereits entschlossen waren, dem konkurrierenden Netzwerk beizutreten (und noch zuwarten können), ihre Entscheidung zumindest auf den in der Mitteilung des Marktbeherrschers genannten Zeitpunkt. Dadurch verlieren die Wettbewerber möglicherweise entscheidende *„first mover"*-Vorteile, während das etablierte Netzwerk zusätzliche Zeit für Innovationen gewinnt[892].

Gemäß Art. 82 Satz 1 EG sind verfrühte Produktankündigungen immer dann missbräuchlich, wenn sich herausstellt, dass der vom Marktbeherrscher angekündigte Zeitpunkt der neuen Produktversion oder der Inhalt der Mitteilung vorsätzlich unzutreffend ist. Eine solche Mitteilung entspricht unter keinem Gesichtspunkt legitimen wettbewerblichen Interessen des marktbeherrschenden Förderers eines Netzwerks. Es bleibt allein die wettbewerbsfeindliche Zielsetzung, potentielle Adoptoren zu verunsichern, um auf diese Weise die Wettbewerber zu behindern[893].

cc) Behinderungen durch technologiebezogene Entscheidungen

Maßgeblich für die Feststellung eines Verstoßes technologiebezogener Entscheidungen gegen das Missbrauchsverbot des Art. 82 Satz 1 EG ist eine Abwägung der Interessen der Beteiligten unter besonderer Berücksichtigung der in Art. 3 lit. g) EG niedergelegten Ziele des Vertrages. Sofern die technologiebezogene Entscheidung des Marktbeherrschers zur Wahrung seiner geschäftlichen Interessen erforderlich ist und in angemessenem Verhältnis zu den dadurch bewirkten Nachteilen der Wettbewerber steht, ist sie Bestandteil des Leistungswettbewerbs, der nicht vom Verdikt des Behinderungsmissbrauchs erfasst wird.

Im Rahmen der Erörterung der Missbrauchsproblematik dieser Fallgruppe unter § 19 Abs. 4 Nr. 1 GWB ist bereits deutlich geworden, dass drei Fallgruppen möglicher Behinderungen durch technologiebezogene Entscheidungen unterschieden werden können: neben innovativer Produktintegration vor allem technische Veränderungen ohne ersichtliche Rechtfertigung und solche, die aus ästhetischen, wirtschaftlichen oder sonstigen Gründen erfolgen. Während die Fälle innovativer Produktintegration bereits bei der Beantwortung der „Zwei Güter"-Frage zur Feststellung des Vorliegens einer Koppelungsbindung von erheblicher Bedeutung sind, gelten für die beiden zuletzt genannten Fallgruppen keine Besonderheiten.

---

891 Zum Ganzen siehe bereits oben, S.160 ff.

892 Im Einzelnen siehe oben, S.161 f.

893 Näher dazu siehe oben, S.162 ff.

Nimmt der marktbeherrschende Anbieter eines Netzwerks – wie etwa im Fall *Decca Navigator System*[894] – technische Veränderungen aus nicht nachvollziehbaren oder sogar wettbewerbsfeindlichen Gründen vor, so handelt es sich um leistungsfremde Wettbewerbsparameter, die ohne weitere Abwägung einen Verstoß gegen Art. 82 Satz 1 EG begründen[895]. Trägt der Förderer eines marktbeherrschenden Netzwerks hingegen schlüssig vor, dass die fragliche technische Entscheidung aus ästhetischen, wirtschaftlichen oder sonstigen Gründen zur Wahrung unternehmerischer Interessen geboten ist, sind diese Gründe im Einzelfall mit den dadurch bewirkten Beeinträchtigungen der Wettbewerber unter Berücksichtigung der Ziele des Art. 3 lit. g) EG abzuwägen.

dd) Die Verweigerung des Zugangs zu wesentlichen Einrichtungen

Die unter dieser Überschrift diskutierten Fälle zeichnen sich typischerweise dadurch aus, dass der Inhaber einer wesentlichen Einrichtung („*essential facility*") zumeist potentiellen Wettbewerbern auf den dieser Einrichtung vor- oder nachgelagerten (abgeleiteten) Märkten die Nutzung der Einrichtung verweigert[896]. Die entscheidende, in Praxis und Literatur noch nicht abschließend geklärte[897] Frage lautet damit, unter welchen Voraussetzungen die Zugangsverweigerung des Inhabers der wesentlichen Einrichtung gegen das Missbrauchsverbot des Art. 82 Satz 1 EG verstößt[898].

Offen ist aber auch die vorgelagerte Frage, ob die „*essential facilities*"-Doktrin als eigenständiges Konzept des Behinderungsmissbrauchs gemäß Art. 82 Satz 1 EG anzuerkennen ist. Bisher hat sich die „*essential facilities doctrine*" unter diesem Begriff nur in der Entscheidungs- und Bekanntmachungspraxis der Kommission etablieren können[899]. Der EuGH dagegen hat in der Rechtssache *Bronner* lediglich den Grundgedanken dieses Konzepts aufgegriffen, ohne den Begriff der „*essential facilities*" zu nennen oder auch nur auf vorangegangene Entscheidungen der Kommission Bezug zu nehmen, die sich ausdrücklich auf diese Doktrin stützten[900]. Dies ist um so bemer-

---

894 EU-Kommission, ABl. EG Nr. L 43 vom 15.2.1989, S.27 ff.

895 Zu weiteren Einzelheiten siehe bereits oben, S.164 f.

896 Immenga/Mestmäcker-Möschel, Art. 86, Rn.260; Dauses-Emmerich, H. I § 1, Rn.377; Grabitz/Hilf-Jung, Art. 82, Rn.216, 220 unter 1.

897 Langen/Bunte-Dirksen, Art. 82, Rn.177a; Immenga/Mestmäcker-Möschel, Art. 86, Rn.260; Hohmann, S.366 f.

898 Grabitz/Hilf-Jung, Art. 82, Rn.216 a.E.; Langen/Bunte-Dirksen, Art. 82, Rn.177a; Montag, EuZW 1997, S.71, 76; Deselaers, EuZW 1995, S.563, 564.

899 EU-Kommission ABl. EG Nr. L 96 vom 10.4.1992, S.34, 40, Rn.26 f. – British Midland/Aer Lingus; ABl. EG Nr. L 15 vom 18.1.1994, S.8, 16 f., Rn.66 f. – Stena Sealink II; ABl. EG Nr. L 55 vom 26.2.1994, S.52, 55, Rn.12 – Hafen von Rodby. Wettbewerbsbericht der EU Kommission (1992), Rn.219; 23. Wettbewerbsbericht der EU Kommission (1993), Rn.40; EU-Kommission, 25. Wettbewerbsbericht (1995), Rn.43; EU-Kommission, 28. Wettbewerbsbericht (1998), Rn.88 f., 126; Mitteilung der Kommission über die Anwendung der Wettbewerbsregeln auf Zugangsvereinbarungen im Telekommunikationsbereich, ABl. EG Nr. C 265 vom 22.8.1998, S.2, 15 ff., Rn.87 ff.

900 Vgl. EuGH Slg. 1998-I, 7791, 7817 ff. – Oscar Bronner, mit Ausnahme der Wiedergabe des Parteivortrags auf S.7826, Rn.24. Grabitz/Hilf-Jung, Art. 82, Rn.224; Bellamy/Child, Rn.9-099; Fleischer/Weyer, WuW 1999, 350, 353.

kenswerter, als sich auch Generalanwalt *Jacobs* in seinen Schlussanträgen eingehend mit dem Konzept der „*essential facilities doctrine*" auseinandergesetzt hat[901]. Damit, so scheint es, steht die ausdrückliche Anerkennung eines auf der „*essential facilities doctrine*" beruhenden Anspruchs auf Zugang zu wesentlichen Einrichtungen durch den EuGH noch aus[902]. Für die Zwecke dieser Arbeit ist jedoch angesichts der gefestigten Kommissionspraxis sowie der – trotz mancher Vorbehalte – verbreiteten Anerkennung der „*essential facilities doctrine*" als eigenständige Variante des Behinderungsmissbrauchs im Schrifttum davon auszugehen, dass dieses Konzept – ungeachtet der Zurückhaltung des EuGH – schon jetzt fester Bestandteil des europäischen Kartellrechts ist.

Das weit gefasste Konzept der mißbräuchlichen Belieferungsverweigerung („*refusal to supply*") in der *Microsoft*-Entscheidung der EU-Kommission[903] sowie im Diskussionspapier zur Anwendung von Art. 82 EG[904] wirft – gerade auch vor dem Hintergrund der bisherigen Zurückhaltung der europäischen Gerichte bei der Anerkennung der „*essential facilities*" Doktrin – die Frage auf, ob und wie sich diese Variante des Behinderungsmißbrauchs von der der Verweigerung der Zugangs zu wesentlichen Einrichtungen abgrenzen lässt. Zum einen nimmt die EU-Kommission in *Microsoft* auf Entscheidungen des Gerichts erster Instanz und des Gerichtshofes Bezug, die im allgemeinen zur „*essential facility*"-Rechsprechung gerechnet werden (beispielsweise *Magill*[905], *Bronner*[906] und *Tiercé Ladbroke*[907])[908]. Zum anderen geht die EU-Kommission in ihrem Diskussionspapier davon aus, dass die Ware oder Dienstleisung, deren Lieferung begehrt wird, für die Ausübung einer wirtschaftlichen Tätigkeit auf dem nachgelagerten Markt unerlässlich ist. Die Unerlässlichkeit einer Einrichtung (facility – also ein Recht, eine Ware oder Dienstleistung) ist nach Ansicht der EU-Kommission – wiederum unter Bezugnahme auf die Bronner-Rechtsprechung – nur zu bejahen, wenn eine Duplizierung der fraglichen Einrichtung rechtlich oder tatsächlich unmöglich oder unzumutbar ist[909]. Auch insoweit bleibt die weitere Entwicklung abzuwarten.

---

901 Schlussanträge des GA Jacobs, Slg. 1998-I, 7794, 7807 ff., Rn.45 ff. – Oskar Bronner.

902 Grabitz/Hilf-Jung, Art. 82, Rn.225; Immenga/Mestmäcker-Möschel, § 19, Rn.181; Fleischer/Weyer, WuW 1999, S.350, 353; Dauses-Emmerich, H. I § 1, Rn.380. A.A. GTE-Schröter, Art. 86, Rn.214; Bellamy/Child, Rn.9-099 f. Teilweise wird angemerkt, dass das „*essential facilities*" Konzept wegen der damit verbundenen Wertungen und Eingriffsmöglichkeiten in das Eigentum der Normadressaten nicht ohne weiteres als vom Gemeinschaftsgesetzgeber gewollt angesehen werden könne und es wünschenswert wäre, wenn nach dem Vorbild des § 19 Abs. 4 Nr. 4 GWB diesbezüglich ein spezieller Regeltatbestand geschaffen würde, vgl. Wiedemann-de Bronett, § 22, Rn.65.

903 Entscheidung vom 24.3.2004, COMP/C-3/C37.792 – Microsoft, Rn.546 ff.

904 Discussion Paper vom 24.6.2005, Rn.203 ff.

905 EuGH Slg. 1995-I, 743 – Magill.

906 EuGH Slg. 1998-I, 7791 ff. – Oscar Bronner.

907 EuG Slg. 1997-II, 923, 969, Rn.131 – Tiercé Ladbroke.

908 Entscheidung vom 24.3.2004, COMP/C-3/C37.792 – Microsoft, Rn.552 ff.

909 Discussion Paper vom 24.6.2005, Rn.218 ff. ("A facility is an indispensable input only when duplication of the existing facility is impossible or extremely difficult, either because it is hysically or legally impossible to duplicate, or because a second facility is not economically viable in the sense that it would not generate enough revenues to cover its costs."). Etwas zu kurz greift

Ob die Verweigerung des Zugangs zu wesentlichen Einrichtungen Wettbewerbern gegenüber missbräuchlich ist, hängt davon ab, wer Adressat der Norm ist, was für die Annahme einer wesentlichen Einrichtung erforderlich ist und unter welchen Umständen die Zugangsverweigerung objektiv gerechtfertigt ist. Obwohl sich die Konturen dieser Tatbestandsmerkmale noch nicht abschließend herausgebildet haben, lässt sich nach derzeitigem Stand der Diskussion feststellen, dass das *„essential facilities“*-Konzept sowohl von seinen tatbestandlichen Voraussetzungen als auch vom Rechtsgedanken her der Wettbewerbssituation zwischen inkompatiblen Netzwerken nicht gerecht wird.

Vom Tatbestand her betrachtet handelt es sich bei den hier in Rede stehenden Netzwerken nicht um wesentliche Einrichtungen i.S. der gemeinschaftsrechtlichen *„essential facilities doctrine“*. Den bisherigen Kommissionsentscheidungen zur *„essential facilities doctrine"* und dem *Bronner*-Urteil des EuGH ist zu entnehmen, dass es sich bei wesentlichen Einrichtungen in diesem Sinne um rechtlich oder tatsächlich, d.h. insbesondere aus technischen oder wirtschaftlichen Gründen unangreifbare oder jedenfalls praktisch nicht duplizierbare Monopole handeln muss[910].

In der Rechtssache *Bronner* hat der Gerichtshof ausgeführt, dass keine technischen, rechtlichen oder auch nur wirtschaftlichen Hindernisse ersichtlich seien, welche die Errichtung eines eigenen landesweiten Hauszustellungssystems und dessen Nutzung für den Vertrieb der eigenen Tageszeitung unmöglich machten oder zumindest unzumutbar erschwerten[911]. In ähnlicher Weise hat das EuG darauf abgestellt, ob es einen „tatsächlichen oder potentiellen Ersatz“ für die Einrichtung gebe[912]. Die Kommission hat ihre bisherige Entscheidungspraxis in der Bekanntmachung über die Anwendung der Wettbewerbsregeln auf Zugangsvereinbarungen im Telekommunikationsbereich dahingehend zusammengefasst[913], dass eine wesentliche Einrichtung eine „Einrichtung oder Infrastruktur bezeichnet, die wesentlich ist, um Kunden zu erreichen und/oder Wettbewerbern die Durchführung ihrer Geschäftstätigkeit zu ermöglichen, und die mit angemessenen Mitteln nicht neu geschaffen werden kann“[914]. Der Gedanke, dass Voraussetzung einer wesentlichen Einrichtung ihre fehlende Duplizierbarkeit ist, entspricht auch der herrschenden Ansicht im Schrifttum[915].

---

jedoch der Gedanke in Rn.220, dass im Falle von geistigen Eigentumsrechten mit einiger Wahrscheinlichkeit vom Vorliegen einer „essential facility“ auszugehen ist, wenn sich eine bestimmte Technologie zum (de facto) Standard am Markt entwickelt hat.

910 In diesem Sinne auch Schlussanträge des GA Jacobs, Slg. 1998-I, 7794, 7807 ff, Rn.45 ff., 65 – Oskar Bronner.

911 EuGH Slg. 1998-I, 7791, 7831, Rn.44 – Oscar Bronner.

912 EuG Slg. 1998-II, 3141, 3223, Rn.208 – European Night Services; EuG Slg. 1997-II, 923, 969, Rn.131 – Tiercé Ladbroke.

913 Vgl. auch Grabitz/Hilf, Art. 82, Rn.219; Langen/Bunte-Dirksen, Art. 82, Rn.177a.

914 ABl. EG Nr. C 265 vom 22.8.1998, S.2, 12, Rn.68 unter Bezugnahme (Fn.55) auf die Stellungnahme der WTO-Arbeitsgruppe Basistelekommunikation, in der im zweiten Teil ebenfalls auf die fehlende Duplizierbarkeit aus technischen oder wirtschaftlichen Gründen abgestellt wird.

915 Immenga/Mestmäcker-Möschel, Art. 86, Rn.261; Wiedemann-de Bronett, § 22, Rn.67; Dauses-Emmerich, H. I § 1, Rn.380; Fleischer/Weyer, WuW 1999, S.350, 359; Montag, EuZW 1997, S.71, 76; Deselaers, EuZW 1995, S.563, 567.

Daraus ergibt sich, dass es sich bei Netzwerken der Informationsindustrie in der Regel nicht um wesentliche Einrichtungen i.S. der *„essential facilities doctrine"* handelt. Zwar können etablierte Netzwerke u.U. über ein natürliches Monopol verfügen. Unter den Bedingungen *Schumpeter*'schen Innovationswettbewerbs jedoch fehlt es am zusätzlichen Erfordernis der Unangreifbarkeit, da Monopolstellungen auf Netzwerkmärkten im Grundsatz nur temporäre Erscheinungen sind, die im Prozess der „schöpferischen Zerstörung" stets neu „entstehen und vergehen".

Selbst wenn man unterstellt, dass Netzwerke wesentliche Einrichtungen i.S. der *„essential facilities doctrine"* wären, so ist jedenfalls die Adressatenstellung des Förderers eines marktbeherrschenden Netzwerks unter Art. 82 Satz 1 EG zu verneinen. Während der Förderer eines Netzwerks aus den bereits bei § 19 Abs. 4 Nr. 4 GWB erläuterten Gründen typischerweise nur auf der Systemebene, d.h. auf dem primären Produktmarkt über eine marktherrschende Stellung verfügt[916], verlangt auch die gemeinschaftsrechtliche *„essential facilities doctrine"* zusätzlich das Bestehen von Marktmacht auf dem abgeleiteten Markt. Auch im Gemeinschaftsrecht dient die *„essential facilities doctrine"* dazu, wirksamen Wettbewerb auf dem abgeleiteten Markt herzustellen oder zu gewährleisten[917]. Dann aber entspricht es Sinn und Zweck einer solchen Zugangsregelung, denjenigen als Normadressat des Art. 82 Satz 1 EG anzusehen, der nicht nur Betreiber einer wesentlichen Einrichtung ist, sondern *zugleich* auch auf dem abgeleiteten Markt über eine marktbeherrschende Stellung verfügt[918].

Schließlich bleibt anzumerken, dass die bereits bei § 19 Abs. 4 Nr. 4 GWB erörterten ordnungspolitischen Bedenken auch einer Anwendung des gemeinschaftsrechtlichen *„essential facilities"*-Konzepts entgegenstehen. Solange inkompatible Netzwerke miteinander konkurrieren, erlaubt die Präsenz eines marktbeherrschenden Netzwerks für sich genommen noch nicht den Schluss, dass sich die Situation auf dem Primärmarkt und damit auf der Systemebene derart verfestigt hat, dass es gerechtfertigt wäre, mit der Erzwingung von Netzzugang Intra-Systemwettbewerb auf Kosten von Inter-Systemwettbewerb zu bevorzugen[919].

---

916 Siehe oben, S.167 ff. Zumeist wird dieser Aspekt nicht ausdrücklich angesprochen. Vielmehr wird unterstellt, dass der Betreiber der wesentlichen Einrichtung auch auf diesem Markt über Marktmacht verfügt, vgl. z.B. Dauses-Emmerich, H. I § 1, Rn.379; Grabitz/Hilf-Jung, Art. 82, Rn.219; Bellamy/Child, Rn.9-098 ff. Ebenso lassen die bereits in Fn.899 auf S.185 erwähnten Kommissionsentscheidungen eine entsprechende Differenzierung vermissen.

917 EuGH Slg. 1998-I, 7791, 7831, Rn.40; Wiedemann-de Bronett, § 22, Rn.66 f.; Immenga/Mestmäcker-Möschel, Art. 86, Rn.261; Deselaers, EuZW 1995, S.563, 564 f.; Temple Lang, International Antitrust Law & Policy 1994, S.245, 274 f.

918 Hohmann, S.367; Im Ansatz ebenso Wiedemann-de Bronett, § 22, Rn.67. A.A. Temple Lang, International Antitrust Law & Policy 1994, S.245, 276, der Marktbeherrschung auf dem Markt der wesentlichen Einrichtung *oder* auf dem abgeleiteten Markt ausreichen lässt, gleichzeitig jedoch betont: „[I]f the company is also dominant in the downstream market, so that a duty to provide access to the essential facility is needed for competition in *that* market, *the arguments for a duty to give access are very much stronger"* (Hervorhebung durch Verfasser). Vgl. im übrigen die entsprechenden Ausführungen zu § 19 Abs. 4 Nr. 4 GWB auf S.174 f.

919 Vgl. im Einzelnen dazu oben, S.171 ff.

ZUSAMMENFASSUNG

Die wesentlichen Ergebnisse zum Thema dieser Arbeit lassen sich abschließend wie folgt zusammenfassen:

1. Die Theorie der Netzwerkeffekte unterscheidet zwischen Kommunikations- und Komponentennetzwerken. Erstere dienen dem Austausch von Informationen zwischen den Teilnehmern über physisch-gegenständliche Verbindungen. Letztere ergeben sich aus der logischen Verbindung der Gesamtheit aller Nutzer bestimmter Produktsysteme, die ihrerseits aus mindestens zwei Komponenten bestehen. Konstituierende Merkmale beider Netzwerke sind die Existenz positiver Netzwerkeffekte, Kompatibilität der in Kommunikationsnetzwerken verwendeten Hardware der Teilnehmer sowie der von den Mitgliedern eines Komponentennetzwerkes jeweils zu einem Produktsystem zusammengefügten Komponenten und der Entstehung von Switching Costs im Falle eines Netzwerkwechsels. Netzwerkeffekte sind auf der Nachfrageseite das Pendant von Skalenerträgen bei der Produktion, d.h. der Wert eines Netzwerkes vergrößert sich mit der Zahl der Adoptoren. Wegen der unterschiedlichen Struktur der Netzwerke wird zwischen direkten und indirekten Netzwerkeffekten unterschieden. Kommunikationsnetzwerke führen zur Entstehung von direkten, Komponentennetzwerke zur Entstehung von indirekten Netzwerkeffekten.
2. Die Intensität der auf Netzwerkmärkten vorhandenen Netzwerkeffekte kann erheblich variieren. Je nach Art der gehandelten Informationsgüter sowie in Abhängigkeit von den Marktbedingungen können Netzwerkeffekte zur Entstehung eines natürlichen Monopols („*winner takes all*"-Situation) führen oder völlig unbedeutend sein. Häufig wird sich jedoch ein „*winner takes most*"-Szenario, d.h. ein asymmetrisches Oligopol einstellen. Voraussetzung dafür, dass Netzwerkeffekte überhaupt wettbewerbliche Relevanz besitzen, ist die Inkompatibilität der den konkurrierenden Netzwerken zugrunde liegenden Standards und Schnittstellen. Die Stärke der jeweils vorhandenen Netzwerkeffekte hängt in erster Linie davon ab, in welchem Maße die Größe eines Netzwerkes den individuellen Nutzen der Konsumenten maximiert. Insoweit ist auch das Bedürfnis der Marktteilnehmer nach einheitlichen Kompatibilitätsstandards von Bedeutung, welches insbesondere von der Höhe der mit dem Beitritt zum Netzwerk verbundenen Transaktionskosten bestimmt wird. Andere wichtige Faktoren für die Stärke von Netzwerkeffekten sind die Größe des Absatzmarktes, Konsumentenpräferenzen, Produktheterogenität und Netzwerkkapazitäten.
3. Häufig sind Netzwerkeffekte nicht sofort und eindeutig als solche zu identifizieren. Sie können sich mit anderen wirtschaftlichen Phänomenen vermischen, die in ihren Auswirkungen zum Teil Ähnlichkeit mit Netzwerkeffekten besitzen. So kann es im Einzelfall schwierig sein, zu bestimmen, ob und wie stark ein Markt überhaupt durch die Präsenz von Netzwerkeffekten gekennzeichnet ist. Zu den wirtschaftlichen Phänomenen, die in ihren Auswirkungen zum Teil Ähnlichkeit mit Netzwerkeffekten besitzen, gehören allgemeine Veränderungen der Nachfrage, Skalenerträge bei der Produktion, Pfadabhängigkeiten und geschlossene Personennetzwerke. Zugleich können steigende Skalenerträge die schon vorhandenen Netzwerkeffekte infolge der besonderen Kostenstruktur von Informationsgütern (hohe Fixkosten, praktisch zu vernachlässigende Grenzkosten) erheblich verstärken.

4. Je nach Höhe der mit dem Beitritt zu einem Netzwerk verbundenen Transaktionskosten nimmt die in Gegenwart starker Netzwerkeffekte und Inkompatibilität der konkurrierenden Systeme eintretende Polarisierung des Marktes weiter zu. Einheitliche (proprietäre) Kompatibilitätsstandards verringern die unter den Bedingungen von begrenzter Rationalität, Opportunismus und Faktorspezifität entstehenden Kosten für den Abschluss bilateraler Verträge zwischen dem Förderer eines Netzwerks und den potentiellen Adoptoren, so dass für rational handelnde Marktteilnehmer ein zusätzlicher Anreiz besteht, dem (künftigen) *de facto-Standard* und damit auch dem aus transaktionskostenökonomischer Sicht effizientesten Netzwerk beizutreten.

5. Das natürliche (stabile) Gleichgewicht auf Märkten mit starken Netzwerkeffekten liegt bei gegebener Inkompatibilität der konkurrierenden Standards im asymmetrischen Oligopol oder (Quasi)-Monopol. Dementsprechend sind die Marktanteile und Gewinne extrem ungleich zwischen dem Marktführer und den ggf. verbleibenden (Nischen)Wettbewerbern verteilt. Der Erfolg eines Netzwerkes im Wettbewerb wird maßgeblich von den sich selbst erfüllenden Erwartungen der Konsumenten bestimmt. Sie führen zur Entstehung von Mitläufereffekten, die letztlich darüber entscheiden, welches Netzwerk sich als *de facto-Standard* am Markt etablieren wird. Versuche, die in der Tendenz monopolistische Struktur dieser Märkte durch staatliche Interventionen aufzubrechen, wären sinnlos. Sie hätten lediglich individuelle und gesellschaftliche Wohlfahrtsverluste zur Folge. Denn die Struktur von Märkten mit starken Netzwerkeffekten beruht nicht auf besonders hohen, praktisch unüberwindlichen Marktzutrittsschranken. Ursache ist vielmehr die durch Netzwerkeffekte ausgelöste Interdependenz der Nachfrage. Sobald eine bestimmte (kleine) Anzahl von Anbietern (im asymmetrischen Oligopol) erreicht ist, besteht für andere Unternehmen kein Anreiz mehr, in den Markt einzutreten.

6. In Anbetracht dieser Marktstruktur bedeutet Wettbewerb zwischen inkompatiblen Netzwerken in erster Linie Wettbewerb *um* den Markt. Preiswettbewerb *auf* dem Markt hingegen ist wegen der Präsenz starker Netzwerkeffekte und sinkender Durchschnittskosten für die (Re)Produktion von Informationsgütern praktisch ausgeschlossen. Leitbild dieses Alles-oder-Nichts-Wettbewerbs ist die *Schumpeter'*sche Theorie der Innovation. In Anlehnung daran verläuft der Wettbewerb um die Märkte der Netzwerkindustrie sequentiell in einer Abfolge temporärer (Quasi-)Monopole (oder Oligopole), die das Ergebnis immer neuer und erfolgreicher Vorstöße innovativer Wettbewerber sind.

7. Die Auswirkungen von Netzwerkeffekten auf das Marktverhalten lassen sich am besten mit dem Dreiklang von sich selbst erfüllenden Erwartungen, kritischer Masse und positiven Rückkopplungen beschreiben. Diese drei Begriffe sind der Schlüssel zum Verständnis der Strategie der Anbieter und der Reaktionen der Nachfrager auf Netzwerkmärkten. In dem Bestreben, ihren individuellen Nutzen zu maximieren, versuchen rational handelnde Konsumenten zu antizipieren, welches Netzwerk sich als *de facto-Standard* am Markt durchsetzen wird. Nur dann, wenn sie sich für das letztlich erfolgreiche Netzwerk entscheiden, partizipieren sie in vollem Umfang, d.h. unter Vermeidung von Switching Costs an den positiven Auswirkungen der entstehenden Netzwerkeffekte. Aus Sicht der Förderer von Netzwerken hängt die erfolgreiche Etablierung ihres Standards am Markt davon ab, dass sie möglichst schnell die kriti-

sche Masse an Adoptoren erreichen. Derjenige, dem dies zuerst gelingt, profitiert von positiven Rückkopplungen, die in einer Art Aufwärtsspirale immer stärker werdende Mitläufereffekte produzieren und die dann dafür sorgen, dass das von ihnen begünstigte Netzwerk dem wettbewerblichen Erfolg gleichsam entgegenkatapultiert wird.

8. Trotz fehlenden Wettbewerbs auf dem Markt sind Märkte mit starken Netzwerkeffekten nicht von strukturellem Marktversagen gekennzeichnet. Fehlender Preiswettbewerb wird in bezug auf die Realisierung der wettbewerblichen Zielfunktionen durch *Schumpeter'*schen Innovationswettbewerb um den Markt kompensiert. Ein Beispiel dafür ist das Verhalten *Microsofts* auf dem Markt für Intel-kompatible PC-Betriebssysteme. Auf diesem Markt lassen sich die typischen Gefahren eines *Cournot*monopols (Ausbeutung der Marktgegenseite und Verlangsamung des technischen Fortschrittes) nicht nachweisen. Es gibt keine Anhaltspunkte dafür, dass es sich bei den für *Windows* gezahlten Preisen um Monopolpreise handelt, oder dass *Microsoft* die technische Entwicklung des Programms künstlich verlangsamt hätte. Daher sprechen gute Gründe dafür, dass es sich bei dem Quasi-Monopol *Microsofts* nicht um ein vor Wettbewerb geschütztes *Cournot-*, sondern – unbeschadet der Frage der Marktbeherrschung – lediglich um ein temporäres (oder prozessuales) Monopol handelt. Vor diesem Hintergrund sind gezielte Eingriffe im Rahmen der kartellrechtlichen Missbrauchsaufsicht das wettbewerbstheoretisch geeignete und wettbewerbspolitisch richtige Instrument, um die Freiheit des Wettbewerbs auch auf Märkten mit starken Netzwerkeffekten zu gewährleisten. Für die Umsetzung dieser Erkenntnis in der Praxis ist entscheidend, dass die zuständigen Kartellbehörden darauf achten, dass Eingriffe im Rahmen der Missbrauchsaufsicht stets zum Ziel haben, die Innovationskraft der Wettbewerber zu schützen, nicht aber Preiswettbewerb auf dem Markt (wieder)herzustellen.

9. Für die kartellrechtliche Missbrauchsaufsicht ist die Abgrenzung des sachlich und räumlich relevanten Marktes auch im Netzwerkkontext unverzichtbar. Der relevante Markt ist der juristische Bezugspunkt zur Bestimmung des *„area of effective competition“*. Mit dem *„area of effective competition“* wird der Bereich der Wirtschaft bestimmt, der Gegenstand des Missbrauchsverfahrens ist. Seine Bestimmung dient dazu, herauszufinden, ob der Wettbewerbsprozess durch das Verhalten eines marktbeherrschenden Unternehmens in kartellrechtlich unzulässiger Weise beeinträchtigt wird. Um die Wettbewerbssituation zutreffend zu beurteilen, müssen der juristisch abgegrenzte Markt und die tatsächlichen Wettbewerbsverhältnissen des *„area of effective competition“* möglichst weitgehend übereinstimmen. Diese Übereinstimmung jedoch wird nicht einmal ansatzweise erreicht, sofern man die Märkte der Netzwerkindustrien mit Hilfe der traditionellen Kriterien der funktionellen Austauschbarkeit und der Kreuzpreiselastizität bestimmt. Da beide Kriterien dem Leitbild polypolistischen Wettbewerbs neoklassischer Prägung entsprechen, werden sie weder der monopolistischen Struktur noch der unberechenbaren Dynamik dieser Märkte gerecht. Mangels gleichwertiger Alternativen aus Sicht der Marktgegenseite führt die Abgrenzung von Netzwerkmärkten am Maßstab der traditionellen Kriterien zu dem irrigen Schluss, dass jedes Netzwerk, das sich im Wettbewerb als *de facto-Standard* durchgesetzt hat, als ein selbständiger Markt anzusehen ist. Dei dieser Vorgehensweise kommt es in der Praxis zur Abgrenzung viel zu enger Märkte, die mit der wettbewerblichen Wirklich-

keit in Gegenwart starker Netzwerkeffekte und Wettbewerb um den Märkt regelmäßig nichts zu tun haben.

10. Im *Microsoft*verfahren haben die Gerichte den sachlich relevanten Markt zu Unrecht anhand der traditionellen Kriterien der funktionellen Austauschbarkeit und der Kreuzpreiselastizität abgegrenzt. Die daraus resultierende Abgrenzung eines eigenen Marktes für Intel-kompatible PC-Betriebssysteme wird den Besonderheiten des Wettbewerbs in Gegenwart von Netzwerkeffekten nicht gerecht und ist daher abzulehnen. Die einseitige Ausrichtung der traditionellen Kriterien auf die Wettbewerbsverhältnisse auf dem Markt (gegenwärtig vorhandene Produkte, deren kurzfristige Substituierbarkeit und Preise zu Grenzkosten) lässt die eigentliche, von innovativen Produktalternativen ausgehende wettbewerbliche Bedrohung der Position des Marktführers unberücksichtigt. Folglich wird die Wettbewerbsposition *Microsofts* mit der Abgrenzung eines selbständigen Marktes für Intel-kompatible PC-Betriebssysteme nur unzureichend erfasst.

11. Um ein Auseinanderfallen von juristischer Marktabgrenzung und tatsächlichen Wettbewerbsverhältnissen zu verhindern, darf bei der Abgrenzung von Netzwerkmärkten nicht auf die Kriterien der funktionellen Austauschbarkeit und Kreuzpreiselastizität zurückgegriffen werden. Vielmehr sind in die Abgrenzung des relevanten Marktes sämtliche Waren und Dienstleistungen mit einzubeziehen, die im Zeitpunkt der Entscheidung aus Sicht der Marktgegenseite die Position des Marktbeherrschungsverdächtigen Unternehmens bedrohen und damit selbst das Potential besitzen, den Wettbewerb um den nächsten *de facto-Standard* am Markt für sich zu entscheiden.

12. Auf den von Natur aus hochkonzentrierten Märkten mit starken Netzwerkeffekten sind Marktanteile kein sicheres Indiz für das Bestehen einer marktbeherrschenden Stellung. Sie rechtfertigen nicht den Schluss, dass der Wettbewerb durch die übermäßige Konzentration von Marktmacht bei einem Unternehmen geschwächt ist. Da der Förderer eines *de facto-Standard*netzwerkes naturgemäß über sehr hohe Marktanteile verfügt, können sie schon deshalb keine entscheidende Rolle bei der Frage nach dem Bestehen einer marktbeherrschenden Stellung spielen. Allerdings sind Marktanteile neben anderen Marktstrukturmerkmalen im Rahmen der nach deutschem und europäischem Recht erforderlichen Gesamtabwägung zu berücksichtigen. Fälle oligopolistischer Marktbeherrschung – wie sie im GWB ab einer bestimmten Marktanteilsschwelle vermutet werden – sind auf Märkten mit starken Netzwerkeffekten und inkompatiblen Standards von vornherein ausgeschlossen. Die auf Marktanteilen basierende Vermutungsschwelle für Einzelmarktbeherrschung sollte unter diesen Bedingungen ebenfalls nicht zur Anwendung kommen.

13. Netzwerkeffekte sind keine strukturellen Markt(zutritts)schranken. Die gegenteilige Auffassung der Gerichte im *Microsoft*verfahren ist abzulehnen. Ihr liegt eine einseitige Betrachtungsweise zugrunde, die sich nur auf die von Netzwerkeffekten ausgehenden Gefahren für den Wettbewerb konzentriert. Dies gilt sowohl für die „*applications barrier to entry*"- als auch für die „*chicken-and-egg*"-Problematik. Die mit Netzwerkeffekten verbundene Chance, das „Rennen" um den Markt schnell für sich zu entscheiden, bleibt bei dieser Sichtweise zu Unrecht außer Betracht. Zwar ist es in Gegenwart starker Netzwerkeffekte nicht leicht, den Förderer eines etablierten Netzwerkes aus seiner Position zu verdrängen, solange er von positiven Rückkopplungen

profitiert. Zugleich jedoch ist es für einen Newcomer gerade wegen der Wirkung positiver Rückkopplungen leichter, erfolgreich in den Markt einzutreten, weil sie ab Erreichen der kritischen Masse dafür sorgen, dass der bisherige Marktführer diese Position an den Newcomer verliert.

14. Der Missbrauch einer marktbeherrschenden Stellung auf Netzwerkmärkten ist durch preis- und absatzbezogene Verhaltensweisen sowie in Form technologiebezogener Entscheidungen möglich. Dies gilt für die Missbrauchsaufsicht nach deutschem wie europäischem Kartellrecht gleichermaßen. Die wahrscheinlichste und damit wichtigste Form des Missbrauchs auf Netzwerkmärkten ist der Behinderungsmissbrauch gegenüber innovativen Wettbewerbern. Besonders schädlich ist insoweit der Einsatz von Ausschließlichkeitsbindungen. Durch die ausschließliche Bindung von Kunden und Lieferanten an das marktbeherrschende Netzwerk werden die Erfolgsaussichten der Wettbewerber, selbst den nächsten *de facto-Standard* am Markt zu setzen, erheblich geschmälert. Daher wirkt der Einsatz von Ausschließlichkeitsbindungen in Gegenwart starker Netzwerkeffekte als strategische Marktzutrittsschranke. Durch das Zusammenspiel von Ausschließlichkeitsbindungen und Netzwerkeffekten werden die Konkurrenten effektiv daran gehindert, genügend Adoptoren zu gewinnen (oder zu einem Wechsel zu veranlassen), um die erforderliche kritische Masse zu erreichen. Daher muss der Sponsor eines marktbeherrschenden Netzwerks im Rahmen der Interessenabwägung nach § 19 Abs. 4 Nr. 1 GWB ein besonders unabweisbares Interesse an der ausschließlichen Bindung seiner Vertragspartner geltend machen (was ihm in der Regel nicht gelingen dürfte). Dies gilt erst recht für die Beurteilung nach Gemeinschaftsrecht, wonach Ausschließlichkeitsbindungen schon *per se* gegen Art. 82 Satz 2 lit. b) EG verstoßen.

15. Andere Formen des Behinderungsmissbrauchs auf Netzwerkmärkten können Kampfpreise (*predatory pricing*), sachlich nicht gerechtfertigte Koppelungsbindungen, missbräuchliche Produktankündigungen (*vaporware*) sowie unternehmerisch nicht nachvollziehbare technische oder sonstige Produktveränderungen sein. In diesen Fällen kann es – anders als beim Einsatz von Ausschließlichkeitsbindungen – extrem schwierig sein, zwischen missbräuchlichen und marktkonformen Verhaltensweisen zu unterscheiden. Dies gilt z.B. für die Abgrenzung von „*predatory pricing*" und „*penetration pricing*" oder von Koppelungsbindungen und innovativer Produktintegration. Die Weigerung des marktbeherrschenden Förderers eines Netzwerkes, die von ihm entwickelten technischen Standards auch seinen Wettbewerbern zur Verfügung zu stellen, ist dagegen nicht als Behinderungsmissbrauch zu beanstanden. Unter den Bedingungen wirksamen Innovationswettbewerbs handelt es sich bei Kommunikations- und Komponentennetzwerken nicht um wesentliche Einrichtungen im Sinne des § 19 Abs. 4 Nr. 4 GWB bzw. des Art. 82 Satz 1 EG. Außerdem fehlt es regelmäßig am Bestehen einer marktbeherrschenden Stellung auf dem der Systemebene eines Netzwerkes nachgelagerten Markt für Sekundärprodukte.

Sachverzeichnis

A

B

C

D

E

F

G

H

I

K

L

M

N

O

P

Q

R

S

W

Z

Deutsches und Europäisches Wirtschaftsrecht

Herausgegeben von Jürgen F. Baur

Band 1 Matthias Wolter: Das Tatbestandsmerkmal der Lückenlosigkeit qualitativer Selektivvertriebssysteme im Spannungsverhältnis zwischen Wettbewerbs- und Kartellrecht. 2001.

Band 2 Nicole Hagemann: Rechtsschutz gegen Kennzeichenmissbrauch unter Berücksichtigung der Internet-Domain-Name-Problematik. 2001.

Band 3 Bernd Nelißen: Die Abgrenzung "horizontaler" und "vertikaler" Wettbewerbsbeschränkungen nach der 6. GWB-Novelle. 2001.

Band 4 Silke Rütters: Die neue *Schirm*- Gruppenfreistellungsverordnung (EG) Nr. 2790/1999 der Kommission. Zu den Ursachen der weitreichenden Reform der EG-Wettbewerbspolitik gegenüber vertikalen Wettbewerbsbeschränkungen und deren materiellrechtlichen Grenzen. 2002.

Band 5 Dirk Strohe: Demarkationen und Bezugsbindungen in gewerblichen Energielieferverträgen. 2003.

Band 6 Cyrille de Crozals: Die Anwendung der Artikel 81 und 82 EGV durch die französischen Behörden und Gerichte. 2003.

Band 7 Daniela Seeliger: Geltungsbereich der Zusammenschlusskontrolle und Grundsätze für die Beurteilung von Zusammenschlüssen nach der 6. Novelle des Gesetzes gegen Wettbewerbsbeschränkungen. Ausgewählte Anwendungsprobleme aus der Praxis zu §§ 35 und 36 GWB. 2003.

Band 8 Till Schreiber: Das argentinische Gesetz 25.156 zum Schutz des Wettbewerbs. Eine rechtsvergleichende Darstellung unter besonderer Berücksichtigung des Protokolls zum Schutz des Wettbewerbs im MERCOSUR und der Rechtsprechung der Comisión Nacional de Defensa de la Competencia. 2003.

Band 9 Mathias Mantler: Der GMP-Vertrag aus bauvergaberechtlicher Sicht. 2004.

Band 10 Christoph Renard: Das französische Fusionskontrollrecht. 2004.

Band 11 Anika Gerken: Rechtsschutzmöglichkeiten europäischer Wirtschaftsteilnehmer gegen GATT-widrige Wirtschaftshemmnisse. 2004.

Band 12 Markus Röhrig: Schadensersatzansprüche im deutschen Kartellrecht nach der 6. GWB-Novelle. Eine ökonomische Betrachtung privater Wettbewerbsaufsicht am Beispiel des neuen Mißbrauchsverbots gemäß § 19 GWB. 2004.

Band 13 Christopher Quandt: Squeeze-out in Deutschland. Eine Diskussion der §§ 327a-f AktG unter besonderer Berücksichtigung der Barabfindung ausgeschlossener Minderheitsaktionäre. 2004.

Band 14 Thomas Brunn: Die EG-Kartellverfahrensverordnung 1/2003 und ihre Auswirkungen auf die Gruppenfreistellungsverordnungen und die Entzugsverfahren der Vertikal-GVO. 2004.

Band 15 Beatrix Besche: Wasser und Wettbewerb. Möglichkeiten und Grenzen einer Öffnung des Wassermarktes. 2004.

Band 16 Astrid Örtel: Die Oligopolproblematik in Wettbewerbstheorie und europäischer Fusionskontrollpraxis. 2005.

Band 17 Anne Jakob: Die Assoziation zwischen der Europäischen Gemeinschaft und ihren Mitgliedstaaten sowie Tunesien, Marokko und Algerien. Eine Überprüfung der Europa-Mittelmeer-Abkommen anhand Gemeinschafts- und internationalem Wirtschaftsrecht. 2006.

Band 18 Iris Vasbender: Das europäische Konzept der Nebenabreden im europäischen und deutschen Kartellrecht. Eine rechtsübergreifende Gesamtdarstellung anhand von Wettbewerbsverboten zu Unternehmenskaufverträgen. 2006.

Band 19 liegt noch nicht vor!

Band 20 Michael Dietrich: Wettbewerb in Gegenwart von Netzwerkeffekten. Eine kartellrechtliche Untersuchung des Wettbewerbs zwischen inkompatiblen proprietären Systemen. 2006.

www.peterlang.de

Daniela Timm

Kartellrecht der Softwareverträge

Frankfurt am Main, Berlin, Bern, Bruxelles, New York, Oxford, Wien, 2005.
309 S.
Wettbewerbsrechtliche Studien. Herausgegeben von Hanns Ullrich. Bd. 6
ISBN 3-631-53808-1 · br. € 51.50*

Die besondere Schwierigkeit der kartellrechtlichen Beurteilung von Softwareverträgen besteht darin, dass Software urheberrechtlich geschützt ist und unter Umständen Beschränkungen, die nach Urheberrecht zulässig sind, dennoch Wettbewerbsbeschränkungen oder einen Marktmachtmissbrauch darstellen können. Es gilt, die Grenzlinie zwischen Urheberrechtsschutz und Wettbewerbsbeschränkung zu ziehen. Hierbei muss die Funktion des Urheberrechts im wirtschaftlichen Gesamtzusammenhang berücksichtigt werden. Im Ergebnis wird wegen der softwarespezifischen Besonderheiten, unter anderem im Vergleich zu sonstigen urheberrechtlich geschützten Werken, eine eigene Gruppenfreistellungsverordnung für Softwareverträge befürwortet.

Aus dem Inhalt: Softwarevertriebsverträge · Softwareüberlassungsverträge · Softwarepflege · Herausgabe von Schnittstelleninformationen · Softwareerstellung · Lizenzverträge zwischen Softwareentwicklern · Open-Source-Software

Frankfurt am Main · Berlin · Bern · Bruxelles · New York · Oxford · Wien
Auslieferung: Verlag Peter Lang AG
Moosstr. 1, CH-2542 Pieterlen
Telefax 0041(0)32/3761727

*inklusive der in Deutschland gültigen Mehrwertsteuer
Preisänderungen vorbehalten

Homepage http://www.peterlang.de

www.fsc.org
MIX
Papier | Fördert gute Waldnutzung
FSC® C083411

Kolibri 360 GmbH
Ferdinand-Jühlke-Straße 7
99095 Erfurt, Deutschland
produktsicherheit@kolibri360.de

Druck:
CPI Druckdienstleistungen GmbH
im Auftrag der
Kolibri 360 GmbH
Ferdinand-Jühlke-Str. 7
99095 Erfurt